家を失う人々

最貧困地区で生活した社会学者、1年余の記録

海と月社

EVICTED
Poverty and Profit in the American City
by Matthew Desmond

ミシェルに。いつだってそこにいてくれた。

天から家賃が降ってくればいいのに。

——ラングストン・ヒューズ「(おそろしく重要だが) ささやかな抒情詩」

目次

II 退去

III それから

本書はノンフィクションである。
ここで描かれている出来事は、
ほぼ二〇〇八年五月から二〇〇九年一二月のあいだに起こったもので、
巻末の注で説明したものを除いて、
すべてこの期間に直接、見聞きしている。
発言や引用はどれもデジタルレコーダーで録音したものか、
公文書の記録をそのまま写したものだが、
借家人やその子どもや親戚、家主やその下で働いている人の名前は、
プライバシー保護のために変えてある。

本書に登場する主な人々

―― 貧困地区 ――

シェリーナ・ターバー：夫のクエンティンとともに、手広く物件を所有・管理する家主

アーリーン・ベル：13歳のジョリ、5歳のジャファリス、二人の息子と暮らすシングルマザー

トリーシャ：二〇代女性。アーリーンの上の部屋に来て以来、互いにつきあいがある

クリスタル・メイベリー：アーリーンと一時同居する18歳

バネッタ・エバンズ：シェルターでクリスタルと出会う。20歳そこそこで三児の母

ラマー・リチャード：二人の息子、16歳のルークと15歳のエディの父。近所の子の面倒もよくみる51歳

カマラ：ラマーの上に越してきた、三人の幼い娘の母

ドリーン・ヒンクストン：四人の子、さらに孫たちとも暮らす四〇代のシングルマザー

パトリス：ドリーンの長女。24歳にして、10歳のマイキー、4歳のジェイダ、2歳のケイラ＝メイの母

ナターシャ：ドリーンの次女。19歳

C・J：ドリーンの長男。14歳

ルビー：ドリーンの三女。13歳

マリク：ナターシャの恋人

＊＊＊

―― トレーラーハウス ――

トービン・チャーニー：トレーラーパークの所有者

レニー・ローソン：管理人

スージー・ダン：事務員

ロレイン・ジェンキンズ：生活保護で生きる54歳の女性。兄ビーカー、妹スーザン夫婦もここの住人

パム・リーンキー：妊婦で三人の娘の母。恋人のネッドと暮らす30歳

スコット・W・バンカー：元看護師。38歳。薬物依存と闘っている

＊本文中の［　］は訳注です。
＊円換算は一ドル＝一四五円です。

プロローグ　凍える街

ジョリはいとことふざけあい、通りすぎる車に向かって雪の玉を投げている。車はミルウォーキーのサウスサイドそば、六番ストリートを走っていて、路肩の横にはタンポポの生えた歩道がある。道の両側に連なるのは、玄関前に階段のあるメゾネットタイプのアパートメント。北上する車の先にそびえているのは、セント・ジョサファット聖堂だ。ジョリには、その丸天井が、ばかでかいトイレ用ラバーカップを逆さにしたように見えた。

二〇〇八年一月、ミルウォーキーは観測史上最多の降雪量を記録し、厳寒のさなかにあった。ジョリが一台の車めがけて、固く握った雪の玉を投げつけると、車が急ブレーキでとまり、男が飛びだしてきた。少年たちはジョリの家に逃げこみ、ドアの鍵をかけた。ジョリはそこで母親のアーリーン、弟のジャファリスと暮らしている。追いかけてきた男は、硬い靴底で何度か蹴りあげてドアを壊すと、騒ぎにならないうちに逃げていった。

家主がドアが壊れていることに気づき、アーリーンと息子たちを退去させることにしたのは、一家がここで暮らすようになってから、八カ月がすぎたときだった。

立ち退《の》き期限の日は、おそろしく寒かった。だが、これ以上ぐずぐずしようものなら、家主が郡の保安官を呼ぶだろう。銃を腰にさした保安官は、長靴姿の引っ越し業者の一団を連れてきて、この家はもうおまえの家ではない、と記された強制退去の執行状をもっているはずだ。

アーリーンに残された選択肢は二つだけ。〝トラック〟か〝カーブ〟だ。

〝トラック〟とは、家財一式を中型トラックに詰めこみ、裁判所が管理を委託している倉庫に運びこむこと。そうなっても三五〇ドル〔約五万円〕支払えば、荷物はすべて返してもらえるが、アーリーンには三五〇ドルも用意できないから〝カーブ〟しか残らない。

〝カーブ〟とは、引っ越し業者が彼女の家財道具一式を歩道の縁石《カーブ》沿いにずらりと並べることだ。マットレス、床置き型のテレビ、『しつけはこわくない』というタイトルの本、ガラスの天板のしゃれたダイニングテーブル、それによくあうレースのテーブルクロス、人工観葉植物、聖書、冷凍庫に入れておいた肉の切り身、シャワーカーテン、ジャファリスのぜん息《そく》用の吸入器……。

ジョリは一三歳、ジャファリスは五歳だ。アーリーンはしかたなく、息子たちを連れてホームレスのシェルターに向かった。みんなはそこを〈ロッジ〉と呼んだ。子どもがいる親は「今夜は

〈ロッジ〉にお泊まりしましょうね」と言う。まるで、そこがモーテルかどこかのように。その二階建ての漆喰《しっくい》の壁面には〝救世軍〟というロゴが掲げられていた。

四月まで、アーリーンはベッドが一二〇床あるそのシェルターで暮らし、そのあと、ミルウォーキーのノースサイドに貸家を見つけた。黒人住民の割合が高いスラム、ハンプトン・アベニューと一九番ストリートに囲まれたところ。深緑色だった窓やドアを囲む太い枠はすでにペンキがはげ、ところどころ欠けて木製の下見張りがむきだしになっていた。建物全体がまるで迷彩柄のように見えた。部屋の壁は、だれかが白く塗ろうとしたらしいが、途中でやめて半分以上がもとのまま。おまけにしょっちゅう水道が止まるので、トイレの水も流せなかった。それでもアーリーンは、これまでの部屋より広々としているところが気に入っていた。

「静かだったのよ」と、彼女は思い起こした。「全部の部屋をあわせれば四八平米くらいあって、一階と二階にそれぞれ寝室が二部屋あった。お気に入りの家だったの」

それなのに、たった数週間で、市の行政はその家が〝人間の居住に適さない〟と判断し、彼女を立ち退かせたうえ、窓やドアに板を打ちつけ、家主に罰金を科した。アーリーンはなすすべもなく、ジョリとジャファリスを連れ、スラムでもさらに低所得者層が多く暮らす一画に引っ越したのだった。

新居となった建物は通りに面していて、あたりにはくすんだ茶色のアパートメントが長屋のように連なっていた。ほどなく彼女は、その一帯がドラッグの売人の巣窟《そうくつ》であることを知った。子どもたちのことを考えると不安でならなかった。とくにジョリ。猫背がちで、こげ茶色の肌の持ち主で、笑顔がとてもキュートなジョリは、だれにでも話しかけてしまうから。

それでも夏の四カ月をがまんしてその家で過ごしたあと、こんどは二キロ近く離れた一三番ストリートとキーフ・アベニューに囲まれた区画にあるアパートメントの一階に引っ越した。息子たちと一緒に自分で荷物をもって、歩いていった。家に着くと、息を詰めて電気のスイッチを入れた。以前の住人が支払った料金のおかげで、電気はしばらく使えそうだ。安堵の笑みがもれた。

リビングの窓にはこぶし大の穴が開いているうえ、玄関ドアに鍵をかけるにはいちいち木の板を金属の腕木に差しこまないといけなかった。敷きこみカーペットも汚れていた。でもキッチンはゆったりとしていて、リビングは陽当たりがいい。アーリーンは窓の穴を丸めた布でふさぎ、アイボリー色のカーテンを吊るした。

家賃は月に五五〇ドル［約八万円］。公共料金は含まれない。これが二〇〇八年のこのあたりの家賃相場だった。アメリカで四番目に貧しい都市のもっとも治安が悪い地域でも、寝室が二つある物件となるとそれくらいした。アーリーンも、ここより安い物件を見つけられなかった――少なくとも人間の居住に適した部屋は。そもそも、二人の息子がいるからには、どこの家主もこれ以上狭い部屋は貸してくれないだろう。

アーリーンは月額六二八ドル［約九万一〇〇〇円］の公的扶助を受給していたが、これではその九割弱が家賃にとられてしまう。それでも、なんとかやっていけることを願った。せめて冬のあいだはここにいたい。大好きな春が訪れ、雪溶けの地面にクロッカスやチューリップが顔を出すまでは。

ドアをノックする音がした。立っていたのは家主だった。ボブヘアの黒人女性、鮮やかなネイルを塗ったシェリーナ・ターバーは、山ほどの食料品を抱えていた。アーリーンに必要だろうと思って、四〇ドル［約五八〇〇円］も自腹を切って食料を買ったうえに、自宅にあった分まで足したのだ。

アーリーンはシェリーナに礼を言い、ドアを閉めた。幸先《さいさき》のいいスタートだった。


アメリカの都市部でもっとも荒廃した地域でも、以前は強制退去が執行されることはめったになかった。そんな真似をすれば、周囲に人だかりができたものだ。世界大恐慌の時代には強制退去に反発する暴動が頻発したものの、退去を迫られた貧困家庭は、現代と比べればずっと少なかった。

一九三二年のニューヨーク・タイムズ紙には、ブロンクスの三世帯に執行された強制退去に対して、近隣の住民が抵抗運動を展開した、という記事が載っている。「おそらくは寒さのためだろう、群衆の数は一〇〇〇人程度にとどまった」と。[*1] ときには近所の人たちが執行官に直接立ち向かうこともあって、退去を命じられた家族の家具がもっていかれないよう、その上に座りこんだり、裁判所の決定にそむいて家族をもとの家に戻したりすることもあったという。執行官の多くも、住人を強制退去させることに相反する気持ちを抱えていた。こんな仕事のためにバッジを着用し、銃を携行しているわけではなかったからだ。

ところが現在では、強制退去と差押えの執行だけを仕事にしている郡保安官の一団がいる。強制執行を専門に扱う引っ越し業者もいて、そこのスタッフは平日、朝から晩まで働いている。さらには、数百ものデータ分析会社が過去の強制退去と裁判所の記録のすべてをリスト化し、借家人の審査用の資料として家主に販売している。[*2] 最近では、住宅関係の訴訟の数が膨れあがり、調停人が裁判所の通路で双方を和解させるケースもあるほどだ。

とはいえ、大半の借家人は裁判所には姿を見せない。貧困にあえぐ人々は、引っ越し業者のトラックが近づいてくる低い音、早朝にドアをたたく音にも、歩道に沿って並ぶ家財道具一式にも慣れっこになっているからだ。

かれらは、収入がどれほど不安定になろうが、急減しようが、家賃だけはずっと右肩上がりだった。アメリカではこんにち、家を借りている低所得者層の大半が収入の半分以上を家賃に費やしている。それどころか、四人にひとりは収入の七〇%以上を家賃にあて、残りのお金から電気料金をどうにか支払っている。[*3] 結果として、毎年、数百万ものアメリカ人が家賃滞納を理由に強制退去を余儀なくされている。ミルウォーキーでも、借家人世帯数が一〇万五〇〇〇未満にもかかわらず、毎年一万六〇〇〇人もの人が強制退去させられている。裁判所の命令で、毎日、一六世帯も強制退去されている計算だ。

だが、裁判所の命令などなくても、もっと安く、もっと手っ取り早く追い出す方法がある。家主のなかには借家人に二、三〇〇ドル〔約三、四万円〕ほど握らせ、週末までに出ていってくれと頼む者がいる。実際、ミルウォーキーで家主から退去を迫られた家族の半数近くが、法の陰でおこなわれる〝不法強制退去〟の被害を受けている。合法の強制退去に加え、不法強制退去や家主へのローン返済滞納による物件の差押え、建物が居住不適とみなされた例などをすべて勘定に入れれば、二〇〇九年から二〇一一年にかけてミルウォーキーの借家人のじつに一八人にひとりが転居を強制されているのが実態だ。[*4]

もちろん、ミルウォーキーだけが多いわけではない。カンザスシティ、クリーブランド、シカゴなどの都市でも、件数は似たようなものだ。二〇一三年、賃貸住宅に住む全国の貧困家庭の八世帯に一世帯が家賃を全額支払えず、同様の数の世帯が「じきに自分たちは強制退去を執行される」と覚悟していた。[*5]

本書では、八パターンの借家人たちの日々を中心に追っている。黒人家庭もあれば、白人家庭もある。子どもがいる人もいれば、いない人もいるが、どの借家人も強制退去で一掃される。強制退去はいたるところで執行されていて、家主や借家人はもちろん、その親族や友人、恋人や元恋人、裁判官や弁護士、ドラッグの売人や教会の高齢者といった人間をもいやおうなしに巻きこむ。そして、深刻な悪影響をおよぼす。

住まいをなくした人々は、シェルターや廃屋《はいおく》、路上へと吐きだされ、治安の悪い地域の劣化した家屋で暮らすことになる。慣れ親しんだコミュニティとの関係も断たれ、子どもたちにも害がおよぶ。うつ病などの病気も患《わずら》いやすくなる。

強制退去は人間の傷つきやすさや自暴自棄といったものを浮き彫りにする。だが同時に、人間の創意工夫の才と気骨を浮かびあがらせもする。

雨露をしのげる家で暮らせる世帯は、年々減少している。これはこんにちのアメリカが直面している喫緊《きっきん》の課題だ。この問題の根深さと広範さを知れば、貧困の見方も変わるだろう。

数十年ものあいだ、われわれはもっぱら失業、公的扶助、育児、大量投獄といった問題にばかり着目してきた。もちろん、これらの課題も重要だが、それだけをいくら論じたところで、もっと根本にある問題は解決できない。

低所得者層が多い地域の住民がひとり残らず、ギャングのメンバー、保護観察官、ソーシャルワーカー、牧師といった人たちと関わりをもつわけではない。

だが、家主と関わらない住民はまずいない。

入居 I

1章 町を所有する商売

アーリーンが家主のシェリーナをうまく説得して、一三番ストリートのメゾネット式アパートメントに越してくる前、このスラムには活気があふれていた。

九月上旬のミルウォーキーはぽかぽかとした陽気で、車のスピーカーから路上に音楽が流れていた。子どもたちは歩道で遊んだり、フリーウェイの入口で水を売ったりしている。上半身裸の黒人の少年たちは、祖母たちがポーチの椅子に座って見守るなか、笑いながらバスケットボールのコートへと走っていった。

シェリーナは、ノースサイドを車ですり抜けながら、窓をおろしてR&Bを聞いていた。ミルウォーキーの中産階級の住民は、スラムを通るときにはフリーウェイを使う。だが、家主たちは脇道を通る。それもサーブやアウディといった愛車ではなく、あえてエンジンオイルが漏れて車体も錆《さ》びついたバンやトラックに乗って。かれらはこうした古ぼけた車を〝家賃回収車〟と呼び、延長コードやハシゴを積んでいた。なかには、拳銃、排水管掃除用のワイヤーブラシ、工具箱、催涙ガス、釘打ち機などを必需品として載せている者もいる。

シェリーナも、借家人のもとを訪ねるときは真っ赤なカマロを自宅に残し、22インチホイールをはいたベージュとブラウンの一九九三年式シボレーサバーバンに乗ることにしていた。これは、彼女の夫でありビジネス・パートナーでもあり、不動産の管理も任せているクエンティンの車だ。彼は、ドライバーを使ってこの車のエンジンをかける。

ミルウォーキーの白人住民のなかには、一九六〇年代と変わらず、いまもノースサイドを〝核《コア》〟と呼ぶ者がいる。思い切ってそこに足を踏みいれれば、傾《かし》いだアパートメント、色褪《あ》せた壁、二四時間保育の託児所、〝WIC対応店〟〔低所得者層の妊婦や母親、子どもを対象とした食品券を扱う店〕という看板を掲げた食料雑貨店が並ぶ通りが続いている。かつてアメリカで一一番目の規模を誇った都市ミルウォーキーの人口は、一九六〇年の七四万人超から六〇万人弱に減っていた。

それは一目瞭然で、ノースサイドの住宅街には、廃屋や雑草がはびこる空き地がそこかしこにある。わずかに残った一戸建てに暮らしているのは高齢者ばかりで、庭の手入れをして国旗まで掲揚しているものの、ペンキははげ、シーツをカーテン代わりにぶら下げている。メゾネット式や四人家族向けのアパートメントを借りているのは貧困家庭だ。空き地や空き家も多く、廃屋のドアや窓には板が打ちつけてある。

シェリーナはベテラン家主の例に漏れず、だれがどのアパートメント、教会、バー、私道を所有しているのかを、すべて把握していた。わずかな変化や雰囲気の違い、どのブロックが危険でドラッグが横行しているのか、どのあたりの治安がよくて静かなのかも。そのうえで、スラムには価値があること、門外漢《もんがいかん》から見ればなんの価値もない地所から稼ぎをあげられることを熟知していた。

こげ茶色の肌の小柄なシェリーナは、いま赤と青の薄手のジャンパーを着ていて、それがパンツとひしゃげたＮＢＡのキャップによくあっている。笑うのが大好きで、いつも大きく口をあけてげらげらと笑う。転ぶまいとするかのように話し相手の肩をつかむこともある。

だが、ノース・アベニューの角を曲がり、ライト・ストリートと一八番ストリートのあいだに暮らす借家人のところに向かう途中、彼女は車のスピードを落とし、深々とため息をついた。この稼業では強制退去を言い渡すこともめずらしくないが、借家人のラマーには膝から下の足がない。これから両足がない男を追い出すのだと思うと、さすがのシェリーナもやりきれなかった。

ラマーが最初に家賃を滞納したときは、すぐに強制退去通知書を突きだすような真似も、こんなことしたくないけど仕事だから勘弁してね、と陳腐ななぐさめの言葉をかけるような真似もしなかった。しばらくは答えを出すのを避けた。だが、これ以上無視できなくなったとき、とうとう夫のクエンティンに切りだした。「もうやるしかないんだけど、気が重い。わかるでしょ？」

クエンティンはなにも言わず、彼女が先を続けるのを待った。

「そりゃ、こっちの筋は通ってる」。しばらく考えこんでから、シェリーナは口をひらいた。「だけど、子どもたちのことを思うとかわいそうで。ラマーはあの部屋に、近所の男の子たちも出入りさせてあげてるでしょ。それにあたし、ラマーのこと大好きなのよ。でも、好意じゃ請求書の支払いはできないからね」

シェリーナのもとには、借家に関する請求書が山ほど送られてくる。住宅ローン、水道料金、修繕費、固定資産税……。ある日突然、暖房器具が故障したり、市からの思わぬ請求書が届いたりして、多額の出費を迫られることもある。そうなると、月末にはほぼすっからかんになる。

「待ってやる時間の余裕はない」と、クエンティンは言った。「やつが家賃を払うのを待ってたら、税金が上がっちまう。ローンだって上がるぞ」

この商売は、家賃が入るかどうかで如実に儲けが変わる。借家人が五〇〇ドル［約七万三〇〇〇円］を払わなければ、家主は五〇〇ドルを失うだけ。そうなれば、ローンを負っている家主は貯金を切り崩すか、ほかの収入を支払いにあてるかして、銀行から差押えの通知がこないようにしなければならない。

老練な家主たちはよく、初めて大損を出したときや何者かに侵入されたときの思い出話をする――借家人が部屋の天井を自分で壊して写真を撮って、家主の責任だって調停人を納得させたことがあったなあ。強制退去させられた夫婦が、いやがらせにシンクに靴下を詰めこんで、水道の蛇口を全開にしていったこともあったっけ。家主になったばかりの連中はどんどん非情になるか、さもなきゃやめてくのさ……。

シェリーナは自分を納得させるかのようにうなずき、ひとり言のようにつぶやいた。「もうさ、人のことをかわいそうだなんて思うの、やめなきゃね。だって、あたしのことはだれもかわいそうだと思ってくれないんだから。このまえ確認したけど、やっぱりローン会社への支払いは残ってるし」

シェリーナとクエンティンが出会ったのはもう何年も前、場所はフォン・デュ・ラク通りだった。クエンティンが赤信号でシェリーナの車の横に車をとめたのだ。彼女は輝くばかりの笑みを浮かべ、カーステレオをつけていた。

クエンティンはシェリーナに、ちょっと車を路肩に寄せてくれないかと頼んだ。シェリーナの記憶では、クエンティンはデイトナに乗っていたが、本人はビュイック・リーガルに乗っていたと言い張る。「デイトナなんかでナンパするかよ」と、クエンティンは怒ったふりをして言った。

彼は身だしなみに気を使うタイプで、体格がいい。だが筋肉質ではない。巻毛で、じゃらじゃらとアクセサリーをつけている――ゴツいチェーンのネックレス、さらにゴツいブレスレット、いくつもの指輪。薬物《ヤク》の売人みたい、シェリーナはそう思ったが、彼に電話番号を教えた。クエンティンは三カ月ものあいだ彼女に電話をかけつづけ、ついにアイスクリームを食べにでかけてもいいという返事をもらった。そして、それからさらに六年もの歳月をかけて、ようやく結婚にこぎつけたのだ。

クエンティンが初めて声をかけたとき、シェリーナは教師をしていて、小学校四年生を担当していた。いかにも教師らしい話し方で、初対面の相手にも「ハニー」と呼びかけたし、母親のようにアドバイスをしたり、たしなめたりもした。「いいこと、ちょっとここに座って、話を聞きなさい」。そう言うと小言を始めるのだ。おまけに相手の気が散りはじめたと察するやいなや、肘《ひじ》や太腿を軽くたたいて注意を引き戻す。

シェリーナがその仕事に物足りなさを感じはじめたのは、クエンティンと出会ってから四年がたったころだった。結局、八年勤めた教師を辞め、託児所を開業した。ところが「なんだか細かい規則に引っかかって」閉所させられた。だからしかたなく、教師に戻った。

しばらくすると、別れた男とのあいだに授かっていた息子が反抗期に入り、手に負えなくなった。そこで息子をホームスクールで教えることにして、同時に不動産業に挑戦することにした。「なんでまた不動産なんか始めるの?」と人に訊かれると、「長期の収入が見込めるから」とか「不動産はだれにでもできる最高の投資でしょ」と答えたものだ。

だが、理由はそれだけではなかった。シェリーナには、ほかの家主たちと共通する旺盛な独立心があった。学校や企業なんぞに頼らなくても、自力でやっていけるという確固たる自信。どこかの下請けをしたり、年金や組合に頼らなくたってやってみせるという気概。未知の大海原に向かって飛びこみ、みずからの才覚で荒波を越え、いずれは豊かな暮らしを手に入れてみせる。それが彼女の人生観だった。

自宅を購入したのは一九九九年、土地の価格がまだ安かったころだ。その数年後、住宅バブルの波に乗り、自宅を抵当に入れて新たなローンを組んで二万一〇〇〇ドル［約三〇〇万円］を借り入れた。その半年後には、さらにローンを借り換え、一万二〇〇〇ドル［約一七四万円］を借り入れた。これを資金に、彼女は初めて賃貸物件を購入した。メゾネットが二戸あるアパートメントで、不動産価格がもっとも安いスラムにあった。その後も、このアパートメントからあがった利益、ローンの借り換え、高金利で融資する個人投資家からの借り入れなどを利用して、さらに賃貸物件を購入していった。

借家人には富裕層もいれば中産階級もいた。なかには短期入居の若者もいた。だが大半は貧困層で、自宅をもつだけの経済力がないのはもちろん、公営住宅からもはじきだされた人たちだった。[*1] ミルウォーキーでは地域によって異なる特徴をもつ住人が暮らしているため、白人、黒人、貧困家庭、大学生など、家主によって借家人のタイプが決まってくる。[*2] こうしたことを学んだシェリーナは、黒人の貧困層に狙いを定めて物件を貸すことにした。

それから四年で、三六戸の物件を所有するまでになった。そのすべてがスラムにある。彼女は携帯電話二台と予備のバッテリーをつねにもち歩き、フォーブス誌を読み、オフィス向け物件の賃貸も始め、朝の九時から夜の九時までアポに応じるようになった。クエンティンは仕事を辞め、シェリーナの不動産の管理人として働きはじめ、自分でもビルを数棟購入した。

シェリーナはさらに、金融機関のブラックリストに載っている客の信用情報［アメリカは個人の信用情報が社会保障番号と紐づけされ、ローンの滞納などがすべて記録される］を回復する商売も始めたうえ、投資にも着手した。おまけに一五人乗りバンを二台購入し、プリズナー・コネクションズという合同会社を興した。州北部にある刑務所の受刑者のもとに面会にでかける恋人や母親や子どもを、ひとり二五ドルから五〇ドル［五〇〇〇円前後］で送迎するサービスを始めたのだ。やがて、シェリーナは〝スラムの起業家〟と呼ばれるようになった。

ラマーの家の前に車をとめると、シェリーナは二枚の強制退去通知書に手を伸ばした。ここはライト・ストリートを少し入ったところにあって、そばの空き地には殺人事件の犠牲者を悼《いた》む品(クマのぬいぐるみ、葉巻、木の幹に結ばれた短い手紙)が置かれていた。四人家族向けの二階建てが二軒、うち一軒の裏にすぐ別の一軒が並んでいる。二軒とも、間口より奥行きのほうが長く、すっかり傷んだ木製のバルコニーは青灰色のペンキで塗られている。プラスチックの羽目板《はめいた》は茶色がかった白で、シリアルを食べたあとのボウルに残った牛乳のようだ。通りに面している家には二階と一階にそれぞれ玄関があり、どちらにも木製の階段がついているが、片方の階段は古ぼけて塗装がはげ、もういっぽうは新しいもののニスが塗られていない。

ラマーは路地に面した裏手の家の一階に暮らしていた。プラスチック製の義足をつけた黒人男性で、五一歳だが腰から上は細身ながらたくましく、若々しい。肌は濡れた砂のような色。頭を剃りあげ、薄いごましおの口ひげをたくわえている。きょうは黄色のジャージを着て、首から何本か鍵をぶら下げていた。シェリーナが車をとめたとき、ラマーは外にいて、パトリスに車椅子を押してもらっていた。パトリスの名前も、もう一枚の強制退去通知書に記されている。

「あら、お二人さん、一緒につかまえられたわ」。シェリーナはせいいっぱい軽い口調で声をかけ、ラマーとパトリスにそれぞれ強制退去通知書を手渡した。

「ずいぶん遅かったじゃない」と、パトリスが応じた。頭にターバンのように布を巻き、パジャマのズボンをはき、白いタンクトップを着ていたので、右腕のタトゥーがよく見える。タトゥーには十字架と三人の子どもの名前が書かれたリボンが彫られている。二四歳で、ラマーの半分ほどの年齢なのに、その瞳はすっかり老けこんでいた。いまは子どもたちと表側の家の二階に暮らしていた。その下の階には、彼女のきょうだいと母親のドリーン・ヒンクストンが住んでいる。

パトリスは強制退去通知書を半分に折ると、ポケットに突っこんだ。

「練習に行くとこなんだ」。車椅子に座ったまま、ラマーが言った。

「なんの練習？」と尋ねるシェリーナに、「子どもたちのアメフトの練習だよ」と答えると、ラマーは手元の紙を見やった。「あのさ、例の地下室のあれ、やるつもりだ。ってか、もうとりかかってる」

「彼、そんなこと言ってなかったけど」と、シェリーナは応じた。〝彼〟とはクエンティンのことだ。借家人はときどき、家主のために地下室の掃除といった雑用をこなす。その代わりに家賃を減らしてもらうのだ。「あたしに直接、電話してくれなきゃ。ボスはだれなのか忘れないで」。シェリーナが軽口をたたくと、ラマーも笑みを返した。

パトリスがラマーの車椅子を押して通りを歩きはじめると、シェリーナは頭のなかでチェックリストを確認した。対応しなければならないことが山ほどあった――修繕、集金、引っ越し、広告、建物検査官、ソーシャルワーカー、警官。こうした無数の用事にくわえて、いつなんどき大きな事件が起こって足を引っぱられるかわからない。おかげで、毎週日曜の夜に楽しみにしている母親の手料理にもありつけないことがよくあった。

ほんの一カ月前には、彼女の物件で発砲事件が起こった。あのときは、借家人の新しい彼氏が胸を三発撃たれ、水道の蛇口を全開にしたかのようなおびただしい血を流して死んだ。警官たちが聞込みをすませ、規制線の黄色いテープがはずされると、あと始末を押しつけられたのはシェリーナとクエンティンだった。クエンティンは数人の男たちと、ゴム手袋と業務用掃除機で掃除にとりかかり、シェリーナは借家人に「あたしが顔も知らない彼氏を、ここに連れこんだってわけ？」と尋ねた。クエンティンはごたごたの片づけやあと始末、シェリーナは入居者や関係者への対応。それが二人の取り決めだった。

その数日後、こんどは別の借家人が電話をかけてきて、「家が閉鎖されている」と告げた。にわかには信じられなかったが、車で駆けつけてみると、ヘルメットをかぶった白人の作業員たちが窓に緑色の板を打ちつけているところだった。借家人が電気を盗んでいることが発覚し、電力会社のウィ・エナジーズ社が電気をとめ、地域サービス局に連絡したのだ。借家人はその日、外ですごすはめになった。[*3]

ミルウォーキーをはじめとするアメリカ各地の都市では、たいてい借家人が電気やガスの料金を支払っているが、支払いが滞《とどこお》る例がどんどん増えている。二〇〇〇年以降、世界的な需要の高まりと上限価格規制の撤廃のせいで、光熱費の料金が五〇%以上も跳ねあがったのが原因だ。そのせいで、国内の賃貸物件に暮らす低所得者の五世帯に一世帯は電気やガスの料金を滞納し、供給している会社から供給停止予告書を受けとっている。[*4]

家賃と公共料金の滞納を続ける世帯のなかには、親類や隣人にお金を払ってメーターに細工をしてもらう者もいて、毎年、アメリカ全土で六〇億ドル［約八七〇〇億円］もの電気が不正利用されている。電気より盗難件数が多いのは車とクレジットカードだけだ。[*5] ガスは盗むのがむずかしいし、冬季は市がガス料金に支払猶予を設けるので、それほど例がない（四月になり、支払猶予が終了する日を迎えると、ガス会社の作業員が供給停止書の束と工具箱をもって貧困地域に戻ってくるというわけだ）。

ウィ・エナジーズ社は毎年、電気料金の滞納を理由に約五万世帯の電力供給を停止している。多くの貧しい借家人は、冬のあいだは光熱費にまわす金を家賃にあて、夏になると家賃の支払いを滞らせ、その分を光熱費にあてる。結果として、ミルウォーキーの強制退去の件数は夏と初秋に跳ねあがり、ガス料金の支払猶予が始まる一一月にまた激減する。[*6]

地域サービス局の作業員たちが自分の所有地をわがもの顔に歩きまわるのを、シェリーナは呆然と眺めた。クリップボードを手にした建物検査官ほど、家主を落胆させるものはない。連中は勝手にこちらの物件を閉鎖するばかりか、建築基準に違反している箇所はないか、隅から隅まで調べあげる。これは、もっとも弱い立場にある借家人を怠慢な家主から守るために設けられたサービスだが、シェリーナら家主に言わせれば、借家人はささいなことやどうでもいいことを理由に、検査官をよこしてほしいと依頼する。たいていは強制退去をやめさせたいからだ。ときには、家主に仕返しをしたいからという理由もある。

シェリーナは、これで目の前から消えたお金のことを考えた——電気工事と未払いの家賃で数千ドル。ふと、この一家を信じてみようと思った日のことを思いだした。暴力をふるう彼氏と別れたいと訴える母親につい同情して、部屋を貸してしまった。ここ二年間で三回も強制退去させられている母子だというのに。「また、お人好しなことしちゃったよ」。彼女は唇を噛んだ。

ラマーの家をあとにして、シェリーナは車でライト・ストリートを北上した。せっかくこのあたりにきたのだから、もう一軒、キーフ・アベニューと一三番ストリートの交差点近くにあるアパートメントにも寄ることにしたのだ。そこは先月、家賃と敷金の一部のみの支払いで、新たな入居を認めた物件だった。

到着すると、当の借家人が長袖のフランネルシャツという姿で、玄関前の階段に座っていた。

激しく泣いている赤ん坊をあやしながら、車にもたれている母親と話していたが、こちらの姿に気づくと、借家人の若い女は挨拶もせずに口をひらいた。「この子、具合が悪いの。家が寒いから」。彼女の声は疲れきっていた。「窓に穴があいてるからよ。あたし、ずっーとがまんしてた。とにかく、もう出てくから」

シェリーナは首を傾《かし》げた。わけがわからない。窓にちょっと穴があいてるだけでしょ。なにも、ばかでかい穴があいてるわけじゃない。それに、外はまだ暑くて、子どもたちはミシガン湖で泳いでる。家のなかが寒いなんて、ありえない。

「市に電話したよ」と、寄りかかっていた車から身を起こし、母親が言った。細身で背が高く、髪は晩夏の湿気で縮れている。

シェリーナはため息をついた。このあたりにはもっと状態の悪い家もあるけれど、この物件も建築基準を満たしていないことは重々承知していた。というより、建築基準を満たしている家なんて、市内では皆無に近いはずだ。ミルウォーキーの中古住宅の戸数と厳しい建築基準のあいだには大きなギャップがあるのよ、と懇切丁寧《こんせつていねい》に説明してやりたい。

けれど、もう遅い。この母親が通報したせいで、数日後には検査官がやってくるだろう。そいつは階段の手すりを揺すり、窓の穴を写真におさめ、ちょうつがいがはずれた玄関ドアをガタガタと揺さぶるにちがいない。そうやって基準違反がひとつ見つかるたびに、シェリーナには修繕費が重くのしかかるのだ。

「あなたには、そんなことする権利ないのよ」と、シェリーナは言った。「あたしは娘さんに家を貸してるんだから」

「なら、窓を直しなさいよ」

「直すわよ！　だけど、娘さんがあたしたちに電話してくれないことには――」

「この娘《こ》は電話をもってないんだよ。だから、わたしが電話したんじゃないか！」。母親はシェリーナの話をさえぎった。

やりとりする声がどんどん大きくなり、野次馬が集まってきた。「あの人、だれ？」と、ひとりの少年が尋ね、「大家《おおや》だってよ」と、だれかが答えた。

「まさか、建物検察官に電話するなんて思ってもみなかったよ、ママ」と、借家人が気まずそうに言った。

「もう手遅れよ。あとのまつり」。シェリーナはそう言うと、赤ん坊を抱いている若い女を見やって首を横に振り、腰に手をあてた。「いつだって問題を起こすのは、あたしが力になろうとしている人たちなんだから。なにも、あなたが問題だって言ってるわけじゃないのよ。だけどね、ほかの人間が入りこんでくるとトラブルになる。この部屋に暮らしてるのは、あなたなのよ。だから当事者はあなただし、困るのもあなた」

「じゃあさ、ちょっと訊くけど」と、借家人の母親がシェリーナのほうに近づいてきた。その背後から野次馬も迫ってくる。「あんたの娘と孫がこの状況におちいったら、あんた、どうする？」

シェリーナは引きさがらなかった。母親の顔を見あげると、前歯が一本、金歯だった。「あたしなら、大家に直接、連絡する。ぜったいに、市になんか電話しない」

シェリーナはそう言うと、野次馬を押しのけ、きびきびとした足どりで車に向かった。そして自宅に到着するなり玄関ドアをあけ、大声をあげた。「クエンティン、また面倒なことになっちゃった！」

それからオフィスにしている部屋に向かい、書類が山積みになったデスクに腰をおろした。シェリーナとクエンティンの自宅はキャピトル・ドライブのはずれの閑静な住宅街にあって、あたりには中産階級の黒人たちが暮らしている。五部屋あって、立派な地下室にジャグジー風呂までついている。インテリアにも凝り、調度品はベージュの革製品で統一されている。それに真鍮とクリスタルの大きな照明器具、金色のカーテン。キッチンは広々としているけれど、二人はもっぱら外食ですませているから真新しいままだ。冷蔵庫に入っているのは、レストランからもち帰ったテイクアウトの食べ物だけ。

「どうした？」と、クエンティンが階段をおりながら声をかけた。

「一三番ストリートの一階の、例の女の子、覚えてるでしょ？　母親が建物検査官に電話をかけたのよ……たまたま家の外にいたんだけど、でたらめばっかり並べたてるんだから！」

事の顛末《てんまつ》を聞きおえると、クエンティンが言った。「追い出すしかないな」

シェリーナはしばらく考えたあと同意し、ひきだしに手を伸ばすと五日後までの退去を命じる強制退去通知書を書きはじめた。法律では、地域サービス局に連絡した借家人に家主が報復措置をとることは禁じられているが、家賃の滞納などの違反があれば、いつでも強制退去させられる。

クエンティンとシェリーナが一三番ストリートの物件の前にサバーバンをとめたとき、あたりはもう夜の帳《とばり》に包まれていた。玄関ドアはあいていた。シェリーナはノックもせずにつかつかと室内に入り、若い借家人に強制退去通知書を手渡した。「よろしくね。なにか支援を受けられるといいけど」

シェリーナが玄関を出ていくと、うしろからひとりの男がついてきて、明かりの灯《とも》っていないポーチに立ち、「ちょっと」と大きな声をあげた。「うちの娘を追い出すってのか？」

「引っ越したいって言われたのよ。引っ越すつもりだから、もう、おたくには一セントも家賃を払うつもりはありませんって」

「窓を直してほしいって、言っただけだろ」

クエンティンがシェリーナを見て、口をはさんだ。「この件に、あの男はなんの関係もない」

「おおありだよ。あの娘は、おれの義理の娘なんだから！」

「だけど、あんたはここで一緒に住んでないだろ！」。クエンティンも大声をあげた。

「こんなところに住みたいやつなんかいるかよ……くそったれ。おれが関係ないだと？」

クエンティンは車のドアをあけ、セキュリティベルトを引っぱりだした。そこには手錠、小型警棒、小ぶりの消火器ほどの大きさの催涙ガスのスプレー缶などがぶら下がっている。彼はこれまでにも、こうした場面に遭遇していた。おまえのポケットから敷金を奪ってやる、おまえの顔に一発撃ちこんでやるなどと、借家人からすごまれるのだ。

暗いポーチに母親も出てきて言った。「うちの娘を追い出すつもり？」

「家賃を払っていないので」と、シェリーナは答えた。「それとも、家賃の肩代わりしてくれます？」

「知るか」。継父がひとりごとのように言った。知るか、とは強制退去のことではなく、暗い路上で、まさにいま起こっていることを指していた。

「こっちも知ったこっちゃない！」と、クエンティンが言い返した。

「あの野郎、ぶちのめしてやる。くそったれめ……おれが関係ねえだと？」

「あ、あ、あなたは関係ないでしょ！」と、シェリーナは声をあげたが、クエンティンに車のほうに引っぱられた。

彼女らが出ていった数日後、シェリーナのもとに地元の社会福祉法人のケースワーカーから連絡があった。二人の男児と住める家をさがしている女性がいるという。「敷金と一カ月分の家賃はこちらでお支払いしますので、入居させていただけませんか」とケースワーカーは言った。悪くない話だと思った。

新しい借家人の名前は、アーリーン・ベルだった。

2章 大家の悩み

シェリーナから強制退去通知書を渡されてしばらくすると、ラマーはアパートメントに戻ってきて、息子二人とその友だちとでトランプゲームを始めた。いつものように、みんなが小さなキッチンテーブルを囲んで座り、木のテーブルに勢いよく札をたたきつけたり、器用に手首をひねってカードを回転させたりしている。近所の少年たちはラマーの部屋に昼夜を問わず遊びにきて、ちょっとなにか食べさせてもらったり、騒々しくトランプに興じたり、マリファナ煙草を吸ったりした。

「もうスペードはねえのか、おい?」

「見てろよ、負かしてやる」。ラマーは向かいに座っているバックと組んでいた。一八歳のバックは仲間うちの最年長で〝兄貴《ビッグブラ》〟と呼ばれている。ラマーとバックの対戦相手は、ラマーの息子で一六歳になるルークと、ルークの親友デマーカスだ。ラマーの下の息子、一五歳のエディはステレオをいじっている。そのほかに四人の近所の少年たちがいて、テーブルを囲んでぼさっと立ち、ゲームの順番が回ってくるのを待っている。ラマーは車椅子に座っていた。義足は両方ともベッドに立てかけられ、傷んだ木の床に人間のような影を落としている。

「警察はイカレてやがる」。バックが持ち札を見ながら言った。彼は高校卒業を控えていて、いまは校内のカフェテリアでアルバイトをしている。バイト中は編みこんだ髪を隠すためにヘアキャップをかぶらなければならない。両親の家で寝てはいるが、暮らしているのはラマーの家だ。その理由をだれかから尋ねられたら、三〇センチを超えるサイズのブーツに視線を落とし、「べつに」と応じるだろう。

ここにいる少年たちはいつもつるんでいて、ライト・ストリートを九ブロックから一〇ブロックほど歩いて買い物にでかけたり、アメリカンフットボールの練習に通ったりしていた。そんなとき、警官から呼びとめられることもよくあったから、マリファナを買いにいくときはひとりで行く。「こんどは〝呼びとめた理由はなんですか〟って、こっちから訊いてやるよ」と、バックが続けた。「そう訊く権利くらいあるだろ……連中はこっちをじろじろ見やがったり、匂いを嗅《か》いだり、あれこれ訊いたりしてくるんだから」

「べつになんにも見ちゃいねえよ」。ラマーが応じた。

「見てるんだよ、おっさん！　がーーっこうでそう教わったんだぜ」

「なら、学校はまちがったことを教えてるのさ」

デマーカスが笑い、マリファナを巻いたタバコの葉の端《はし》をなめて閉じ、ライターで火をつけた。それから一息吸いこむと、マリファナ煙草を回していった。

「運転中に警察がきたらさ」と、バックがまた話を蒸し返した。「車を路肩にとめさせられても、窓を全開にしちゃダメだ。ほんの少し、あければいい」

「そんなに甘かねえよ」。ラマーがにやりと笑った。

「そんなこたねえよ、おっさん！」

「だって、事実は事実だろ」と、デマーカスも口をはさんできた。ラマーによれば〝ぺらぺらしゃべりすぎる〟せいで、デマーカスは先日、逮捕されたばかりだった。「人の言うことに耳を貸さないと、じきに痛い目にあうぜ」

「そうか、なら、もうムショからのコレクトコールには出てやらないぞ」。ラマーがそう言うと、どっと笑い声があがった。ラマーはマリファナをひと口吸い、「いいか、坊主」と、やさしい声で続けた。「おれは五一だ。おまえたちが経験したことは、なにもかも経験してる」

「警察はおれたちを守っちゃくれない」と、バック。

「そう思うのはわかる。だが、警官ならどいつも同じってわけじゃない……住んでるあたりの治安が悪けりゃ、クソどもは警察に一掃してもらいたいと思うもんだろ」

「おっさん、あんたを守ってくれるのは近所のみんなだろ……あんたが銃で撃たれて逃げてきたら、銃をもってる連中はみんな、銃をかまえるさ」

「おいおい、おれはベトナム帰還兵だぞ。銃くらい撃てる」

ラマーは、一九七四年にテレビの宣伝を見て海軍に入った。一七歳だった。彼にとって海軍は、茫洋《ぼうよう》とした退屈な海、異国の風変わりな土地、上陸許可がおりたときのパーティ、ドラッグ、薬物検査だった。髪の毛をだらしなく伸ばした大学生の連中が、なんだって反戦運動を繰り広げ、大学の建物を爆破したり警官から警棒で頭を殴られたりしているのか、まったく解《げ》せなかった。ラマーは海軍での生活をおおいに楽しんだ。だが一九七七年に不名誉除隊となった。

「そういやあ、このまえ、デマーカスと一緒に裁判所に行っただろ」。ラマーが話を始めたので、トランプゲームは一時中断された。デマーカスの公判が始まる前、一〇代の少年が一四年の刑を言い渡されるようすを、ラマーたちは傍聴席で見ていた。その少年は、自分の兄がクラック［煙草で吸引できる状態にしたコカイン］常用者を殴り殺すのを傍観していた罪を問われていた。「あいつ、目ん玉が流れだしそうな勢いで、法廷でわんわん泣いてたな」

「黒人のガキだからって、刑が重すぎるよ」。バックが言った。

「だが、おまえも考えたほうがいいぞ。黒人でいるっていうのが、どういうことかさ」

バックが笑っているあいだに、デマーカスが勢いよく手持ちの札を一枚出した。スペードの8だ。「ああ、ママもよくそう言ってた」と、デマーカスは大きな声をあげた。このゲームでは、スペードがいちばん強い。デマーカスは場に出ているカードをまとめて自分のほうに寄せた。

「ちっ」。ラマーはそう言いながら、バックを見た。「いいか、バカな真似をするんじゃないぞ。そんな価値はねえ……ムショはマジでヤバい。ムショじゃあ毎日が闘いだ。てめえの命を守るためのな」

「わかってる。けど、頭にくると、なんかやらずにはいられない。止められないんだよ」

「おとなになれ」。マリファナを長く吸っているバックに向かって、ラマーが甲高い声で最後を引き伸ばすように続けた。「それに、少しペースを落とせ。吸ーいーすーぎーだー」

バックは大笑いしたが、肝心なことは伝わったらしい。「もうやめとくよ」と、次にマリファナが回ってきたときには断った。

息子たちが学校に行っているあいだ、ラマーはオールディーズを聞きながら部屋の掃除をして、インスタントコーヒーに砂糖を入れて飲む。自分で車椅子を操って移動し、ブレーキをロックしてゴミを掃き、取っ手の長いちりとりに入れる。

息子のルークとエディにはそれぞれにひと部屋ずつ与え、揃いの金属フレームのベッドに寝かせていた。ラマー自身のベッドはリビングの隅に置いてある。部屋の反対側にはモスグリーンのソファ、アメリカンフットボールのこれまでの試合のチーム写真、白い造花、グッピーが泳ぐ小さな水槽などが並んでいる。簡素ながらきちんと片づけられていて、陽当たりがいい。食料品庫にいたっては、強迫性障がいかと思うほど整然としている。スパムの缶は定位置にきちんと積み重ねられ、シリアルの箱は直立不動で一列に。スープや豆の缶は種類ごとにまとめられ、すべて正面を向いている。ラマーはワインラックを収納棚に利用していて、コーヒーの空き缶も、刻み煙草やその巻紙も一緒にしまっていた。

ここまで部屋を片づけるのは長い道のりだった。初めてこのアパートメントを見にきたとき、室内はひどいありさまで、洗わずにキッチンに置きっぱなしの食器からは蛆虫《うじむし》が湧いていた。それでも、ラマーはここに住むことにした。当時は息子たちとともに、ラマーの母親の家の地下室に住まわせてもらっていたのだが、母親から門限は夜九時ときつく言い渡されていて、そんな生活から逃れるには、この部屋に希望を見いだすしかなかったのだ。シェリーナからは敷金を免除されていた。ラマーが生活保護を申請すれば認められると考えてのことだ。正式には「補足的保障所得」という名称で、高齢または精神や身体に障がいがある低所得者に、毎月給付金を支給する制度だ。とはいえ、彼はまだ支給を認められてはいなかった。

学校が終わると、少年たちは三々五々、ラマーの家にやってきた。そして日暮れどきになるとたいていみんなで金を出しあってマリファナ煙草を一、二本買い、トランプゲームに興じる。ラマーは息子たちにも少年たちにも分けへだてなく接し、情愛あふれるおじのようだ。「神に隠しごとはできないぞ」と、少年たちには言って聞かせた。「だから父親にも隠すな。ここを家だと思ってすごしゃいい……おれんとこにいるときは、気楽にすごせばいいんだ。路上にいるときみたいに気張るこたぁないさ」

ラマーは少年たちと一緒に笑い、煙草を吸いながら、仕事、セックス、ドラッグ、警官、そして人生についてさまざまな忠告をした。女の子たちについて少年らが文句を並べると、女子の肩をもってバランスをとろうともした。「おまえたちは女の子のせいにするけど、彼女らを傷つけるのは男どものほうだろ」。また、少年たちの成績表にも目を通し、宿題を終わらせろと小言を並べた。「あいつらは、おれと楽しくやってるつもりでいる。だがおれは、あいつらを見守ってるんだよ」

ラマーが少年たちを見張っていられるのは、家にいる時間が長いからだ。このあたりの住人はたいてい、長時間外で働いている。少年たちは、アイロンのかかった制服を着て車にあわてて乗りこんでいるところくらいしか、おとなたちの姿を見ることがない。

海軍を除隊となったあと、ラマーは職を転々とした。清掃員として数カ所で働いたこともあったし、工場でフォークリフトを操って化学薬品の運搬もした。膝から下を失ったあと、生活保護を申請したが二度、却下された。義足でもまだ働けるから、と言われたのを覚えている。そうかもしれないが、いい仕事はほとんどなかった。

かつて、ミルウォーキーにはまともな働き口がごまんとあった。だが二〇世紀後半になると、大企業はこぞって安い労働力を求め、工場を海外やサンベルト［北緯三七度以南の米国南部の温暖地帯］に移しはじめた。サンベルトには労働組合がなく、あっても弱かった。一九七九年から一九八三年のあいだに、ミルウォーキーの製造業では大恐慌時代よりも多い失業者が生まれた。その数、約五万六〇〇〇人。失業率は二桁にまで上昇した。新たに生まれたサービス業で仕事を見つけた者もいたが、賃金はカットされた。ある歴史学者はこう述べている。「かつてアリス・チャルマーズ社［産業機械メーカー］の工場で働いていた機械工は、最低一一ドル六〇セント［約一七〇〇円］の時給を得ていた。ところが一九八七年、工場に取って代わったショッピングセンターの店員の時給は五ドル二三セント［約七六〇円］だった」[*1]。同じような経済構造の変化は、全米各地で生じた。

ミルウォーキーのなかでも、黒人労働者は壊滅的な打撃を受けた。黒人労働者の半分は製造業に従事していたからだ。工場の閉鎖が相次いだが、そうした工場はたいていスラムにあり、近隣には黒人が多く住んでいた。黒人の貧困率は、一九八〇年には二八％、一九九〇年には四二％まで上昇した。

黒人が圧倒的に多いノースサイドのリチャーズ・ストリートとキャピトル・ドライブの角あたりには、かつてアメリカン・モーターズの工場があった。だがいま、そこはウォルマートだ。ミルウォーキーのメノミニー・リバー・バレーの両岸には、かつて皮なめし工場が連なっていたが、いまではどこを見ても、市の黄金期を悼む墓が並んでいるような光景が広がっている。ふたつのビール醸造所も閉鎖された。こうした惨状を反映して、アフリカ系アメリカ人の生産年齢のうち、二人にひとりが無職だ[*2]。

一九八〇年代、産業空洞化の中心地だったミルウォーキーは、一九九〇年代になると〝反福祉改革の中心地〟に変貌した。クリントン大統領が「従来の福祉に終止符を打つ」ための政策を調整しはじめると、保守派の改革論者ジェイソン・ターナーはミルウォーキーを政策実験の場に変えた。ターナーの計画は、ウィスコンシン・ワークス（W-2）と呼ばれた。就労《ワークス》とはまさに言いえて妙だった。その意味するところは、「貧困家庭への給付金を受ける者は、民間であれ州の仕事であれ、かならず就労しなければならない」だったからだ。さらに、保育や医療に関する助成金もどんどん削減された。

このW-2の制度では、就労した時間の分しか給付金を受給できず、就労に応じない者にはフードスタンプ［政府が低所得者向けに支給する食品購入用の金券の一種］の配布数を減らすこともできた。こうして、ミルウォーキーの二万二〇〇〇世帯が補助金の支給を打ち切られた。

その後一九九七年に、児童家庭への手当もW-2にとって変わってからは、二種類の給付金が用意され、就労している者には月額六七三ドル［約九万八〇〇〇円］、就労していない者あるいは就労できない者には六二八ドル［約九万一〇〇〇円］が支給されるようになった。ラマーは就労していなかったので、少額のほう。家賃の五五〇ドル［約八万円］を支払うと、手元に残るのは七八ドル［約一万一〇〇〇円］。一日二ドル一九セントで生活していかなければならない計算だ。

ラマーが少額のほうの給付金の受給を認められたのは、シェリーナのアパートメントに引っ越した直後だったが、そのとき、手違いで小切手を二枚、受け取った。ウィスコンシン州による公的扶助の「権利と義務」の手引きには、「(過剰に給付金を受けとった受給者は) 受給者の過失か当局の過失かを問わず、手違いによって受けとった給付金は返還しなければなりません」[*3]とある。だが、給付金だけを頼みに一〇代の少年二人を育てているシングルファーザーにそんなことを言っても、右の耳から左の耳だ。ラマーはその小切手を二枚とも現金化し、ルークとエディに靴、衣類、学校で必要な物を買い、新居のためのカーテンや家具も揃えた。「そりゃ、ぜんぶ使っちまったよ。おれの名前が書いてあったんだから」。ケースワーカーが手違いに気づいて連絡してきたとき、ラマーはそう返事をした。それで、ケースワーカーは過払い分を次回の給付金から差し引いた。ラマーの家賃の支払いが一カ月遅れたのはそのせいだった。

ラマーにしてみれば、シェリーナとクエンティンのためにしてやった地下室の掃除には、二五〇ドル［約三万六〇〇〇円］の価値があった。なにしろ地下室はカビまみれの寝具、ゴミ、犬のフンだらけで、それを眺めていると繰りかえし見る悪夢がよみがえったほどだった。その悪夢のなかで、彼はマリファナを買うため薄暗い奇妙な地下室へと腹ばいになって進んでいく。地下室を掃除するにあたり、子どもたちの手は借りなかった。わが子にこんな汚い仕事をさせてはならないと思ったからだ。全部ひとりで、膝の下がずきずきと痛むまで掃除を続けた。きれいになるのに一週間かかった。だが、シェリーナはこの奮闘に五〇ドルしか認めなかった。

期限までに家賃を支払うなんて無理だった。もしそれを払ったら、生活必需品 (石鹸やトイレットペーパー)、電話料金の支払いはどうなる? しかたなく、ラマーは一五〇ドル［約二万二〇〇〇円」分のフードスタンプを半額の現金七五ドルで売った。それがミルウォーキーの相場だった。冷蔵庫と食料品庫は月末には空っぽになるだろう。だが、ルークとエディは祖母に頼めば食べさせてもらえる。ほかの少年たちは、ラマーの食べ物に手をつけてはいけないことをちゃんと承知していた。

それでも、お金は足りなかった。いまの家に住みつづけるには、もうひと踏ん張り必要だ。そこでパトリスが出ていったあと、もうひとつ雑用をすることにした。

パトリスは、シェリーナから強制退去通知書を渡されても、あまり抵抗しなかった。彼女はもともと、いまの家の一階に暮らしていた。その後、二階を借りて子どもたちと暮らしていたが、強制退去通知書を渡されたので、しぶしぶ子どもたちを連れ、また一階に戻ったのだ。一階には寝室が二つ。以前もそこで、三人の幼い子どもたちと母のドリーン、それに自分の妹弟と一緒に暮らしていた。

パトリスたちの部屋が空いたと知ったラマーは、壁のペンキの塗り直しが必要になると踏んで、おれにやらせてくれとシェリーナに頼んだ。この案に乗り、クエンティンに道具を届けさせると言ったシェリーナに、ラマーはこう返した。「余分にもってきてほしいと伝えてくれないか。仲間を集めるから」

バックとデマーカス、それにルークとエディがやってきた。ラマーの家を自分の家のように思うようになった近所の少年たちも六人、ついてきた。寝室が二つある広々としたアパートメントにみんなが散らばり、二〇リットル近いサイズのペンキ缶にローラーや刷毛《はけ》を浸しては壁を塗りはじめた。みんな集中し、まじめに働いた。しばらくすると、何人かがパーカーとシャツを脱いで床に放り投げ、上半身裸になった。[*4]ラマーは手を止め、その光景を眺めた。

このまえの冬、彼はクラックでハイになった状態で、廃屋の二階によじのぼって侵入した。ところが高揚感が抜け、まともに考えられるようになったとき、二階から降りられなくなっていることに気づいた。足が凍ってしまっていたのだ。

ラマーは海軍から除隊となって帰郷してからというもの、ドラッグ漬けになっていた。その後、一九八〇年代半ばにミルウォーキーの路上でクラックがでまわると、クラックを吸うようになり、逃れられなくなった。勤務先の工場の同僚は、ラマーがクラックにハマったことに気づいていた。給料日のほんの数日後には、もう煙草を買う金にも事欠《ことか》いていたからだ。結局、そこをクビになり、アパートメントも追い出された。それからは、ルークとエディをシェルターに連れていったり、廃屋にもぐりこんでカーペットを引きはがし、それを毛布代わりに寝たりした。ルークとエディの母親は当時、近くに戻ってきていたが、薬物依存症のせいでまともではなくなり、育児を放棄していた。

廃屋からおりられなくなった数日間、ラマーは雪を食べてしのいだ。足は凍傷《とうしょう》で紫や黒に変色して膨れあがり、ついには腐った果物のような見てくれになった。八日目、とうとう二階の窓から飛びおりたときには、精神が錯乱していた。神に放りだされたような気がした。そして、病院で意識が戻ったとき、両足とも膝から下がなくなっていた。以来、二度ほど短期間だけ薬物に手を出したことはあるものの、クラックとは縁を切った。

「おれは神に祝福されてる」と、ラマーはルークとエディを見ながら言った。白いペンキがローラーから飛び散り、少年たちの黒い肌に斑点をつけている。「うちの息子たちは大丈夫だ」

翌月、シェリーナは土砂降りのなか、車を走らせていた。まるでバックドアからモップ用のバケツが次から次へと道路に落ちていくように、ガタゴトとけたたましい音がする。向かっているのは市のサウスサイドのはずれ、空港近くのベスト・ウェスタン・ホテルだ。そこで、ミルウォーキー不動産投資家ネットワーキンググループの会合が開かれる。要は不動産業者の協会の会合で、参加者は五〇人。投資家、カビ検査官、弁護士など不動産業界の関係者もいるが、大半は家主で、ほとんどが男だ。ネクタイ姿の若者はたいてい家主の息子、それでも真剣にメモをとっている。革ジャンにブーツという格好で貧乏ゆすりをしている中年男もいれば、フランネルシャツ姿でキャップをかぶり、指の関節が樹木のこぶのように節くれだっている老人もいる。*5

シェリーナは女で黒人だったから、とりわけ目を引いた。三〇年前にジャマイカからやってきた友人のローラを除けば、会場でたったひとりの黒人だった。

二世代前なら、こうした会合など存在しなかっただろう。当時の家主はいわばパートタイマーだったから。機械工、牧師、警官がたまたま（つまり相続で）不動産を所有することになっただけで、不動産業はあくまでも副業だった。[*6] だがこの四〇年で不動産の資産管理はプロ化し、一九七〇年以降、これを本業とする家主の数は四倍以上に増えた。[*7] 以前より多くの物件を購入するようになり、自分の本業は不動産賃貸業だ（建物の一階をたまたま相続しただけの人間とは違う）と考えるようになるにつれ、家主の協会の数は増え、支援サービス、不動産経営管理の資格認定制度なども整った。研修用の教材、不動産の金融商品も増えていった。米国議会図書館によれば、アパートメント管理に関するアドバイスを記した書籍は一九五一～七五年には三点しか出版されなかったのに、一九七六～二〇一四年では二一五点にまで増えている。[*8] 不動産賃貸業は、一大産業になったのだ。

その夜の講演者は、セルフ・ストレージ・ブローカーズ・オブ・アメリカ社のケン・シールズだった。シールズは自身の保険会社を売却したあと、不動産業界に参入した。まずはシェアハウスから始め、おもに低所得の独身男性に部屋を貸した。「キャッシュフローはよかった。でも、もうシェアハウスはこりごりです」。会場に軽い笑い声が広がった。「そりゃ、そこそこは稼げましたが、社会の落ちこぼれを相手にしたり、雑用で走りまわったりせずにすむようになって、いまはせいせいしています」。[*9] シェアハウスを二軒所有しているシェリーナも、会場の人たちと一緒に笑った。

シェアハウスをたたんだシールズは、次にトランクルーム業に目をつけた。彼は声を潜め、にやりと笑って言った。「なんといっても、生身の人間と関わらなくていいんですよ。連中のモノを預かるだけですから！　……アメリカ経済で、これほどうまい汁を吸える業種はないでしょう。次から次へとカネがなだれこんでくるんですからね」

家主たちはケン・シールズが大好きだ。彼自身はイリノイ在住だが、それでも人気がある。彼が講演を終えると、会場に拍手が沸きおこった。口ひげをたくわえ、腹を丸々と突きだした協会の会長も立ちあがって拍手を送っている。ゲストの演者がいない日、会長はよく参加者を指名して順番に話をさせた。そんなある晩、鉛アスベスト情報センターの女性が「鉛で汚染されていても、儲けるのは可能なのです」と訴えかけた。鉛汚染対策で出費を強いられる家主は多い。ある家主が質問した。調査の結果、建材にアスベストが含まれていることが判明した場合、その旨を市や借家人に報告しなければならないのか、と。彼女の答えは、「いいえ、その必要はありません」だった。

その夜、シールズが話を終えると、だれかが賃金の差押えについて質問をした。これには弁護士が、家主は借家人の銀行口座と収入の二〇％まで差し押さえることができるが、最後の一〇〇〇ドル［約一四万五〇〇〇円］は差押えられないと説明した。また、生活保護などの受給者には差押えができないともつけくわえた。

そこでシェリーナが「税金の還付金を差し押さえるっていうのは？」と尋ねると、弁護士が呆れ顔で答えた。「ムリムリ。それができるのはお役人だけです」

じつは、シェリーナはその答えを承知のうえで質問していた。この件については以前に調べたことがあったのだ。それなのにあえて質問したのは、エリックやマークやキャシーといった、家賃を得るためなら手段を問わないであろう家主仲間にメッセージを送りたかったからだ。かれらのような白人の家主の大勢が、スラムで儲けられることを承知しつつも、物騒なノースサイドで家賃を集金することを考えて二の足を踏んでいた。ましてや強制退去通知書を借家人に手渡すなど、想像するだけでぞっとするのだろう。だからシェリーナとしては、自分なら力になれると知ってほしかった。自分なら適正価格で不動産を管理できるし、スラムのどのあたりで物件を購入すべきか、相談に乗ることもできる。つまり、ミルウォーキーの黒人借家人担当のブローカーになれる、と伝えたかったのだ。

会合が終わると、シェリーナのまわりに白人の家主たちが集まってきた。背中にラインストーンで縁取りされたMILLION DOLLAR BABY $（ミリオンダラーベイビー）という文字のあるデニムジャケットで決めたシェリーナは、白人たちから名刺を受けとりながら、茶化すように言った。

「ノースサイドをこわがらないでね！」

そのあと、参加者が会場から出ていくと、彼女はローラと通路の端の人気《ひとけ》のない場所で話しはじめた。「また一悶着《ひともんちゃく》あってさ」とシェリーナは愚痴をこぼした。「あなたのママが好きそうな揉《も》めごとよ！　またラマー・リチャードと揉めたの。ほら、例の足がない男。今月の家賃を値切ってきたのよ」

「いくら？」。ローラが裏地に毛皮をあしらったコートを膝の上でたたみながら、図書館員のような口調で尋ねた。少しジャマイカのなまりが残っている彼女は、シェリーナより年上で、その晩は黒っぽいスラックス、ゴールドのイヤリング、赤いレイヤードブラウスという上品な装いだった。

「三〇ドル［約四四〇〇円］」。そう言うと、シェリーナは肩をすくめた。「でもね、問題はそこじゃない。根本的なところに問題があるのよ。ひどいペンキ塗りをしておいて、あたしに二六〇ドル［約三万八〇〇〇円］も借りがあるって言い張ってるんだから」

ラマーが少年たちとペンキ塗りを終えたと電話をかけてきたとき、シェリーナは仕上がりを見にでかけた。すると、壁の穴埋めをしていないことに気づいた。おまけに茶色い木枠に白いペンキが垂れているし、食料品庫にはまるで手をつけていなかった。だがラマーは、クエンティンが穴埋め用のパテも茶色のペンキも置いていかなかったと反論した。「なら、もってきてくれって言えばいいでしょ」。シェリーナは鋭く言い返した。そして、彼の借金を一セントたりとも減らさなかった。

「そしたらね」と、シェリーナは続けた。「こんどはあたしになんの連絡もせず、自分の浴室の床を直して、家賃の支払いを三〇ドルも勝手に減らしたのよ」。ラマーはペンキ塗りをしていたとき、パトリスが暮らしていた部屋でタイルの入った箱を見つけた。それを使って浴室の床のタイルを貼りなおし、残ったペンキでタイルをくっつけたという。「だから、ラマーに言ってやったのよ。『もう二度と、勝手に家賃から差し引かないでよ！　そもそも、家賃を滞納してるくせに、よくもまあ勝手に差し引けるもんだわ』って」

ローラが足を組み直した。「悪知恵が働くのよ、その手の男は。そろそろ、出ていってもらったらどう？　そういう連中は、ひたすら奪って、奪って、奪って、奪うだけだから」

「そもそも」と、シェリーナはラマーのペンキ塗りの話を蒸しかえした。「だれが相手だろうと、ペンキ塗りに二六〇ドルなんてぜったいに払わない」

「五部屋まとめて頼めば、一部屋三〇ドルでやってもらえる。合計一五〇ドル」とローラ。

「高い、高い、高い。うちがよく頼む業者なら一部屋二〇ドル、高くても二五ドルでやってくれるよ」

「そっか」

「とにかく、あたしの計算じゃ、ラマーはまだ二九〇ドル［約四万二〇〇〇円］の借りがある」

旧友二人は笑いあった。まさにこんな会話を、シェリーナは必要としていたのだ。

3章 湯の出るシャワー

レニー・ローソンは、トレーラーパークの事務所から出ると、煙草に火をつけた。口ひげと淡いブルーの目をかすめて煙が立ちのぼり、野球帽の上へと消えていく。アスファルトの細長いスペースに並んでいるトレーラーハウスを見やった。どれも同じ方向を向いて、それぞれの間隔は数歩程度しかない。近くには空港がある。長くここに暮らしている住人も、飛行機が腹を見せて低く飛び、トレーラーの窓を揺らすと空を見あげた。レニーは生まれてこのかた四三年、ずっとここで暮らしてきた。そしてここ十数年は、トレーラーパークの管理人をしている。

麻薬常用者はたいていトレーラーパークの北側に、レストランや介護施設で仕事をかけもちしている住人はたいてい南側に住んでいる。金屑《かなくず》や空き缶を集めている住人は出入口の近くに、いちばんいい仕事に就いている住人（研磨技師、機械整備士など）はパークの一等地にいる。一等地は事務所の裏手で、そこのトレーラーハウスのポーチはきれいに掃除され、鉢植えが置かれている。生活保護が頼りの住人はあちこちに散らばっている。パークの一部の住人たちに〝早寝早起きさん〟と呼ばれている高齢者たちも、パーク内に点在している。

このトレーラーパークは、カレッジ・モバイル・ホーム・パークという。市のサウスサイドの南端、六番ストリートに面していて、カレッジ・アベニューから少し離れたところにあった。[*1] 敷地の片側には草地が生い茂り、砂地もある反対側は広大なトラック配車センターに隣接していた。いちばん近いガソリンスタンドやファストフード店までは徒歩一五分ほど。近隣にはほかにもトレーラーパークがある。ミルウォーキーの貧しい白人が暮らす地域だ。

市の真ん中にはメノミニー川沿いに続く低地（メノミニー・リバー・バレー）が横断し、黒人が多いノースサイドと白人が多いサウスサイドを分けている。その昔、ミルウォーキーの人々はよく、谷間にかかる六番ストリートの高架橋はアフリカとポーランドを結ぶ世界最長の橋だ、とジョークを飛ばした［ミルウォーキーにはポーランドから多くの移民がやってきていた］。一九六七年、こうした現状を変えようと、二〇〇人のデモ参加者（ほぼ全員が黒人）が高架橋の北側に集まり、南側をめざして行進を始め、住宅差別に抗議の声をあげた。行進が橋の南側に近づくにつれて、橋の向こう側の群衆の声が聞こえてきた。「こーろーせ！　こーろーせ！」、「どーれーいーでーいろー！」。その声は、拡声器から流れる大音量のロックよりも大きく響き渡った。やがて、姿も見えてきた。何列にも連なる白い顔のうねり。その数、一万三〇〇〇人以上だったという説もある。なかにはデモ隊に瓶や石を投げたり、唾を飛ばしたり、小便を引っかけたりする者もいた。それでも抗議者たちは行進を続けた。白人の群衆はいきりたち、騒然とした。そしてついに、堰《せき》を切ったように見えない壁のようなものが崩れたかと思うと、デモ隊に突進した。そこへ、警察が催涙ガスを浴びせた。

黒人たちは、次の日もその次の日も、二〇〇日連続で、夜になると六番ストリートの橋を行進した。市、次に国、そして世界がこのデモに注目するようになった。それでも、事態はほとんど変わらなかった。ニューヨーク・タイムズ紙は社説で、ミルウォーキーは「この国でもっとも人種で分断されている都市だ」と断じた。

上院も下院も大多数がジョンソン大統領を後押しし、一九六四年に公民権法を、一九六五年には投票権法を議会で可決したが、不動産業界から支援を受けている議員らは、ジョンソン大統領の公正住宅法（住宅供給における差別を禁止する法）の支持を拒否した。その後、一九六八年にマーティン・ルーサー・キング・ジュニアが暗殺されると、暴動が相次いだ。そしてようやく、その年の後半に不動産取引における差別を禁じた公正住宅取引法を含む〝一九六八年公民権法〟が成立したのだった。[*2]

サウスサイドに暮らす労働者階級の白人は、一九三〇年代以降、少数ながらヒスパニック系の人々も受けいれてきた。ヒスパニック系の男たちが皮なめし工場の労働力として見込まれたからだ。だが、一九七〇年代になり、ヒスパニック系の人口が増加しはじめると、新たな摩擦を嫌い、白人たちは南や西へ移住していった。その結果、ミルウォーキーのいわばポーランドだった地区が、こんどはメキシコになった。ただし、ノースサイドはあいかわらず黒人の居住区だった。

白人の土地はいま、イーストサイドとウエストサイド、そしてレニーのトレーラーパークのあるサウスサイドの南端だ。公正住宅法があろうがなかろうが、ミルウォーキーは今後もアメリカでもっとも人種が分断されている都市のひとつでありつづけるだろう。*3

レニーが煙草の火を踏み消し、頭をかがめて事務所に戻った。事務所はトレーラーパークの中央、一カ所しかないパークの出入口のそばにある。なかは狭苦しく窓もない。書類が散らかり、天井にねじこまれた裸電球で照らされている。古いファクス機、電卓、パソコンにはべとべとした埃《ほこり》がついている。夏になると、水が漏れるエアコンの下に敷いてあるえび茶色の薄いカーペットに染みが広がる。冬になると、小型のヒーターがプラスチックのバケツの上で静かにうなる。それでも、レニーは長い歳月をかけて、事務所のなかに少しずつ装飾品をくわえてきた。鹿の枝角、〈パブスト・ブルー・リボン〉ビールのロゴ入り皿、飛びたとうとしているキジの写真のポスターなどで、居心地のいい空間にしてきたのだ。

「よお」。事務所に入ってきたスージーに向かって、レニーはデスクに座ったまま声をかけた。スージー・ダンはいつものように立ったまま、事務所の一角に並ぶ郵便受けに、届いた郵便物を仕分けしはじめた。手紙を入れるというよりは、すばやく、力強く、パンチをくらわすように突っこむのが彼女のやり方だ。煙草を吸うときは、手を口元から離さずに深々と吸う。掃き掃除をしたり、どこかをごしごし洗ったり、中庭の家具の位置を直したりしながらでないと、だれともおしゃべりをしようとしなかった。独楽《こま》と同じで、くるくる回るのをやめれば倒れてしまうのだろう。夫はスージーのことを〝トレーラーパークの女王〟と呼ぶのが好きだったが、ほかの住人は、事務所で働く彼女のことを〝オフィス・スージー〟と呼んでいた。そうすれば、住人の〝ヘロイン・スージー〟と混同せずにすむからだ。

「はい、今月の失業手当」と、彼女は手紙に向かって声をかけた。「まったく、少しは家賃を払ったら？　……このまま払わないでいると、ここには長く住めないよ。そうなったら、またサウスサイドに戻るか、スラムで暮らすしかないのに」

そこへ、事務所のドアが開き、ミセス・マイツが裸足で入ってきた。細身ながらも矍鑠《かくしゃく》とし、もじゃもじゃの白髪を伸ばしている七一歳。その皺だらけの顔に歯はない。

「よお、ばあさん」と、レニーは笑いかけた。パークのほかの住人と同様、レニーもミセス・マイツは頭がイカレていると思っていた。

「きょう、あたしがなにをしたと思う？　ゴミ箱に請求書を捨ててやったのさ！」。ミセス・マイツはそう叫ぶように声を張りあげると、皺くちゃの顔でレニーを横目に見た。

「へえ。本当に？」

「なんでウソつかなきゃならないんだよ！」

「なら、おれが請求書だしてやっから、払ってくれよ」。レニーがからかうと、ミセス・マイツは「ハッ！」と吐き捨てるように言い、外に出た。カートを押しながら空き缶を集める一日のスタートだ。生活保護でなんとか生活できているのに、空き缶集めで現金を稼いでいるのは、精神障がいのある成人した娘に小遣いをあげたり、稼ぎが多かったときに〈チャッキーチーズ〉［ゲームセンターがあるピザレストラン］に繰りだしたりするためだ。

レニーは笑みを浮かべ、ふたたびドアが勢いよくあけられるまで書類仕事に戻った。だれからもろくに相手にされないような住人であろうと、レニーはいつも話を聞いてやった。彼の仕事は、家賃やメンテナンスの要望の記録をつけたり、入居希望者を審査したり、強制退去通知書を手渡したりすることだ。トレーラーパークの住人たちの声に耳を傾け、状況をしっかりと把握するのも仕事だった。家賃をきちんと支払っているのはだれか、滞納しているのはだれか、妊娠しているのはだれか、抗不安薬ザナックスと医療用麻薬メタドンを混ぜて服用しているのはだれか、最近、釈放されたばかりの彼氏がいるのはだれか……。「ときどき、精神科医になったような気がするよ」と、レニーは好んで言った。「村の使いっぱしりみたいな気がするときもあるけどな」

このトレーラーパークの所有者は、トービン・チャーニーだ。一一〇キロ以上離れたイリノイ州スコーキー在住だが、日曜以外は毎日、車でやってくる。オフィス・スージーには時給五ドル［約七三〇円］を支払い、家賃を四四〇ドル［約六万四〇〇〇円］にまけている。レニーの家賃は免除し、年間三万六〇〇〇ドル［約五二二万円］を現金で支払っている。

　トービンはものわかりがよく、融通もきくという評判だ。だが、彼のことをなめてかかる者はいない。目をすがめ、にこりともしない強面《こわもて》のこの男は、いつもせかせかと動きまわっている。年齢《とし》はミセス・マイツと同じ七一歳。運動を欠かさず、愛車キャデラックのトランクにはつねにジムバッグを入れている。借家人と親しくしたり、かれらに笑顔を向けたりすることはない。立ちどまって借家人の子どもの頭をなでることもない。彼は自分を偽らない。彼の父親も不動産賃貸業を営んでいて、六〇〇〇近い物件をもっていた。だが、トービンが望んだのは住所ひとつと、一三一台のトレーラーハウスだった。

　なのに、二〇〇八年五月の最終週、トービンは突如としてその一切合切《いっさいがっさい》を失う危機に立たされた。ミルウォーキーの認可委員会のメンバー五人全員が、トービンのトレーラーパーク運営の許可証更新を拒否したのだ。

　そのきっかけをつくったのは、テリー・ウィコウスキー市議会議員だった。赤ら顔の銀髪男で、長年、サウスサイドの住人だ。彼は、「過去二年に地域サービス局が残した記録によれば、このトレーラーパークは七〇もの規約に違反している」と指摘した。また、前年だけでも、トレーラーパークから二六〇回も警察に通報があったことを問題視し、ここがドラッグ、売春、暴力の温床になっていると述べた。さらに、最近も水道管が破裂して未処理の下水があふれだし、トレーラーハウス一〇台の下が水浸しになったとあげつらった。認可委員会は現在、トービンのトレーラーパークを〝環境破壊〟にあたると見なしている。

六月一〇日、ミルウォーキーでひらかれる市議会で投票が実施され、ここで認可委員会の決定が認められれば、トービンは職を失い、借家人らは家を追われることになる。この知らせを耳にした報道陣は、武器かと思うほどどいかついカメラを肩にかついでトレーラーパークにやってきて、住人にインタビューを始めた。


「マスコミはわたしらのこと、無知なごろつきみたいに報道してるじゃないか」。メアリがトレーラーハウスの外でティナに言った。

「ここが〝サウスサイドの恥〟だって言ってたよ」と、ティナが応じた。

どちらの女性も長年、このトレーラーパークに暮らし、人生の苦労が顔ににじみでていた。

「そのせいで、うちの息子は眠れないんだよ」と、メアリ。「わたしも旦那も眠れなくてさ……ひどい話だよ。わたしは仕事をかけもちして必死で働いてるっていうのにさ。ここを追い出されたら、行くとこなんかないのに」

そこへミセス・マイツが近づいて、ティナの顔の横に顔を突きだした。ティナが驚いて思わず身を引くのもかまわず。「あのクソったれ！」と、ミセス・マイツはわめきはじめた。「あの市議会議員に電話してやる。こっちの言い分を聞かせてやる！　あのクソっ――」

「けど、そんな真似したって、なんの役にも立ちゃあしないよ」と、ティナが話をさえぎったが、

「あたしゃ、やるよ。こっちの言い分を聞かせてやる」と、ミセス・マイツは言い張った。ようやくミセス・マイツがその場を離れると、ティナとメアリはやれやれと首を振った。それからメアリが真顔で「ノースサイドに引っ越せって言われたら、どうしよう」と言った。「笑えないよ」。彼女は身を震わせ、目をそらし、泣くまいと身を固くした。

これこそ、トレーラーパークの住人がなによりおそれていることだった。メアリ、ティナ、ミセス・マイツ、そしてトレーラーパークの住人全員がおそれているのは、退去を迫られて黒人が暮らすスラムへの引っ越しを余儀なくされること。オフィス・スージーはノースサイドに暮らした経験がある数少ないひとりだが、いま成人の息子は当時、顔に銃を突きつけられた。「あの市議会議員はここがゲットーだって言ったけど、本物のゲットーのことなんか、なーんにも知らないんだよ！」と、スージーは息巻いた。この騒動が起こってから、スージーは胃を悪くし、鎮痛剤を一気に飲むのを心配した息子が薬を隠すほどだった。

市議会の最終投票まであと一〇日になったとき、借家人たちは取材にやってきたマスコミをもてなすためにバーベキューをしたり、地元議員に電話をかけたり、市議会で話す予定のスピーチを暗唱したりした。金屑集めをしているルーファスは、議会で話す予定の意見を書きだし、読みあげて練習した。赤ひげの手入れを怠らない、少し離れた青い目のこの男は言った。「で、おれが『家賃を五〇〇ドル［約七万三〇〇〇円］滞納している者は？』と尋ねる。そしたら、何本か手が挙がる。おれはそのまま『七〇〇ドル［約一〇万二〇〇〇円］滞納している者は？　一〇〇〇ドル［約一四万五〇〇〇円］は？』と尋ねる。こんどは、全員の手が挙がる」。そのあとは、こうスピーチを締めくくるつもりだった。「この人は悪徳家主ではありません。悪い人じゃないんです」もし、このスピーチが功を奏さず、トレーラーパークが閉鎖されることになったら、ルーファスとしてはトレーラーハウスを電動ノコギリで解体し、アルミニウムを売るしかなかった。

トービンは借家人たちに協力的な面もある。家賃の支払いが遅れても、金ができたときに払ってくれればいいと言うこともあった。借家人が失業したときには雑用を頼み、その分、家賃を安くしてやることもあった。レニーには「支払いが遅れたとしても、根はいい連中だからさ」と言ったりした。母親の葬式に参列する借家人に金を貸してやったこともある。トレーラーパークのゴミ集めをしている酔っ払いを警察が逮捕したときには、保釈金を払ってやった。

とはいえ、借家人との交渉はもっぱら口頭のみで、文書に残すことはまずなかった。そのせいで、借家人の記憶とトービンのそれがよく食いちがった。借家人が家賃の滞納は一五〇ドル［約二万二〇〇〇円］だと言うのに、トービンがいや二五〇ドル［約三万六〇〇〇円］だとか、六〇〇ドル［約八万七〇〇〇円］だとか言ったりした。一度など、ある借家人が労災を認められて保険金を勝ちとり、一年分の家賃を前払いしたというのに、トービンがそれをすっかり忘れてしまった。こんなとき、トレーラーパークの住人は〝トービンされた〟と言う。大半の住人は、それを彼の加齢や物忘れのせいにしていたが、忘れっぽさは悪化の一途をたどっていた。

町でもっとも貧しいトレーラーパークで稼いでいくには、ある種の技《わざ》が必要となるが、トービンの戦略はシンプルそのものだった。ひとことで言えば〝こちらから行動を起こす〟。薬物依存症、金屑集めで小銭を稼いでいる男、障がいをもつ高齢女性などのところに足を運び、「家賃を払え」と直談判《じかだんぱん》するのだ。住人が居留守を使うのはまず無理だ。そもそも、隠しごとなどできない。オフィス・スージーは、住人一人ひとりの郵便受けに郵便物を入れている。当然、住人のもとに小切手が郵送されてくればわかる。それに、煙草やビール、子どもの新しい自転車といったものを買うだけの金があるのに家賃は払えないなどと言おうものなら、レニーにすべて見抜かれる。

借家人がドアをあけると、トービンは手をぬっと伸ばし、「おれに渡すものがあるだろ？」と言う。借家人が返事をするまでドアをバンバンとたたきつづけることもある。ときにはトレーラーハウスの外からアルミニウムの下見張りをたたきつづける。レニーやほかの借家人にバックドアをたたかせ、自分は正面から攻めたりもした。借家人の職場に電話をかけて、上司と話をすることさえあった。すると借家人のケースワーカーや牧師が代わりに電話をかけてきて、「ちょっと待ってください」「お願いしますよ」などと泣きついてくるが、トービンは「家賃を払ってくれ」の一点張りで、頑として引かなかった。

トービンには、数百ドル、数千ドルという単位の金を滞納させるつもりも、忘れるつもりもなかった。半額の返済で妥協するつもりもなければ、相場より安く貸すつもりもなかった。借家人が滞納すると、彼は三つの選択肢のなかから対策を選ぶ。その一、大目に見て収入が減っていくにまかせる。その二、強制退去の手続きに着手する。その三、借家人と話をする。

〝その一〟は、ありえない。トービンは家主として生計を立てている。甘い顔をしていては商売が成り立たない。だが、滞納しているからといってすぐさま強制退去させたりもしない。新たな借家人をさがすにも、また金がかかるからだ。平均すると、一カ月あたり四〇人が家賃を滞納している――トレーラーパークの住人全員の三分の一に迫る数だ。滞納額の平均は約三四〇ドル[*4]〔約四万九〇〇〇円〕。それでも退去させる住人は、毎月ほんの数人だ。トービンは〝その三〟の選択肢を選び、借家人と話をする。だから借家人は感謝するわけだが、最初から謝意を示すとはかぎらない。

たとえばジェリー・ウォレン。彼はその昔、ギャングの一員としてバイクに乗っていた。全身がタトゥーだらけで、そのいくつかは刑務所で彫った。トービンはレニーと一緒に強制退去通知書を手にしてやってくると、ジェリーが自分でアクアブルーに塗った六五平米ほどのトレーラーハウスの車体をガンガンたたいた。だが、通知書を受けとったジェリーは、それをくしゃくしゃに丸め、トービンの顔に向かって投げつけた。「トービン、退去通知なんか知るかよ！　レニー、あんたが老いぼれだろうと容赦しないぞ。ぶちのめしてやる！」。レニーはジェリーをなだめようとしたが、トービンは顔色ひとつ変えなかった。とにかく話はした。何日かたって興奮がおさまったら、ジェリーはかならず退去通知書を拾うだろうと踏んでいたからだ。[*5]案の定、ジェリーは泣きついてきた。強制退去を取り下げてくれるのなら、トレーラーパークの掃除をするし、必要なメンテナンスもする、と。トービンはその案を受けいれた。

ところが、ロレイン・ジェンキンズには別の対応をした。認可委員会から許可証更新の申請を却下されるひと月前、トービンは彼女をキャデラックに乗せ、強制退去の申し立てをした裁判に連れていった。ロレインは子どものころ、屋根裏の窓から転落してケガを負い、その後遺症で学習障がいとなり、生活保護を受けていた。一カ月の受給額は七一四ドル［約一〇万四〇〇〇円］。家賃は五五〇ドル［約八万円］で、公共料金は含まれない。トービンに裁判所に連れていかれる前から、彼女は何度も家賃を滞納していた。「家賃にあてるお金を、どうしてもあきらめられなくて」と、ロレインは認めた。「路上で暮らしている人たちは、まともにものを考えられないわけじゃない。あの人たちは、ただ路上で暮らしてるってだけ。だれにも家賃を払わなくていいからね」

ロレインは助手席に座っていたが、もうひとり、後部座席にパム・リーンキーという借家人が座っていた。ストレートの前髪を切り揃え、顔にそばかすが散っている妊婦だ。法廷で、トービンは二人に合意書を示した。これは、いわば民事裁判における司法取引だ。これから二人がきちんと家賃を納めるのであれば、強制退去の申し立てを取り下げる。だが約束を守らなかったら、もう法廷に連れていかなくても、トービンは保安官の強制退去執行班を呼びだせるという内容だ。

ウィコウスキー市議会議員との闘いが続き、トレーラーパークの命運が尽きる可能性があるうちは、借家人たちが家賃の支払いを渋るかもしれない、とトービンは危惧していた。実際には、大半の借家人がきちんと家賃を支払ったが、ロレインは違った。とっくに滞納していたうえに、パークが閉鎖される可能性があるとわかると、六月の家賃も支払わなかった。いずれにしろ引っ越しを迫られるのであれば、家賃の五五〇ドルは手元にあったほうがいいと考えたのだ。図に乗りすぎた彼女は、夜のニュース番組にまで出演し、パーク内で売春婦やドラッグの売人を見たと証言した（ウィコウスキー議員の最大の支援者フィリス・グラッドストンからそそのかされたのだ）[*6]。ロレインのそうしたやり口を見たトービンは、合意書に違反したことをたてに、すぐさま保安官の強制退去執行班を呼んだ。

ミルウォーキー保安官事務所からロレインのもとに届いた紙には、次のような通告が印刷されていた。

現借家人に

ミルウォーキー郡保安官事務所は裁判所命令（返還・判決執行命令）を受け、敷地からの即時立ち退きを求めることをここに通知する。即時退去に応じない場合、保安官が貴殿の所持品をすべて撤去する。

強制退去が必要な場合、保安官が貴殿の所持品を保管場所に移したあと、敷地内でなんらかの損失や損害が生じた場合、貴殿（被告人）の責任となる。貴殿の冷蔵庫や冷凍庫に残った食品は移動の対象にはならない。食品は事前に処理すること。

ロレインは震えあがった。彼女は感情を隠さない。映画のスクリーンのように、一喜一憂が顔に投影される。うれしいときには、すきっ歯をむきだしにして輝くばかりの笑みを浮かべ、落ちこんでいるときには、一〇〇個もの小さな鉛の重りに引っぱられているかのように顔全体が垂れ下がる。五四歳のいまはこぎれいな白いトレーラーにひとりで暮らしていたが、いつかは成人した二人の娘、それに孫息子と再会したいと祈っていた。彼女にとっては神と同様、娘と孫が世界の中心を占めていた。

顔の幅が広く、白い肌はそばかすだらけで、腹部がせりだしているロレインだが、かつては目が覚めるような美人で、男たちが思わず車の窓から身を乗りだしてくるような服装をするのが好きだったという。いまでも身だしなみには気を使っていて、〝死んだ魚〟みたいに見えるからと、眼鏡はあまりかけない。ちょっとおめかししたいときには、若かりしころに手に入れたアクセサリーをつける。太くなった首でもつけられるよう、ネックレスの留め口は安全ピンで留める。

そんなロレインが、酸っぱい汗の臭いがする髪をぼさぼさにしたまま、書類をふきんのように握りしめて事務所に入ってきた。トービンは短いやりとりのあと、彼女を事務所の外に出し、スージーを呼んだ。

「スージー！」

「なに、トービン？」

「ロレインを銀行に連れていってくれないか。家賃の金をおろすんだ」

するとスージーは、「一緒にきて」とロレインに声をかけ、きびきびと車に乗りこんだ。

スージーがロレインと一緒に銀行から戻ってくると、事務所で書類をめくっていたトービンは、

「いくらある？」と訊いた。

「四〇〇」。ロレインが答えた。

「強制退去は取り下げないぞ」。トービンはスージーを見たまま言った。ロレインはまだ、その月の家賃のうち一五〇ドル［約二万二〇〇〇円］を支払っていなかった。

トービンは、事務所のなかで突っ立っているロレインを見て言った。「残りの一五〇はいつ払える？」

「今夜、今夜なら――」

トービンは彼女の話をさえぎった。「オーケイ。残りはスージーかレニーに渡してくれ」

だが本当は、ロレインの手元には一五〇ドルもなかった。そのお金は、やはり滞納していた公共料金の支払いにあててしまっていたからだ。どうしてもガスを使いたかった。熱いシャワーを浴び、悪臭をごしごしと洗い流したかった。さっぱりしたかったし、昔みたいに可愛らしい雰囲

気を少しでも取りもどしたかった。男たちのためにテーブルの上で踊っていたころ、娘たちがまだ赤ちゃんだったころのように。

それに、線維筋痛症《せんいきんつうしょう》の痛みもやわらげたかった。まるで〝一〇〇万本のナイフ〟が背中に突き刺さっているような激痛には、疼痛治療薬リリカと鎮痛薬セレブレックスを処方されていたが、その代金さえ払えないことがあった。そんなときは熱いシャワーを浴びる。そうすれば、少し楽になった。だから電力とガス供給会社に一五〇ドル支払った。なのに、ウィ・エナジーズ社はまだ足りないからと、ガスの供給を戻そうとはしなかった。支払ったりしてバカみたい……。ロレインは後悔した。

スージーは紙切れで領収証をつくると、ロレインの強制退去通知書にホッチキスで留めた。続いて「残りは妹さんに頼まなくちゃ」と言い、ファクス機の受話器をとると、暗記している番号を押した。「もしもし、カレッジ・モバイル・ホーム・パークの強制退去を一件、中止していただきたいんですが」。スージーは保安官事務所の担当者に言った。「W‐46のロレイン・ジェンキンズです。家賃の支払いがありましたので」

こうして、今回は保安官代理たちの出動を中止してもらったものの、ロレインがこのまま家賃の残額を用意できなければ、トービンはまた保安官を呼びだすだろう。

ロレインはむっつりと自分のトレーラーに戻っていった。室内はとんでもなく暑かったので、シャワーからなまぬるい湯が出てくるのを期待した。扇風機はつけなかった。つけるとめまいがするからだ。窓もあけなかった。ただ、ソファに座りこんだ。それから、地域の窓口にいくつか電話をかけてみたが、どこに電話をかけても、いっさい対応してもらえなかった。彼女は床に向かってうつろな声で言った。「もう、なんにも考えられない」

ロレインはそのままソファに寝転がり、暑さを忘れようとしながら眠りに落ちた。

4章 みごとな回収

市議会でトレーラーパークの命運が決まる日、トービン・チャーニーはポロシャツ、黄褐色のスラックス、茶色のローファーといういでたちで議会の最前列の真ん中に座っていた。横には妻と弁護士が座っている。議場にはピンクの大理石でできた大きな円柱がそびえ、梁《はり》がめぐらされた天井には、赤茶色と黄色の複雑な文様が描かれていた。正面を見るとオークのどっしりとしたデスク、その手前には市議会議員用の小ぶりのオークのデスクが一五台、少し間隔を置いて並んでいる。

前夜、トービンの弁護士は追加の証拠書類を議会に提出していた。だが提出が遅すぎたため、大半の議員が目を通していなかった。弁護士が立ちあがり、咳払いをしてから述べた。「この追加の証拠書類は、トービンが即時、または近日中に実施予定の一〇段階の対策を説明したものです」。その〝一〇段階の対策〟には、市が開催する家主を対象とした一日講習会に参加する、二四時間対応のセキュリティサービスを導入する、独立した管理会社に管理を委託する、迷惑行為をはたらく借家人を強制退去させる、敷地内の違法行為に対処するといったもののほか、家主に反論した借家人に対していっさいの報復行為をしないなどがあり、最後は一年以内にトレーラーパークを売却する、としていた。

「このパークに暮らす人たちは弱い立場にあります。高齢者や障がい者、子どもなどです」。弁護士はそう述べると、トービンがウィコウスキー議員と「合意点を明確にすべく、日夜、話しあいを重ねてきた」と説明し、弁論を終えた。

だが市議会は、前夜になってからの証拠書類提出に難色を示したあと、喧々諤々《けんけんがくがく》の議論を始めた。ある議員はこれを〝紳士協定〟と呼び、ある議員は、これでは市民が議会で責任を問われても一〇段階計画書を提出すればそれですむことになると言った。

ウィコウスキー議員が立ちあがって口をひらいた。「ミスター・チャーニーは、現在のトレーラーパークをこのように変革していくことを了承したわけです。私の選挙区にはトレーラーパークが四カ所ありますが、このような問題を抱えているのはここだけです」。彼は眼鏡越しに弁護士を見やった。「住人全員が高齢者や障がい者や子どもではありませんが」。ここで同僚たちのほうを向いて続けた。「経済力のない住人や限られた能力しかない住人がいます。そうした住人までもが強制的に退去させられることになるのです」

ウィコウスキーはトービンとは親しくもなんともなかったが、追加の条項には満足していた。ふたたび激しい議論が起こり、鋭い応酬が繰り広げられた。トービンは座ったまま、妻の手を握っている。イライラしているようだ。

ついに議長が投票を求めた。

すべてが終わり、車でトレーラーパークに戻ったトービンは、住人を集めて結果を伝えようとはしなかった。事務所の椅子にずるずると座りこみ、深々とため息をついたりもしなかった。彼はただ、猛然と強制退去の手続きにとりかかった。議会はトレーラーパークの運営継続を認めた。だがその条件として、パークの改革に向けて抜本的な対策をとるよう求め、そのなかには、〝トラブルメーカーを退去させる〟という条項も含まれていた。

市や州の当局が家主に圧力をかけ、セキュリティ会社に業務を委託しろとか、建物検査官に敷地内を調査させろとか命じた場合、家主はたいていその圧力を借家人に転嫁する。[*1] 借家人に自分の力を見せつけるのだ。そして、自分の力を見せつけるもっとも効果的な方法は、借家人を敷地から無理やり追い出すことだった。[*2]

「二八日後の強制退去通知の用紙はどこでしたっけ?」。事務所で書類の山をあちこち引っかきまわしながら、レニーが尋ねた。二八日前までの通知であれば、家主は〝理由なし〟に賃貸契約を解除できるという制度がある。家賃を滞納してはいないものの、始終トラブルを起こしているような借家人を追い出すには理想的なやり方だ。トービンのほうを向き、レニーが言った。「二

「八日後の強制退去通知書、山ほど書かなくちゃならないですね」

だがトービンは「連中は家賃を滞納してる」と応じた。「五日後の通知で十分だ」

〝連中〟とは、パムとその家族を指していた。強制退去を求める法廷にパムを連れていったあと、トービンは彼女にマスコミと話してくれと頼んでいた。パムは三〇歳で妊娠七カ月。中西部のなまりがあって、高校の卒業記念アルバムに載っているようなあどけない顔をしている。だから、人々の同情を買うと踏んだ。だが、うまくいかなかった。

「レニー、この騒動のせいで、連中が家賃の支払いを渋らないといいんだが」

「大丈夫ですよ。いま帳簿を確認したんですが、いつもより支払いが遅れているわけじゃありません」

オフィス・スージーがつけくわえた。「みごとな回収もあったしね。パムから一二〇〇ドル［約一七万四〇〇〇円］回収したんだから」

少し前、パムはオバマ大統領が経済刺激策として給付したばかりの一二〇〇ドルの小切手に署名し、それをトービンに渡して強制退去を見逃してもらおうとした。滞納しているのは一八〇〇ドル［約二六万円］だが、一二〇〇ドルも返済すればお情けにすがれるだろうと考えたのだ。ところがトービンは、パムには三〇〇〇ドル［約四三万五〇〇〇万円］以上貸しがあると言い、オフィス・スージーはトービンに、パムがクラックを吸っていると教えた。だからトービンはパムから小切手を受けとりはしたものの、強制退去の手続きを進めた。パムの一家がこのトレーラーパークで暮らすようになってから、二年の歳月が流れていた。

そもそも、パムが恋人のネッド・クロールと一緒にこのトレーラーパークで暮らすようになったのは、トービンが二人にトレーラーを一台、無料で与えたからだ。パムは病弱な父親のそばで暮らすため、ネッドと一緒にグリーンベイからミルウォーキーに引っ越そうと考えていた。そんなとき、トービンが地元紙に出した広告を目にした。それで、ちょっと現地を見てみようと、二人で車を飛ばしてここにやってきたのだ。

トレーラーパークにきた二人に、トービンとレニーは〝便利屋スペシャル〟という特別なプランを提案した。このプランでは、借家人がトレーラーを所有し、トービンはトレーラーの下の土地を所有する。そしてトービンはトレーラーの所有者に〝地代〟を請求する。結局は借家人が支払う家賃と同じに思えるが、借家人と異なり、トレーラーを所有する家族が管理費を負担する。その代わり、契約上は、トレーラーを所有する家族はいつでもどこにでも、トレーラーを移動させることができる。

だが、そんなことは事実上、不可能だ。トレーラーを牽引するには一五〇〇ドル［約二二万円］以上かかるし、別の場所にトレーラーを設置するとなると、その倍の費用がかかりかねない。だから所有者は、強制退去させられれば必然的にトレーラーを手放すことになる。トービンは残されたトレーラーを〝遺棄物〟として処理し、ほかのだれかにまた与えればいい。

パムが立ち退きを迫られていたとき、パーク内にあるトレーラーには二〇台をのぞいて、すべてそうした所有者が暮らしていた。つまるところ、トレーラーを所有するメリットは、気持ちの問題にすぎない。「ここに越してきたら一国一城の主《あるじ》になれると思ったんだ。たとえタイヤの上に載ってたってさ」と、パムの隣人はよくうそぶいた。[*3]

トービンがこのやり方を始めてから、契約までのスピードは上がった。たとえ中古のオンボロトレーラーでも数日、どんなにかかっても数週間あれば、空いたトレーラーをまた人で埋められた。困窮して切羽つまった家族がみずから連絡をしてくることもめずらしくなかった。

その背景には、全国の都市部での家賃高騰があった。低所得者層が賃料の安い物件に殺到したことで、手頃な家賃の物件は減り、ついには底をついた。いまや低価格の賃貸物件の空室率は全国的に一桁にまで下がっている。[*4]

レニーの事務所にも、トレーラーパークの空きを問いあわせる電話が毎日かかってくる。マスコミが取材にくる前も、きたあとも、電話は鳴りつづけた。そして、いよいよこのトレーラーパークを取材した番組がテレビで放送されると、その月は空きがゼロになった。「もう満杯だよ」と、レニーが低く笑って言った。「なのに、まだ問い合わせの電話がかかってくる」

彼がトービンのために記録している帳簿によれば、空いているトレーラーは月平均で五台しかなかった。つまりトービンのトレーラーパークの空室率は四％未満。[*5]最低価格の物件への需要の高まりは、こうした家主にとって好都合だ。空室が出たとたんに、入居希望者が殺到するのだから。そうなれば、家賃を下げたり、滞納を許したり、物件をこぎれいにしたりする意欲は限りなく低下する。

「だと思ったぜ」。また女の子を妊娠したとパムから告げられたとき、ネッドは煙草を口からぶら下げたまま、そうつぶやいた。彼にはすでに息子がいた。一六歳のときの子で、母親はZZトップのライブで出会ったメキシコ系の少女だった。ただ、彼女の家族はネッドを迎えいれるつもりなど端《はな》からなかったし、ネッド自身、息子に思い入れはなかった。「あのあとはぜんぶ女。おれ、罰を受けたんだろな。あれきり息子にゃ恵まれないんだ」。これから生まれてくる子は、パムの連れ子である肌の黒い娘二人を勘定に入れて五人目の娘だ。

パムとネッドはグリーンベイで出会った。パムの父親がネッドに愛車ハーレーの調整を頼んだのがきっかけだ。ネッドはパムの一〇歳年上で、爪の隙間にグリースがべったりついていて、茶色い無精ひげを生やしていたし、長髪の額の生え際は後退しつつあった。浴室のドアをあけっぱなしにして用を足したり、公衆の面前でぼりぼり身体を掻《か》いては悦にいるタイプの男だった。

パムの二人の娘とは、二三歳のときに産んだブリスと、その二年後に産んだサンドラで、二人の父親は黒人、パムが一九歳のときに出会ったドラッグの売人だった。だが彼女はある日、自分が何人かいる女のひとりにすぎないと知った。

「パパがママをビンでぶんなぐって、ママの頭から血がでたときの話、聞かせてよ」。食料配給所に向かう車のなかで、六歳のサンドラからそう尋ねられたことがある。そのとき、パムは悲しげに笑みを浮かべて言った。「あんた、そんなこと覚えてるほど大きくなかったでしょ」。それでもサンドラは、「大きかったもん」と言い張った。サンドラは、ゴキブリが出てきてほかの女の子たちが互いにしがみついているときにも、ぶかぶかの靴を握りしめてたたきつぶすような子だ。「あんたはまだ赤ちゃんだった。ブリスはもう物心がついてて、わたしがだらだら血を流してるのをしょっちゅう見てたから、すっかり慣れてたけどね」

パムは売人の男と別れるために、看護助手の資格をとって働きはじめた。病人のポータブル便器を空にしたり、嘔吐物《おうとぶつ》をモップで拭《ふ》きとったり、病人が床ずれを起こさないよう身体を動かしてやったりした。スパゲッティやマカロニサラダを大量につくる方法も覚えた。母親はパムが高校生のときに交通事故で命を落としていたから、ぜんぶ自分で覚えた。父親もそばにいてはくれなかった(ドラッグや飲酒運転の罪を問われ、刑務所にいる時間のほうが長かったのだ)。パムの兄は、パムと同じく生活をあらためつつあった。医療用麻薬メタドンはやっているが、ヘロインはやらなくなっていた。

将来に希望が出てきて、生まれ変わるときだった。大地をしっかりと踏みしめて、一歩ずつ前進するときだった。だがやがて、その大地が足下で方向を変えた。ある日、パムのもとに一本の電話がかかってきて、あなたのお兄さんが亡くなりましたと告げられたのだ。薬の過剰摂取だった。兄は二九歳だった。パムは受話器に向かって悲鳴をあげ、電話を切ると、別の番号に電話をかけた。「このままではどうにかなっちゃう、なにかちょうだい」

ドラッグを表現する〝クラック〟や〝ロック〟という言葉からは、ごつごつした硬い印象をもちやすい。だが実際に手にしてみると、ドラッグはじつになめらかで優雅な雰囲気さえ漂わせている。なかには、カラフルなガムのように見えるものもある。パムはドラッグの売人と一緒に暮らしているあいだはずっと、手を出さずにいた。ドラッグのせいで人間が豹変《ひょうへん》し、どんな真似でもするようになるのを目の当たりにしていたからだ。でも同時に、ドラッグがあれば現実の憂《う》さを忘れられることもわかっていた。「ヤクに手を出さない日はなかった」と、パムは当時を思い起こした。「『ああ、よかった。彼のこと思いだしても、もう泣かなくなった』なんて思ったりしたけど、そりゃそうよ。だって、泣きたくなったらヤクに頼ってハイになってたんだから」

ネッドと出会ったのは、そんなときだった。

つきあって最初の年、二人を結びつけたのはクラックだった。かれらはクラックのために生き、クラックのおかげで生き、その状態で娘たちを育てた。そしてじきに、それを売りはじめた。出会って一年後、二人は逮捕され、有罪判決を受けた。薬物で前科のあったネッドは刑務所に送られた。パムは初めての重罪判決。四年の執行猶予がついたが、結局、一〇カ月を鉄格子の中ですごすことになった。

釈放されたあと、もうドラッグとは縁を切ろうと思った。そこでグリーンベイに暮らしていた友人のところに転がりこんだ。友人のなかではいちばんまじめだったからだ。なのにその友人も、パムが塀の中にいるあいだにドラッグに手を出していた。「グリーンベイの知りあいは、ひとり残らず、だれもかれもクスリをやってた」と、パムは怒りをぶちまけた。とうとう父親に泣きつき、引っ越したいから五〇〇ドル［約七万三〇〇〇円］送金してくれないかと頼んだ。すると、意外にも父親は送ってくれた。だがグリーンベイは小さな町だ。すぐに知りあいの売人とばったり出会ってしまった。「やつのせいで、またすぐにヤクが手放せなくなったの」

ネッドが釈放されると、二人はふたたび一緒に暮らしはじめ、パムはすぐに妊娠した。ネッドは父子鑑定を求めたが、自分の子だった。二人はその娘にクリスティンと名づけた。ほどなく、ネッドと別の女性とのあいだにできたローラという娘も一緒に暮らすようになった。その娘は鼻が小さく、そばかすがあって、ブリスの一歳年上だった。

ところが、ローラがきてから数カ月後、ネッドはドラッグを通じて知りあったばかりの女のところで一晩をすごした――次の夜も、そのまた次の夜も。ついに、パムはローラを実の母親の家に連れていった。ドアをノックし、玄関でローラの母親にこう言ったのを覚えている。「わたし、もうすぐお腹の子が産まれるんだ。それにいまは、ホームレスなの。あんたの男には捨てられた。一文無しだし、食べるものもないし、あんたの子どもになんにもしてやれないんだよ。もう、こわくてたまらない……お願いだから、娘さんを引きとって」*6

なのに、ローラの母親はかけていた電話を切ろうともせず話をしつづけ、パムたちに缶詰が入った袋を渡すと乱暴にドアを閉めた。

ネッドは一カ月後に戻ってきた。

一二〇〇ドルの小切手はもらうが、やはり立ち退いてもらう――そうパムとネッドに告げたとき、トービンはボディガードまで連れていった。そのうえで、二四時間以内に退去してくれ、さもないと保安官を呼ぶぞと言った。予想に反して、二人は騒ぎを起こさなかった。麻薬がらみの犯罪で新たに逮捕状を出されていなければ、ネッドは大暴れしたかもしれないが。

パムとネッドは、強制退去になった責任を互いになすりあった。

「おまえのせいで台なしだよ」と、パムに声を荒らげるネッド。

「台なしにしたのはあんたでしょ」と返すパム。「よくもそんなことが言えるね。わたしはあんたにありったけの金を渡してた……強制退去になったのは、あんたのせいよ」

「出てけよ、このアマ」

「出てくのはそっちよ、ネッド」

「おまえは出ていけるだろ」

「ムリだよ。あんたが出てって」。だがそう言うと、パムは口をつぐんだ。「そうなのかな。ホントはわたしのせい？　問題があるのはわたし？　かもね。そうなのかも」

そのあと、二人は金になりそうなものを片っぱしから売りはじめた。テレビ、パムがクリスマスにネッドに贈ったパソコン……、とにかく現金が必要だった。

家賃を滞納する前、パムは就労貧困家庭への手当六七三ドル［約九万八〇〇〇円］の受給資格を満たすために週三〇時間働き、三九〇ドル［約五万七〇〇〇円］分のフードスタンプを得ていた。ネッドがバイクを修理したりカスタムしたりして現金を五〇ドル［約七三〇〇円］ほど手にして帰ってきた日もあった。パムの金はパムのもの、ネッドの金はネッドのもの。二人は各自、銀行口座をもっていて、請求書の支払いは折半《せっぱん》していた。

パムは釈放されたあと、薬物がらみの前科のせいで職さがしに苦労したが、ようやく広告の印刷工場、クアッドグラフィクスに雇ってもらった。クアッド社には、前科がある者や高校を卒業していない者でも夜勤をこなす意志があれば雇ってくれる、という評判があった。パムも夜勤をこなし、低いうなり声をあげて熱を帯びる機械を、夜七時から朝七時まで動かした。工場のあるサセックスまでは車で四〇分かかったが、パムはこの時間をおおいに楽しんだ。それはひとりきりですごせる自分だけの時間、ネッドと子どもたちから離れてすごせる至福のひとときだった。

だがやがて、金が底をつく冬に車が故障した。最悪のタイミングだった。ネッドは建設現場の作業員として働いていたが、厳冬期には現場が閉鎖されてしまう。二人には車の修理代にあてる余裕がなく、通勤できなくなったパムは職を失った。このときから、家賃の支払いが遅れはじめたのだった。

緊急支援策のおかげで一カ月はしのぐことができた。二カ月後の二月、パムは税金の還付金一〇〇〇ドル［約一四万五〇〇〇円］をトービンに渡した。滞納額にはまだ足りなかった。もっと返済することもできたが、なんとしてもクアッド社に再就職したかった。そのためには車が必要だ。ようやく四〇〇ドルで一台購入した。なのにその一週間後、「カチカチと妙な音がするぞ。エンジンがぶっ壊れる前に売っぱらえ」とネッドに言われた。

おまけに、大金がドラッグに化けていった。朝になってパムが夜勤から戻ってくると、ネッドがヘロイン・スージーのところにいりびたっていたり、一晩中騒いだ挙げ句、リビングでハイになっていたりした（女たちがソファで正体を失っていた）。パム自身がキメすぎてしまい、まともに歩けない夜もたびたびあった。

パソコンとテレビは売れたものの、ほかの所持品はゴミ袋に突っこまれた。パムはトレーラーの列を横切ってスコットのところに行き、立ちなおるまで、あるいはせめて赤ん坊が生まれるまで、自分たちを住まわせてくれないかと頼みこんだ。スコットは四〇歳を目前にした薬物常用者で、テディという年上の男と暮らしていた。二人はホームレスのシェルターで知りあったらしい。パムは、かれらなら娘たちがそばにいても大丈夫だと信用していた——彼女たちの目の前でスコットがドラッグで気を失ったことがあったとしても。スコットとテディはパムたちを受けいれ、金は求めなかった。

「パムとネッドはスコットたちのところにいるわよ」。オフィス・スージーがそう伝えたとき、トービンは憤慨した。あのトレーラーは、スコットとテディに貸したもの、ほかの同居人にはいっさい認めていない、と。トービンは、スコットとテディに強制退去通知書を渡し、請求書にはパムとネッドが滞納している家賃もくわえた。
強制退去はこんなふうに伝染していくこともあった。

5章
一三番ストリート

アーリーンは、一三番ストリートを嫌がっているわけではなかった。一角にはアラブ人が所有する食料雑貨店が、反対側の角には年老いた男たちが集まるバーがあったが、息子のジャファリスを学校まで歩いて送ることはできた。隣の廃屋にはクラック依存者たちが住みはじめたが、関わらずにすんでいたし、数軒先にはバイオリンを練習する女の子も暮らしていた。

新しいアパートメントにも慣れつつあった。かつてはなかなか威厳のある建物だったのだろう、ギリシア復興様式の砂岩ブロック造りの二階建てで、二本の円柱が玄関ドアの日よけを支えていた。はめ殺しの窓が二枚、それに三角形の破風《はふ》の装飾がついている。二階には通りに面してちょうつがいで開く大窓もある。だが経年劣化からは逃れられない。一本の円柱は根元が沈んでいるし、玄関ドアの日よけは片側に傾いている。円柱、ポーチ、三角形の破風は灰色に塗られ、鉄のかんぬきがついたドアが外側にもう一枚、設置されていた。アーリーンはペンキがはげ、左右の手すりがずれている玄関の階段をのぼるのがいやで、いつも横の入口を使った。

そんなふうでも、居心地のいい空間にしようとがんばった。室内には前の住人が置いていった大型衣装箪笥、ベッド一台と冷蔵庫があったし、寝室には鏡付きチェストがあった。地下室には、食器、衣類、布張りの椅子なども残されたままだった。それらをすべて使うことにした。家具の位置を変え、食器類は持参した自分の磁器の皿の横にしまった。その皿は何年か前に、DVの被害者用シェルターでもらったものだ。正面側の寝室は自分が使い、奥の寝室を子ども部屋にして、床にマットレスを二枚敷き、鏡付きチェストのひきだしに衣類をしまった。

持参したステレオを出してきて、CDに焼いた昔のヒップホップを聞いた。お気に入りは2《トゥー》パックの「キープ・ヤ・ヘッド・アップ」。キッチンには、黒人の小作農が鍬《くわ》で畝《うね》をつくっている素描《そびょう》を飾った。バスルームのドアにはドラッグストアで見つけたプレートを飾った。そこには「あなたがきのう心配していたきょうという日は、万事うまくいっている」と書いてある。

地下室の壁は、置きっぱなしだったローラーと刷毛と大きな白いペンキ缶を使って塗りなおした。二階に続く階段にも塗った。それが終わると、お香を焚《た》いてペンキ臭さを消した。室内に目をやる。上出来だった。

日を追うごとに、アーリーンも息子たちも新居になじんでいった。放課後、ジョリはときどき近所の少年たちを誘って、空き缶遊びで勝負した。ジャファリスは兄たちが遊ぶようすを眺めている。ジョリはひょろっと痩せていて、腕と指だけ速く成長しているような体型を隠そうと、いつもだぶだぶのスウェットやコートを着ていた。髪はほったらかしで、それがどこか愛嬌のある穏やかな雰囲気をかもしだしている。

ジョリは、とても親孝行だった。アーリーンが笑みを浮かべてくれるなら、盗みだってやるだろう。アーリーンが侮辱されたら、自分が代わりに闘うだろう。貧困家庭に生まれた子どものなかには、こんな家とはとっととおさらばしたいと考える子がいる。だがジョリは、家を出るつもりなど毛頭なかった。それどころか、自分がこの世に生を受けたのは、アーリーンとジャファリスを守るためだと感じていた。すでに、ジョリは一家の家長だった。

いっぽう、弟のジャファリスは保育園のクラスではいちばん大きかった。兄のジョリは手足ばかりが長いのに、ジャファリスは胸板が分厚く、肩もがっしりとしている。頬骨が高く、編みこんだ髪はよくほつれた。退屈すると地下室や裏路地に行き、モップの柄《え》、錆びた道具、犬のリード、ベニヤ板といった物を戦車やヘリコプターに見立てて、ひとりで戦争ごっこをした。

アーリーンは、夕食を終えるとテレビを見たり、ジャファリスの個人学習プログラム［障がいがある子ども向けの個別学習計画］の評価に目を通したり、祈禱書《きとうしょ》をめくったりしてすごした。ときおり、夜になると階段を上がり、二階の空き部屋でひとりの時間をすごすこともあった。ここが空き部屋なのも、アーリーンは気に入っていた。静かなほうが好きなのだ。

ある日、友だちから一匹の猫をもらった。半分が黒くて、半分が白い。猫を飼ってもいいかとシェリーナに確認したあと、ジョリはそのオス猫をリトルと名づけ、残った食べ物のくずを与えはじめた。リトルがほどけた靴ひもに跳びかかってきたり、インスタントラーメンの麺をがつがつ食べたりすると、ジョリは声をあげて笑った。ジャファリスはリトルを抱きあげては、猫の耳に自分の鼻を押しつけた。そして二人とも、リトルがネズミをつかまえると大喜びした。

ジャファリスと一緒に学校から帰ってきたジョリが、ドアをあけるなり大声で呼んだ。「ぜんそく息の発作を起こしたよ！」。アーリーンは二人掛け用のソファに座ったまま、ジャファリスの発作のひどさを見さだめようとした。軽いときは、釣られた魚のように口が開いたり閉じたりする。中くらいのときは、口がOの形になる。ひどいときは、唇がめくれあがり、並びの悪い歯の隙間から息が漏れる。

その日のジャファリスは、口をOの形にしながら部屋に入ってきて、肩を揺らしてバックパックを下ろすなり、階段を上がってきた老人のようにソファにくずおれた。

「ジョリ、わたしのバッグ、とってきて」

その声にジョリがうなずき、寝室からバッグを持って戻ってくると、アーリーンはそこから吸入薬をとりだし、上下に振った。ジャファリスは吸入器を口にくわえて息を吸いこんだが、タイミングがずれた。「息を吐いて！　もっと本気で！」。アーリーンは強い口調で言った。

ジャファリスは次も吸入に失敗したが、三度目はしっかり肺に入った。プールに飛びこむ前の子どものように、ぷっくりと頬を膨らませ、息を止めると、アーリーンが数えはじめた。「一……二……三……」。一〇で息を吐きだし、また息を吸うと、ジャファリスはにっこりと笑った。それを見てアーリーンも微笑んだ。

吸入器は朝と夜の二回、使っていた。寝る前には、ステロイド剤を噴霧《ふんむ》状で吸入できるものを使う。プラスチックのチューブに飛行機の酸素マスクのようなものがついていて、アーリーンはこれを〝呼吸器〟と呼んでいた。息子のぜん息は以前よりだいぶよくなっている。以前は毎週、あわてて病院に連れていったものだ。

ジャファリスという名前を息子に与えたのは父親だったが、アーリーンは最近、父親はほかにも息子に与えたものがあるのではないかと心配していた。父親には〝学習障がいと怒りのコントロールに関する問題〟があり、ジャファリスも学校で似たような徴候を見せはじめていた。文章を読むのは得意だったが、ほかの科目では苦労していて、同級生を突き飛ばしたりすることもある。検査を受けたものの、追加支援を得るための基準は満たしていなかった。投薬療法を勧める教師もいたが、アーリーンは気色《けしき》ばんだ。「薬は好きじゃない。リタリンなんか、飲ませるもんか。あの子には一対一で注意するべきなのよ……カウンセラーにしっかりと診てもらってからでないと、薬には頼りたくない」

アーリーンがジャファリスの父親と出会ったのは、メイフェア・モールの映画館の売店で働いていたときだった。「よくある話よ」と、アーリーンは当時を振りかえった。「べつに、真剣につきあってたわけじゃなかった」。ちゃんとつきあおうと思ったこともあったが、やがて彼が暴力をふるうとわかって別れた。そのあと、彼はすぐに刑務所に入れられた。

アーリーン自身の父親もそんなふうだった。母親を妊娠させたあと、すぐに姿を消したから。アーリーンを産んだとき、母親はまだ一六歳だった。祖母は病院のカフェテリアで配膳係の仕事をしていたが、母親はほとんど働かなかった。もっぱら生活保護に頼り、その後、職のある男と結婚した。その男はのちに牧師になった。だからアーリーンは、二度と教会に足を踏みいれるつもりはなかった。

一七歳で家を出たとき、母親が自分の服を仕立て直して渡してくれた服はすべて処分した。リフォームしたベルボトムのジーンズをはいていったときは、同級生たちに「ダサい」とバカにされた。そこで、幅広の裾を輪ゴムでまとめていったら、いっそう笑われた。高校を中退しても、母親はなにも言わなかった。「わたしのことなんか、どうでもよかったんだよ」

その後は、ベビーシッターとして雇ってくれた家族のところに住まわせてもらった。最初の子どもジェラルド（彼女は「ジェージェー」と呼んでいた）の父親になる男と出会ったのはそのころだ。アーリーンがジェージェーを妊娠していると気づいたあと、男は警察と揉めた。「ムショを出たり入ったりしている男とどうつきあえばいいのか、途方に暮れたわ。そのころ、ほかの男と出会ってさ」。そのとき、ジェージェーの父親はまた刑務所に入っていた。「だからもう、あの男のことは放っておくことにしたの」

新たにつきあいはじめた相手はラリーといった。細身で、穏やかな目をしていて、額が広かった。独学で修理工になり、裏路地で車を修理して稼いでいた。給料日になると、アーリーンのお気に入りの中華料理店に連れていってくれた。彼女は長いメニューにすべて目を走らせたが、注文する料理はいつも同じ、セサミチキンだった。

二人は貧しかったけれど、恋をしていた。アーリーンはじきにまた妊娠した。生まれてきた男の子には父親の名をとってラリーと名づけたが、二人はブージーと呼んだ。その後、さらに三人の子どもをもうけた。娘がひとり、息子が二人だ。上の息子の名前はアーリーンの母親に命名してもらった。「ジョリ」という名を二人は気に入った。

「結婚してくれるかい?」。ある日ラリーが尋ねた。

アーリーンは声をあげて笑った。冗談だと思ったのだ。だから「ノー」と答えた。「彼はね、立派な結婚式をしようとか、裁判所で結婚式を挙げようとか、そういう話をしてるんじゃなかった」と、アーリーンは思い起こした。ラリーは本気だった。彼が真剣であることがわかると、アーリーンは笑顔を引っこめ、少し考えてさせてちょうだいと言った。ためらった理由はラリーではなく、彼の母親と姉の存在だった。「あの人たちはいっつも偉そうに話すの……わたしなんかおよびじゃないって感じで」

この一件のあと、ラリーは浮気をするようになった。アーリーンの胸は押しつぶされたけれど、彼が戻ってくれれば、いつでも受けいれた。なのに、ついに戻ってこなくなった。このころ、アーリーンとラリーの仲は七年目を迎えていた。浮気相手はアーリーンが友だちだと思っていた人だった。

でも、それもこれも何年も前の話だ。その後もときどき、ラリーが車でやってくることがあった。アーリーンは彼のバンに乗ると、二人でドライブをして、もっぱらジョリのことを話した。ラリーはジョリを教会に連れていったり、一晩一緒にすごしたりもした。学校でトラブルを起こしてジョリが唇を腫らしても怒らなかった。だからジョリは、ラリーが近所を運転しているのを見ると、「パパがいる！」と叫び、車のあとを追いかけた。

ラリーが自分と子どもたちを捨てて出ていったとき、アーリーンは空港近くのホテルで働いていたが、将来に絶望し、仕事をやめ、公的扶助に頼るようになった。しばらくすると、レストランで清掃の仕事を見つけたものの、母親が急死した。悲しみの渦に呑みこまれ、そこも辞めてしまった。のちには公的扶助に戻ったことを後悔したが、そのときは落ちこんでいて、とてもじゃないが働けなかった。

一三番ストリートに面した部屋に引っ越したとき、アーリーンは無職の住民を対象にしたW2-Tという公的扶助を受けていた。働けなかったのは慢性的なうつ病のせいだ。このとき（二〇〇八年）に受けとっていた公的扶助の金額は、制度の見直しが実施された一〇年以上前と同じで、一日二〇ドル六五セント［約三〇〇〇円］、年間七五三六ドル［約一〇九万円］だった。一九九七年以降、ミルウォーキー市を含めた大半の都市では、公的扶助の支給額にいっさい変動がない。なのに、家賃は上がるいっぽうだ。政治家たちは、公的扶助だけでは受給世帯が暮らしていけないことを何年も前から承知している。*1 二〇〇〇年代に入ってからは、家賃も公共料金も高騰し、その傾向はいっそう強くなっている。

アーリーンは、住宅扶助はとうの昔にあきらめていた。もしも家賃補助を得られたり、公営住宅に入居できたりすれば、ひどい困窮から安定した貧困へと抜けだせるだろう。絶え間なく住まいを転々とする生活と、貧しくともひとつのコミュニティに根を下ろした生活とでは大違いだ。

じつは一九歳のころ、アーリーンは家賃補助制度［居住する地区で所得が中央値の五割以下の住民は、家賃の上限を所得の三〇%とする制度］を利用して、月一三七ドル［約二万円］で部屋を借りていたことがある。ちょうどジェージェーが生まれたばかりで、母親の家から出られることがうれしくてならなかった。これで、なんでも自分の意志で決められるようになった、と。だから、友人から一緒に住まないかと誘われたときも、アーリーンは「イエス」と返事することを自分で決めた。そして家賃補助のあるアパートメントを出て、民間の賃貸物件に移った。でもそのせいで、その後二〇年、民間の借家から逃れられていない。「引っ越したっていいじゃないって、あのときは考えちゃったのよ」と、彼女は当時を振りかえった。「後悔してる。きょう、この瞬間までずっとね。まったく、若いときの愚かさときたら！」。そう言うと、一九歳の自分に対して呆れたように首を振った。「あのとき、もうちょっとまともに考えてたら、いまでも、あそこに住んでたかもしれないのに」

以前、ふと思いたち、公営住宅局に立ち寄って入居希望リストについて尋ねてみたことがある。そのとき、ガラスの仕切りの向こうにいた女性は言った。「現在、入居希望リストへの申請は受けつけていません」。四年前の時点で、リストには三五〇〇〇以上の世帯が登録されていた。アーリーンはうなずくと、両手をポケットに突っこんで退散した。*2

だが、もっと状況が悪い都市もある。ワシントンDCのような大都市では、公営住宅への入居を数十年も待たなければならない。リストに名前を登録したときには幼児の母親だった女性が、申請の審査がなされるときにはおばあさんになっている可能性もあるのだ。*3

アメリカの貧困層の大半は、アーリーンと同じく公営住宅や家賃補助を受けられるアパートメントには暮らしていない。家賃補助の受給資格のある世帯のうちじつに四分の三が、いっさいの支援を受けられずにいるのが実状だ。*4

アーリーンの場合、それでも公営住宅に住みたいと希望したら、まずは一カ月分の収入にあたる金額を貯めて住宅公社に返済しなければならない。事前に通知せずに家賃補助のあるアパートメントを退去した過去があるためだ。そこからリストの申請が再開されるまで二、三年待つ。彼女の申請書が書類の山のてっぺんにくるまでには、さらに二年から五年待つ。あとは神に祈るしかない——書類を審査する担当者が、これまでのことを見逃してくれますように。公的扶助の収入だけを頼りに民間賃貸住宅で苦戦しているうちに溜めてしまった強制退去の記録を、どうか見逃してくれますように。

一三番ストリートの二階は、空室のままとはいかなかった。アーリーンが塗った壁のペンキが乾いて間もなく、シェリーナが若い女性を入居させたのだ。トリーシャという名前だった。

やがてアーリーンとトリーシャはおしゃべりをしたり、食べ物を分けあったりするようになった。アーリーンは知らない人の前ではあまり口をきかず、用心深いところを見せたが、トリーシャはじつにあけっぴろげで、アーリーンに、ここは八年ぶりに暮らすまともな家なんだと打ちあけた。最後に暮らしたまともな家は姉の家で、父親からされた仕打ちを打ち明けたところ、出ていってくれと言われたという。

その後はシェルターや廃屋で寝起きしたが、たいていは男の家に転がりこんだ。一六歳の時点ですでに、黒人とメキシコ人と白人の血が混ざった自分のスレンダーな肉体と波打つ豊かな黒髪、赤みがかった茶色の肌を利用するすべを身に着けたのだ。

男の子を産んだのは、ここに越してくる前年、二三歳のときだ。だが、どうしてもクラックをやめられず、姉のところに養子に出した。その後、地元のホームレス支援団体に力を貸してもらい、生活保護を受給できるようになった。

トリーシャは読み書きができず、身体も弱かった。一度、ジョリから「あんた、特別支援《スペシャル》とか、そういうの?」と訊かれて、泣いてしまったこともある。ふだんは二階の部屋にいて、のんびりしていて、可愛いところもあった。アーリーンと煙草を吸って退屈をまぎらわしたいときや、月末でお腹が空いているときは、わずかな小銭をもって角の売店でバラ売りの煙草を買ってきてくれたり、ファストフード店の外にある灰皿からまだ吸えそうな吸殻《すいがら》を拾ってきてくれたりもした。アーリーンが用事ででかけなければならないときには、子どもたちの面倒もみた。

それでも、ジョリはトリーシャのことを自分と同等かそれ以下だと思っていて、一人前のおとなとは見なしていなかった。それで、アーリーンが「ジャファリスがそばにいるときには口のきき方に気をつけて」と彼女に注意すると、トリーシャは、「口が悪いのは生まれつき」と返した。

ある日、アーリーンとトリーシャはU－ホール社のレンタルトラックが外にとまったのに気がついた。女が三人と男がひとり、車を降りてこちらに歩いてきて、アーリーンの部屋のドアをノックした。かれらの正体を察したアーリーンはドアをほんの少しだけあけて、室内に押し入られないよう、ドアの後ろを片足で押さえた。

若い女は、この部屋に以前暮らしていて、置いていった私物を取りにきたのだと説明した。衣装箪笥、鏡付きチェスト、冷蔵庫はすべて自分のものだという。

アーリーンはその女に、シェリーナがなにもかも処分したと言った。女は疑っていたが、トリーシャも口裏をあわせてくれたおかげで、一行は立ち去った。車が遠のくと、アーリーンとトリーシャはうなずきあった。*5

やがて、トリーシャは周囲の人にこう吹聴《ふいちょう》するようになった。あたしとアーリーンは古いつきあいなの。角の売店で、まだ子どもだったあたしに向かって、アーリーンが「あんた、美人さんだね」と言ったのが最初、と。そうした話にはさらなる尾ひれがついていった。「刑務所に入ったあたしのママのところにアーリーンが面会にいってくれた」「あたしが病院で意識を取りもどしたら、そばにアーリーンがいた」……、すべてトリーシャの妄想だった。本人がどこまで本気でそう思いこんでいるのかは、さだかでなかった。

家主のシェリーナにトリーシャを紹介したのは、ベリンダ・ホールだ。ベリンダとの出会いは、シェリーナにとって最近でいちばんの収穫だった。丸顔に眼鏡をかけているベリンダは、二〇代後半の黒人女性で、独立した事業主として、自分ではお金の管理ができないと見なされた生活保護受給者の代理受取人を務めていた。

シェリーナにとっては、こうした社会福祉の代理業者から借家人を紹介してもらうのはじつにありがたい。かれらは借家人の保証人になってくれるうえ、いくらか現金まで支給してくれるからだ。とりわけ、ベリンダはありがたい存在だった。「あたしができるだけこの娘《こ》の力になってるのは、うちの物件すべてを彼女が紹介してくれた借家人で埋めたいからさ」と、シェリーナは説明した。「だって、家賃は毎月、ベリンダから直接、支払ってもらえるんだよ。これほど安心できることはない」

シェリーナはいつもベリンダに、あんたのためならいまの借家人を全員追い出して、あんたから紹介された人で部屋を埋めるから、と言っている。「本気だよ。だって、そうなれば家賃を取りそこなうことがなくなるでしょ」。ベリンダと三カ月前に知りあってから、紹介してもらった借家人はトリーシャで四人目だった。

ベリンダの依頼人の多くは、生活保護を受ける資格を満たすほど貧しく障がいがあるものの、前科などがあるせいで公営住宅に入居できない人々だった。[*6] ベリンダの計算によれば、依頼人の一カ月分の収入のうち、六割から七割ほどが家賃の支払いにあてられている。代理で家賃、公共料金、食費を支払うと、依頼人の手元にはほとんど残らない。[*7] それでも依頼人にとって最大の課題は、収入の範囲内で住める物件に安定して暮らすことだったから、ベリンダは家主たちと友好関係を築くことに努めた。そのおかげで、なにか困ったことがあれば、すぐに家主たちに電話できる。

一度など、朝の五時すぎにシェリーナに電話をかけたこともあった。ある依頼人の部屋の暖房機器が故障してしまい、その日はどこかほかの部屋に移動してもらわなければならなくなったからだ。依頼人の問題に早く対処するように心がければ、ベリンダに代理人になってほしいという希望者は増える。そうなれば、もちろん稼ぎも増える。このシステムのもと、ベリンダは家主に確実に家賃を入金した。それが家主との関係を盤石にし、懐《ふところ》に入るお金をも盤石にした。依頼人には毎月三七ドル［約五四〇〇円］を請求している。シェリーナと知りあったとき、ベリンダはすでに二三〇人の依頼人を抱えていた。

「ただいま留守にしております。ご用がある方は1を押して、メッセージを残してください」。

シェリーナは1を押して言った。「アーリーン、こんにちは、シェリーナよ。家賃を払ってもらいたいんだけど、お金、残ってる？　このまえ三二〇ドル［約四万六〇〇〇円］立て替えてあげたでしょ。だから今月は家賃を少し多めに払うって約束したわよね。ほら、あのとき――」、そこまで言いかけたが、〝妹さんの葬儀に参列する費用を貸したでしょ〟とは口にしなかった。「ええと、とにかく、あわせて六五〇ドル［約九万四〇〇〇円］払ってね。電話、待ってるから」

アーリーンは、葬儀に出るために借金したのを悔いてはいなかった。これまでは、葬儀があってもジャファリスに新しい靴を買ってやれず、ましな靴を磨いて履かせるしかなかった。子どもに着せる服がないせいで、参列を見あわせたことも何度かある。でも、さすがに今回は妹の葬儀だ――血がつながっているわけではないけれど、すごく仲がよかった。幼いころから病弱で、肥満で、糖尿病を患っていた妹は、肺炎と一連の合併症で入院したあと、心臓が止まってしまったのだ。アーリーンにはお金がなかったが、もし葬儀費用に協力しなかったら自分を恥じただろう。だから、受給したお金の半額をシェリーナに渡し、残りの半額をニューピッツ葬儀場に渡した。

妹を亡くしたと聞いたとき、気の毒に思ったシェリーナは、アーリーンに取引をもちかけた。今後三カ月間、毎月六五〇ドルを支払って足りなかった分を穴埋めするなら、このままいまのアパートメントに住んでいい、と。公的扶助の全額を毎月そっくりそのまま渡してくれても、六五〇ドルに届かないのはわかっていた。だが、家族に無心したり、非営利団体に支援を頼んだりすることを期待した。アーリーンはといえば、そうするしかなかったので取引に応じた。

翌月初旬、アーリーンが電話をかけたとき、シェリーナとクエンティンはシボレーサバーバンの車中にいた。話を終えたシェリーナは、電話を切るとクエンティンを見やった。「公的扶助の小切手が届かなかったんだって」

その半分は真実だった。小切手は届いていたが、通常の六二八ドル分ではなかったのだ。ケースワーカーと面談の約束をしていたことを、アーリーンはすっかり忘れていた。いつもは面談予定の通知書が送られてくるのに、今回はそれがなかったせいだ。以前に暮らしていたアトキンソン・アベニューか一九番ストリートの住所に郵送されてしまったのだろう。とにかく、約束の時刻にアーリーンが姿を見せなかったので、ケースワーカーは給付金を減額して〝制裁〟をくわえた。*8

アーリーンは減額された小切手をシェリーナに渡すこともできたが、いずれにしろ約束した金額には届かない。どうせ借金を清算できないのなら、すっからかんになるより手元に数百ドルあるほうがいいと判断した。

クエンティンは前方の道路を見たまま言った。「いつものことだ」

6章 ネズミの穴

ヒンクストンの一家は、ライト・ストリートと一八番ストリートに囲まれた区画にある。茶色くくすんだ白い家、ちょうどラマーの家の表側に三世代で住んでいた。肩幅が広く、胴回りも太いドリーンは、面倒見のいい母親だ。丸顔に眼鏡をかけ、茶色い頰にはこげ茶色のしみが浮かんでいる。物心ついたときから太っていて、どこに行くにもゆっくり歩いた。子どもは四人――パトリス、ナターシャ、C・J、そしてルビーだ。年齢は上から二四、一九、一四、一三歳。さらに孫が三人いた。一〇歳の長男マイキーと、四歳の長女ジェイダ、二歳の次女ケイラ＝メイ、みな長女パトリスの子だ。おまけにココという犬もいた。フットボールくらいの大きさしかないのに、足首によく嚙みつき、ナターシャの言うことしか聞かなかった。

長女のパトリスは、シェリーナから強制退去通知書を渡されたあと、三人の子どもを連れて二階から一階に戻ってきた。一階にはドリーンがナターシャ、C・J、ルビーと暮らしていたから、八人（とココ）が狭苦しい空間で同居することになった。

きょうだいの上から三人、パトリス、ナターシャ、C・Jは、できるだけ家の外ですごすようにした。天気がよければあたりを散歩、夕方には裏のアパートメントでラマーとトランプに興じたりした。だが夜は、全員がぎゅう詰めだ。パトリスは、二つある寝室の狭いほうは自分と子どもたち専用だと主張した。これからは家賃の半分を自分が支払うのだから、それが当然の権利だ、と（ドアがない寝室ではあったけれど）。もうひとつの寝室では、母のドリーンと次女のナターシャが同じベッドに、末娘のルビーは椅子の上で丸くなって寝た。

パトリスの長男マイキー、それにC・Jは、リビングに置いたシングル用マットレスでシーツもかけずに眠った。その横には天板がガラスのテーブルと、寝室に入りきらない服がおとなの背丈ほどに積みあがっている。汚れている服もきれいな服もごちゃ混ぜだ。パトリスの幼い娘たちは、ダイニングルームに置いたシングル用マットレスで寝た。マットレスの角は裂け、スプリングやくたびれたスポンジがむきだしだった。

こんなふうではだれも熟睡できない。ナターシャは寝ているあいだにドリーンをよく蹴っとばした。ドリーンのほうも寝返りを打ってはナターシャに乗っかったり、ナターシャの枕を奪ったりして、取りもどされそうになると枕でたたいた。年長の子どもたちは、早朝のスクールバスにしょっちゅう乗り遅れた。年少の子どもたちは一日中、その場ですやすやと眠っていた。ドリーンがキッチンから出てくると、幼い子たちの小さな頭がテーブルや床の上の衣類に乗ったままということもよくあった。

家の勝手口はドアが壊れ、壁にはそこかしこに大きな穴があいている。トイレはひとつだけ。キッチンの窓にはひびが入っていた。天井は二階からの水漏れでたわみ、床は黒ずんだ薄い膜でおおわれている。ダイニングルームのいくつかの窓にはブラインドがぶら下がっているが、壊れてあちこちに突きだしている。通りに面した窓に分厚い毛布をかけたら、部屋全体が暗くなった。リビングのベニヤ板でできたチェストには小さなテレビが、その横にはシェードのないテーブルランプがあった。

シェリーナは、パトリスが一階に移ったあと、彼女が電気を盗んでいたことに気づいた。だから、メーターの修理に二〇〇ドル〔約二万九〇〇〇円〕もかかると聞いても、費用の肩代わりを断固拒否した。「こんな尻ぬぐいばっかり、できるわけない」と、シェリーナは言った。「あそこに暮らしてる黒人一家がちゃんと払うべきよ。さもないと、この冬は凍えてすごすことになるわね」

かれらが二〇〇ドルを貯めるのに二カ月かかった。そのあいだ、キッチンを含む家の裏手には電気がこなかった。冷蔵庫に入っていた食品はすべてダメになり、みんなで毎晩、ラビオリやスパゲティの缶詰を食べてしのいだ。

室内は悪臭を放ち、ゴキブリがうじゃうじゃいた。一家がここに越してきたときにはすでにいて、シンクやトイレや壁を這いまわり、キッチンのひきだしを埋めつくしていた。「アメフトでたとえれば、あの一家はさしずめ突進するラッシャーよね」と、シェリーナはドリーンの家族を評した。「ゴキブリの上へ猛然と攻めていったんだから」

ドリーンたちは、シェリーナのアパートメントに引っ越す前、三二番ストリートにある家に七年間住んでいた。申し分ないというわけではなかったが、寝室が五つあって広々としていたし、家主もおおらかだった。一カ月八〇〇ドル［約一二万六〇〇〇円］はみんなで出しあった。パトリスはファストフード店でランチタイムに働き、ナターシャも高校を中退したあと働きはじめた。母親のドリーンも高校を卒業していなかったが、何年も前に職業訓練プログラムを受けたおかげで、一分間に七二ワード、タイプできるようになっていた。

パトリスは一四歳でマイキーを出産しながら、一一年生［日本の高校二年生］までなんとか通いつづけ、卒業を目前にしていた。だが、どうしても暮らしが立ちゆかなくなり、家計のためにフルタイムで働きはじめたのだった。ナターシャは一六歳のときに印刷工場で働きはじめ、時給九ドル五〇セント［約一四〇〇円］で一二時間シフトに就いた。ときには印刷機にもたれてうたた寝した。会社側は彼女に年齢を訊かなかったし、ナターシャもみずから明かしはしなかった。

ドリーンの月収は一一二四ドル［約一六万三〇〇〇円］。内訳は州から支給される児童扶養手当が四三七ドル［約六万三〇〇〇円］、生活保護が六八七ドル［約一〇万円］だ。生活保護を受給しているのは、足が思うように動かないからだ。八年生［日本の中学二年生］のイースターの日曜日に、買ったばかりの高いウェッジソールの靴を履いていたら、転んで腰の骨を折った。その後遺症が残っていた。あのとき、父親がすぐ病院に連れていってくれたら、完治していたかもしれない。でも、医者を毛嫌いしていた父は、娘をそのまま数日間、家に寝かせておいた。自分の膝の具合が悪くなったときにも、キッチンテーブルの脚をのこぎりで切って、杖の代わりにしただけだった。

三二番ストリートで、一家は目立つ存在だった。子どもたちは近所のいろいろな家に出入りしていたし、ドリーンは玄関の階段に陣どっては、近所の人たちとおしゃべりに興じた。大きな身体を揺らして、近所のおばあさんたちと声をあげて笑い、近所の男の子たちが野良猫をこわがらせれば大声で叱った。夏には、子どもたちが近所の人からペットボトルロケットを買って、路上で打ちあげた。ドリーンが自宅でパーティを開き、みんなを招待したこともある。

二〇〇五年八月のある日、ドリーンがテレビをつけると、画面には水没したニューオーリンズが映しだされていた。町はすっかり泥水に埋まり、屋根の上で救出を待つ人たちの横を黒い肌の遺体がゆらゆらと流れている。すぐに親友のファニーに電話をかけ、うちにきてと声をかけた。そして、ふたりでニュース番組で見た光景に打ちのめされた。「人間の尊厳もなにも、あったもんじゃない」。そう憤《いきどお》ったことを覚えている。

何日か、悶々と眠れない夜をすごしたあと、ドリーンはふと思いなおした。洪水の被害者のことを思い、やきもきしたり祈りを捧げたりするだけじゃなくて、わたしにもなにかできることがあるはずだ、と。そこで意を決し、パトリスに家のことを任せると、ファニーと一緒に南部をめざしてバスに乗りこんだ。ドリーン四一歳、パトリス二〇歳のときだった。

ドリーンらしくない行動だった。本来はのんきに鼻歌を歌いながら、玄関の階段に座っているタイプだったから。「玄関ポーチより遠いところには、まず行かないね」と言ったものだ。とはいえ、荒波に向かって突き進んだことは何回かあった。たとえば一九九八年の一月の夜、彼女は急いで荷物をまとめ、子どもたちを連れ、だれにも告げずにイリノイ州をめざした。C・Jとルビーの父親から逃げるために。彼はその後、州北部の刑務所で長い刑期を務めた。

バスに揺られること二日。ようやくルイジアナ州ラファイエットに着くと、ドリーンとファニーは大勢のボランティアたちとともに、毛布や食糧を配った。

このボランティアで、家賃の支払いが一カ月分、滞った。でも、一家と長いつきあいの家主は大目に見た。「うるさく取り立てられるようなことはなかったよ」と、ドリーンは当時を思い起こした。払えるときに払ってくれればいい、と家主は言ってくれた。それで、余裕ができたときに少しずつ余計に払った。今回は一〇〇ドル［約一万四五〇〇円］、次回はまた少し余計にという具合に。だが、そうやって滞納分を完済すべく努力はしても、いつだってなにか急な物入りがあって、家計は火の車だった。そのうち数カ月がすぎ、数年が経過した。

近所の少年二人が発砲しあう事件が起こったのは、二〇〇八年、早春の夜のことだった。銃弾はヒンクストン家の玄関ドアを貫通し、窓ガラスが粉々になった。次女のナターシャが割れたガラスをほうきで掃いていると、警察がやってきた。警官たちは、家のなかを見せてくれと言い、銃やドラッグを見つけようと、家じゅうを荒らしていった（パトリスは、発砲した少年とつるんでいた人間が、当時、一家に間借りしていた三人の若い男に罪を着せたのではないかと思った）。だが、警察が目にしたのは、散らかり放題の部屋だけだった——シンクに積みあげられた食器、ゴミ箱に入りきらないほどの空き缶、あたりを飛びまわるハエ。もともと一家はきれい好きではなかったし、さらに間の悪いことに、前の晩にパーティで騒いだばかりだった。

散らかっているだけではすまされない問題もあった。たとえば、家主がやっつけ仕事で打ちつけたトイレの天井のベニヤ板はたわんでいた。こんなふうに室内がひどいありさまだったせいか、それとも午前二時をまわったころ、パトリスが警官にキレてしまったせいか、あるいは発砲事件に一家が一枚噛んでいると警察が考えたせいか、警察は児童相談所に連絡した。そこから地域サービス局に連絡が入り、建物検査官が送りこまれ、家主に命令がくだされると、家賃滞納を理由に五日後までの退去を命じる強制退去通知書を渡された。この時点で、ドリーンは滞納していた家賃を半分しか返していなかった。

こうして、一家は早急に引っ越し先を見つけねばならなくなった。最初は自力でさがそうとしたが、車もインターネットもない状態では、得られる情報などたかが知れている。そこでソーシャルワーカーに助けを求めたところ、そのひとりがシェリーナの連絡先を教えてくれた。シェリーナは一家にライト・ストリート近くのアパートメントを見せた。「あたしだったら、いくらなんでもこんな物件は勧めやしない」と、パトリスは言った。でも、路上やシェルターよりはましだと考え、しぶしぶそこに決めた。シェリーナはその場でドリーンにアパートメントの鍵を渡し、紙切れに乱暴に書いた領収書を添えた。〃一一〇〇ドル受領。但し、家賃と敷金として〃と記されたその紙切れを、ドリーンは聖書にはさみこんだ。

多くの貧困家庭は、強制退去を命じられたあと、あわてて引っ越し先をさがし、不良住宅に住まざるをえなくなる。ミルウォーキーでも、立ち退きを迫られた借家人の約二五%が、ほかの低所得者層の借家人よりも劣悪な環境で長期にわたって暮らしていた。[*1] ドリーンも、シェリーナのアパートメントを借りることにしたのは、そうしないと家族が路頭に迷うからだったと言った。「でも、ここに長く暮らすつもりはないよ」。こうして、強制退去は一回ではなく二回の引っ越しを生みだす。一回目は、劣悪で、ときには危険さえともなう住居への強制的な引っ越し。二回目は、その環境から脱出したいとみずからの希望でする引っ越しだ。[*2] ただし、二回目の引っ越しまでには時間がかかる場合もある。

ドリーンは、シェリーナのアパートメントに引っ越してすぐ、次の住まいをさがしはじめた。貸家の看板を見ては電話をかけたし、スラムの街角の店によくある無料情報誌をめくっては、空室をさがした。だが、前回の引越しでいっそう金欠《きんけつ》になっていたうえ、強制退去をさせられたばかりだという事実が不利な条件となった。

幸い、パトリスがすぐに二階に引っ越してくれたので、しばらくはほっとひと息ついた。やがて秋を迎え、近所の人たちにもなじんできたが、ここで暮らすのはいっときにすぎないとずっと思っていた。なにしろ、以前の暮らしとは大違いだった。三二番ストリートでは隣人たちのことをよく知っていて、近所の少年たちにも目を光らせていた。いっぽう、パトリスが二階から強制退去させられたとき、この家に越してきてもう半年がたっていたのに、ドリーンが名前を知っているのは隣のラマーだけだった。その彼についても、名前以外は何も知らなかった。「前みたいに、だれかの家に遊びにいくこともなくてさ。あっちに住んでたころは、朝起きたら、だれかの家に顔を出してた。いまはただ……外でぼさっと突っ立ってるだけ」。冬になると、家から一歩も出ないまま、数週間すごすことさえあった。

ジェイン・ジェイコブズは『アメリカ大都市の死と生』（鹿島出版会）に「都市での公共の平穏――歩道と街路の平穏――をおもに維持しているのは警察ではない。警察が必要ないわけではないが、かなりの部分は、もっぱら人々の自発的なコントロールや基準による、複雑でほとんど無意識のネットワークで維持されているのだ」と記している。住民同士の結びつきがある健全なコミュニティに必要な条件は、ただその場にいて近所の人たちを見守る住民の存在だと、ジェイコブズは考えていた。その考えは正しいことが証明された。低所得者層が暮らす地域でも、より高いレベルの〝集合的効力感〟（互いを信頼していて、地域をよりよいものにしたいと考え、ゆるやかにつながる住民たちの意識）がある場合は、犯罪率が低かった。[*3]

ときには、たった一件の強制退去が複数の町の安全性に影響をおよぼす。強制退去させられた地域だけではなく、しぶしぶ引っ越していった先の地域でも治安が悪化するおそれがあるのだ。強制退去はまさに、ジェイコブズが呼ぶところの〝永続的スラム〟を生みだしやすい。そうした地域では離職率が高くなり、住民は資金難におちいり、怒りを溜めやすくなる。同書でジェイコブズは、永続的スラムでは、住民がここから早く出ていきたいと夢見るようになり、機会があれば実際に出ていく、と指摘している。[*4] ドリーンの強制退去にともない、三二番ストリートは信頼が置けて、地域の安全に貢献していた住民を失ったが、ライト・ストリートでのドリーンはそうした住民にはならなかった。

年の近いC・J、ルビー、それにパトリスの子のマイキーは、学校の制服（だぶだぶの白いTシャツと黒いジーンズ）を着たまま、窓の外を順番に眺め、フードトラックがくるのを待っていた。週に三回、地元の教会が近所の住民にランチを運んできてくれるのだ。この日、最初にトラックを見つけたのはルビーだった。「トラックがきたよ！」。そう叫ぶと、ルビーはほかの子どもたちと一緒に外に飛びだし、家族全員分のランチが入った袋を手に戻ってきた。そして中身がわかると、青リンゴは赤リンゴと、スナック菓子の〈フリトス〉は〈サンチップス〉と、リンゴジュースはフルーツポンチと交換した。

「ジュース二本あげよっか」。ナターシャがルビーに言った。

「オレオケーキひとつと？」。ルビーはそう言ったあと、ちょっと考えてから、やめとく、と首を横に振った。

そのうち、ルビーがぴょんぴょんと左右交互に片足飛びをしはじめた。リタリン「多動性を抑制するために処方される薬」が切れてきたのだ。薬が完全に切れてしまうと、夜になってもマイキーと宙返りを繰りかえし、リビングのマットレスにどすんどすんと背中から落ちたりする。

ナターシャは口をとがらせた。一九歳で、ルビーよりも六歳年上だが、若いおとなというよりは、いちばん年上の子どものようだ。パトリスは思春期を迎えたばかりですでに出産を経験していたが、ナターシャは子どもをもつことに尻込みしていた。「子どもって面倒だし、汚いもん！」と、彼女は言った。「それに美男や美女になるとはかぎらないでしょ。ぜったいイヤ……あたしは自立して自由に生きる！」

ナターシャはラマーの家に集まる男の子たちとパーティをしたり、裸足で近所をぶらついたりした。父親が異なるにもかかわらず、姉のパトリス同様、〝肌の色が明るい黒人《レッドボーン》〟だった。裸足で歩いていると、車に乗った男たちがスピードを落とし、窓から首を突きだしてきたりした。高齢の女性がそばに車をとめ、哀れみのこもった目で靴を差しだしてくれたこともある。それを見るとパトリスは、いつもおもしろがって笑った。

教会の女性たちがランチの袋に同封したお祈りの言葉を読みあげたあと、一家はいよいよご馳走を食べはじめた。「どの単語の発音がむずかしかった？」。「ローヤル」「ターコイズ」。室内の惨状と悪臭から気をそらしてくれるものなら、なんだってありがたかった。キッチンと浴室はもうろくに水が流れなくなり、さすがのドリーンも家主に電話をかけようかと考えはじめていた。でも、あの二人に電話をかけると思うだけで気が滅入った。認めたくはなかったが、ビビッていたのだ。

「クエンティンはいっつも機嫌が悪い」と、パトリスはよく愚痴をこぼした。ここは臭くて鼻が曲がりそうだ、とクエンティンはやってくるたびに文句を言う。それに、どこかを修理するために作業員たちを連れてきても、廃材などはたいていそのまま置いていってしまう。ドリーンとパトリスは、それもこれもわたしたちを見くだしてるからだと憤慨した。「おまえなんぞ、しょせんおれのメイドだって言わんばかり」と、パトリスは怒った。いちいち修繕してくれと電話をかけてきてほしくないから、わざとそんな態度をとっているのかどうかはわからないが、結果として、借家人は電話をかけにくくなっていた。[*5]

シェリーナに電話をかけても、文句を言われることが多い。「修理をしてほしいって、電話をかけるでしょ。そうするとかならず、わたしたちのせいにされる。壊したのはあんたたちでしょって。あんなふうに言われるのはイヤ……だから、どっかが壊れても、自分たちでどうにかするわけ」と、ドリーンは言った。

「どうにかする」とはたいてい、それなしでやりすごすことを意味した。最初に使えなくなったのは、シンクだった。排水管が詰まったのだ。それからは浴槽で皿を洗った。ところが、そのせいで食べかすが排水管へ流れ、あっという間に浴槽にもコンクリートの色の水が溜まるようになった。しかたなく、キッチンのコンロで湯を沸かし、スポンジで身体を拭きはじめた。あとは、使った湯を便器に溜め、ゴキブリの群れをほかの隠れ家へと追っ払ってから、便器に力いっぱいラバーカップを突っこんだ。トイレの水がちゃんと流れるようになるまで五分はかかった。ついにトイレの水までまったく流れなくなると、トイレットペーパーをビニール袋に入れて、ゴミと一緒に捨てはじめた。

たまりかねたドリーンは、とうとうシェリーナに電話をかけた。だが、連絡がつかなかった。電話がかかってきたのは、留守番電話の音声を一週間聞かされたあとだ。クエンティンと一緒にフロリダに行っていたのだという。シェリーナとクエンティンは、フロリダに寝室が三つある別荘用コンドミニアムを購入したばかりだった。排水管が壊れているとドリーンが告げると、シェリーナは言った。おたくはパトリスの一家を同居させてるでしょ、それでもう賃貸契約の条項に違反しているのよ、と。

パトリスは、この騒動に既視感《デジャブ》があった。二階に引っ越す前、彼女はちゃんと下見をした。あっちもこっちも、修理や改修が必要だった。よれよれで薄っぺらの灰色のカーペットは不潔きわまりなかったし、子ども部屋の天井はたわんでいた。バルコニーに続くドアのちょうつがいは外れていたし、バルコニー自体、小麦粉の袋をぽんと放れば崩れおちてしまいそうだった。建物基準違反法に反している建物であろうが、〝基本居住条件〟を満たしていない部屋であろうが、家主は問題があることを率直に明かしていれば、人に貸すことを認められていた。[*6]

あのときパトリスは、どれも修理すると約束したシェリーナの言葉を信じ、一一〇〇ドル［約一六万円］渡した。最初の月の家賃と敷金だった。なのに、いっこうに修理してもらえなかった。部屋の浴槽の排水が詰まったので電話をかけたが、シェリーナは折り返し電話をかけてこなかった。そのときも、クエンティンと休暇旅行で留守にしていたのだ。結局パトリスは、すべての排水が詰まったまま、二カ月をすごした。

壁に大きな穴があいていることに気づいたときにも、シェリーナからパンフレットを手渡されただけだった。そこには、鉛が含まれた塗料から子どもを守るうえでの注意書きが記されていた。ドアのちょうつがいが外れたときには、クスリ漬けの男たちを修理によこした。ついに、彼女の怒りが頂点に達した。

「弁護士を雇って、あんたを訴えてやる！」。パトリスは息巻いた。

「どうぞ、ご自由に」。シェリーナは笑った。「あたしのほうがいい弁護士を雇えるよ」

「ちゃんと家賃を支払ってるのに、なんで修理しないのよ？」

翌月、パトリスはこれまでとは違う手段に打ってでた。家賃を支払っているのにいっこうに対応しないのなら、家賃を払わないまでだ。彼女は家賃の半分だけを渡し、約束の修理が全部終わったら残りを払うと言った。当時、家賃はパトリスの収入の六五％を占めていた。こんなひどい部屋で暮らすために給料の半分以上を手放すなんて、とてもじゃないが受けいれられなかった。

だが、その策は裏目に出た。シェリーナは、家賃を全額支払うまで部屋の修理はしないと言ったのだ。もう、お手上げだった。家賃を払ったところで、シェリーナは翌月の初日まではめったに電話に出ない。だが家賃の支払いを渋れば、払わないかぎり修理はしないと拒否する。「問題は山ほどあるのよ。いちいち大あわてで対応できるわけないでしょ。それに、おたくは家賃を滞納してるんだから」と、シェリーナは言った。

それでも、パトリスはこの部屋で暮らしたかった。母親がいる部屋の上階なのが気に入っていたし、修理すれば住みやすくなるはずだと思っていたからだ。なのに、その直後、パトリスが勤務するファストフード店の店長に勤務時間を減らされ、いっそう収入が減った。もう家賃を支払えない。シェリーナから強制退去通知書を渡されたときは、じきに税金の還付金が入金される、それをかならず渡すからと約束したが、間にあわなかった。

シェリーナのところに、ベリンダが空き物件をさがして電話をかけてきたのは、そんなときだった。そのときシェリーナは、パトリスの部屋が数週間以内に空くからだいじょうぶよ、と請けあったのだった。


浴槽もシンクも詰まり、トイレまでほとんど流れなくなってから二カ月後、ドリーンはついに自分で配管工を呼ぶことにした。シェリーナはまた修理代を払うのを嫌がったが、三二番ストリートの家から強制退去させられる経験をしたドリーンは、建物検査官を呼ばないほうがいいことくらいわかっていた。

配管工の男は、パイプの詰まりを解消するのに一五〇ドル［約二万二〇〇〇円］請求してこう言った。排水管がだいぶ古くなってガタがきているから、できるだけゴミが流れないようにしなくちゃダメですよ。彼が去ったあと、ドリーンが最初にしたのは、浴槽に湯を溜めて一時間浸かることだった。

このあと、ドリーンは家賃から一五〇ドルを差し引いた。そんな真似をするなら強制退去通知書を渡すわよとシェリーナが言ってくると、もう家賃は一切払わないことにした。もし、ほんとうに強制退去させられるなら、次の引っ越しのためにその金をとっておいたほうがいいからだ。*7これは貧困にあえぐ借家人がよくとる方策だ。家賃が給料の大半を占めてしまうので、あえて強制退去させられるように仕向けて、次に支払う予定だった家賃分の金を引っ越し代にあてる。つまり、ひとりの家主の損失がほかの家主の利益になるというわけだ。*8

だが実際のところ、引っ越しを余儀なくされれば、いまより安い物件はまず見つからないことが、ドリーンにはよくわかっていた。なにしろ、おとな三人、子どもが五人の大家族だ。このころ、ミルウォーキーで二つ寝室があるアパートメントの家賃の中央値は六〇〇ドル［約八万七〇〇〇円］だった。四八〇ドル［約七万円］以下の物件は一割、そして七五〇ドル［約一〇万九〇〇〇円］以上の物件も一割。*9家賃の最高値と最安値の差はたったの二七〇ドル［約三万九〇〇〇円］にすぎない。治安がもっとも悪い地域にある物件でも、治安がいい地域にある物件の家賃とたいして変わらないということだ。たとえば、市でもっとも低所得者層の多い地域では、少なくとも四割の世帯が貧困ラインを下回っているというのに、寝室が二つあるアパートメントの家賃の中央値は、市全体の家賃の中央値よりも五〇ドル［約七三〇〇円］低いだけだ。[*10] シェリーナはこれを、「寝室二つはどこにあろうが寝室二つで変わりはないのよ」と表現した。

こうした状況は、もう長いあいだ続いている。一八〇〇年代半ば、ニューヨーク市に安アパートメントが登場したとき、最悪のスラムの家賃はアップタウンのそれより三割も高かった。一九二〇年代から一九三〇年代にかけて、ミルウォーキーやフィラデルフィアといった北部の都市で黒人が暮らすスラムの貸家の家賃は、白人が暮らす地域の家賃より高かった。一九六〇年を迎えてもなお、主要都市では建物自体の条件は同じなのに、白人より黒人の家賃のほうが高かった。[*11] 貧しい人々は安い住居を求めてスラムに集まるのではない。かれらがそこに集まるのは、（とくに貧困層の黒人に言えることだが）ただ、そこで暮らすことを許されたからだ。

貧困層向け住宅の家主たちは、需要に応じて家賃を下げたりしない。家賃を滞納されたくないとか、強制退去で家賃をとりそこねたくないとかいう理由で家賃を下げることもない。いずれも回避できないからだ。だいいち、大半の家主にとっては、物件のメンテナンスに費用をかけるよりも、借家人を強制退去させたほうが安くあがる。借家人が家賃滞納を繰りかえせば、メンテナンスをサボる言い訳ができる。

毎月家賃をきちんと支払える人は、安全かつ住居としての基準を満たすように設けられた法の保護を受けられる。強制退去の心配などせずに、建物検査官を呼びだせるし、必要な修理が実施されるまで家賃の支払いを保留する権利も行使できる。[*12] だが、家賃を滞納すれば、法の保護は受けられなくなる。メンテナンスもしてもらえず、滞納が続けば退去させられる。建物検査官を呼んだところで、結局は強制退去させられるのがおちだ。低所得者層の借家人は、自分に認められた権利を知らないわけではない。ただ、そうした権利を行使するには費用がかかることも承知しているのだ。

「建物検査官を呼んだら、よけいゴタゴタするんだろうね」と、ドリーンがパトリスに言った。「だね」とパトリス。「建物検査官を呼んだら、あの女はうちらを追い出せる」。ドリーンが賃貸契約条項に違反しているため、シェリーナには一家を強制退去させる権利がある。パトリスと子どもたちは〝認可されていない下宿人〟だった。地域サービス局に通報を入れたら、シェリーナは間違いなく一家を追い出すだろう。

シェリーナは借家人によく言う。「あたしが大目に見てあげるんだから、そっちも大目に見てよね」。こうして借家人は、雨露《あめつゆ》をしのぐ屋根と引き換えに、人間としての尊厳と子どもの健康を犠牲にするのだ。[*13]

二〇〇九年から二〇一一年にかけて、ミルウォーキーにいる借家人の半数近くが、深刻な住宅問題を経験していた。[14] 五分の一以上が割れた窓、故障したままの電気器具のある部屋で暮らし、ネズミやゴキブリと三日以上生活した。また、三分の一が排水管の詰まりを経験し、一〇分の一は暖房なしですごしたことが最低一日はあった。子どもたちが眠る場所についても問題があった。こうした問題に直面するのが多いのは、アフリカ系アメリカ人の世帯だ。ところが、住居として問題があろうがなかろうが、平均家賃は同じなのだ。[15]

つまるところ、家賃を滞納している人間には、不快で劣悪でときに危険な住宅の状況に耐えるか、強制退去に甘んじるかしか道はない。ビジネスの観点から見れば、この取り決めはじつにうまい話だ。ドリーンやラマーが暮らしている四人家族向けの物件は、シェリーナの物件のなかでもっとも利益があがる。二番目に儲かるのは、一三番ストリートにあるアーリーンが暮らす物件だ。そう、最低の物件が最大の収益をもたらすのだ。[16]

ドリーンがシェリーナに家賃の支払いを控えると告げてほどなく、ナターシャは自分が妊娠していて、そろそろ四カ月を迎えることを知った。母親のドリーンに話すと、「だから、そう言ったじゃないの!」と笑って言った。ナターシャが気づかないふりをしていた心身の変化に、ドリーンはちゃんと気づいていた。「またおばあちゃんになれて自慢できる」と、ドリーンは手放しでよろこんだ。ナターシャの恋人マリクもうれしそうだった。結婚していなくても、新たな命が宿ったことは祝うべきだった。だが、自立して自由に生きていきたいと願っていたナターシャは愕然《がくぜん》とした。

「きっと頭の大きな男の子だよ！」と、ドリーンがからかうと、「なんであたし、妊娠なんかしたんだろう」と、ナターシャが哀れっぽい声で言った。「お腹が大きくなるなんて、マジでイヤ」

ナターシャはバイト先で、パトリスの同僚だったマリクと知りあい、一年ほどデートを続けていた。彼はナターシャよりも背が低く、肌の色は黒かった。髪は編みこんだコーンローで、はっきりした顔立ちをしている。やさしい雰囲気をかもしだしていて、二三歳だが子どもはいない。彼のことはそれなりに好きだった。でも、心のなかではテイを忘れられずにいた。

テイは二年前、一七歳のときに強盗に失敗し、射殺された。ナターシャのバッグにはまだ彼の葬儀の式次第《しきしだい》の紙が入っている。そこには、遺族の名前にくわえて〝特別な女性の友人〟としてナターシャの名前も記されていた。

ヒンクストン家の伝統として、赤ん坊に名前をつけるのはナターシャの姉のパトリスになる予定だった。ところが、マリクには別の考えがあった。「マリクはね、生まれてくる子が男の子だったら、マリク・ジュニアっていう名前にしたいんだって」。ナターシャが母親と姉にそう言うと、彼女たちは鼻で笑った。「〝ジュニア〟はつけない決まりだよ。それで一回しくじったからね。あんな名前、つけなきゃよかった」と、ドリーンが言った。C・Jは正確にはケイレブ・ジュニアという。彼の父親にちなんでつけられた名前だったが、その男の名前を口にしなくてすむよう、C・Jと略して呼ばれていた。

もし、ほんとうに母親になるしかないのなら、ナターシャにはひとつだけわかっていることがあった。この家に赤ん坊を連れて帰るつもりはない、ということだ。妊娠してしまったいま、ここに住みつづけられるかがいっそう心配になっていたし、強制退去させられたらどこに越すのかも不安でたまらない。ただ、ママは以前にも一家を背負ってどうにかしてくれたから、こんども当面はなんとかしてくれるだろう――ナターシャはそう信じることにした。「うちのママは強いから」と、彼女は言った。「いまよりもっとサイテーだったときも、うちらを連れて脱出してくれた。シェルターにいたことだってあるし、ホームレスだったこともある。教会や車で寝泊まりしたことも。うん、ママのことはすっごく信じてる。そりゃ、何度か路上暮らしをしたことはあるけど、ママはいつだって乗りきってきた」

とはいえ、今回の母親の計画は気に入らなかった。もうすぐ親族がテネシー州のブラウンズビルに集まると知ってから、ドリーンはそこに越そうかと考えていた。パトリスは賛成だった。もうミルウォーキーにはうんざりしていたから。「ここは死人の町だよ。ヤク浸りと売春婦ばっかり」と彼女は言った。だが、ナターシャは赤ん坊を父親から遠ざけたくなかった。

ドリーンは「彼は頼りにならない」と言った。彼がなにかしたわけではないが、彼女たちはこれまで、男にさんざん痛い目にあっていた。パトリスの父親も、ナターシャの父親も、ドリーンを捨てていったし、C・Jとルビーの父親は刑務所にいる。パトリスの子どもたちの父親であれ、どの男であれ、なんの役にも立たなかった。交際中の男から暴力をふるわれ、投げ飛ばされた挙げ句ダイニングルームのテーブルが真っ二つに壊れたことさえあった。*17 だからドリーンとパトリスは、どこで子育てをするかとか、子どもにどんな名前をつけるかという家族の決定に、なぜ男が関わる必要があるのかまったくわからなかった。ドリーンはナターシャに「あんたがわたしのお腹を蹴ってるとき、そばにいてお腹をさすってくれる人なんかいなかったよ」と言ったし、パトリスも「あたしたちに父親はいなかった。あたしの子どもたちにも父親はいない。だから、あんたの子どもにも父親なんて必要ない」と言った。

でも、自分が父親になるとわかってからのマリクは、以前より頼りになっていた。二交代制勤務をこなし、貯金し、ナターシャに食料をもってきた。親子三人で住むためのアパートメントまでさがしていた。

ある日、ナターシャのもとに診療所から電話がかかってきた。「また超音波検査に行かなきゃ」。電話を切ると彼女はドリーンに言った。「なんか、隠れてるのを見つけたんだって」

「どういうことだい？」

「だから、隠れてるの。赤ちゃんのうしろに、もうひとり」

ドリーンが驚きのあまり息をのんだ。「双子なの？」

「赤ちゃんなんてほしくないのに！」。ナターシャは地団太を踏んだ。

「いまごろ、なに言ってるんだい」。ドリーンが笑った。

「ああ、もうたくさん！」。ナターシャがそう言ってソファにそろそろと腰をおろすと、ココが膝に飛び乗ってきた。「ココ、おいで。きょうはマジでついてなかった」

そんな娘の気持ちを明るくさせようと、ドリーンは言った。「引っ越したら、おまえには特大の部屋を用意してあげる。わたしの部屋から廊下を進んだ先にある部屋。一階がいいね。ああ、三二番ストリートみたいな家に住めるといいねえ」

「そうなったら、いいなあ」。ココをなでながらナターシャが言った。

「きっとそうなるさ」

ドリーンがルビーを見た。ルビーは静かに床に座り、膝を抱えていた。

「どう思う、ルビー？　引っ越したい？」

「あたりまえでしょ。この家、だいっきらい」

7章 禁断症状《シック》

スコットはあちらこちらで働いては現金を手にしていたが、おもな仕事はテディの世話だった。料理、掃除、買い物をして、朝はテディをベッドから起こし、シャワーの介助をする。こういう仕事が自分には向いていると思っていた。だから看護師になったのだ。

スコットは三八歳。頭はすっかり禿げあがり、赤ら顔にはえくぼがあり、ガスコンロに灯る青い炎のような目の色をしている。温厚だが覇気《はき》はない。いっぽう、テディは小柄な男で、痩せて骨ばり、かさぶただらけの両腕に彫られたタトゥーにはすっかり皺が寄っている。ほとんど歩けなかったが、スコットが支えると、トレーラーパークのなかをのろのろと歩いた。左足を引きずっていて、五二歳よりもずっと老けて見える。

二人のトレーラーに転がりこんでいたパムとネッドは、その後、安モーテルに何日か泊まると言って出ていった。だが、トービンはやはりスコットとテディの強制退去を進めるつもりだった。二カ月前にテディが首のレントゲン写真と脳の画像検査を受けたところ、費用が五〇七ドル［約七万四〇〇〇円］もかかり、そのせいで家賃を滞納していたからだ。テディが大けがをしたのは一年ほど前で、一六番ストリートの高架橋の階段かどこかから転げ落ち、病院で意識を取りもどした。テディは高架橋の下で酒を飲むのが好きだった。頭上を車が低い音をたてて通りすぎ、眼下には窪地《くぼち》の底が広がるその場所に、酒瓶を何本か抱えては、教会の救護所で知りあった数人の男たちと集まった。病院では、左半身に麻痺が残ると告げられた。首の骨が折れてしまったため、接合部にはボルトやネジが埋めこまれている。

スコットは、強制退去通知書をテーブルに置いた。テーブルには請求書、ビールの缶、古いポラロイドカメラ、大きな灰皿などがひしめいている。もう昼に近く、二人の男はビールを缶からそのまま飲んでいた。テディが強制退去通知書をつついて言った。「また、おれたちから巻きあげようっていうのか。あいつはおれらなんかより、たんまりもってるってのに」

「かもね」と、スコットは答えた。「けど、トービンはべつにまちがったことはしてないだろ」

「あいつは強欲の塊《かたまり》だ。おまえは悪く思ってないかもしれんが、おれは気に入らないね……こんな身体になる前だったら、あいつの鼻に一発お見舞いしてやったのに」

「それで問題解決だ」。スコットが皮肉まじりに言った。

「おれは南部出身だからな。いつまでたっても南部の根性が抜けねえのさ」

テディはしゃべりつづけた。気が乗ればいつまでも話す。スコットはそれを座ったまま静かに聞いた。テディがそのテネシーなまりのように間延びした話をねばっこく続けても、話の腰を折らなかった。

木製パネルが張られたリビングの壁には、以前の住人が置いていった大きな絵が飾られているだけで、ほかにはなにもない。それはイエスが二人の盗人とともに十字架に磔《はりつけ》にされている絵で、すべて赤と紫の色調で描かれている。一年前、二人はほぼ身ひとつでここに入居して、以来、たいして物は増えていない。テディが大切にしているのは、釣竿などの釣り道具一式。スコットが大切にしているのは大きなプラスチックの収納ケースにしまってある、写真など思い出の品だ。

テディが話を終えると、スコットはビールの缶から視線を上げ、窓の外を見やった。向こうには、パムとネッドが置いていったトレーラーが見える。それにドーンのトレーラーもある。スコットはときどき、彼女からモルヒネを買った。切羽つまったときには医療用麻薬のバイコディンにも手を出した。

「ここには」と、スコットが口をひらいた。「もう住みたくない」。そして強制退去通知書をつまみあげた。「これがなんだかわかるかい？　こんどこそ出てけって、本気でケツを蹴っ飛ばしてるのさ」

スコットはアイオワの畜産と農業を営む家で育ち、農場はのちに養豚場へ鞍替えした。一度、クリスマスプレゼントに馬をもらった。血のつながった父親には会ったことがない。デートの最中に母親をレイプした男だから。家族の世間体のため、母のジョーンはそのレイプ犯と結婚させられた。まだ一六歳だった。だが、父親はすぐに姿を消し、二度と連絡をよこさなかった。

母親の次の夫は卑劣な男で、暴力をふるった。離婚する前に、その男とのあいだに娘を授かり、クラリッサと名づけた。母親はその後、カウボーイのカムと出会い、さらに三人の子をもうけた。スコットの弟のひとりは消防士になり、もうひとりはカリガン社で水の配達の仕事をしている。いちばん下の妹は看護師になった。

すぐ下の妹クラリッサは、いまアルコール依存症に苦しみ、故郷の町でもっとも劣悪な環境の団地で暮らしている。地元の人間はその団地を〝蜂の巣箱《ビーハイブ》〟と呼んだ。借家人の入れ替わりが激しく、みんな突然入居しては、あわてて出ていくからだ。

スコットは、カウボーイのカムとそりがあわなかった。線の細い彼には、牧場の使用人として働く白髪交じりの男をよろこばせることができなかったのだ。だから、大学入学適性試験を受け、ウィノナ州立大学に合格すると、一七歳で家を離れた。やがて、大豆畑が広がり給水塔が並ぶアイオワ州の片田舎が物足りなくなったように、大学があるミネソタ州のウィノナにも見切りをつけた。子どものころから、自分が同性愛者であることを自覚していた。「僕みたいな人を見つけなきゃ」と思いつめ、ミルウォーキーに越してきた日のことはよく覚えている。その後、ミルウォーキー・エリア・テクニカル・カレッジを卒業し、三一歳のときに看護師資格を取得した。

それから、高齢者が入居する介護療養型医療施設で働きはじめた。バイタルサインを確認し、薬を投与し、血糖値を測定してインスリン注射をした。点滴をおこない、チューブで栄養剤を注入し、気管切開の開口部や傷の手当てをした。すばやくスムーズに手を動かすことを覚え、嘔吐をこらえる方法や静脈の見つけ方も覚えた。スコットは自分が必要とされていることをひしひしと感じた。実際、必要とされていた。

ほどなく、新たに開発が進んでいたイーストサイドのベイビューに住み心地のいいアパートメントを借りた。年収の最高額は手取りで八万八〇〇〇ドル［約一二八〇万円］。稼いだ金で、故郷の母に仕送りした。

椎間板ヘルニアを発症したのは、高齢の男性や女性をベッドや浴槽から抱えあげる生活を五年続けたあたりだった。医師は痛みをやわらげるため、オピオイド系医療用麻薬パーコセットを処方した。[*1] ちょうどそのころ、スコットの親友二人がエイズで命を落とした。「あのころは、ひどく落ちこんでいたんだ。とてもじゃないが、這いあがれない気がした」。パーコセットはそんな心の痛みもやわらげてくれた。

それまでスコットは、心の痛みはほかの病気のように少しずつ治っていくのだろうと考えていた。だが、かかりつけの医師が退職すると聞かされると、不安でたまらなくなった。彼にとっては、その医師だけが頼みの綱、グラスの縁ぎりぎりまで酒を注いでくれるバーテンダーのような存在だったからだ。ほかの医師は、オピオイド系医療用麻薬の処方に二の足を踏むかもしれない。

悩んだすえ、スコットは同僚の看護師から錠剤を買ったり、職場で盗んだりするようになった。ついには患者からも分けてもらうようになり、バイコディン一錠を三ドル［約四四〇円］で買った。気づけば、患者たちが安定した薬の供給源になっていた。

パーコセットを飲みはじめて数カ月後、やはり医療用麻薬であるフェンタニルと出会った。その瞬間、恋に落ちた。フェンタニルはモルヒネの一〇〇倍も中枢神経系に作用する。[*2] それを使うと、ただただ穏やかで満ちたりた気分を味わえた。そして天にも昇るような至福に包まれた。「あれほどの安らぎとよろこびを感じたことはなかったよ」と、彼は言った。

いつのころからか、スコットは職場で、慢性痛に苦しむ患者の肌に貼付してあるパッチから注射器や吸い上げ器でフェンタニルを吸いあげるようになった。それをそのまま飲んだり注射したりするのだ。ベッドで低くうめき声をあげている患者には、薬剤が空になったパッチを貼りつけた。「患者さんより僕のほうがこの薬を必要としてるんだって、自分に言い聞かせてた」。スコットは当時を振りかえった。「これのおかげで、あんたがた三〇人の世話ができるんだってね」

だが、〝恋〟のご多分に漏れず、スコットとフェンタニルの関係も、ドキドキする魔法から、もっと深刻な世界へと進展し、やがて心身を痛めつけるようになった。高揚感を味わうためではなく、離脱症状から逃げるために薬を求めるようになったのだ。「禁断症状《シック》だよ」と、彼は説明した。フェンタニルが抜けてくると身体が震え、汗がだらだら出て、下痢をしたり、身体じゅうが痛くなったりした。「あれが抜けてくると、もういっそ死んだほうがましだっていう気分になるんだ」。このころには、ただ毎日を生きのびるために麻薬を必要とした。もうすぐ禁断症状《シック》に襲われる――そう察すると、これまで考えもしなかった悪事にも手を染めるようになった。

二〇〇七年八月のある日、同僚の数人が、スコットが目を閉じて前後にゆらゆらと身体を揺らしながら立っているところを目撃した。スコットを帰宅させたあと、かれらは施設中のパッチを確認し、薬剤が抜きとられているのに気づいた。上司から命じられ、薬物検査を受けたスコットには、フェンタニルの陽性反応が出た。同じような出来事が一一月にも起こった。だが、上司にも薬物を使用した過去があったため、あと一回だけチャンスをやろうと言われ、仕事の継続を認められた。

「男の看護師からパッチをはずされた」という苦情が複数の患者からあがったのは、クリスマスを迎えたころだ。スコットはタクシーに乗せられ、三回目の薬物検査を受けるべく、診療所に送られた。扉の向こうにある待合室を見ると、プラスチックの椅子にだらりと座るジャンキーたちで満杯だった。手袋をした看護師たちの顔は一様に無表情だ。待合室にはきっと、クリスマスソングが流れているのだろう。そう想像しながらスコットは背を向け、そこを立ち去った。

その後、彼は薬物依存症患者の自助グループ〈ナルコティクス・アノニマス〉〔薬物依存からの回復をめざす患者に12ステップの回復プログラムを提供する〕に参加し、薬物を断とうと努力した。だが無理だった。「どうしてもだめだった」

四カ月後、彼はいちばん上等のシャツを着て、ウィスコンシン州看護協議会の懲戒委員会に出席した。委員会は「准看護師（スコット・W・バンカー）がウィスコンシン州における看護師業務に就く免許を無期限に無効にする」と決定した。[*3] その瞬間、スコットは決心した。こうなったら底の底まで堕《お》ちていって、正真正銘のジャンキーになるしかない、と。「僕にとって看護師資格はほんとうに大切なものだった。だから資格を剝奪《はくだつ》されたときに、もうどうにでもなれと思ったんだ」

仕事を失い、高級アパートメントからも退去すると、スコットは所持品の大半を売り払い、みずからホームレスのシェルターに向かった。そのシェルターで出会ったのが、退院してきたばかりのテディだった。彼がテディに惹《ひ》かれたのも当然の話だ。テディは弱々しく、病を抱えていて、階段を上がるにも食べ物のトレイを運ぶにもだれかに手伝ってもらわなければならなかった。たとえ資格を失ってはいても、スコットは気持ちのうえではまだ看護師だったし、介護する習慣も抜けてはいなかった。

子どもが一四人いる貧困家庭で育ったテディは、三年前、テネシー州デイトンからヒッチハイクでやってきてからずっと、シェルターや橋の下で生活してきた。父親はアルコール依存症で、トラックを巨大トレーラーに追突させたあと、若くして命を落とした。この話をするとき、テディはよく「さしずめ、肝試《きもだめ》しにぶつかってみたんだろ」と言った。

テディとスコットは、まったく似つかわしくない組み合わせだった。ひとりは南部出身の異性《スト》愛者《レート》で、長年、路上で暮らしてきていた。もうひとりはずっと年下で、同性愛者で、まだホームレスになったばかり。だが二人は友人になり、一緒にシェルターを出て、ルームメートとして暮らすことにした。

テディの月収は生活保護費の六三二ドル［約九万二〇〇〇円］、スコットはフードスタンプしか受給していなかった。だから安いアパートメントをさがす必要があった。それに、家主があれこれ詮索してこない人である必要もあった。その点、カレッジ・モバイル・ホーム・パークは入居者を選ばないという評判だった。二人でそこへ下見に行くと、オフィス・スージーがガスコンロのない小さなトレーラーを見せてくれた。室内は惨憺《さんたん》たるありさまだったが、地代は月四二〇ドル［約六万一〇〇〇円］で、トービンはトレーラーをくれると言ってくれた。だから、その週に引っ越した。

医療施設を辞めたあと、ドラッグの入手に苦労していたスコットは、だれかとばったり出会えるのを期待して、〈ウッディーズ〉や〈ハーバー・ルーム〉といったゲイバーに出没していた。ところがこのトレーラーパークには、メタドンの処方箋をもっている者もいれば、ドラッグを売っている者もいて、少し砂糖を分けてくれないかと頼むぐらい簡単に、ドラッグが手に入った。

ある朝、目が覚めると、例の禁断症状《シック》がすぐそこに迫っているのがわかった。なのに、いつも薬を売ってくれる連中は在庫を切らしていた。ドーンにモルヒネを分けてくれないかと頼んだが、彼女も切らしていた。しかたなく、テディのビールを何本か一気に飲みほしたが、まるで役に立たない。夕方になると、寝室にひとり座り、ガタガタと震えだした。ついには野球帽をかぶり、ポケットに手を突っこんで、トレーラーパークの敷地のなかをうろうろと歩きはじめた。

その様子を、テラスに置いた折りたたみ椅子に座っていたヘロイン・スージーが眺めていた。そして、やおら煙草の火を消すと室内に入り、長いつきあいの恋人ビリーにスコットのようすを伝えた。二人は、スコットがまた歩いてきたとき、ちょっと寄っていかないかと声をかけた。

スージーとビリーはテリアが混ざった雑種の小型犬を飼っていて、きれいに片づけられたトレーラーに、わりと新しい家具を揃えていた。スージーはくすんだ長い金髪で、目の下にいつも隈《くま》がある中年女性だ。わたしには生まれつき癒しの力があるのよ、とよく人に話していた。

ビリーは袖のないTシャツ姿で、筋骨隆々。その目はふつうの人の半分くらいしかまばたきをしないように見える。しわがれ声で話し、刑務所で彫ったタトゥーはすでに色褪せていた。スージーと一緒に暮らすようになってからもう何年にもなるが、いまでも手をつなぐのが好きだった。

「ヤク切れ？」。スージーがスコットに訊いた。「ああ」とスコットがうなずくと、彼女はビリーのほうを見た。するとビリーは小さな革のケースをとりだした。そこには新しい注射針が入った包み、アルコール消毒綿、精製水、小さなコットン玉、そしてブラックタールヘロインがあった。

ヘロインにはぜったいに手を出さない――オピオイド系医療用麻薬に人生を乗っとられつつあったとき、スコットはそう決心していた。友人が次々にエイズで亡くなっていくのを目の当たりにしたあとは、なおさらだった。

だが、ビリーはスプーンをコンロにかざし、ヘロインを水に溶かして温めた。そして、小さく鼻歌を歌いながらヘロインをコットン玉に吸わせ、それを注射器で吸いこんだ。黒っぽいコーヒーのような色。のちにスコットは、色が濃いのはヘロインが強いことを意味するのだと知った。その日、スコットは右膝の裏に注射針を刺した。目を閉じ、待っていると、圧倒的な安堵感に包まれ、身体が軽くなった気がした。

こうして、スコットは二人と友だちになった。スコットは、スージーが詩を書いていること、マリファナを塊で売っていた七〇年代の思い出話をするのが好きなこと、この三五年はずっとヘロインを打っていることを知った。ビリーは注射針を腕に、スージーは足に刺した。そのせいで、彼女の足は傷だらけですっかり変色し、スコットですら眺めていると気分が悪くなった。ときどき、さすがのスージーも注射針を刺す場所が見つからず、手間どることがあった。彼女がイライラしてくると、ビリーが無理やり彼女の頸静脈《けいじょうみゃく》に刺すのだった。

ビリーとスコットは、一緒に金屑や空き缶を集めてヘロインの資金づくりにいそしんだりもした（ブラックタールヘロインは安価で、〇・一グラム入りの風船一個が一五ドルから二〇ドル［約二～三〇〇〇円］で流通していた）。それ以外のときは、三人でショッピングモールの駐車場に行き、いかさまに精をだした。まず、ビリーがデパートで高額商品を盗んでくる――たいてい宝飾品だ。次にスージーがレシートを家に置き忘れてきた客を演じて、商品に不満があると店員に言って返品する。でもスージーはレシートをもっていないので、店のマネジャーは商品と交換に商品券を渡す。スージーがスコットに商品券を渡すと、スコットが駐車場で呼び売りして、額面より安い価格で商品券を売るという段取りだ。八〇ドル［約一万二〇〇〇円］の商品券なら四〇ドル程度で売れる。手にした四〇ドルは、スージーお気に入りの売人が住んでいるシカゴに即座に送金された。

スコットとテディの入居申込みと同じく、スージーとビリーの入居を認めたのもレニーだ。彼はトービンに代わり、すべての入居者の審査を担当していた。といっても、信用調査はいっさいしない。費用がかかるから。以前の家主に電話もしない。どの入居希望者もたいてい、前の家主の代わりに母親や友人の名前を書いているから。レニーの審査は、もっぱらCCAPに名前を入力することだった。

CCAPとは、コンソリデーティド・コート・オートメーション・プログラムス（裁判所統合プログラム）の略だ。他の多くの州と同様、ウィスコンシン州もすべての市民にほかの市民の犯罪や民事裁判の記録を閲覧する権利を与えていた。*4 つまり、市民のスピード違反、養育費に関する争議、離婚、強制退去、重罪などの法律が関わる記録を一覧できるウェブサイトを提供しているのだ。強制退去と軽犯罪の記録は二〇年間、重罪に関しては最低五〇年間公開される。取り下げられた強制退去や不起訴処分の記録まで残っている。たとえば、逮捕されただけで有罪判決は受けなくても、CCAPは「これらの起訴事実は嫌疑不十分であることが証明されました。よって〇〇〇（名前）は無罪と推定されます」といった注意書きをつけて、情報を公開しているのだ。

入居者の審査をしているときにCCAPで有罪の記録を見つけたことがあるか？　とレニーに訊けば、おそらく彼はにやりと笑い、こう答えるだろう。「十中八九、なんか見つかるよ」。さらに、どんな記録があったら入居を認めないのかと尋ねれば、薬物がらみの犯罪と家庭内暴力の記録と答えるだろう。とはいえ、スージーにもビリーにも薬物がらみの犯罪歴があった。こんな例外は二人にかぎった話ではない。

ある土曜日の朝、早起きをしたレニーは、オフィス・スージーと落ちあい、トービンのキャデラックに乗った。ミルウォーキー家主研修プログラムに参加するためだ。このプログラムは一九九〇年、〝不動産賃貸業から違法行為と破壊行為を排除する〟べく、司法省が始めたものだ。[*5]三人とも参加したくはなかったが、サボるわけにいかない。研修への参加は、ウィコウスキー市議会議員と合意した条件のひとつだったからだ。

トゥートニア・アベニューにあるミルウォーキー保安訓練校の広々とした教室に入ると、すでに六〇人ほどの家主がいた。開始が告げられたのは午前九時きっかり。その日講師を担当するカレン・ロングが、後ろで手を組んだまま早口で話しはじめた。「不動産における最重要ポイントはなんでしょうか？　立地、立地、立地です。家主がすべき最重要ポイントはなんでしょう？審査、審査、審査です……悪い子といい子を見わけるには、すべきことが山ほどあるのです」

まずは入居希望者の生年月日（犯罪歴を調べるため）と社会保障番号（信用情報を調べるた

め）を書いてもらい、身分証明書を二種類、提出してもらいましょう、とカレンは説明した。「十分な収入があることを証明する書類も提出を求めます。自営業だと言われたら？　まあ、ドラッグの売人だって自営業ですからね」。続いて、CCAPも有効活用してください、と言った。

次に、家主たちは審査代行業者のパンフレットを渡された。この業者に依頼すれば〝入居希望者に関する、これ以上ない広範な経歴〟の情報を得られるという。ひとり当たり二九ドル九五セント［約四三〇〇円］支払えば、入居希望者の強制退去歴、犯罪歴、信用度評価、以前の居住地の住所といった情報を記した報告書を作成してもらえるらしい。「本サービスはレントグロウ社によって提供されます」と、パンフレットは謳っていた。「レントグロウ社は集合住宅の入居者審査において一〇年以上の実績を誇り、年間五〇万を超える物件にサービスを提供しています[*6]」

「いいですか」と、カレンが言った。「入居希望者に、最近、裁判所命令による強制退去や債務不履行の記録があったら、入居させてはなりません。強制退去させられた人が、あなたに家賃を払えるはずがありませんよね？[*7]」。カレン自身家主であり、入居希望者が室内のようすをどんなふうに下見するかを、注意して観察しているという。この点は、家主たちが受付でもらった分厚い手引書でも繰りかえし強調されていた。

「その入居希望者は、どの部屋もしっかりと確認していますか？　どこに家具を置こうとか、どの部屋を子ども部屋にしようかとか、どうすればキッチンの使い勝手がよくなるだろうとか、頭のなかで思い描いているようすが伝わってきますか？　それとも、玄関から室内に足を踏みいれようともせず、ただ家賃の金額だけを訊き、室内には驚くほど無関心ですか？　まっとうに暮らしている人は住まいのことを気にかけますから、熱心に物件を下見します。でも違法行為のために借りようとしている連中は、室内に関心をもっているようなふりをするのを、つい忘れてしまうんです[*8]」

家主にとってはそれでいいかもしれない。だが、もしカレン流の審査が重なると、結局は社会に大きな影響をおよぼすことになる。ここは評判のいい学校、こっちは評判の悪い学校、このあたりは安全な地域、あのあたりは治安が悪いといった具合に、地図のうえでも判別できるようになり[*9]、そこから利権が生まれる。その利権の分配を左右しているのは家主たちだ。だれがどこに住むかを決めているのは家主たちだから。結局、家主たちが審査をした（あるいはしなかった）ことで、同じ街でもひとつ隣のブロックに移っただけで、犯罪や違法行為の横行、地域活動への市民の参加、近所づきあいなどに極端な差が生じる。低所得者層が暮らすブロックでも、ある集合住宅ではよく警察が出動する騒ぎが起こるが、別の集合住宅ではそんなことは起こらない、という現象が生じる理由になる[*10]。

犯罪行為と貧困を同じ基準で審査するのが一般的になれば、当然、審査が甘い賃貸住宅では、貧困家庭の住人がドラッグの売人や性犯罪者といった犯罪者たちと隣りあわせで暮らすことになる。つまり、貧困率や犯罪率が高い地域が生じるのは、貧困が犯罪を誘発し、犯罪がよりいっそうの貧困を招くことだけが原因ではない。家主が〝違法行為と破壊行為を排除〟するせいで、結果として貧困家庭を安全な住居から締めだしているのだ。これはまた、暴力、薬物、極度の貧困といった社会問題が、ひとつの地域どころか、もっと狭い単位に集中する原因にもなっている。飢え、生活必需品の不足、依存症、刑務所入りといったことがとくにめずらしくない生活をしている人々は、治安の悪い物件に暮らしているうちに社会から孤立し、仕事に就けなくなり、麻薬や売春といった犯罪や暴力にさらされることになる。すると、自分が抱えている問題をおおっぴらにして、住人同士で互いに協力するようになる（食べ物や衣類を交換したり、情報を共有したり）。扱いのひどい仕事や、ソーシャルワーカー、刑務所について愚痴をこぼしあったりもする（「連中は食い物にはなんでもグレービーソースを――」「――かけりゃいいと思ってるんだよな！」）。そんな関係だからこそ、薬物の離脱症状が出はじめたときに隣人にばったり会ったら、必要なものを分けてもらえるのだ。

　とはいえ、家主のなかには、入居希望者の審査をいっさいしない者がいる。その理由は、給料を担保に小口の金を貸しつける消費者金融業者が、信用度が低い家族に無担保かつ高金利でローンを組ませるのと同じ。つまり、どの市場にも「最底辺を相手にするビジネスモデル」が存在するからだ。[*11]

「質問は？」。カレンが教室を見まわした。

「賃貸契約は、長期、短期、どちらがいいですか？」

「まず、賃貸契約書を用意してください。これは必須です。この州における賃貸契約の六割から七割は口頭ですまされていますが、サインもかならずさせてください」

迷彩柄の帽子をかぶった男が手を挙げ、強制退去について尋ねた。「連中を追い出すまで、三カ月間とか、期間を設けなきゃならんのですか？」

「いいえ。家賃を払わない人を守るものはありません」

「延滞料は、最大いくらまで請求できるんですか？」

これには室内に苦笑が広がり、カレンも顔をしかめた。

そして次の質問。「アパートメントには共有スペースがありますよね。廊下とか地下室とか。そういうところにならば家主は無断で入ってもいいんでしょうか？」

カレンはしばらく返事をせず、気をもたせたあと、質問した女性ににっこり微笑みかけた。五〇代とおぼしきその黒人女性は、いちばん前の列に座り、ずっと熱心にメモをとっていた。

「さてみなさん、その答えは？」。カレンが室内の家主たちに向かって尋ねると、数人の家主たちが「イエス」と答えた。

カレンはうなずき、女性を見た。「この言葉を繰りかえしてください。ここは、わたしの所有地です」

「ここは、わたしの所有地です」。女性が応じた。

「ここは、わたしの所有地です」。カレンが声を張りあげ、両手を挙げると、繰りかえすよう全員にうながした。

「ここは、わたしの所有地です」。家主たちが声を揃えた。

「ここは、わーたーしーの所有地です！」。カレンが室内に声を轟《とどろ》かせた。彼女の指は床下の地面を指している。室内の声がひとつになり、誇らしげで力強い唱和が起こった。「ここは、わたしの所有地です！　わーたーしーの所有地です！」

強制退去通知書を受けとったあと、テディは二日ほど考え、こうなったら故郷のテネシーに戻るしかないと腹をくくった。そこで妹のひとりに電話をしたところ、夫をバンで迎えにいかせると言ってくれたので、五〇〇ドル〔約七万三〇〇〇円〕を為替で送った。これで手持ちの金は底をついた。「妹が金欠になると悪いからさ」と、テディはスコットに話した。

いっぽうスコットは、薬物依存症者の集まりで知りあったピトに電話をかけて、なにか仕事はないかと尋ねた。すると彼が、プエルトリコ出身の女性で勝ち気な同性愛者のミラを紹介してくれ、おかげで抵当流れの家を清掃する仕事にありつけた。ミラは作業員に現金で報酬を支払った。ただし、その額は相手によって違った。スコットにその理由はわからなかったが、尋ねはしなかった。作業員たちは金属類をスクラップ業者に流したり、金になりそうものをあちこちで売ったりしたが、残りはすべてゴミ捨て場に運んだ。

住人が置いていった物の数々には驚愕した。ソファ、パソコン、ステンレスのガスコンロ。値札がついたままの子ども服、三輪車、地下室の箱のなかのクリスマスの飾り、冷凍ポークチョップ、インゲン豆の缶。シーツをかけたままのマットレス、ファイルキャビネット、祈りの言葉や格言を額装したポスター、カーテン、ハンガーにかけられたブラウス、芝刈り機、写真。窓ガラスにひびが入り、天井がべとべとに汚れている粗末な家にだれかが不法に住んでいたこともあった。床に分厚いカーペットが敷かれ、主寝室が複数あり、裏口にテラスまである、洞窟のように薄暗い家もあった。スコットはだんだん、この町全体が打ち捨てられているような気がしてきた。

「家のなかに入っていくと、住人が出ていったばかりっていう感じがすることがあってさ」。スコットが、テディと朝食のビールを飲みながら言った。強制退去通知書を受けとってからもう一週間ほど経過していた。「なんともいえない雰囲気が残ってるんだよ。うまく言葉じゃ説明できないけど」

「おれも働ければいいんだが」と、テディが言った。「外に出て働きたい。だが、身体がこんな調子だからな」

スコットは仕事にはなんの面白みも感じていなかったが、室内に打ち捨てられた残骸《ざんがい》には惹かれていた。「そこに暮らしていた人たちになにがあったのか、想像がつかないんだ」と続け、「まるで――」と言いかけたが、その言葉は宙に浮いたままだった。

「スコット」。テディはゆっくりとスコットのほうを向いて言った。「おまえはおれの家族みたいなもんだ。おまえと離れるのはつらいが、おれ、故郷《くに》に帰るよ」

「あんたのことなんか、好きでもなんでもないぞ」。スコットはにやりと笑って返した。「すなおじゃねえな。おれが出ていく後ろ姿なんぞ、見たくもないだろう。でも、そうしなくちゃならないんだ。それは、おまえもおれもよくわかってる」

土曜日、陽が昇りはじめたころ、トレーラーのそばに白いバンがとまった。スコットはテディの服を入れたバッグと釣り道具を後部座席に積み、親友が助手席に座るのを手伝った。テディはこわばった腕を糸で引っぱられたかのようにそっと上げ、口には出さずに別れを告げた。ハーレーダビッドソンの車体のようにまばゆいオレンジ色に燃える空の下、テディを乗せたバンは遠ざかっていった。

彼のトレーラーに住人たちが強奪にやってきたのは、その日の夕暮れだ。スコットはまだ外出中で、ミラの作業員たちと清掃の仕事をしていた。トレーラーパークの住人全員が、テディがすでに出ていったこと、そうなればじきにスコットも出ていくことを知っていた。まずはシャツ、映画のDVD、ジャケット、バックパックなど、小さなものが奪われた。それからテーブル、ソファ、十字架の絵画など、大きなものが奪われた。

ロレインの義理の弟のレーンは、デイジーのように黄色い自分のトレーラーからそのようすを眺めていた。「卑劣なやつらだ」。黒っぽい髪に痩せこけた身体で、ゴールドのネックレスをつけている。彼は首を振りながらこう続けた。「寝てるときは口を閉じとかないと、やつらに金歯を引っこ抜かれちまう」

その夜、帰宅して惨状を目の当たりにしたスコットは、真っ先に例のプラスチックの収納ケースがあるかどうかをたしかめた——写真や卒業証書など、かつては自分が別の人間だった証拠が詰まっている宝物を。盗まれていなかった。ベッドはなくなっていたが、思い出の品は残されていた。スコットはまるで贈り物をもらったような気がした。

それからゆっくりとトレーラーのなかを歩き、盗られたものと、金目のものを狙っていた連中でさえ見向きもしなかったものを確認した。本やポラロイドカメラは盗まれていなかったが、ビールの空き缶は跡形もなく消えていた。リサイクルにまわすのだろう。スコットは抵当流れの家でもそうしたように、残されたものにそっと指で触れ、発掘された人工遺物や化石を確認するかのように、しげしげと眺めた。

その夜、最後に掃除をした家の光景が頭に浮かんできた。外から見るかぎり、その家はほかの家と変わらなかった。ところが、室内に足を踏みいれると、複数のソファに囲まれるようにして手づくりのステージが設置され、ストリッパーが使うポールが立ててあった。床にはハードコアポルノの雑誌類が散乱していた。二階には三つ部屋があり、そのうちの二部屋にはもっと卑猥なものがあった。ところが三つめの部屋のドアをあけるとシングルベッドがあって、おもちゃとやりかけの宿題が残されていた。

放棄された家の大半には、そこで暮らしていた住人の手がかりとなるものがほとんど残っていないが、仕事をこなしながら、スコットはそこに暮らしていた人たちのことをよく想像した。夕食のテーブルを囲む笑い声、まだ眠っている朝の顔、洗面所でひげを剃る男。だが、あの最後の家は独特のストーリーを語っていた。三つめの寝室のことを思いながら、スコットはなにもない床に座りこみ、もぬけの殻《から》になったトレーラーのなかで、さめざめと泣きはじめた。

8章 四〇〇号室のクリスマス

アーリーンを強制退去させる——シェリーナはそう決心した。葬儀に参列するために借金したアーリーンはその後、ケースワーカーとの面談をすっぽかしたせいで公的扶助の支給額を減らされ、いまでは八七〇ドル［約一二万六〇〇〇円］もの家賃を滞納していた。だから、そろそろ見切りをつけて次の借家人をさがす頃合いだと判断したのだ。

その月の初旬、強制退去の申請書類を提出すると、一二月二三日に審理をするという書類が送られてきた。クリスマス前におこなわれる、年内最後の強制退去の審理と思われた。おそらく裁判所は混みあっているだろう。クリスマスの朝、プレゼントを用意できないまま子どもたちの顔を見るよりは、家主にいちかばちかの賭けを挑むほうがましだと考える親が多いから。*1 実際、次に入居する予定の新たな借家人からは、クリスマスプレゼントを買ってやりたいから家賃を少し返してほしいと泣きつかれていた。でも、シェリーナはこう言ってやった。「クリスマスツリーを飾って、その下にプレゼントを置きたいなら、まずはわが家が必要でしょ……それに、クリスマスがくるのは一一カ月前からわかってたはずよ」

シェリーナ対アーリーンの強制退去審理の日の前夜は、雪が降りはじめた。翌朝、目を覚ますと、町は雪に埋れていた。パーカーやニット帽姿の人々が歩道をそろそろと歩いている。バス停の屋根の下では、厚着をした子どもたちと母親が足を踏みならしながら身を寄せあっていた。町の大きな煙突からは、蒸気が綿雲のようにもうもうと淡い青空へとあがっている。クリスマスの飾りつけが町のそこここを彩り、黒人のキリスト降誕をかたどった雪だるまが空き地で微笑んでいた。

シェリーナはミルウォーキー郡庁舎に車をとめた。ここは一九三一年に建てられたが、それよりずっと前からあるように見える。コリント様式の円柱はオークの木の幹よりも太くて長く、ぐるりと建物を囲むように屋根を高々と支えて、ダウンタウンを睥睨《へいげい》している。巨大な建物の、堂々とした石灰岩の正面の壁には、VOX POPULI VOX DEIという文字が活字体で彫られていた。〝民の声は神の声〟という意味のラテン語だ。

アーリーンはくるだろうか、とシェリーナは思案した。借家人はたいてい姿を見せないが、シェリーナにはそのほうがありがたかった。それまでどれほど親切にしてあげても、強制退去の審理になれば、そんなことはいっさい考慮されないと、これまでの体験で身にしみていたからだ。

法廷では、あらゆる好意が無になる。アーリーンには牛乳や食料品をあげた。業者に頼んで、入居者のいない部屋のガスコンロを彼女のところに運ばせたことだってある。だが、いざ調停人の前に立ったら、給湯器が壊れていることやクエンティンがまだ修理していない窓の穴のことをもちだすにきまっている。

それでも、シェリーナはその日の朝、アーリーンに電話をかけて、きょうは審理があるから忘れないできてねと念を押した。そんな親切をしてやる必要はなかったが、アーリーンにはどこか憎めないところがあった。もちろん、調停人のことを考えると不安でならなかった。かれらは借家人に同情しがちで、細かいことをあげつらっては家主を非難する。これまで、書類の不備で申し立てを却下されたことが二回ある。そうなれば、また最初から強制退去の手続きをやりなおさなければならないし、また一カ月分の家賃をとりそこねる。反対に、彼女の思いどおりにことが進めば、一〇日後には保安官たちにきてもらい、借家人を強制的に退去させられる。

セキュリティチェックを終えたシェリーナは、四〇〇号室に向かった。そこは、ミルウォーキー郡簡易裁判所でもっとも多忙をきわめる法廷だ。[*2] 大理石の床を歩くと、足音が丸天井に響く。法廷は人であふれていた。長い木のベンチに男女がぎゅう詰めで座っているうえ、壁際にも大勢立っていて、人々の体温で室内が暖かかった。シェリーナはそのなかから顔見知りの家主を見つけ、手を振った。

部屋の後ろのほうには、革ジャンを着た白人の姿も見えた。二カ月ほど前に、数百もの違反を犯しているると地元紙で報じられた家主だ。アシスタントの若い女性と冗談を言っているその男のところに、一人の借家人が近づいていった。五〇がらみの黒人女性で、着古したオーバーコートの肩をいからせている。彼女はハンドバッグに手を入れると、現金七〇〇ドル［約一〇万二〇〇〇円］を家主に渡した。

「お願いですから……」。彼女は口をひらいたが、その先をさえぎるように家主は言った。「お願いなんかいらない。小切手を書け」

「二週間後に、あと六〇〇ドル払います」

だが、家主は彼女に合意書にサインしろと言った。そこには延滞料五五ドル［約八〇〇〇円］も支払うと記されていた。彼女はペンに手を伸ばした。[*3]

部屋の前方は弁護士たちが座る席で、ピンストライプのスーツに派手な色のネクタイを締めた弁護士たちが座っていた。みな、家主たちに雇われた弁護士で白人だ。

かれらの正面にはどっしりとした木製のデスクがあった。その両端に女性が座っていて、きょうおこなわれる裁判の呼びだしをおこなったり、出席をとったりしている。借家人の名前を呼んでも、まず返事はない。約七割は姿を見せないからだ。ほかの大都市でも似たようなもので、都市によっては一割しか出頭しない例もある。[*4] 理由はさまざまだ。仕事を休めない者もいれば、子どもを預けられない者もいる。審理の手続き自体がよく理解できていない者もいれば、審理なんぞどうでもいいと考えている者、法廷で恥をかきたくないと考えている者もいる。[*5]

いずれにせよ、借家人が出頭せず、家主または代理人だけが出廷している場合、呼びだしをする担当者がファイルにすばやく三回、スタンプを押す。借家人の欠席により退去命令が確定したことを示すスタンプだ。強制退去が審議される法廷の多くでは、数十人のため息、咳、つぶやき、子どもたちをたしなめる小声などが混然となった低いざわめきが広がる。そこに名前を読みあげる声が響き、少し間を置いたあとに、スタンプを押す音が三回響きわたるのだ。

正面デスクの両端にいる職員の横には、それぞれ調停人のオフィスに続く出入口がある。実際に審理がおこなわれるのはそのオフィスだ。順番がまわってくると、家主と借家人がそこに入っていき、たいてい数分もすればまた戻ってくる。

審理を終えたばかりの黒人の女性が、子どもの手を引いて部屋に戻ってきた。頭に布を巻き、厚手の青いコートを着たまま、四〇〇号室の真ん中の通路を進んでいく。通路には、素人が彫ったとおぼしきタトゥーをいれた生気のない白人の男性、パジャマのズボンとクロックスをはいて車いすに乗った白人の女性、くたびれた帽子を膝に載せた目が不自由な黒人の男性、ワークブーツを履き、〝われらのために祈れ〟という文字がプリントされたTシャツ姿のヒスパニック系の男性などがいる。みんな、審理の順番がくるのを待っている人だ。

強制退去の裁判に召喚される借家人は貧困にあえいでいて、大半（九二％）が家賃を滞納している。そしてそのほとんどの人が収入の半分以上を、三分の一の人は八割以上を家賃にあてている。[*6] ここに出頭した借家人が強制退去の命令を受けても、次に住む場所があるのは六人にひとりにすぎず、その行き先もシェルターか友人や家族のアパートメントだ。やむをえず路上生活を始める者も数人いる。かれらには、強制退去に処せられても行くあてがない。[*7]

青いコートの女性が、ほかにも黒人の女性がいることに気づいた。そこで、通路側に座っている彼女に向って腰をかがめ、小声で「心配しないで。数分もあれば終わるからさ」と声をかけた。法廷には黒人女性が大勢いた。ミルウォーキー郡では、強制退去が審議される法廷に出頭する人のおよそ四分の三は黒人で、うち四分の三が女性だ。法廷における黒人女性の総数は、ほかのグループすべてを足した合計数より多い。[*8]

順番待ちの女性たちのまわりには、あらゆる年齢の子どもがいた。ヘアクリップを山ほどつけ、椅子の下で足をぶらぶらさせている少女。二サイズほど大きい襟つきのシャツを着て、背筋を伸ばして座り、険しい表情を浮かべている浅黒い肌の少年。隣に座っている妹はいっぽうの腕を目の上に乗せ、もういっぽうの腕で犬のぬいぐるみを抱きしめたまま眠ろうとしている。

ミルウォーキーの黒人の最貧困世帯が暮らす地域では、強制退去が日常茶飯事だ――とくに女性にとっては。黒人が暮らす地域の女性借家人はミルウォーキーの人口の九％だが、強制退去させられた借家人の三〇％は黒人女性だ。毎年、黒人の最貧困世帯が住む地域では、女性借家人一七人につきひとりが強制退去させられている。これは同地域の男性借家人の二倍にあたり、市で白人の最貧困世帯が暮らす地域の女性借家人と比べると九倍にもなる。[*9]

貧しい黒人が暮らす地域において、男性に投獄がつきものだとすれば、女性には強制退去がつきものだ。貧しい黒人男性は閉じこめられ、貧しい黒人女性は締めだされているわけだ。[*10]

シェリーナは、貧乏ゆすりをしながら自分の番がくるのを待っていた。その月の頭にも、パトリスを含む八件の強制退去の裁判でここにきていた。そのとき出頭した借家人はたったひとり、〝片足リッキー〟だけだった。彼は足を引きずりながら通路を歩いてくると、シェリーナに文句を言った。「なんだって、おれをこんなところまで引きずりだしたんだよ」。リッキーの声は甲高く、ざらついていた。吐く息はビール臭い。片足が義足なのは、二二歳の誕生日に四発撃たれたせいだ。

「なによ、そっちの足にも一発お見舞いしてほしいの?」。シェリーナがそう言い返し、両の拳《こぶし》を振りあげると、リッキーは杖でシェリーナの足を刺すふりをした。

ひとしきり笑いあったあと、シェリーナが言った。「あなたのことは好きよ、リッキー」

「おれもだよ、ベイビー」

「わかるでしょ、規則だからしかたないの。スーパーマーケットで、『じゃ、食料品をもらってくよ、一ドルも払えねえけどさ』って言えないのと同じよ」

「わかってる。おれが商売してたらやっぱりそう思うさ……親父によく言われたもんだよ。恩を仇《あだ》で返すんじゃないぞって」

予定の時刻が近づいてくると、シェリーナとリッキーは最前列のベンチに向かった。裁判は原告(家主)ごとにまとめられているので、呼びだし係はシェリーナのほかの借家人が出頭していないことを確認した。

「シセル・クレメント?」。バン、バン、バン(スタンプを押す音)。

「パトリス・ヒンクストン?」バン、バン、バン。

パトリスは裁判所には出頭せず、ファストフード店の〈カズンズサブズ〉に出勤することにした。シフトを代わってくれる人が見つからなかったし、クビになりたくなかったからだ。店長には彼女の過去のA級軽犯罪(不渡り小切手の振りだし)を見逃してもらっていた。ここでの勤務で唯一、彼女が気に入っていたのは通勤だ。いつも一時間ほど、レンガ造りの家が並び、星条旗がはためく通りをのんびりとバスに揺られていられた。

「家主も、法廷も、知ったこっちゃない」。のちにパトリスは言った。「うちのママも強制退去の法廷に出頭したことがあるけど、担当の裁判官が失礼なやつでさ」。このままだと、借家人としての経歴を強制退去で始めることになるというのに、彼女はあまり気にしていなかった。「だって、あたしの知ってる人は、白人の友だち以外はみーんな強制退去されたことがあるもん」。彼女には、もし出頭したら、その分勤務時間が減るうえに店長を怒らせてしまうこと、自分より教養があって、法律を熟知していて、法廷でいばりくさっている人間を相手に言い訳を並べなければならないことがよくわかっていた。借家人のなかには、もっと悪いことに、家主の弁護士と顔を突きあわさなければならない者もいた。

だいいち、出頭しようものなら、あの古くて荘厳な裁判所の建物に足を踏みいれなければならない。彼女がこれまでの人生で知っているいちばん高級な建物は、フォン・デュ・ラク通りのそばにあるスーパーマーケット〈レナズ・フード・マーケット〉だ。あそこにはショッピングカートがずらりと並んでいて、蛍光灯の明かりがまぶしくて、リノリウムの床がつやつやと光っている。白人の友だちは、スラムのスーパーだとバカにするけれど、ノースサイドではいいほうだ。それに、あそこにいるときは、場違いなところにきたような感じはしなかった。パトリスは場違いに感じられる場所には足を踏みいれないことにしている。だから、徒歩で一時間、バスなら三〇分、車だと一五分で行けるミシガン湖も見たことがなかった。

「シェリーナ」と、だれかが小声で呼ぶ声が聞こえた。あたりを見回すと、なんとアーリーンが四〇〇号室のドアから顔をのぞかせていた。

シェリーナは、赤いパーカーのフードで半分顔を隠しているアーリーンのほうに近づいて言った。「きたのね。とにかく、あなたには出ていってもらうか滞納分を払ってもらうかのどっちかしかないの。わかるでしょ……あたしのところにも請求書が山ほどくるんだから。あなたに見せようと思ってもってきたけど、見たら目ん玉が飛びでるわよ」

シェリーナはファイルをとりだすと、市が請求してきた税金などの書類をアーリーンに渡した。ほかにも流水雨水管理料や下水代、窓やドアに板を打ちつけた費用などの請求書があり、総額は一万一四六五ドル六七セント［約一六六万三〇〇〇円］だった。アーリーンは呆気《あっけ》にとられた。自分の年収よりも高い。

シェリーナが首をかしげて尋ねた。「あたしがどんな目にあってるか、わかるでしょ……。たしかに、これまであったことが全部あなたのせいってわけじゃないかもしれない」。彼女は請求書を人差し指と親指でつまみ、ひらひらと揺らした。「でも、そのしわ寄せはこっちにくるのよ」

アーリーンとの話が終わり、四〇〇号室に戻ったシェリーナは、初めて強制退去を申し立てたときのことを思いだした。あのときは、わけがわからず不安で、何度も書類を見なおした。でも結局、思いどおりにことは運んだ。だから、そのあとすぐにまた、新たに強制退去を申し立てた。またその次も。

裁判所に提出する書類には、借家人の名前のあとに〝およびその他の者〟と書くコツも覚えた。そうすれば強制退去の判決は、その家に暮らす住人全員に適用される（たとえ彼女が知らない住人がいようとも）。推定被害額を尋ねる欄には、認められている最高額に達しないことを示すために〝五〇〇〇ドル［約七二万五〇〇〇円］未満〟と記入するのがいいというコツも覚えた。延滞料が五五ドル［約八〇〇〇円］以上になると調停人に眉をひそめられることも学んだ。裁判所に八九ドル五〇セント［約一万三〇〇〇円］の手数料を納付してでも滞納している借家人を法廷に引きずりだすのは、価値があることもわかった。裁判沙汰になれば、なんとかして滞納分を返そうと本気を出す借家人が多かったから。手数料はあとで借家人への請求書に足せばいいだけだ。

いっぽう、アーリーンにとっても、強制退去の法廷は今回が初めてではなかった。初回は一六年前、二二歳のときだった。一八歳以降、もう二〇回は家を借りてきた。年に一度は子どもたちと引っ越しをしている計算になる。強制退去させられれば、年に複数回だ。だが、家主たちには偽名を使ってきたから、アーリーンの強制退去の記録を見ると、その回数はずっと少ない。疲れきっている裁判所の書記官は、大半の家主と同様、わざわざ手を止めて身分証明書を求めることなどしない。

ミルウォーキー市はその昔、クリスマスのころには強制退去を中断していた。ところが一九九一年、ある家主が米国自由人権協会に対して、この慣習は宗教上の祝祭に配慮していて不公平だと主張したため、クリスマスにも変わらず強制退去が実施されるようになってしまった。[*11] 昔ながらの家主のなかには、いまでも親切心からか、あるいは習慣からか、もしくはこの慣習が廃止されたのを知らないからか、この時期は強制退去を申し立てない人もいる。だが、シェリーナは違った。

審理が次々と進み、弁護士たちはとっくに法廷から姿を消していた（弁護士がつく審理は最初におこなわれる）。あとに残っているのは裁判所の職員と呼びだし係だけで、彼女たちは一時間ほど前から、もうあくびを隠そうともしていない。

二時間待っていたシェリーナがようやく通路に出てきて、アーリーンが顔を上げると、法廷に続くドアをあけたまま言った。「順番がきたわよ」

シェリーナの件を担当する調停人は、ローラ・グラムリング・ペレスという白人女性だった。

軍人のような姿勢をしているが、その幅広の顔には大きな笑みが浮かんでいた。黒っぽいパンツスーツを着て、真珠のアクセサリーをつけている。彼女はアーリーンに、家主さんとほかの件で話があるから、この部屋で少し待っていてくださいと言い、シェリーナだけを奥のオフィスに入れた。重厚な板張りの部屋には法律関連の本がずらりと並んでいて、額に入った証書と家族の写真が飾られている。調停人は大きなテーブルの上座に腰をおろし、口をひらいた。「例の請求書の件、進展はありましたか？」

シェリーナは前日にもここを訪ね、強制退去を申し立てた別の借家人に五〇〇〇ドル請求するのを承認してほしいと求めていた。尋ねられたのはその件だった。その借家人が住んでいた建物は、当局から居住に適さないと見なされ、閉鎖されていた。

強制退去の審理には二つのプロセスがある。まず〝第一の請求原因〟として、借家人を強制退去に処すべきかどうかを厳密に検討する。その後、〝第二、第三の請求原因〟として、滞納している家賃、審理費用、その他の損失について家主に支払うべきかどうかを検討する。[*12] だから、強制退去を求められた借家人の大半は、二回、審理対象となる。一回目は立ち退きに関して、二回目は負債に関しての審理がおこなわれるのだ。とはいえ、二回目の審理に出頭する借家人はいっそう減るため、家主の主張にはまず異議が申し立てられない。

滞納した家賃と審理費用を求めて、家主が訴えるのは簡単だ。未払いの家賃、裁判所が妥当と見なした延滞料、そして賃貸契約終了後に借家人が入居していた期間の家賃を一日当たり二倍の金額で請求すればいいだけ。ただし、原状回復のための修繕費用を計算しようとすると、話はとたんにあいまいになってくる。シェリーナはときどき、裁判所に向かう車のなかで修繕費用をざっと計算する。「裏口のドアの修繕費用はいくらかかるだろう？　一五〇？　二〇〇？」。クエンティンが作業をするにもかかわらず、害虫駆除の費用を上乗せすることもある。思わず手を止めるほど高額でなければ、家主の請求金額は十中八九認められる。調停人にまわすのは、高額な請求金額だった場合のみだ。今回はこのケースにあたり、シェリーナは元借家人にその金額を請求する正当性を示す証拠を提出するよう求められていた。

「支払ってもらおうとしている金額は、彼女がうちの物件に与えた損害の総額にはおよびもしないんですよ」。シェリーナはそう言い、荒れはてた室内の写真と請求書を提示した。

だが、ペレス調停人はすべての証拠に目を通したあと、「違うものが必要ですね」と言った。

シェリーナは反論したが、ほかに提示できる証拠がなかった。「ほかの証拠なんて、あるわけないじゃないですか」。シェリーナが憤懣《ふんまん》やるかたないようすで言うと、「そういうことならこの件は――」と、調停人は却下しようとした。

シェリーナはすかさず抗議した。「そんなの不公平です！　彼女みたいな借家人にはだれもなにひとつ手を打たない。いつだって割を食うのは家主のほう。この制度には欠陥があるんじゃないですか……でも、なに言ったって無駄なんですよね。お金は戻ってこない。あの人たちは平気で借金を踏み倒すんですから」

結局、調停人はシェリーナの請求額を五〇〇〇ドルから一二八五ドル［約一九万円］に下げた。その月の初めにシェリーナが起こした八件の強制退去命令にこの金額を加えると、請求総額は一万ドル［約一四五万円］を超えた。だが、金銭の支払い命令が出ることと、実際に金銭が支払われることとはまったく別問題であることを、シェリーナはよく承知していた。借家人の敷金を差し押さえてしまったら、家主に取り立てができるものはもう限られている。シェリーナは元借家人の賃金を差し押さえようとしたこともあるが、これは当人が職に就いていて、貧困ライン以上の生活をしているときに限られる。銀行口座を差し押さえることもできるが、元借家人の大半はそもそも口座をもっていなかったし、たとえもっていたとしても、州から支給される給付金や最後の一〇〇〇ドルに手をつけることは認められていなかった。[*13]

それでもなお、シェリーナら多くの家主は、費用の支払いを申し立てる。その結果は、長きにわたって重しとなって借家人にのしかかる。金銭の支払い命令は記録に残るからだ。滞納の額が二〇〇ドル［約二万九〇〇〇円］と二〇〇〇ドルとでは、当然、与える印象が異なる。ときには、何年もたってから、この命令が借家人の人生にふたたび影を落とすこともある。家主がこの命令を事件要録として記録に残せばなおさらだ。そうなれば借家人の信用情報報告書にこの命令がくわえられ、その借家人が今後一〇年のあいだにミルウォーキー郡で不動産を所有することになっても、ローンの借り替えや売却の権利が大きく制限されるのだ。[*14]

家主にしてみれば、事件要録への記載は、借家人の未来に期待する見込みのない賭けだ。ひょっとしたら、いつか借家人が信用情報を回復させたいと思い、かつての家主のところにやってきて借金を返済しにくるかもしれない。そうなったら「利子をつけて返せ」と応じられる。金銭の支払い命令には、投資家がうらやむほどの年利（なんと一二％）が発生する。

つまり、極貧にあえぐ貧困者にとってはすでに極端に低い信用度が、事件要録に記載されたらいっそう低くなり、貧困の穴の底へと突き落とされる。なんとかまずまずの仕事を見つけ、結婚し、おそるおそる新たな生活へと足を踏みだそうとしても、この記録が大きな足枷《あしかせ》となる。学生ローンや住宅ローンを組もうとしても、元の家主が債権者となって行く手をはばむのだ。結果として、自立して安定した暮らしを送るのはいっそう困難になる。

シェリーナは、請求金額を回収するために、レント・リカバリー・サービス社といった家賃回収業者を利用することを考えていた。「弊社は国内最大の家賃回収会社で、泣き寝入りしない家主のみなさまに代わって家賃をしっかり回収いたします」と謳うこの会社は、滞納している借家人の名前を全国規模の追跡システムに登録していて、〝本人のあずかり知らぬところで〟借家人の経済状態も把握しているという。だから、借家人がクレジットカードをつくろうとしたり、求人に応募したり、銀行口座を開設したりすると、すぐにわかる。

家主が事件要録に記載するように、こうした会社も、借家人が〝経済的に自立し、生計を立てられる〟ようになるのを虎視眈々《こしたんたん》と待っている。そして、そのチャンスが到来したら、抜け目なく回収を始めるのだ。レント・リカバリー・サービス社は「借家人が支払いをすませるまで、けっして追跡をやめることはありません」とも謳っている。[*15]そうした記録に残っている負債額には、明確な証拠書類をもとに計算されたものもあれば、とんでもない高金利で計算され、膨れあがったものもある。だが、どちらの金額も裁判所の承認を受けているため、レント・リカバリー・サービス社は両者を区別していない。

ようやく自分の番がくると、アーリーンは調停人のテーブルにいるシェリーナの真横に座った。二人は古くからの友人か姉妹のように、しばらく視線をかわした。アーリーンはすがるような目をしたが、シェリーナはまだ五〇〇〇ドルの請求を却下されたのを怒っていた。

調停人がアーリーンのファイルから視線を上げずに口をひらいた。「家主は、家賃の滞納を理由にあなたを強制退去させたいと考えています。あなたは家賃を滞納していますか？」

「はい」。アーリーンが答えた。

その返事と同時に、彼女はこの裁判で負けた。[*16]

調停人がシェリーナのほうを見やって尋ねた。「和解する気はありませんか？」

「ありません」と、シェリーナは答えた。「とにかく、あまりにも滞納額が大きいからです。あたしだって、妹さんが亡くなったと言われたときには大目に見たんです。その月は、家賃を受けとってません。合計八七〇ドル［約一二万六〇〇〇円］、彼女には未払いがあるんです」

「わかりました」と、ここで調停人が口をはさみ、アーリーンを見た。「というわけで、あなたに出ていってほしいそうです」

「わかりました」

「ご自宅には小さなお子さんがおいでですか？」

「はい」

「何人？」

「二人」

グラムリング・ペレスは、「扶養すべき児童ひとりにつき二日分よけいに住むことを許可する」という法の慣習に従う調停人だった。

「来月の一日までに出ていきます。遅くとも新年には」と、アーリーンは言った。

「でも、それじゃ、来月の賃貸期間に入っちゃうじゃない」。シェリーナが割って入ると、「では、彼女が月末までに出ていくのなら、合意しますか？」と調停人。

「だから」。シェリーナは怒りもあらわに言った。「一日に入居したいっていう人が山ほど待ってるんですよ」

調停人は、このチャンスを見逃さなかった。いずれにしろアーリーンは出ていかなければならないが、強制退去が記録に残らない形ですませてやりたかった。そこで、もう一度シェリーナに尋ねた。「三一日までに自主的に出ていくことに彼女が合意したら、なにか見返りを提供する気はありませんか?」

「なにを提供しろって言うんです?」

「請求の取り下げ」

「そんなことになったら、彼女があたしに返すべき借金はどうなるんです?」。請求を取り下げれば、金銭の支払い命令も無効になる。そもそもシェリーナがわざわざ強制退去を裁判沙汰にするのは、公的扶助で暮らすシングルマザーに対しても支払い命令を得られるからだ。

「でも、あなたがいま数百ドルをあきらめれば、来年一月に新たに越してくる借家人を失わずにすみますよね」

調停人は、シェリーナがアーリーンの敷金を返さずにすむのを承知していた。そうなれば、未払い家賃との差額は三二〇ドル[約四万六〇〇〇円]程度になる。「合意に達すれば、もうこれ以上――」

そのとき、アーリーンが調停人の話をさえぎって、力強い声で言った。「わたしは彼女のお情けにすがりたいわけじゃないんです」。彼女なりに、最終決断をくだすのはだれなのかを推測していた。そして、それは真珠のネックレスをつけたこの白人女性ではないと踏んだのだ。

考えこんでいたシェリーナが、座ったまま身を乗りだした。「あたしはなにひとつ取り下げたくありません……だって、もう、うんざりしてるんです。損するのはいつだってあたしなんだって――」そう言いながら、彼女はテーブルをてのひらでたたきはじめた。

アーリーンが調停人を見た。「わたし、このまま居座るつもりはありません。彼女の言っていることはわかります。あそこは彼女の所有地です」

「わかりました」と、調停人が言った。

「居座るつもりはありません」

「わかりました」

調停人は書類をめくり、それ以上なにも言わなかった。

しばらく沈黙が続いたので、アーリーンは最後の抵抗を試みた。割れた窓、ときどきしか出ないお湯、汚れたカーペットのことを思い浮かべながら、うんざりしたような声で言ったのだ。「わたしにだって言いたいことはあるんです。でも、もう文句を並べたてるつもりはありません。それでかまいません」。これが彼女の弁論だった。[*17]

調停人はアーリーンのほうを見ながら、こう言った。「では、こうしましょう。あなたは年末までに自主的に出ていく。そうしなければ、大家さんはここに戻ってきて、強制退去令状をもらい、あなたのところには保安官がくることになります」

シェリーナとアーリーンが裁判所の外に出ると、まだ雪がひらひら舞っていた。アーリーンから頼まれて、シェリーナは家まで車で送ってやることにした。車に乗ると、シェリーナはだまって首の後ろを揉み、アーリーンは片方のてのひらに顔をうずめた。二人とも割れるように頭が痛かった。審理の結果のせいだ、とシェリーナは考えていた。調停人が支払い金額を減らしたことに、まだ腹を立てていたのだ。いっぽう、アーリーンの頭痛の原因は空腹だった。朝からなにも食べていなかった。

「この寒さのなか、あなたと子どもたちを路上に放りだしたいわけじゃないのよ」。シェリーナは雪でぬかるんだ通りをゆっくりと運転しながら言った。「あたしだったら、そんな真似はされたくないもの……家主のなかには人殺しをしたって、涼しい顔をしてる連中もいる。でもあたしみたいに、ちゃんと調停人の面前に立つ家主もいる。調停人は自分の考えを述べる。それが裁判所ってものだけど、調停人だって、この制度に欠陥があるのはわかってる。とにかく家主が不利なのよ[*18]」

アーリーンは窓の外を眺めていた。黒い鉄製の街灯、公共図書館の細かい装飾がほどこされた丸屋根、ジェズ教会のゴシック様式の塔に、雪が静かに降り積もっている。

「借家人のほうだって」と、シェリーナが続けた。「おそろしく不潔な連中がいるのよ。一緒にゴキブリまで連れてくるんだから。ネズミを連れてこられたこともあった。駆除費はだれが払うのよ？　ほら、ドリーン・ヒンクストンなんてひどいものよ。インスタントラーメンの麺をそのまま平気で排水管に流しておいて、シンクが詰まったって文句の電話をかけてくるんだから……で、配管工を呼ぶのは、このあたし。フライドチキンを揚げた油だってそのまま排水管に流すのよ。油を流すなんて、信じられる？　で、あたしがまた配管工を呼ばなきゃならない」

車はセンター・ストリートを曲がり、感謝祭やクリスマスに、アーリーンがときどき贈り物が入ったカゴをもらいにいく教会を通りすぎた。あんな牧師さんがそばにいてくれればいいのに、とアーリーンはよく思ったものだ。いつも気にかけてくれて、食べ物や服を渡してくれるような牧師さんが。

「だからね、アーリーン」。シェリーナはアーリーンの家の前に車をとめ、なおも話を続けた。「家主になりたいって思うことがあるかもしれないけど、やめときなさい。損するばっかりだから。いつだって貧乏くじを引かされる」

アーリーンは車から降りると、シェリーナのほうを振りかえった。

「メリークリスマス」。言ったのはそれだけだった。

退去 II

9章 どうぞご用命を

ロレインは陽が昇るよりも早く起きだし、ひんやりとした水で顔を洗った。起きるのは、たいてい夜明け前。朝がいちばん気分がいいからだ。だが、トービンと揉めた翌朝は気分爽快とはいかなかった。ベッドから出ようともせず、毛布をかぶったまま現実を直視しないようにした。

それでも、ディガーを外に出すために起きあがり、ブラインド越しに窓の外を眺め、トービンやレニーの姿がないことを確認すると、リードをもって外に出た。ディガーは兄ビーカーの飼い犬で、黒い小さな雑種だ。ビーカーが心臓を悪くして入院しているので、そのあいだ預かることにしたのだ。

ロレインのトレーラーは掃除がゆきとどいて、きちんと整理されていた。訪れた客が、ずいぶんきれいにしているねえと感嘆すると、彼女はにっこり笑い、ハンディタイプのスチームクリーナーのおかげよと説明したり、白い衣類を洗うときにはアスピリンを一錠入れるのがコツでねと裏技を披露したりした。ここに暮らしはじめて約一年、ようやく、この暮らしが気に入ってきたところだった。とりわけ、ゴシップ好きの連中が外に集まり、噂話に花を咲かせる前の朝は気持ちがいい。

トレーラーには、日々の暮らしに必要なものがなんとか揃っている。キッチンにある白い食器棚にあうキッチン用品と、古いパソコンを載せる小さなデスクも手に入れた。とはいえ、どれだけ倹約して工夫をしたところで、収入の七七%をトービンに払うのはむずかしかった。

陽が昇りはじめ、トレーラーパークは子どもたちの声や車のエンジン音でにぎやかになった。ロレインは自分の携帯電話をしげしげと見た。ミルウォーキーで強制退去を求められた者には、おもに二つのプログラムが用意されている。ひとつは、〝いまにもホームレスになりかねない〟家族のために用意されている緊急支援制度。アメリカの国籍があって、強制退去通知書が手元にあり、収入が貧困レベルのプラス一五%より下回っていれば、一年に一回、この制度を申請できる。あるいは、離婚届、犯罪被害にあったことを証明する書類、解雇通知書や、収入が突然なくなったことを証明する書類でもいい。ただ、この支援を受けるには〝扶養している子どもがいる〟という条件があった。だから、ロレインはこの支援制度を利用できない。

二つめは、〈コミュニティ・アドボケイツ〉を通して提供されるホームレス防止プログラムだ。資金源はおもに連邦政府。こちらの受給資格を得るには、収入が途絶えた経歴だけでなく、家賃を支払える収入を得る見込みがあることを証明しなくてはならない。しかも、家主から同意もいる。家主からの同意を得ることなどロレインには不可能だった。このプログラムも、家賃に苦しんでいる人だけでなく、解雇されたり、強盗の被害にあったりした人も対象にしていたが、現実には年間九五〇世帯しかサービスを受けていなかった。ミルウォーキーでは、それだけの数の世帯を強制退去させるのに六週間もかからない。[*1]

ロレインは暗記している番号にかけた。「もしもし、そちらで家賃の援助をしてくれるって聞いたんですけど……えっ？　してない？……わかりました」。彼女は電話を切り、次に貧困問題に取り組んでいる団体に電話をかけた。でも、やっぱり支援できないという。二七番ストリートのＹＭＣＡが一時的な緊急貸付けをしてくれるという噂を小耳にはさんでいたので、そっちにもかけてみる。「もしもし、家賃補助をしてもらえるって聞いて、電話してるんですけど……家賃ですよ……家賃……や・ち・ん」。無駄だった。

こうして昼近くまで、思いつくかぎりの非営利団体や町や州の行政機関に、手当たりしだいに電話をかけたが、どこも力になってはくれなかった。ついでに、もう一カ所、電話をしてみたが、受話器からはただツーツーツーという単調な音が聞こえてくるだけだった。ロレインは肩をすくめた。マーシャ・Ｐ・コッグス福祉センター――通称〝福祉ビル〟はいつだって話し中なのだ。

引っ越し業者は、朝早くからトラックのエンジンをかけ、ディーゼルエンジンが低くうなり声をあげるなか、みなで煙草を吸ったり、ブラックコーヒーを飲んだりしていた。耳にピアスをつけた筋骨たくましい若者もいれば、革手袋をジーンズにぱんぱんとたたきつけている胸板の厚い中年男もいる。いちばんの年長はティムといい、引き締まった身体に仏頂面をしている。肌は赤身がかった茶色で、無精ひげをはやし、胸ポケットには買ったばかりの煙草を一箱入れている。ほぼ全員が黒人で、長靴を履き、作業用ジャケットを着ていた。ジャケットには〈イーグル運送保管会社〉とあり、気のきいたキャッチフレーズまで並んでいる――〝どんな引っ越しでも請け負います〟〝愛想はないが働きます〟〝どうぞご用命を〟。

トム、デイブ、ジムのブリテイン兄弟は、親の会社を引き継いだ。会社を興した一九五八年には、強制退去による引っ越しは週に一、二回しかなかった。父親は自宅をオフィスにして、二台のトラックで業務を開始し、人手が足りないときには教会の救護所の男たちに手伝ってもらった。それから五〇年。いま、会社は三五人を雇っていて、大半がフルタイムの作業員だ。もともとは家具工場だった敷地面積約一万平米の三階建てビルを拠点に、バンと中型トラックを何台も所有している。その業務の四割ほどが、強制退去による引っ越しだ。

イーグル運送の作業員たちは、二人の保安官代理と組んで仕事を進める。まず保安官代理が家の玄関ドアをノックして、強制退去の実施を告げる。そのあとに作業員が入り、家のなかを空っぽにするのだ。費用を負担するのは家主。家主は強制退去の執行を依頼する前に、裁判所から委託されている業者と契約を結ばなければならない。ミルウォーキーには倉庫で家財を保管する業者が四社あり、イーグル運送は最大手だった。

この会社の五人ひと組のチームを雇うには、三五〇ドル［約五万円］の手付金（強制退去にかかる費用の平均）がいる。家主はほかにも裁判関係の書類を保安官事務所に提出し、手数料一三〇ドル［約一万九〇〇〇円］を支払う。すると保安官が一〇日以内に借家人を退去させる。保安官と業者に支払う費用に裁判所費用と召喚令状の費用をくわえると、六〇〇ドル［約八万七〇〇〇円］程度になる。

次男のデイブ・ブリテインは、白髪まじりの白人だ。彼がのしのしと大股で歩きながら合図をすると、男たちがトラックに乗りこんだ。

強制退去の一日は、いちばん北から始まり、どんどん南下していく。だからイーグル運送のトラックは、朝から昼すぎまではノースサイドのスラムを進み、やがてメノミニー・リバー・バレーを渡り、サウスサイドの手前でヒスパニック系の住民が大勢暮らしている地域を抜け、白人が多く暮らすサウスサイドの南端にあるトレーラーパークで終わる。

保安官代理たちは、シルバースプリング・ドライブにある団地の外で、業者と合流した。二人の保安官代理のうち、年上で、いかにも保安官らしい風貌のジョン（広い肩とがっしりした顎《あご》、サングラスに口ひげで、ガムを噛んでいる）が、ドアをノックした。小柄な黒人の女性が眠そうに目をこすりながら出てくると、室内に目を走らせる。食器は水切りラックにきちんと置かれて、荷物が詰められたままの箱もなく、きれいに片づいている。彼は相棒のティムのほうを振りかえり、「この家でいいのか?」と尋ね、確認の電話を入れた。

もしも、床にじかにマットレスが置かれていたり、天井が油でべとべとになっていたり、壁にゴキブリがいたり、服やヘアエクステンションやおもちゃが散乱したりしていれば、確認の電話などしなかっただろう。ときには借家人がすでに部屋から逃げだし、動物の死骸や腐った食べ物がそのままになっていることもある。思わず、作業員が嘔吐することさえあった。「強制退去のルールその一」と、ジョンはよく言ったものだ。「うかつに冷蔵庫のドアはあけるな」。冷蔵庫だけではない。ゴミや犬のフンだらけのアパートメントに足を踏み入れることもある。

ジョンは電話を切ると、作業員たちをなかに送りこんだ。この時点で、部屋は借家人のものではなくなる。作業員たちは手際がよく、いっさい躊躇しない。子どもの姿はなかったが、おもちゃやおむつがあった。玄関に出てきた女性はのろのろと動き、打ちのめされているようだった。彼女が冷蔵庫をあけると、すでに作業員が一切合切《いっさいがっさい》を外に出していて、製氷皿まで箱に詰められていた。それを目にした女性は、うつろな顔をゆがめ、泣きじゃくりはじめた。*2 そのあと、荷物がすべて裏通りに積みあげられているのを見た。雨が降りはじめていた。ジョンが「吹雪か、暴風雨か。おれたちの知ったこっちゃないが」と言うと、ティムが煙草に火をつけた。

次の強制退去の物件は二階建ての水色の家で、だれもいなかった。半数くらいの借家人は家にいない。保安官がくる前に引っ越した者もいれば、その日が強制退去日だと理解していない者もいる。なかには、保安官事務所に電話をかけてきて、強制退去物件のリストに自分の住所が載っているかと訊く者もいた。

家にだれかいる場合も、保安官代理がドアをノックすると、大半はまだ準備ができておらず、ただただ狼狽《ろうばい》する。あるいは通知書を受けとっていないと言い張ったり、通知に強制退去が執行される日はおろか、期間さえ書かれていなかったと鋭い指摘をしたりする。なにを言われようが、保安官代理は肩をすくめるだけだ。こいつらは制度の抜け穴を利用して、できるだけ長く居座ろうとしているにちがいない、と考えているからだ。

デイブはもっと踏みこんで、強制退去に直面した借家人は、現実を否認する心理状態におちいりやすい、と推測していた。たしかに、近いうちに武装した二人の保安官代理がやってきて、ここから出ていけと命令し、引っ越し業者の一団が一切合切をきれいさっぱり片づけてしまうなどという事実は、想像したくもないだろう。

これには、心理学者たちも同意するかもしれない。研究によれば、生活必需品などが欠乏している人は未来への展望を失い、いまこのときを優先しがちになり、その結果、多大な犠牲を払うことになるという。一世紀以上前に出版された、ジェイコブ・リース『フォトジャーナリスト』による『向こう半分の人々の暮らし：19世紀末ニューヨークの移民下層社会』（創元社）を引用する学者もいるかもしれない。「わずかな生活必需品を得るための過酷な日々を予想して、将来への備えをすることなく……憂鬱な支払日は将来まで延ばされる。（そして）支払日がやって来ると……幼少時からの困難な人生にさらなる困難が付け加わる」[*3]。とはいえ、心理学の教養なんぞ出番がない場合もある。家主がわざと借家人をだましたり、誤解させたりする例がそれだ。

次の家に到着すると、デイブは新入りのブロンティに、家によじのぼって窓から入り、玄関ドアをあけてくれと頼んだ。室内に入ると、デルのパソコンやきれいな革張りのソファが置かれているうえ、クローゼットには新品の靴がずらりと並んでいた。

数分後、家の前に旧型の深緑色のジャガーがとまり、そこから若い黒人の男たち四人が足どりも軽くやってきた。

「こりゃ、なんの騒ぎだ?」。ひとりが尋ねた。

「この物件は差し押さえられた」。ジョンが応じ、令状を見せた。

「はあ? 今月の家賃、払ったばかりじゃねえか。おいおい、勘弁してくれよ」

ひとりの男が家のなかに直行し、すぐに靴箱を抱えて戻ってきた。そして男はその靴箱をジャガーのトランクに入れ、ロックをかけた。

保安官代理二人は少し離れた場所で、声をひそめて話した。「こいつら、家主に一杯、食わされたな。家主は家賃を受けとっておきながら、住宅ローンにあてなかったのさ」とジョン。

「ああ、だが、ここは売人の家だぜ」と、ティムが応じると、ジョンは驚いたように眉を上げた。

二人はキッチンに向かった。「ティム、ここは売人の家なのか?」。ジョンが小声で尋ねると、ティムはなにも言わず、まるでこの家に前にもきたことがあるようにキッチンのひきだしをあけた。そこには小さなジップロックの袋と剃刀の刃があった。二人は顔を見あわせた。ジョンは、借家人の不意をついて強制退去が執行されるときには、当日の退去を見送り、少し時間の余裕を与えることがあった。だが今回は、このまま続けることにした。靴箱の中身については不問に付した。[*4] 麻薬は彼の担当ではなかったし、差押えを執行すれば十分な罰になると考えたからだ。続く二軒はガラクタばかりで早く片づいた。二軒めに暮らしていた高齢の黒人男性は、家財道具らしきものをほとんどもっていなかった。作業員が寝室の鏡付きチェストの中身を箱に投げ入れているあいだ、その男性はずっと「なあ、なんなんだよ、これ」と言っていた。

次の仕事のためにバンに向かいながら、デイブは山積みになった男性の所有物（すっかり雨に濡れている）を指さして言った。「キャンバスに絵を描く連中がいるだろ。おれのアートはこいつだ」。次の家の強制退去でできた山には、食べかけのバースデーケーキやヘリウムガスが残っている風船などがあり、アートとしてはなかなかの出来映えだった。

ロレインは男二人女二人のきょうだいとともに、サウス・ミルウォーキーの野球場の向かいにあるみすぼらしい公営住宅で育った。母親は病弱で、甲状腺疾患のためむくみがひどかった。父親はガラス拭きの仕事をしていた。菓子工場の窓を拭いたときには大きなチョコバーの袋をもって帰ってきてくれたし、地元のレストランの窓を拭いたときには焼きたてのパンを山ほどもって帰ってきてくれた。ロレインは子どものころを思いだすのが大好きだ。とくに子煩悩《こぼんのう》だった父のことが好きだった。「うちが貧乏だなんて思ったこともなかった」と、彼女は言った。

学校では、勉強についていけなかった。一〇年生［日本の高校一年生］であきらめた。ロレインいわく、「わたし以外の子はみーんな、なんとかやっていたのに、わたしはダメだったの」。そのまま中退し、時給一ドル五〇セント［約二二〇円］で裁縫の仕事に就いた。その後、企業の看板を制作する会社で働いたが、ストライキが起こったのでそこも辞め、機械工になった。父親はまだ若い娘が板金を加工したり、パンチプレス機を操作したりしているのが心配でならなかった。ある日、金属の円盤が落下してきて、両の中指の上半分をすっぱりと切り落としたとき、パパ、パパと声をあげて泣きわめいたのは、そのせいかもしれないという。

二二歳のとき、ジェリー・リーという男と結婚した。彼からは、機械工の仕事をやめて家にいてほしいと言われた。だからそうした。運転免許の試験勉強を始めると、なぜ免許なんか要るのかと言われた。だから教習本を片づけた。三年後、二人のあいだに娘が生まれ、その二年後にも娘が生まれた。ミーガンとジェイミーだ。だが、夫婦関係は悪化し、ジェリー・リーが自宅に女たちを連れて帰るようになると破綻した。結婚から八年後、二人は離婚した。

ロレインはシングルマザーとして生きていくことになった。それからの歳月は、貧困と二交代制勤務と自由と笑い声に満ちていた。ロレインに訊けば、あのころが人生でいちばんいい時期だったと答えるだろう。テーブルの上で踊りはじめたのも、そのころだった。チップがもらえたし、男たちの欲望の対象になっているのも気に入っていた。昼間は家の掃除代行の仕事をしていて、ときには店の女の子たちに掃除を手伝ってもらうこともあった。彼女たちは力を貸してくれたし、ロレインもちゃんと手間賃を払った。

一九八六年七月四日、ロレインと女の子たちは独立記念日のバーベキューパーティに参加した。友人が、兄のグレンをロレインに紹介したいからと誘ってくれたのだ。グレンとロレインはすぐに意気投合し、激しく惹かれあうようになった。グレンは、ジェリー・リーとはなにもかもが違った。グレンと一緒にいるときには、自分がバカだと感じずにすんだ。それどころか、自分は美人なんだと実感できた。それに、役に立っているとも思えるようになった。ロレインが運転免許をとりたいと言うと、グレンは励ましてくれた。そして三八歳にして、彼女はようやく免許を取得した。

グレンは薬局に強盗に入って、刑期は終えていたものの保護観察の身だった。そればかりか、これまでの人生の大半で刑務所を出たり入ったりしていた。だからロレインは、どうにかして彼をトラブルから遠ざけようとした。職さがしがうまくいかなかった日の終わりには、彼の首をやさしく揉んであげた。

グレンはロマンティックな男だったが、大酒飲みだったから、よく派手な言い争いもした。グレンに追いかけられた挙げ句、ロレインが彼の顔に電話機をたたきつけ、血だらけにしたこともある。あまりにも激しいケンカをしたせいで、家主から強制退去させられたことだってある。でも、どんなにケンカをしても、その翌朝にはやさしいキスをしあい、ごめんねとあやまりあった。二人は焼きつくすような、獰猛《どうもう》な愛で結ばれていた。

その後に起こったことについて、ロレインはいまだに自分を責めている。妹の家から帰ってきたとき、グレンは泥酔していて、神経が立っていた。おまけにケンカをして、ぼこぼこにやられていた。そして例のごとく、気を滅入らせていた。グレンはうつ状態におちいりやすかった。ときには幻聴が聞こえることもあった。その夜、彼は処方された錠剤の容器を乱暴に手にした。中身を一気に飲みほしてしまうかもしれない——そう思ったロレインは、とっさに彼の腕をつかんだ。二人は錠剤をとりあい、揉みあった。そして、グレンが冷蔵庫にぶつかって足を滑らせ、床に転倒した。頭部から血が流れはじめた。パニックを起こしたロレインは、救急車を呼んだ。救急隊員がグレンの頭に包帯を巻いたあと、警官が彼に手錠をかけた。保護観察の身でありながら薬物を摂取した罪を問われたグレンは、刑務所に送りかえされた。

　ロレインが刑務所で最後に面会したとき、グレンはようすがおかしかった。不安そうにびくびくしていたし、白目が黄ばんでいた。そのうえ、彼らしくないことに、具合が悪いから面会を途中で切りあげてほしいと言った。翌朝、ロレインの電話が鳴った。女性がこう言ったのを、よく覚えている。「なんと申しあげればいいのかわかりませんが、グレンは亡くなりました」。薬物の過剰摂取だった。ロレインは受話器を落とし、彼の名前を絶叫した。

　それから数年たったころからロレインは、グレンは同房の受刑者に毒を盛られたのだと考えるようになった。いずれにせよ、一六年もの間、苦楽をともにしたグレンは逝《い》ってしまった。彼女は言った。「わたしはね、あのときあそこで死んだの。心も身体もばらばらになった。わたしの全部がね……彼が死んだとき、わたしの人生が丸ごと穴に落ちていったような気がした。それっきり、その穴から抜けだせないのよ」

イーグル運送のトラックが、ノースサイドにある、クリーム色の羽目板張りのメゾネット式アパートメントの外にとまると、少女が出てきた。一七歳くらいか。髪を短く刈りこんでいて、肌はこげ茶色。毅然とした灰色の目でこちらを見ている。

デイブと作業員たちはうしろに控え、ジョンが許可を出すのを待っていた。最初に家のなかに入るのはかならず保安官代理で、借家人が抵抗してきた場合には対処する。実際、一騒動起こることもあるが、暴力沙汰になることはまずない。

二人の保安官代理は、それぞれ違うやり方で借家人の怒りを発散させた。ジョンは攻撃的な態度には攻撃的な態度で応じる。一度、バスローブ姿で頭にタオルを巻いた女の前で保安官事務所に電話をして、こう言い放ったことがある。「この女が悪態をつくのをやめて、ちゃんと話しあいに応じないなら、家財道具を全部、路上にぶちまけてやりますよ！」

灰色の目の少女との話しあいには、いつもより時間がかかった。デイブは、フランネルのシャツを着た白人の男がトラックをとめ、そのアパートメントのドアに近づいていくのを見ていた。きっと大家だろう、とデイブは見当をつけた。さらに数分が経過すると、ようやくジョンがデイブにうなずき、作業員たちが立ちあがった。

室内に足を踏みいれると、子どもが五人いて、そのひとりは、かつて作業員として働いていた男の娘であることに、ティムは気づいた。知りあいを強制退去させるのはめずらしくない。作業員の大半はノースサイドに住んでいるから、教会の知りあいや近所の人の所有物を荷造りするという気まずい経験もしている。ティムには、自分の娘を強制退去させた経験さえあった。だが、この家にはどこか違和感を覚えた。どういう事情なのかとデイブが尋ねると、ジョンはこう説明した。強制退去の令状に掲載されているのは、何人かの子どもの母親の名前だが、当の母親は二カ月前に亡くなっていて、以来、子どもたちだけでここで暮らしていたらしい。

作業員らが部屋を片づけていくあいだ、灰色の目の少女はほかの子どもらにあれこれ指図をしていた。いちばん小さいのは八、九歳くらいの男の子だ。二階に上がった作業員たちは、床に置かれたネズミのフンだらけのマットレスやトロフィーのように飾られた空の酒ビンを目にした。じめじめした地下室には、脱いだままの衣類が散らかっている。室内も庭もゴミだらけだ。「吐き気がする」。キッチンの壁を這うゴキブリを見て、ティムが言った。

やがて、家主が電動ドリルで錠を替えはじめ、作業員たちは家財をすべて濡れた歩道のへりに置いた。子どもたちは、笑い声をあげながらあたりを駆けまわっていた。

作業が終わると、作業員たちはトラックの横に集まり、とんとんとジャンプをした。本能的に、ゴキブリをズボンから振りはらおうとしたのだろう。何人かは煙草の箱に手を伸ばした。子どもたちがどこに行くのか知らなかったし、だれも訊こうとはしなかった。

この仕事をしていると、ありとあらゆる現場を見ることになる。ＵＦＯの活動を記録した一万本ものカセットテープをもっていた男性は「全部、番号順に並べてくれ！　番号を守ってくれ！」と叫びつづけた。尿を入れたビンをずらりと保管していた女性もいた。地下室で暮らしていた男性の家にはチワワがうじゃうじゃいた。ほんの一週間前には、借家人の男がジョンに向かって、ちょっとだけ待ってくれと言い、ドアを閉めるや銃で自分の頭を撃った。[*5]だが、肌の下まで入りこんでくるのは、なんといっても不潔さだ。仕事のあと酒を飲んで忘れようとするのは、その悪臭であり、光景だ。

灰色の目の少女はポーチの手すりに寄りかかり、手持ちの煙草を深々と吸っていた。

ロレインは、きょうだいに助けを求めようと考えていた。姉のオデッサは数キロ離れたところに暮らしていたが、朝から晩までネグリジェ姿。コーデュロイのリクライニングチェアに座ったまま、トーク番組を見て一日をすごしている。椅子の横のテーブルランプあたりには、処方薬の容器があれこれ置いてある。障がい者や低所得者を対象とした生活保護を受けている身では、たとえ妹を助けたいと思ったとしても、どうすることもできないだろう。それに、そもそも助ける気もなかった。

兄のビーカーは、ひょろっとした長身の六五歳。オデッサ以上に健康状態が悪かった。皮膚はすっかりたるんでいて、ヘビースモーカーで、もう歩行器なしには歩けない。入院していないときでさえ、ビーカーがもらえる公的扶助の金額はロレインのそれよりも少なかった。家賃はなんとか払っていたが、あとはほとんど残らず、服、煙草の空き箱、吸い殻、食べかすがこびりついた皿などが散乱する、犬のフンだらけの不潔なトレーラーでぎりぎりの生活を送っていた。

かれらに比べれば、妹のスーザンの暮らしはまだいいほうだった。夫のレーンと二人で、ロレインが暮らすトレーラーパークでも上等のほうに暮らしていた。いまは孫娘を養女にしようと手をつくしている。レーンに言わせれば「電球みたいに光を放っている」孫娘だからだ。その母親は夫妻の次女だが、重度のコカイン常用者で、スーザンは「わたしらの心痛の種」と言っていた。そんなふうだから、ロレインのことを思いやる余裕はなかったし、そもそも金銭に関してはロレインを信用していなかった。以前、ロレインがテレビで宣伝していた化粧品に数百ドルも使ったと知ったスーザンは、何週間も口をきかなかった。

残るきょうだいは弟のルーベン、神の恵みを受けた子だ。彼が暮らしているのはなんとオークリークで、しかも持ち家。それも、感謝祭のディナーに家族全員を招待できるほど広々とした家だ。ルーベンになら、家賃を貸してほしいと頼むこともできるだろう。ただ、ロレインはこの弟とあまり親しくなかった。それに、暮らし向きのいい親族に支援を求めるのは気が引けた。相手のことが貸付をしぶる銀行みたいに思えて、のっぴきならぬ事態か、一念発起して勝負に打って出るときにそなえて、こちらの印象をよくしておきたかったのだ。金を引きだしつづければ、相手はうんざりして、いっさい支援してくれなくなるおそれがある。いちばん暮らし向きのいい家族が身内からそれほど金を無心されないケースがままあるのは、こうした理由にもよる。*6

　あれこれ考えた挙げ句ロレインは、今回は次女のジェイミーに頼むしかないと腹をくくり、彼女が働いているファストフード店〈アービーズ〉を訪ねることにした。でかける前には念入りにおしゃれをした。水色のシャツに黒っぽい色の清潔なパンツをあわせ、ローヒールの黒い靴を履き、口紅を塗った。

「すみません、ジェイミーに注文を頼みたいんだけど」。店のカウンターで、ロレインは店員に言った。

「ジェイミー」と店員に呼ばれた彼女は、汚れた食器の山から顔を上げると、呆れたように目をぐるりとまわし、カウンターのほうに歩いてきた。ロレインより少しだけ背が高く、ワイヤーフレームの眼鏡をかけている。豊かな赤褐色の巻毛を店の帽子のなかに押しこんでいて、その表情は修道女のようだった。つまり、多少の思いやりはあるが、どこかよそよそしい。カウンターの向こうに立ったまま、ジェイミーは小声で言った。「ママ、ここにきちゃダメでしょ」

「わかってる」。笑みを引っこめると、ロレインはひどく悲しそうな顔で言った。「わかってるの。だけど、二四時間以内の強制退去通知がきたの。このままじゃ追い出される。ひょっとしたら、あんたが助けてくれないかと思って」

　注文の列ができはじめた。ジェイミーはロレインを待たせたまま横に動き、注文を受けた。待っている客がいなくなると、店長がやってきた。がりがりに痩せた白人女性で、髪は淡黄色、顔にはニキビがある。まるで高校生のようだ。

「ママ、こちら、あたしのボス」と、ジェイミーがきまりわるそうに言った。店長はジェイミーより一〇歳は年下に見えた。その店長が「娘さんに会いにきたんですか？」と訊いた。

「いえ、注文したかっただけ」

「そう、なら結構」。店長はジェイミーの肩に腕を置いて続けた。「娘さんはよく働いてくれています。助かってますよ」

ロレインは注文をし、支払いのために財布を取りだしたが、店長はレジを何度か手早く押し、料金をキャンセルした。「ご馳走させてください。ジェイミーはよくやってくれてますから」。そして、「娘をクビにしないでね」とロレインが言うと、少し首を傾げ、ドライブスルーの窓口のほうに小走りで去っていった。

ジェイミーと二人きりになると、ロレインはカウンターのほうに身を乗りだした。「で、例の話だけど、少しでいいから――」

「ムリ」

「そう」

「ムリなのよ」

ロレインは床に視線を落とした。

ジェイミーがアップルパイを紙で包んだ。「とにかく、いまは余裕がないの。お給料をもらったら郵送してあげるから、それまではだれかほかの人に頼んでみて。だれか見つけられそう？」

「やってみる。お金は返すわ。約束する」

「ママ、返してほしいだなんて思ってないよ」

アップルパイを受けとったロレインは、「じゃあ、またね」と言うと背を向けた。

「ママ、待って。ハグさせて」。ジェイミーはカウンターを回って出てくると、母親を抱きしめ、頬にキスをした。

じつは、この店で働いているのはジェイミーの意志ではない。通勤刑を科されていて、ここで働くよう命じられたのだ。いまは、二年半の通勤刑の最後の数カ月に差しかかっているところで、夜になると、キーフ・アベニューにある女性専用の矯正施設に車で戻される。矯正施設に入るのは初めてだったし、逮捕されたのも初めてだった。トイレで出産し、赤ちゃんをそのまま放置したせいだ。家族のだれにも理由はわからなかった。当時、ジェイミーはすでによちよち歩きの幼児の母親だったのだから。夜になると、彼女はもっぱら聖書を読んですごした。幼いころから本が好きだった。大きな丸眼鏡をかけていて、年齢のわりにはおとなびたところのある子どもだった。

そろそろ刑期も終わりに近づいていて、ジェイミーはいま、たったひとつの目標——六歳になる息子が泊まりにきたときに快適にすごせるアパートメントを借りるため貯金することに集中している。息子は父親と暮らしていた。

矯正施設に入ったとき、車は母親に預け、その維持費として五〇〇ドル［約七万三〇〇〇円］を渡した。だがロレインはすぐに車を売り払い、五〇〇ドルも生活費にあててしまった。長女のミーガンに対しても似たような真似をして、借金を返していなかった。ミーガンが長年ロレインと口をきいていないのは、それがおもな理由だった。だがジェイミーは、恨みを根にもつほうではなかった。

〈アービーズ〉の駐車場で、ロレインは車に乗ってフロントガラスを見つめていた。オフィス・スージーからは、家族に無心しろと言われた。福祉事業の窓口でも、似たようなことを言われた。だが、ガラス越しにソーシャルワーカーから「助けになってくれるご家族はいないんですか？」と尋ねられると、ロレインはこう応じた。「ええ、家族はいますよ。けど、だれも助けちゃくれないんです」

引っ越し業者たちは、住人のいないキッチンに立ち、食器棚をながめていた。「年寄りだな」。三兄弟の次男デイブが、中のガラス食器を見て推測した。荷物は少なく、すぐにでも内見ができそうだった。借家人は出ていく前に床をモップで掃除していったらしい。いま、作業員らはサウスサイドまでやってきて、別の保安官代理二名が勤務にあたっていた。

次の家では、四〇がらみのヒスパニック系の女性が木のスプーンをもったまま玄関に出てきて言った。「水曜まで待ってもらえない？」。だが、保安官代理たちが首を横に振ると、納得したのか、降伏するしかないと思ったのか、うなずいた。

デイブはポーチへ上がってくると、「奥さん」と声をかけた。「荷物はトラックに積みます？　それとも歩道の縁石《カーブ》に並べます？」。彼女はカーブを選んだ。「よし、カーブサービスだ！」。デイブがうしろにいる作業員たちに声を張りあげた。

家のなかに入るなり椅子につまずいたデイブは、テーブルに座っている老人のほうに手を伸ばし、もっと照明をつけた。室内は暖かく、ニンニクとスパイスの香りが漂っている。保安官代理のひとりが、キッチンの作りつけの収納棚を指さした。「こういうの、いいよな。もうこんな棚はつくられてないだろ。厳しいご時世だ」

住人の女性は、室内をぐるぐると歩きはじめた。どこから手をつければいいのか、考えあぐねているのだろう。保安官代理のひとりに、差し押さえられるのは知ってたけど、いつくるのかは知らなかったと言った。代理人からは、一日後かもしれないし、五日後か、一週間後か、三週間後かもしれないと言われたという。だから、それまでになんとかしようと思っていた、と。ここには、三人の子どもと五年暮らしていた。その前の年、サブプライムローン［低所得者など信用度の低い人を対象とした住宅ローン］を組むよう説得されてそうしたが、ローンの支払い額はどんどん上昇し、一カ月九二〇ドル［約一三万三〇〇〇円］から一二五〇ドル［約一八万円］にまで跳ねあがった。しかも、出産育児休暇をとったあと、働いていたカジノから勤務時間を減らされてしまった。

ヒスパニック系とアフリカ系アメリカ人が暮らす地域は、サブプライムローンの業者たちのターゲットにされた。借家人に対しては不良物件の住宅ローンを組むよう誘いこみ、すでに持ち家がある者にはリスクの高い条件でローンを組み替えるようにと勧めたのだ。その挙げ句、このローンのシステムは崩壊した。結果として、二〇〇七年から二〇一〇年のあいだに、平均的な白人家庭の資産は一一%減少したが、平均的な黒人家庭の資産は三一%、平均的なヒスパニック家庭の資産は四四%も目減りした。*7

住人の女性があちこちに電話をかけ、お願いだから手伝いにきてと頼んでいるなか、作業員たちは目配せをして、低い声で悪態をついた。一日の最後に、家財道具一式を片づけることほど気が重いものはない。ひとりの作業員は女の子の部屋から始めることにした。部屋のドアはピンク色に塗られていて、「プリンセスのおへや」というプレートがかけられていた。もうひとりの作業員は散らかった勉強部屋に入り、*Resumes for Dummies*（だれでもわかる履歴書の書き方）という本や、卒業するまでの学校の日数が書かれた黒板を箱に詰めた。いちばん年長の子は七年生［日本の中学一年生］の男の子で、ゴミを外に出す作業を手伝ってくれた。彼の妹（ピンクのドアのプリンセスだ）は、ポーチで二歳の妹の手を握っていた。二階では、作業員たちが幼児のおもちゃを踏まないように気をつけていた。うっかり蹴飛ばすと、ピーッという音を鳴らしたあとピカピカ光って抵抗してきた。

作業が進むにつれ、女性は落ち着いてきた。最初は急な展開にあわてて、片手でなにかをつかみ、片手で携帯電話をもったまま室内を走りまわっていたが、もう集中力もエネルギーも使いはたしたのだろう、いまは酔っぱらったかのようにぼんやりと廊下をうろついていた。

彼女には、作業員や保安官代理におなじみの表情が浮かんでいた。あと数時間もすれば、わが家は全員ホームレスになると気づいた人間の表情、現実とは思えない光景を突きつけられて途方に暮れた表情だ。差押さえの作業のスピードと荒々しさ。壁に寄りかかり、ホルスターに手をかけている保安官。大勢の見知らぬ男たちが自分の所有物を次から次へと歩道に積みあげていき、勝手に家のコップに水をついではごくごくと飲みほし、トイレを使っている。彼女の表情からは、波のように押しよせる疑問に呆然としているのがうかがえた。今夜、必要なものはなんだろう？今週、必要なものは？　だれに連絡すればいい？　薬はどこ？　どこに行けばいいの？

それはまるで、地下室から這いあがってみたら竜巻に家を丸ごともっていかれていた母親の顔だった。


毎週、日曜日の朝になると、ロレインはキッチンのリノリウムの床と、リビングルームの緑のカーペットを隔てる継ぎ目に立ち、トレーラーのフロントガラス越しに、ミスター・ダブズのトラックがこないかと目を凝《こ》らす。彼女が通う教会のメンバーであるミスター・ダブズは、車でやってくると帽子を脱ぎ、ロレインの家のドアをそっとノックする。

トレーラーパークから二キロと少し北西にあるサウスサイド・チャーチ・オブ・クライストに

到着すると、ミスター・ダブズがドアをあけてくれる。教会は急傾斜した屋根のある地味なレンガ造りの建物で、ロレインは優雅にそのなかに足を踏み入れる。壁には教会メンバーの肖像写真が飾られていて、彼女は自分の写真の横も通りすぎる。この神聖な場所――質素で凝った装飾のない教会――には、後方の大きな窓から信徒席へ陽光が降りそそぐ。

そしてダリル牧師が、教会の前方をゆっくりと歩き、片手に聖書を、もう片方にはパワーポイントのリモコンをもち、イエスの教えを繰りかえし説くのだ。

その日曜日、ダリル牧師は「キリスト教を信仰するなかでいちばん恥ずかしいのは、イエスに中途半端についていくことではないでしょうか」と述べた。「中途半端な献身は、危険な生き方といえるでしょう……みなさんのご近所にも、きっと助けを必要としている方がいるはずです。助けを、愛を求めている人たちがいるのです。キリスト教徒として、みなさんはそうした人たちに愛を証明できるのです」。ロレインはそれを、最初から最後まで微動だにせず、一心不乱に聞いていた。彼女は子どものころからずっと、教会に通うのが好きだった。

ロレインがダリル牧師に電話をし、お金を貸してくれたら強制退去させられずにすむんです、貸していただけませんかと頼んだとき、牧師は少し考えさせてくださいと言った。このまえ電話で無心されたときには、銃を突きつけられて強盗の被害にあったんです、とロレインは言っていた。それで教会の金庫から数百ドルを出し、渡した。ロレインはたしかに窃盗の被害にあっていた。けれど、銃をもった見知らぬ男が押し入ったのではなかった。妹のスーザンのコカイン依存症の娘が、留守の間に盗みに入ったのだ。スーザンはダリル牧師に電話をかけ、ロレインが嘘をついたと報告した。

だから今回は迷いに迷った。牧師は日ごろから、貧しい人や飢えている人の世話をするのは政府ではなく教会の役目であると考えていた。それこそが、彼にとっての〝キリスト教徒のあるべき姿〟だった。だがロレインは、みずから困難を招いているとしか思えなかった――彼女は愚かな選択をして、浪費することがある……だから、しばらくお金がない生活をするのも本人にとってはいい薬になるのかもしれない。〝くだらないことに浪費すると、結局は困ったことになる〟と実感できるだろう。

〝貧しい人〟を助けることについて語るのは簡単だ。だが、実際には一人ひとりに名前があり、顔があり、それぞれの人生があり、たくさんの物を必要としている。あやまちや判断ミスを犯してきた貧しい人を助けるのは、じつに厄介だった。

困ったダリル牧師はスーザンに電話をかけ、ロレインから強制退去を回避するための金を無心されたことを説明した。するとスーザンは、教会はロレインにいっさい援助すべきではないと言った。

ダリル牧師はロレインに電話をかけ「今回はお役に立てない」と伝えた。

トレーラーパークのオフィスでは、レニーがデスクで背を丸め、家賃の帳簿をつけていた。そこに、ブリトニー・ベイカーがやってきた。二〇代後半で、安っぽいサングラスをかけている。自分の郵便受けから手紙を抜きとると、彼女はレニーに言った。

「あのさ、家賃は払うつもりだから」

「そりゃいい」とレニー。

「今週、払うつもり。だから、五日後の強制退去通知書はよこさないで。トービンにはこの話、伝えてあるからさ」

それだけ言うと、ブリトニーは出ていった。レニーは首を振って帳簿に視線を戻した。そこには、ブリトニーに二一五六ドル［約三二万三〇〇〇円］の家賃滞納があると記されていた。

家賃滞納と強制退去の関係は、けっして単純ではない。トレーラーパークでは毎月、一〇〇〇ドル以上滞納していても強制退去されない人がいるいっぽう、滞納額はずっと少ないのに強制退去させられる人がいる。[*8] その理由をトービンは、「誠実に対応してくれる人間には、こっちも誠実になるってことさ。こっちに協力してくれる連中もいるが、一セントたりとも融通したくない連中もいるんだよ」と言うだろう。レニーなら「連中の言い訳しだいだね」と言いそうだ。ロレインはいつも滞納している、とレニーもトービンも感じていた。「毎月、同じことの繰りかえし」と、レニーは言った。「金が底をつくんだ」。ブリトニー・ベイカーも同じことを繰りかえしているのだが、彼女には強制退去の予定がない。

強制退去させるかどうか検討するとき、家主や管理人はいくつかの点を重視する。たとえば、税金の還付金などでお金が入る予定がある者は保留する。あまりにも滞納が溜まり、返済の見込みがない借家人はアウト。とはいえ、借家人のおこないの悪さや滞納額だけで決まるわけではない。家主は相手によって寛大になったり、無慈悲になったりする。*9

また、強制退去通知書への借家人の反応によっても、結果が変わる場合がある。女性は、男性ほど家主と交渉しようとしない。そして家賃を滞納しはじめると、顔をあわせるのを避けようとする。こうした反応は、よくない結果を生む。家主や管理人は、借家人に避けられるのをこころよく思わないからだ。借家人がこそこそと居留守を使うと、レニーは激怒した。あるときなど、ブラインドの隙間から彼の顔を確認したあと居留守を使った借家人に「この野郎！　おれを怒らせやがったな！　五日以内に出ていけ！」とわめいたほどだ。

そして、ロレインもまた、トービンやレニーと顔をあわさないようにする借家人だった。オフィス・スージーにさえ、滞納分をどう返済するつもりか、いっさい説明していなかった。もう少し時間をちょうだいと、頼むことさえしなかった。これとは対照的に、ロレインの隣人、バイク乗りのジェリー・ウォレンは、トービンとレニーにすぐさま立ち向かった。強制退去通知書を受けとるなりくしゃくしゃに丸め、ぶちのめしてやると言って、レニーにすごんだのだ。ケンカ腰ではあったけれど、ジェリーの挑戦的な態度はトービンの無愛想でぶっきらぼうなやり方と馬があった。不動産管理の仕事に就いているのは圧倒的に男が多く、だから荒々しくて男っぽいやり方が幅を利かせている。そういうなかでは、同じ借家人でも、ジェリーのような男のほうが有利だった。[*10]

ジェリーはトービンに立ち向かっていっただけではなく、滞納分を帳消しにしてくれるならと、ゴミを拾ったり、トレーラーの修理をしたりした。これまでにも、トービンのために雑用をこなしたことがあり、トレーラーの連結部にペンキを塗ったり、パイプに凍結予防の布を巻いたりしていた。こうして、便利屋として使えることを証明し、家賃を支払えなくなると、「家賃分の雑用をする」というやり方を認めさせた。ロレインのように、社会福祉の窓口や家族に電話をかけて金を無心するのではなく、強制退去通知書を書いた当の本人と交渉し、うまくいったのだ。トービンはのちに彼の強制退去を中止した。いっぽうロレインの策では、地元の非営利団体か家族か教会が支援の手を差しのべてくれないかぎり、なんの効果もなかった。

男性は家主のためにコンクリートを打ったり、屋根を修理したり、壁にペンキを塗ったりして、強制退去を回避することがある。ところが女性は家主に似たような提案をする例がほとんどない。育児や公的扶助を得る条件を満たすための勤労などで時間に余裕がない女性もいるが、大半は、そもそも家主のために雑用をこなせば家賃を免除してもらえるという発想が乏しい。とはいえ、なかには性行為の見返りに家賃を免除してくれと頼む例もあった。[*11]

だれを残し、だれを追い払うかを決める権限。だれを追い出して、だれを容赦するかを決める権限。それは昔ながらの権力で、だからこそ気まぐれが入りこむ隙がある。[*12] トービンの決断も例外ではなく、その寛容さは公平に配分されない。それでも、だれにでもわずかながらチャンスはある。じつのところ、ロレインが強制退去をくらう危険があるにもかかわらずガス料金を支払ったのは、ほかの借家人から「トービンは話のわかる男だ。ちょっとカネを渡せば、見逃してくれるよ」と入れ知恵されたからだ。彼女はそれを真に受けたのだ。

トービンがウィコウスキー市議会議員の要求をのみ、管理会社に業務を委託すると決めたとき、トレーラーパークの住人のあいだには不安が広がった。新しい管理会社は新たな制度を導入するだろう——もっとクリーンで、もっとプロらしい、もっと公平なやり方で。そうなれば、借家人はますます不利になる。

ある日、ひとりの男がレニーのオフィスの外にやってきて、軽量ブロックにドリルで穴をあけ、看板をとりつけた。そこには〝ビーク管理会社がプロの管理を提供します〟と書かれてあった。それを見た高齢の住人は、オフィスに入ってきて泣きはじめた。「わたし、このまえ住んでたところから、あの管理会社に追い出されたんだ。情け容赦ない連中だよ」

「ああ、容赦ないって話だな」と、レニーが応じた。「ごまんと路上に送りこんだって聞いたよ。もうちっと、人情ってものがないのかね」

「あんたはどうなるの、レニー?」。少し落ち着きを取りもどしてから、彼女は尋ねた。

「連中は、なんとかおれをクビにしようと躍起になるだろうさ。だがね、そうは問屋がおろさない。このトレーラーパークのことを熟知してる人間が必要だろ?」

レニーは彼女に、そして自分自身にもそう言い聞かせた。

ロレインはだれに頼んでも断られ、とうとうルーベンに頼るしかなくなった。ロレインのきょうだいの末っ子、努力して中産階級まで出世し、フルタイムで化学メーカーのＰＰＧインダストリーズに勤務しているルーベンは、しぶしぶながら、トービンに金を払ってやると言ってくれた。そして、ロレインのトレーラーパークまで、わざわざ自分で現金をもってきてくれた。ところが、あろうことかトービンが受け取りを拒否し、ロレインに向かって、もう金はいらないと言い放って背を向けた。ロレインとルーベンは驚きのあまり、オフィスの外で言葉もなく立ちつくしていた。ようやく、ルーベンが現金をポケットにしまうと、ふたりでロレインのトレーラーにのろのろと歩いていった。[*13]

その数時間後、ドアがノックされ、ロレインが出ると、二人の保安官代理が彼女の狭い玄関ポーチに立っていた。その向こうには、イーグル運送のトラックもあった。これがこの日最後の作業だった。どの作業員ももう身体のあちこちが痛んでいて、一刻も早く家に帰りたがっていた。[*14]

ロレインは、所持品をすべて倉庫に運んでほしいと頼んだ。ルーベンは自分の車に姉のテレビとパソコンを積み、わが子を迎えにいくため帰っていった。作業員たちはロレインの所持品を箱に入れはじめた。白いキッチン用品、孫息子のために用意したクリスマスプレゼント、グレンがくれたネックレス……。

保安官代理が、彼女のトレーラーのドアにオレンジ色の紙をテープで貼った。

警告

裁判所命令を受け、貴殿はミルウォーキー郡保安官事務所によって強制退去に処せられた。家主による特別許可のないかぎり、この地所への立ち入りは不法侵入と見なされ、場合によっては逮捕される（州法九四三条一四節）。

所持品を整理したいから少し時間をもらえませんか、とロレインは頼んだが、保安官代理たちはノーと言った。それなら、トラックに入れた荷物をあとで少し返してもらえませんかと尋ねたが、業者は会社の保険の規約があるからと、やはりノーと言った。

ロレインはトレーラーの外に立ち、だまって作業のようすを眺めていた。作業員たちは椅子、洗濯機、冷蔵庫、ガスコンロ、ダイニングテーブルを運んでいった。中身のわからない箱も次から次へと運んでいく。きっと冬用のジャケットや靴やシャンプーが入っているのだろう。隣人たちが集まりはじめた。なかにはビール片手に折りたたみ椅子に座り、カーレースでも眺めるように高みの見物を決めこむ者もいた。

一時間もしないうちに、トレーラーは空っぽになった。トラックがよろめくようにして去っていく後ろ姿を、ロレインは見送った。彼女の所持品はすべてイーグル運送の保管倉庫に運ばれる。

そこはだだっぴろく薄暗い倉庫で、木製の巨大な支柱で支えられている天井から裸電球がぶら下がり、膨大な数の荷物の山が並んでいる。すべて強制退去で差し押さえられたものだ。どの山もおとなの目くらいまでの高さがあり、透明のビニールをかけてあるせいで、蜘蛛の巣につかまったつややかな虫のように見える。そばに寄ると、ビニール越しになかの物が見えた。傷だらけの家具、ランプ、体重計。あちこちの山に子どものものもある――揺り木馬、ベビーカー、ベビーチェア……。ブリテイン兄弟はこの倉庫を、町を丸ごと消化する〝ばかでかい胃袋〟だと考えていた。保管料は、フォークリフトで運ぶ一パレット分あたり月二五ドル〔約三六〇〇円〕。強制退去世帯の所持品は平均四パレットといったところだ。

ロレインはこれから、保管料を支払う方法を考えなくてはならない。もしも九〇日後までに支払えなければ、すべて捨てられる。実際、没収された荷物の山のおよそ七割は、廃棄の運命をたどる。何年も前、イーグル運送は非営利団体のグッドウィルに不用品を引き取らないかと打診してみたが、すげなく断られた。こんなに大量の物は扱えないという理由だった。そこで金属スクラップの業者に打診したところ、衣類を梱《こり》単位で買いとる業者を紹介してくれた。細かく裁断して端切れにするという。ほかにも、ガラクタの山から売れそうなものをさがす連中とも手を組んだ。かれらは月に二回、競売を開催し、毎回、一〇から四〇パレット分を売りに出した。それでも結局、大半のものは廃棄された。[*15]

保安官代理の姿が見えなくなると、ロレインは警告の紙を無視して自分のトレーラーのなかに入った。大きな物はなくなっていたけれど、衣類、毛布、雑多な小物は残してあった。こうなったら選択肢はひとつしかない、とロレインは腹をくくった。ここに残っている物をもって、兄のビーカーのトレーラーに転がりこもう。ビーカーはいま入院中だ。だから断るすべがない。さっそく二人の少年に手伝ってもらい、三人で二台のトレーラーのあいだを何度か往復し、運べるものすべてをビーカーのリビングに積みあげていった。

作業が終わると、少年たちにそれぞれ五ドルを渡した。それからビーカーのトレーラーにひとりで座りこみ、手でハエを追い払った。そして、痛み止めを飲んだ。線維筋痛症用のリリカも飲みこんだ。そのまま静かに座り、薬が効いてくるのを待った。痛みがやわらいでくると、散らかり放題の不潔な室内に目をやった。作業員たちにガラクタ呼ばわりされた荷物の山も見た。ロレインは押し殺した悲鳴をあげ、ばすん、ばすんとソファをたたきはじめた。何度も、何度も。

10章 雑用にむらがるジャンキー

ライト・ストリートには雪が降り積もっていた。一二月初旬、一帯は吹雪に見舞われ、二五センチほどの積雪が予想されていた。水分の多いぼた雪で、雪かきのときには少しずつシャベルを動かさないと足をとられて転んでしまうほど重い。

ラマーは窓の外のようすを眺めながらインスタントコーヒーを飲み、着手しなければならない仕事を先送りにしていた。

パトリスが暮らしていた部屋の壁に少年たちとペンキを塗る作業を終えたとき、彼はすぐシェリーナに電話をかけた。彼女はたちまちやってきて、室内を足早に歩きまわり、ペンキの仕上がりを確認した。そして首を横に振ってこう言った。「あなたを信頼してまかせたのに、こんな雑な仕事をするなんて！　バカにするのもいい加減にして！」

「二六〇ドル［約三万八〇〇〇円］の価値はある仕事だろ」と、ラマーは言い返した。「あんたのために床に這いつくばって移動したんだぞ！　なのに、その言い草はないだろ？」

だが、シェリーナはぷりぷりと怒ったまま去っていった。数時間後、ラマーは彼女に電話をかけて、もう一度やらせてくれ、男の子たちが塗りそこねた箇所を、おれにもう一度塗らせてくれと懇願した。「悪かった。おれは人からあれこれ指図されるのが性に合わないんだよ」。シェリーナは彼にもう一度チャンスを与えた。ラマーには、ここに住みつづけるにはこの最後のチャンスを逃してはならないことがよくわかっていた。

だからコーヒーを飲み干すと、義足をつけた。続いて杖を手にするとドアをあけ、ポーチに出た。それから降る雪に顔をしかめ、転ばないよう階段の手すりにつかまった。外にいて、歩道の雪かきをしていたパトリスの息子マイキーは、ラマーがポーチの階段をおりるのに苦労しているのを見ると、手を貸すべきかどうか思案した。でも、迷っているうちにラマーはなんとかおりきった。それればかりか、マイキーのシャベルを手に取り、しばらく雪かきを手伝ってくれた。

ラマーがこれから二階に行くのだと言うと、なにか手伝おうかとマイキーが言った。「助かるよ」とラマーは答えた。

二階に上がると、マイキーは自分たちが強制退去させられた部屋のなかに目をやった。

「なんできょうは学校に行かないんだ？」。ラマーが訊いた。その日は火曜日だった。

「どうせ寝ちゃうだろうと思ってさ」

「おいおいマイキー。そんなんじゃ、世の中に出てから困るぞ」

四年生のマイキーは下を向き、ぼそっと言った。「きょうは図工だったし」

「絵を描いて金持ちになるって方法もあるんだぞ。画家になって身を立てることだってできる。建築家にだってなれるんだから」

するとマイキーは、にっこり笑った。

ラマーは食料品庫の壁に刷毛でペンキを塗りはじめた。低いところを塗るときは、義足をはずして床に這いつくばった。マイキーも、彼なりにできることを手伝った。ラマーに布切れやローラーを手早く渡すその熱心なようすは、仕事の速さを競いあっているようだった。ラマーが床から立ちあがれず往生しているときには、杖をとってきてくれた。

「ママと、ほら、あの男の人はどこにいるんだい？」と、ラマーが訊いた。

「ママ？　デイスのところだよ。フードスタンプの電子カードを取りかえしに行ったんだ」。パトリスのフードスタンプのカードを、彼氏のデイスが奪ってしまったからだ。「あいつがママのカードをとっちゃったから、ママはなんにも食べられなくなったんだ。だからカードを――」

「マイキー、もうわかった」と、ラマーがやさしく制した。「ママはでかけてるって言ってくれれば、それでいい。ママのあれこれを、あんまり人に話すんじゃないぞ。そりゃ、おれはおまえの友だちだ。けど、知りたくないことだってあるんだよ」

マイキーはゆっくりとうなずき、話がわかったようなふりをした。

ラマーはそのあと床に膝をついて動いていき、静かに意を決すると刷毛を手にとった。昼が近づくにつれ汗をかき、息を切らした。そして、ぶつぶつと神に祈りを捧げた。「主よ、どうかこの仕事を最後までやり抜く力をお与えください」

「お祈りするなんて、バッカみたい」。場を明るくしようとマイキーが声をかけた。

「いいや、バカげてなんかいるもんか。人間てのはな、他人からとことんむしりとろうとするもんだ。神に祈らなきゃ、とてもじゃないがやっていけない。そういうもんなんだよ、マイキー」

作業が終わると、ラマーは義足をつけなおして自分のアパートメントに戻った。そこからシェリーナに電話をかけ、ペンキを塗りおえたと報告した。彼女はいっさい約束をせず、あとで確認しにいくわとだけ言った。そしてラマーに、床にモップもかけておいてねと言った。

夕方、バックがやってきて、ラマーの肌と服にペンキがついていることに気づくとこう尋ねた。

「おれたちで、あのペンキ塗りの仕事はやっつけたはずだろ」

「ところがさ、彼女に言われて食料品庫の壁を塗ってきたんだよ。人間てのは、簡単には満足してくれないもんだな」

「でも、稼げたからよかったじゃないか」と、バックは笑った。ラマーと彼の息子たちがこのままこの家で暮らせることがわかって、うれしかったのだ。

だがラマーはため息をつき、膝の下を揉んだ。まるで、なじみのある古傷をなでるように。

「賃金をくれるかどうかは、あやしいな」。彼は言った。

「払って当然だろ！」

「ところがだ、もっと低賃金で雑用をこなすジャンキーたちがいるんだよ」

ラマーの仕事に支払われる賃金だってじゅうぶん安かったが、もっと安い働き手がいた。排水管が壊れたり、屋根が雨漏りしたり、部屋のペンキ塗りが必要だったりしても、スラムの抜け目のない家主は、配管工や屋根修理業者や塗装工に電話などかけない。かれらには、すぐに使える有能な働き手がいて、その連中は金が欲しくてたまらない。つまり、借家人本人か無職の男たちに仕事をやらせるのだ。家主になったばかりの人間は「いい配管工を知っている」と自慢げに言うかもしれない。だがベテラン家主は「使えるのがいるよ」と言うだろう。シェリーナにも間違いなく〝使えるのがいる〟はずだ。だからラマーは、このまま自分がここに置いてもらえるかどうか不安になっている。それでも、彼はペンキ塗りをやっただろう。ラマーには断るという選択肢などなかったからだ。


バックは顔をしかめ、外の雪に目をやると「マジかよ」と言った。信じられないというように。

「ジャンキーどもが！」と、ラマーも声を荒らげた。「あいつらのせいで、なにもかもめちゃくちゃだ。バスの無料乗車券ですら、もうまともな値段じゃ売れやしない……だから、あれだけ大変な仕事なんだから二六〇ドルにしてくれって、シェリーナに交渉しなきゃならなかったのさ。なのに彼女には、一〇〇ドル［約一万四五〇〇円］で仕事を請け負う連中がいるんだよ。連中は、なーんだって請け負う。石膏ボード貼りだろうがなんだろうが、請け負いやがるのさ」

翌週の火曜日、ラマーが目を覚ますと、室内は暖かかった。厳しい寒さをしのぐため、一晩中、ガスコンロの火をつけっぱなしにしておいたおかげだ。古い暖房器具しかない、ノースサイドのメゾネット式アパートメントの住人がよく使う裏技だった。シェリーナからはなんの連絡もないまま、一週間がすぎていた。

朝はたいていインスタントコーヒーと煙草一本ですませていた。だが、その日はルークとエディに、きょうは学校を休んでいいと許可したので、目玉焼きをつくり、とうもろこし粥を温めはじめた。ベーコンが焼ける匂いに、子どもたちがベッドから起きてきて、やがてバックもやってきた。まるで通りの先にある彼の家にも、ラマーが朝食をつくる匂いが届いたかのように。

そのとき、裏口のドアを控えめにノックする音が聞こえた。息子のひとりがドアをあけると、カマラが立っていた。二階に入居した新しい住人、この五カ月で三人めの住人だ。通りの向こうに彼女の姿を認めたら、七年生か八年生くらいの少女だと思うかもしれない。それほど小柄で、漆黒の肌をしていた。いまは、そのほっそりとした身体に白いタンクトップを着ている。化粧もマニキュアもしていない。唯一の装飾は、細いゴールドのチェーンから下がるロケットだけ。瞳がどんよりとしていた。彼女の精神そのものもどんよりしていた。煙草を一本ちょうだい、と彼女はラマーに言った。

「あいよ、ベイビー」。ラマーはそう言うと一本渡した。カマラの顔が見られて、うれしかった。

カマラは礼を言い、二階に戻ろうとした。「子どもたちが家のなかをボロボロにしていないか、見にいかなくちゃ」。彼女には娘が三人いた。三歳、二歳、そして八カ月。

「なら、こっちに降りてきて、うちをボロボロにすりゃいい。トランプはするかい？」

カマラがかすかに微笑んで階段をのぼりはじめると、二歳の娘がそこに立っていた。

ラマーは車椅子を幼女のほうに向けた。「おれのお気に入りのお嬢さんのご機嫌はいかがかな。やあ、おはよう。元気かい？」

幼女はもごもごとなにか言った。何回か同じ言葉を繰りかえし、ラマーにもようやくわかった。

「ぽんぽん、いたい」

「はらぺこなのかい？」と、ラマーは訊いた。「もうちっと体重を増やさないとな。きのうはなにか料理をしたかい？」。少しも責めるようすのない口調で、ラマーが尋ねた。

「うん。だけど、うちには電子レンジしかないの」。カマラが小さな声で答えた。

スラムの家主のご多分に漏れず、シェリーナとクエンティンも貸家に置く電化製品の数によく上限を設けた。ガスコンロや冷蔵庫が最初からなければ、壊れたときに修理せずにすむからだ。

「ふむ。そういうことか」。ラマーはそう言うと、車椅子を回転させて食料品庫に入っていき、電気ホットプレートを膝の上に載せて出てきた。数日前、カマラと初めて顔を合わせたときには、「仲良くするつもりはねえよ。そのほうがいいんだよ」と言っていたのに、ラマーはいまカップに入れた砂糖よりずっと価値があるものを彼女にあげようとしていた。[*1]

「これ、おふくろが使ってたんだ。よく焼けるぞ」

「火が出たりしない?」

「でない」

「わかった。ありがとう、大事にする」

「いいってことよ。今夜は、下でみんな一緒に食べよう」

朝食のあとは、トランプとマリファナ煙草が出てきた。ヒンクストン家のパトリスの弟C・Jもやってきて、カードゲームを見物した。マリファナ煙草はC・Jには勧めない。本人も欲しいと言わなかった。ラマーの長男ルークは、ガールフレンドが姿を見せると二人で寝室に入り、ドアを閉めた。午前の時間はゆっくりと流れ、やがてマリファナの乳白色の煙とぴりっとした刺激臭が室内に満ちていった。

だれかが玄関のドアを遠慮なくノックしたのは、ちょうどラマーたちがマリファナを吸い終え、すっかり気持ちよくなってきたころだった。家主? それとも保安官? 四、五回、拳がドンドンとドアをたたく音が聞こえると、全員がしゃべるのをやめて、顔を見あわせた。

しばらくして、バックが声を張りあげた。「だれだ?」

「コリンです。教会の」

「なんだよ!」。ラマーが思わず安堵と苛だちのまじった声をあげた。少年たちは声を押し殺して笑った。次男のエディが窓を全開にし、みんなで大きく手を振ってマリファナの臭いを外に出そうとすると、大きな笑い声があがった。「落ち着け！　落ち着け！」。ラマーは小声で言い、なんでもないふうを装えと指示してから、エディにドアをあけさせた。

マリファナの臭いに気づいたとしても、コリンはなにも言わなかった。彼は二〇代後半の白人で、髪にジェルはつけていない。姿勢がよく、結婚指輪をはめている。片手には聖書と『神の恵のみによりて』という冊子、もう片方にはクッキーの箱をもっていた。ルークとガールフレンド以外の全員がリビングにそれぞれ座ると、コリンは聖書をひらき、すぐに音読を始めた。少年たちは静かに座り、マリファナの高揚感を長続きさせようとしていたが、コリンから何節か読みあげるように言われると、互いの顔を見てうれしそうに笑いながら、指で字を追いつつ読んでいった。

ラマーは聖書のことばを受けいれようとするかのように目をつぶり、深々とうなずきながら聞きいっていたが、最後の節はみずから暗唱し、「人は皆、罪を犯して――」のあと、「神の栄光を受けられなくなっていますが……」と継いだ。［ローマの信徒への手紙、三章二三節］

「あのさ、おれ、考えてたんだけど」と、バックがソファのクッションにもたれたまま言った。

「なんだ、言ってみろ」。目を閉じたまま、ラマーが先をうながした。

「なんでみんな、神を信じないんだろう？」

「おまえは悪魔も信じてる、そうだろ？」

「悪魔はいるって、わかってる。だけど、知りあいにはなりたくねえな」

「それに、この世は地獄だ」と、ラマーがつけくわえた。

すると、「地獄とまでは言えないんじゃないですか」とコリンが指摘した。

ラマーは目をあけ、まだうら若き牧師を見た。沈黙が広がった。と、その沈黙のなか、ルークの部屋からベッドがきしむ音や声が聞こえてきた。少年たちは目を伏せ、こみあげる笑いを懸命に押し殺した。

コリンは結びの祈りを復唱させると、教会からもらえるもの（衣類や毛布）のリストをラマーに渡し、帰っていった。牧師の姿が消えると、室内にはどっと笑い声が起こった。ルークが戻ってくると、また大きな笑い声があがった。「やりまくってる音が聞こえたぞ」と、笑いすぎて腹を押さえながら、バックが冷やかした。「よりにもよって、牧師がいるそばでさ。まったく、おまえってやつは！」

ラマーはやれやれと首を振って、トランプのカードを配った。


その月の末、クエンティンは一三番ストリートのアーリーンのアパートメントの前に車をとめ、クラクションを鳴らした。今回は、二階に住むトリーシャの新しい彼氏、クリスに用があった。「やばいっすよ、ひどい二日酔いで」と、クリスはトラックに乗りこみながら言った。「彼女にハイネケン六本と、ウォッカを一本飲まされちまって」

クエンティンはトラックを発進させた。髪は真ん中で分け、後頭部で二カ所ゆわえてあり、そこだけアフロヘアが丸くふくらんでいる。いっぽう、三〇代後半のクリスは、冬のゆったりとしたコートを着て、スキンヘッドにニット帽をかぶっていた。刑務所から釈放されてトリーシャと同居することになったとき、彼はクエンティンに連絡をいれ、仕事をさがしていると伝えていた。クリスにとって、クエンティンは唯一の収入源だったから。

シボレーサバーバンが次のアパートメントの前にとまると、クリスは急いで車を降り、タイニーを呼びにいった。もうひとりの雑用係だ。だが数分後、クリスだけが戻ってきた。「あいつ、きょうは働く気分じゃないって」

クエンティンは肩をすくめた。「どうせ、ゲームでもしてんだろ」

クエンティンがシェリーナに電話をかけ、きょうはタイニーが動いてくれないと伝えると、「だれかほかの人で埋めあわせて」という返事。雑用係はこんなふうに決められていく。シェリーナのクラック依存症の弟に頼むこともあれば、クエンティンのおじのバーンに頼むこともある。笑うと歯茎がむきだしになるバーンは、アルコール依存症で、ビールを買うためなら何時間でもよろこんで働いた。クエンティンは借家人からもよく、仕事をさせてくれと頼まれた。〝片足リッキー〟でさえ、電話をかけてきた。それに、シェリーナには呼べばすぐに集まる麻薬常用者の一団がいて、かれらは〝はした金〟のために働いた。それでも人手が足りないときには、クエンティンが路上にいる男たちを拾ってくることもあった。スラムには失業者がごまんといる。シェリーナとクエンティンは男たちに工具、資材、移動手段を用意し、ひとつの作業が一段落すると手間賃を払った。額はだいたい時給六ドルから一〇ドル［約八七〇〜一五〇〇円］で、作業の内容によって変わった。「ああいう人たちにとっては」と、シェリーナが言ったことがある。「額がいくらであろうと、お金はお金。だから働くのよ。手間賃がいくら安くたって、働くの」

クエンティンは新たに購入した物件の前でクリスを降ろした。その物件は、家賃補助を受けている女に貸すことにしている。「セクション8［連邦政府による低所得者層などへの家賃補助制度］の住宅検査が入るかもしれないから、階段の手すりのぐらつきやドアのちょうつがいを直してくれ」と彼は言った。「家賃補助を認めてもらうには、いろいろ大変なんだよ。なにもかも完璧じゃないとな……連中はリストをもってきて、あちこち検査しやがるから」

「じゃあ、頼んだぞ」。クリスにそう言うと、クエンティンはギャング流の握手をした。高校生のころ、クエンティンはシカゴを拠点とするストリートギャングとつるんでいた。とはいえ、積極的に活動したことはなかったし、二回、銃で撃たれたときも、ギャングはからんでいなかった。

初めて銃弾をくらったのは一九歳のときだ。友人と一緒に、あるグループと激しくやりあった。そのとき突然、一台のバンが走ってきて、九ミリ弾がパンパンと音を立て、足を撃たれた。二回目はその一年後、路上強盗をしているときだ。このときの銃弾は肩甲骨にとどまった。以降、クエンティンはつねに緊張し、周囲への警戒を怠らない。のちに医者から胃潰瘍と診断されたほど、いつもぴりぴりしていた。

それでも、長い歳月を経て、ようやくリラックスできるようになった。いまでは、借家人から脅されても、できるだけやりすごそうとする。だが、ときには雲行きがあやしくなることもある。そんなとき、クエンティンは黒いパーカーと黒いジーンズに身を包む。シェリーナはイヤな顔をするものの、なにも言わない。こうなったら、なにを言っても聞きいれないとわかっているからだ。その格好をすると、彼はシボレーサバーバンに乗って仲間に電話をかけ、なにかの取引にでかける。このまえ黒のパーカーが登場したのは、ある借家人が腹いせに彼の物件のひとつを破壊したあとだった。

陽が落ちるころ、クエンティンはホームセンターの〈ホーム・デポ〉と工具店〈ロウズ〉をはしごした。そこでファーストネームで呼びあう仲のレジ係と軽口をたたき、雑用係を家まで送り、工具を運んだあとは、パトリスが暮らしていた部屋に寄った。そこでは彼のおじのバーンが二日間ほど働いて、ポリウレタンのシートを敷いていた。ラマーと少年たちは、すでに茶色の木枠に落とした白いペンキを塗り直していた。

ラマーが食料品庫を塗ったあとも、クエンティンはラマーとの話しあいに応じていない。彼との交渉はシェリーナにまかせることにしたからだ。ただ、ひとつだけ確かなのは、バーンおじに手間賃を払うのであれば、ラマーには払わないということだった。だから、ラマーは別の案をもってこなくてはならない。しかも早急に。

バーンおじのべとついた髪が、ボルチモア・レイブンズ［アメフトのチーム］のキャップのあちこちから飛びだしていた。ズボンとフランネルのシャツは茶色のペンキのしみだらけだ。目はぼんやりとして充血している。飲み干されたビールのロング缶（〝缶入りクラック〟とも呼ばれる〈スティル・リザーブ211〉）のつぶされた残骸が、階段の吹き抜けに散らばっていた。「ガス欠になるとまずいだろ」と、彼はクエンティンに言った。

　クエンティンが室内を見まわした。仕上がりは雑だが、白いペンキが落ちていた部分はすべて上塗りしてある。「新しい借家人が入るには十分だろう」。そう評価すると、バーンおじは「はん。ブルックフィールドじゃあるまいし！」と、裕福な白人たちが暮らす郊外の住宅地の名前を挙げて笑った。

「わかるだろ。仕上がりなんか問題じゃないんだ。どうせ、連中が傷だらけにしちまうんだから。家具もテーブルも引きずる。ガキどもだって傷をつけるし、犬は引っかきやがる……。時間をかけてきれいにするだけバカを見るのさ。高い材料なんか使わなくていい。どうせ、また汚されるし、傷だらけにされちまうんだから」。そう言うと、クエンティンは財布に手を伸ばした。「よくがんばったよ！　全部きれいにしたら七〇ドル［約一万円］ってとこかな」

「七〇？　勘弁してくれ。この部屋だけだって三〇ドル［約四四〇〇円］だろ」。バーンおじが広いリビングを手で示したが、「違う。この部屋は二〇ドル［約二九〇〇円］だ。覚えてるだろ、きのう、そう話したじゃないか」とクエンティンが返した。

「そうじゃない。おれが二〇ドルでどうだって言ったら、おまえが一部屋一〇ドルって言ったんだ」。そう言ってバーンおじは不安そうに笑った。

「そうか。ならタイニーにやらせる。じゃあな！」。もっと金を払えと言ってくると、クエンティンとシェリーナはいつもこう応じる。いくらでも代わりがいることを思いださせるのだ。

「わかった、わかったよ！」。バーンおじが引きさがると、クエンティンは紙幣を数えて渡し、酒屋まで送ってやった。


その下の階では、ドリーンの一家が、クエンティンとバーンのやりとりをずっと聞いていた。そして男たちが帰ると、パトリスとナターシャの姉妹でこっそり二階に上がり、ペンキが塗られたばかりの壁や床を見るなり舌打ちをした。新しい借家人（あるいは、少なくとも代理受取人のベリンダ）は、パトリスが知らなかったことを知っているのだろう。つまり借家人の力は、入居前がいちばん強いということを。

「マジできれい」。ナターシャが言った。「腹立つわあ」

「信じられない」。パトリスが言った。

「まるで夢の家だよね……。なのに、あんたはネズミと同居してる！」。ナターシャはそう言って笑った。

だが、パトリスは笑おうとしなかった。代わりにシェリーナのことを思い浮かべ、こう言った。

「あの女、うちで暮らしたら一日ももたないで飛びだしてくだろうね」

11章 スラムはおいしい

飛行機が着陸すると、シェリーナは窓の外に目をやり、ため息をついた。その日の朝、彼女とクエンティンはジャマイカにいたのだが、窓の外のミルウォーキーはいかにも寒そうで、じめじめしていて、置きっぱなしにしたふきんのようだ。携帯電話の電源を入れると、留守番電話のメッセージが四〇件も入っていた。

ジャマイカは最高だった。二人は快適な暑さのなか、白い砂浜を散歩したり、グラスボートをチャーターしたり、ジェットスキーを乗りまわしたりしてカリブ海を堪能した。クエンティンは杖を買って、彫刻をほどこしてもらった。シェリーナは髪を二本の太い三つ編みにして、うしろで束ねてもらった。そうやって、ジャマイカの八日間を満喫したのだ。

二人は、休暇旅行に出るときにはいつも、事前にしっかり計画を立てる。月末までにはかならず自宅に戻り、月初めになると強制退去通知書を渡したり、新しい借家人の管理をしたり、家賃の集金にあたったりと忙しくすごす。借家人の大半は銀行口座をもっていないので、家賃は直接集金するしかない。

留守番電話のメッセージのいくつかは、ヒンクストン家を毎週訪問しているソーシャルワーカーのタバサからだった。折り返し電話をかけると彼女は、ヒンクストン家の部屋の排水管が詰まっているから修理をしてほしい、と言った。ドリーンが自腹で修理してもらったのに、また詰まってしまったという。シェリーナは耳を貸さなかった。「このあたしにむかって、よくもまあ、そんなことが言えるわね。あのね、排水管を詰まらせてるのは、あの人たちなのよ！　あの一家ときたら、ドアからちょうつがいを引っこ抜くし、服だって天井まで積みあげてる。玄関のドアをあけてごらんなさい、便所くさくてたまらないから。そもそも、おたくらだって、だまって家をあんなふうにさせておいて、よくも文句を言えたもんだわね」

タバサが間違いを犯したのはそのあとだ。ドリーンが引っ越し先をさがしていると、うっかり漏らしてしまったのだ。シェリーナは電話を切ると、裁判所に向かった。ドリーンが引っ越し費用を捻出するために家賃を滞納しているのなら、こっちにも考えがある。シェリーナは手数料を払い、審理の日にちを決め、ドリーンが強制退去の申請をされたという記録をCCAP（裁判所統合プログラム）に残した。入居者を審査する家主はかならずこの記録に目を通すから、ドリーンの新居さがしはいっそうむずかしくなる。あの人たちが出ていくつもりなら、こっちの条件で引っ越してもらおうじゃないの——シェリーナはそう考えたのだ。

クエンティンからピンク色の強制退去通知書を渡されると、ドリーンはシェリーナに電話をかけて窮状を訴えた。「どうしても、もう少し広いところに引っ越さなくちゃならなくて」と、ドリーンは言った。「ナターシャに子どもが生まれるんだ。だからこんなところで、ぎゅう詰めになって暮らすわけにはいかないんだよ。でも、すぐに引っ越すつもりじゃなかったんだ。真冬に引っ越しするなんてありえない……ナターシャの予定日は五月に入ってからだし。そのころになってからなら、もう少し広いところをさがせるかもと思ってたの」

だが、強制退去を取り消すつもりはない、とシェリーナは言った。

「家賃は払うから」とドリーンが頼んでも、シェリーナは一蹴し、おたくたち一家のせいで、うちは大迷惑しているのだと説明した。「州の検査が入ったらどうするつもり？　そうなれば、おたくが住んでるアパートメントは閉鎖されて、うちもおたくも、みんなが困ることになる……おたくの大家族を、あんな状態でうちのアパートメントに住まわせておくわけにはいかないのよ。おたくらのせいで、家はあっちもこっちもダメになるし」。こんなふうに言われてしまったら、ドリーンにできるのはもう、裁判所で会う前にシェリーナの気が変わっていますようにと祈ることだけだった。

翌月の一日《ついたち》、シェリーナとクエンティンは車で貸家を回りながら、いちゃついたり、笑いあったりしていた。まだ、ジャマイカの旅行気分が残っている。肌は日に焼けていたし、はずむような気持ちも消えてはいなかった。途中、〝片足リッキー〟が家の外にいるのを見かけた。娘のために買ったパソコンが宅配便で届くのを待っているという。

「パソコン？」。サバーバンに戻ってきたクエンティンに、シェリーナは尋ねた。

「ああ」と、彼はにやりとした。

「ふうん、そういうこと！　新しいパソコンを買うお金はあるのに、家賃は払えないってわけ。なら、こっちにも考えがある。家賃を上げてやるわ」。そう言うと、シェリーナは少し間をおいてから「インフレよ！」と言った。[*1]

車内に笑い声が広がり、サバーバンがまた走りだした。クエンティンのシートはかなり後ろまで倒されていて、座っているというよりは、半分寝そべっているようだ。バックミラーからぶら下がっている芳香剤がゆらゆらと揺れ、後部座席に置かれた大きなスピーカーからは重低音が響きわたっている。とはいえ、たいていは二人のどちらかが電話をかけているのだが。

夜になり、クエンティンのところにシェアハウスの借家人から電話がかかってきた。クエンティンはブルートゥースのイヤホンを耳に入れ、電話を切ると、こう言った。「連中のところに、どうやらカネが入ったらしい。そうなれば、例のあれでお楽しみってわけだ」

さっそく車をシェアハウスの前にとめると、いつもの手順を踏んだ。首からぶら下げたチェーンをシャツのなかにしまい、小指につけていた指輪をはずし、ゴツいブレスレットの上にリストバンドをかぶせるのだ。彼は「家賃を贅沢品に使っちまえ。そんなふうに考える借家人がいるのさ」という家主仲間の助言が真実であることを、身をもって学んでいた。このまえも、ある借家人がクエンティンのアクセサリーを指さして、こう言った。「おれたちの家賃でいい暮らししやがって」。この話を聞いたシェリーナは、ただ肩をすくめて、「ほかにどうすりゃいいのよ」と言った。

借家人たちはなにか吸っていたようだが、金はまだ使いきっていなかった。室内には音楽、笑い声、そして公的扶助を得られた月初めの安堵感が満ちている。五日にくる請求書の支払いもまだ先だ。借家人のなかで、唯一しらふに見えるのは、越してきたばかりの老人だった。シャツのボタンをいちばん上まで留めて、ベッドに座っている。「夜にくんのかよ、なあ」と、ミシシッピ特有ののんびりした口調で、老人は言った。

「いつ家賃を払うつもりだ?」

「払うあてはあるんだよ。ただ、いつも借りが溜まっててさ」

そこに、どんよりとした目つきの借家人が近づいてきた。「よお、おまえ!」。男はクエンティンに声をかけた。まだ火をつけていない煙草をもち、壁にもたれてやっとのことで立っている。

「おれ、バーに行ったんだけど、たたき出されちまったよ!」

「マジか」と、クエンティンは相づちを打ちながら、老人がもっていた金を自分のポケットに入れ、ドアに向かった。

サバーバンに戻ると、クエンティンは数枚の札をシェリーナに見せた。「あのヤク浸り連中でも、家賃を払うのね！」。二人は声をあげて笑った。

そのあと、夜も九時近くになってから、シェリーナはクエンティンに頼み、新たな借家人になりそうな人の家に車で連れていってもらった。家に着くと、ラドーナというシングルマザーがシェリーナを招きいれ、八歳の息子ナサニエルを紹介した。彼女は昼間働いていて、いまの家からどうしても引っ越したいと強く願っていた。「真っ昼間に発砲事件があるんだ。このブロックのど真ん中で」と、ラドーナが言った。「二階に上がれば隠れる場所があるけど、いちいち二階に逃げるのにうんざりしちゃって」

「このあたりには州兵にきてもらわないと」と、シェリーナは言った。

「かもね。とにかく、わたしは引っ越したいの」。そう言うと、ラドーナがシェリーナに五〇〇ドル［約七万三〇〇〇円］を渡した。「あの家に引っ越したい。本気よ。金曜日にもう一〇〇ドル渡すわ。その次の金曜に、もう一〇〇ドル。その次の週には一七五ドル［約二万五〇〇〇円］払うから」

クエンティンがエンジンをかけたまま待っていたサバーバンに戻ると、「彼女、なにがなんでも、例の家に住むつもりよ」と、シェリーナは言った。「ここんとこ、家賃補助をもらってる人たちからの問い合わせがすごく多いんだ。信じられないよね」

「ああ、おれんとこにもかかってくる」

「一世帯向けの家?」

「なんでもさ」

ラドーナは家賃補助制度を利用していたが、シェリーナとクエンティンの貸家では、家賃補助をほとんど受けつけていなかった。この制度の利用者を入居させると、こうるさい検査官を相手にしなければならないからだ。「家賃補助は面倒だよ」と、シェリーナは言った。制度の利用者は市内の借家世帯の六%にすぎないため、頭を悩ませるほどでもなかったが。

シェリーナは少し前、ラドーナが熱望している家を購入した。二階建てのなかなかいい物件で、これなら検査に合格するだろうと確信した。合格すれば、その見返りは大きい。家賃補助制度のおかげで、ラドーナは収入の三割分だけ払えばいい。残りは納税者が負担する。だから、シェリーナが家賃をもらいそこねる心配はほとんどない。しかも、その家賃は市場レートよりも高いときていた。

住宅都市開発省は、大都市圏ごとに適正家賃を定めている。算出するのは各地方自治体だが、その際は貧困地区と富裕層向けの地区の両方の家賃を含めて計算する。ニューヨーク市なら家賃の高いソーホーと家賃の安いサウスブロンクスが含まれているし、シカゴのそれには高級住宅地ゴールドコーストとサウスサイドのスラムが含まれている。

これは故意のことで、家賃補助制度を利用する世帯が町でも郊外でも安全な住まいを見つけられるようにするためだ。それでも、人種の融合や所得格差のある住人との交流といった成果はあまり出ていない。この制度の利用者はあまり遠くには引っ越さず、いまより少しましなトレーラーパークか、スラムでももう少し静かな通りに越す程度だからだ。

だが、家主たちにはこのやり方が大きな恩恵をもたらしていた。[*2] スラムよりも郊外のほうが家賃は高い。となると、両地域を合わせて算出する適正家賃は、貧困地区の実際の家賃相場より高くなる。おかげで、貧しい地域に家賃補助利用世帯が住む場合、家主はそのあたりの家賃の相場よりも高い家賃を請求できるのだ。シェリーナが購入したばかりの貸家にラドーナが入居を希望していた二〇〇九年、ミルウォーキー郡における四寝室のアパートメントの適正家賃は一〇八九ドル［約一五万八〇〇〇円］だった。市における四寝室のアパートメントの平均家賃ははるかに安く、六六五ドル［約九万六〇〇〇円］だったのに、だ。[*3] シェリーナは、当局が最高額は認めないだろうと考え、ラドーナには月七七五ドル［約一一万二〇〇〇円］で請求するつもりだった。同じような条件の貸家より一〇〇ドルほど高いものの、適正家賃の最高額よりはかなり低い額だ。

いっぽう、ラドーナは家賃の金額など気にしていなかった。家賃補助制度を利用すれば、家賃がいくらであっても、彼女が支払うのは所得の三割でいいからだ。[*4]

そういうわけで、ミルウォーキーで家賃補助を受けている借家人は、同じような地域で家賃補助を受けていない借家人に比べて、月平均で五五ドル［約八〇〇〇円］も高い家賃を請求されていた。そのせいで、ミルウォーキーの納税者は年三六〇万ドル［約五億二二〇〇万円］もの余計な負担を強いられている――それだけあれば、いっさい家賃補助を得られない五八八もの貧困世帯に住宅を提供できるというのに。[*5]

シェリーナがラドーナに貸す予定の家を購入したのは、ジャマイカ旅行にでかける数週間前のことだった。後期コロニアル様式の大きな家で、丸い小塔《タレット》と広々としたポーチがついていて、すでに白と黒のペンキで塗り直されていた。屋根も給湯器も木枠のある窓も新しかった。玄関をあけると丸天井のリビングルームがあって、炉棚には手のこんだモザイクがほどこされている。寝室は一階にひと部屋、二階に三部屋あって、二階に続く階段は長く、カーブしている。二階の三つの寝室には分厚いカーペットが敷かれていて、寝室のうち二部屋は壁の色から察するに子ども部屋として使われていたのだろう。とてもいい状態だったので、検査官が「自分がここに引っ越したい」と言ったほどだ。

場所はスラムの静かな一画。このあたりはわりと安全な地域だと、シェリーナは判断した。理由は「だって丸一年も空き家だったのに、窓ガラスが一枚も割れていないでしょ」であり、「あの家はそのあいだ、ずっと閉鎖されていたの。でも、だれかが家に近づこうものなら、近所の人たちがポーチに出てきて『なにかご用?』って声をかけただろうね。防犯意識が高い地域なのよ」だった。

価格は一万六九〇〇ドル［約二四五万円］、現金払いで買った。これまでにも八〇〇〇ドル［約一一六万円］とか五〇〇〇ドル［約七二万五〇〇〇円］程度の物件なら買ったことがあるが、これほど魅力的な家はなかった。

ラドーナが引っ越してくる日の数日前、シェリーナはこの家に寄り、修理が必要な箇所を確認した。部屋から部屋へ歩いているうちに、こんなに素敵な家を購入できたことが信じられなくなって、思わず微笑んだ。気分が高揚して、家のなかでひとり、ちょっとしたダンスまで踊ったほどだ。

二〇〇八年の夏にサブプライムローンが破綻し、高利のローンを返済できなくなった人が続出したとき、このチャンスを逃すまいと、シェリーナはノースサイドじゅうの物件を一カ月に一戸のペースで買いあさった。[*6] サブプライムローンの破綻は、家主たちにとって千載一遇のチャンスだった。「いま、この瞬間にも」と、彼女は言った。「大金持ちがどんどん生まれてるわよ。まあ、手元にお金があればの話だけど、他人の失敗から利益を得られるんだから……あたしはいま物件を買いまくってる。まさに買いあさってるのよ」

問題は〝手元にお金があれば〟だった。住宅ローン市場は不況によって縮小の一途をたどっていた。融資した客が支払い不能におちいることをおそれ、銀行は貸し渋り、貸付には厳しい条件を設けたうえ、客には傷ひとつない信用を求め、さらに巨額の頭金を要求したせいだ。「今年ローンを組みたい人は、これまでより支払い金額が増えるだろう。場合によっては数千ドルも多く」と、ワシントン・ポスト紙は書いた。[*7]

家主たちはもっと歯に衣《きぬ》着せぬ物言いをし、「銀行はもともとバカだったが、もっとバカになりさがった」と言いはなつ者までいた。無謀な策をとり、やみくもな融資から一八〇度方向転換し、過度に用心している、と銀行を揶揄《やゆ》したのだ。こうなると、資金が潤沢にない不動産投資家は、目の前に魅惑的な物件が山ほどあり、立派な物件がかつてないほどの低価格で取引されているにもかかわらず、涙をのむしかなかった。二〇〇九年一月、ミルウォーキーの不動産投資家に無料配布された差押え物件のリストには一四〇〇件ほどが掲載されていて、どれも〝評価額よりも三万ドル［約四三五万円］以上安い〟売値となっていた。最安値は二つ寝室がある二七五〇ドル［約四〇万円］の物件で、一〇番目に安いのは三つ寝室がある八九〇〇ドル［約一二九万円］の物件、二〇番目は四つ寝室がある一万一九〇〇ドル［約一七三万円］の物件だった。*8

シェリーナは、いろいろな方策で資金を調達した。固定金利や変動金利の住宅ローンも利用した。いい物件を見つけたのに頭金が足りないときには〝他人のカネ〟に頼った。彼女はそれをこう表現した。「たいていの銀行は『二〇％の頭金がほしい』って言う。だけど不動産を担保に貸しつけるプライベートローンをやっている連中は、『よし、カネは貸してやる。ただし金利は一二％。半年後か一年後に完済してくれ』って言うだけ」。郊外の高級住宅地に暮らす裕福な白人が、頭金をとらない代わりに物件に抵当権を設定し、高金利で融資したのだ。万が一、シェリーナが債務不履行におちいれば、その物件はプライベートローンを貸しつけている白人の手に渡る。

貧しい黒人たちが暮らす地域の物件も、価格は大きく下がった。その結果、家主たちは儲けを出しやすくなった。たとえば、まったく同じようなつくりの家でも、白人や中産階級が暮らす市内の地域なら、物件価格は二倍から三倍にはねあがっても、家賃はそこまで高くならない。仮に、白人が暮らすウォーワトサで、二つ寝室があるアパートメントの賃料が七五〇ドル［約一〇万九〇〇〇円］だとしたら、貧困者が多く暮らすノースサイドのスラムでは五五〇ドル［約八万円］ほどだ。ウォーワトサの物件にはより高い住宅ローンと税金の負担があり、メンテナンスにも高い基準が求められることを考えれば、スラムで所有している物件の利益率がいちばん高い。市の中心部に一一四の貸家を所有するある家主は「ノースサイドで物件を買うのは〝キャッシュフロー〟がいいからだよ」と言った。「白人が暮らす地域では赤字になるが、低所得者層が暮らす地域なら安定して月収を得られる。今後の資産価値が上がることを期待して、物件を買うんじゃない。肝心なのは未来じゃない。いま、カネを生むかどうかだ」

シェリーナは、諸経費を差し引いたあと、最低でも月五〇〇ドル［約七万三〇〇〇円］の収入をもたらすような物件をさがした。ラドーナが借りる予定になっている一戸建ては、それを楽々とクリアするはずだった。現金払いで買ったからローンを返す必要はなかったし、修理費も一五〇〇ドル［約二二万円］しかかからなかった。それでいて家賃は月七七五ドル［約一一万二〇〇〇円］になる。シェリーナが小躍りしたのは、二年もすれば投資金額をすべて回収できると踏んでいたからだ。この家を購入してからほどなく、彼女はキーフ・アベニューから少し入った場所にあるメゾネット式アパートメントも八五〇〇ドル［約一二三万円］で購入し、三〇〇〇ドルかけて修理した。この費用は八カ月もあれば回収できる見込みだった。そのあとは「ひたすら現金を生みだすだけ」という寸法だ。

シェリーナは自分の純資産を二〇〇万ドル［約二億九〇〇〇万円］程度と見積もっていた。ほかのビジネスにも手を広げてはいたものの、利益の源はもっぱら家賃収入だ。毎月、家賃で二万ドルほど得ていたいっぽう、住宅ローンの返済は一カ月八五〇〇ドルほど。スラムに三六戸の貸家を所有していて、そのすべてを貧困ライン以下の借家人に貸していた。水道料金を支払ったあとの利益は一カ月でざっと約一万ドル［約一四五万円］。アーリーンやラマーなど、大半の借家人の年収以上の金額だ。シェリーナはよくこう言ったものだ。「スラムはおいしいの。お金がざくざく出てくるからね」

クエンティンは人気《ひとけ》のない暗い通りにトラックをとめた。もう一軒、チェリー・ストリートのテリのところに寄るためだ。そこは自分たちの物件のなかでもいちばん辺鄙《へんぴ》な、ミルウォーキーのウエストサイド。ワシントン公園のそばにあり、ミラー社の立派なビール工場まで徒歩一五分ほどだった。シェリーナがテリの家のドアをたたいた。一回目は大きな音で、二回目はいっそう大きな音で。ポーチの照明が点灯し、頭上からシェリーナを照らしだした。彼女は内側に毛皮のついた〈コーチ〉のブーツを履き、ジャマイカで買った同じブランドのハンドバッグをもっていた。

「だれだ？」。ぶっきらぼうな男の声がした。

「大家よ」

「ああ」。声の主はあきらめたように言った。

「そういうこと」と、シェリーナが小声でひとりごちると、ドアの錠がはずされた。

室内は暖かく、食事中だったのか、なにかの揚げ物の匂いが残っていた。照明は小さなランプがひとつだけで、部屋のあちこちに影が落ちている。

テリは高齢の家族と、子どもたちと一緒にいた。黒い肌のふくよかな愛らしい女性で、長い髪をブレイズ［細かい三つ編み］にしていたが、目はうつろだった。知的障がいがあるため、障がいのある低所得者を対象とした生活保護を受給している。先ほど玄関に出てきたのは恋人のアントワーヌだ。痩せて骨張った男で髪をオールバックにしているが、ちょうど光が届かない壁にもたれて立っていた。

「で、いったいどういうことかしら」。シェリーナはテリに言った。

「お金がなくなっちゃって――」と、テリが言いかけたものの、最後のほうは聞こえなかった。

シェリーナは腰に両手をあてて身を乗りだし、「テリ」と厳格な教師のような声音《こわね》をだした。

「わかってる」

「とにかく家賃をちょうだい……そしたら領収書を渡すから」

しばらく沈黙が続き、ようやくテリが「わかった」と言った。テリがポケットに手を伸ばすと、年長の子どもたちは部屋から出ていった。

厚い札束を受けとったシェリーナは「だれに三つ編みしてもらったの?」と言い、テリの三つ編みの一本に手を伸ばし、くるくると回した。「このヘアスタイル、好きなんでしょ、アントワーヌ?」

アントワーヌが煙草を口元にもっていった。ライターの炎が、暗闇にいた彼の顔をふっと浮かびあがらせた。恥をかかされた顔に、皺が寄っていた。

サバーバンに乗りこむなり、シェリーナはクエンティンに言った。「なんで彼女を追い出せないんだろう。でも一四〇〇ドル〔約二〇万三〇〇〇円〕ある。なんとか手に入れたわ……」。テリは四つ寝室があるアパートメントを月七二五ドル〔約一〇万五〇〇〇円〕で借りていた。まだ三五〇ドル〔約五万円〕滞納しているうえ延滞料も払っていなかったが、残りはあした渡す、とテリは言った。

「まあ、上出来じゃないか!」。クエンティンは妻をねぎらった。シェリーナも悪くはない結果だと思っていた。

一八番ストリートのほうの家では、パトリスの長男マイキーがキッチンテーブルで算数の宿題をしていた。とにかく周囲がうるさすぎて、気が散ってしょうがない。ルビーは、バスが最寄りのバス停に着く前に宿題を終わらせていて、いまはテレビの前でGSボーイズの「スタンキー・レッグ」のダンスを練習している。パトリスの長女、まだ四歳のジェイダは、〈マウンテンデュー〉の空のボトルであちこちをたたいている。次女で二歳のケイラ＝メイは、ナターシャにブラシをかけてもらっていた。髪のもつれを直すのに、たいてい三時間はかかる。

ナターシャのお腹は大きくせりだしていた。超音波検査の結果、赤ん坊は双子ではなくひとりで、母のドリーンの予想どおり頭の大きな男の子だと判明していた。

パトリスとドリーンは、マイキーの反対側に座って、シェリーナから渡された強制退去通知書について話しあっていた。新しい部屋はまだ見つかっていない。無料情報誌レッドブックに載っていた番号に電話をかけたときは、当物件には事前資格審査がございますという録音メッセージが流れてきた。「過去三年に強制退去された方、家賃を滞納している方、過去三年に逮捕歴がある方はご遠慮願います」。たしかに家賃を滞納してはいたものの、ドリーンはまさかシェリーナがこんなに早く裁判所で手続きを始めるとは思っていなかった。パトリスはそれを、ソーシャルワーカーのタバサのせいだと思っていた。

ドリーンが何度も排水管が詰まっていると電話したのに、折り返し電話をよこさなかった理由について、シェリーナは「クエンティンが一カ月ほどトラックを人に貸していたのよ」と言った。それをドリーンから聞かされたパトリスは、おおげさに呆れたような表情を浮かべて「あの人たち、ジャマイカに遊びにいってたくせに」と文句を言った。「こっちはお風呂にも入れなかったんだよ……うちらから巻きあげたカネで遊んでるくせに、バカにして。そんな言い訳、だれが信じるもんか」。パトリスがテーブルを強くたたいたので、驚いたマイキーがはじかれたように算数の宿題から顔を上げた。

　そのあと、マイキーは宿題の紙をもつと、妹のジェイダとケイラ＝メイのいるマットレスに移動した。そして宿題を再開する前に、秘密の隠し場所から小さな星条旗をとりだした。オバマが大統領に就任したとき、学校の先生が配ってくれたものだ。選挙戦のあいだは、ノースサイドじゅうに政党ポスターが貼られていた。ついにオバマが勝利をおさめると、ライト・ストリートでは歓声が沸きあがった。あのとき、住民たちはポーチに飛びだし、隣人たちとただ視線をかわした。マイキーはマットレスに寝そべって身体を伸ばすと、星条旗を高く掲げ、そのままじっと天井を眺めた。

　一月二七日は強制退去の審理日だった。ドリーンは足を引きずりながら家を出て、ようやくバス停にたどりついた。頭には布を巻き、マジックテープで留める白いスニーカーを履いている。なんだか、他人の靴を履いているような気がした。たいていは家にいて、なかにいるときはいつも裸足だったから。

　審理のためにバスに乗ってダウンタウンまで行くのだと思うと、それだけでもう気が滅入った。しかも、足がずきずきと痛む。前の晩、裏口のドアが足の上に倒れてきた。倒れかけていたドアを直そうとしたルビーがドアの下敷きになったので、ドリーンは娘を助けようとドアをもちあげたが、足を滑らせ、こんどは重いドアが彼女の足を直撃した。足は腫れあがり、ぶよぶよしていた。電話に出た医師は救急救命室で治療を受けるよう勧めたが、ドリーンは耳を貸さなかった。

「あそこで、一晩中待たされるのがオチさ」と、彼女は言った。父親同様、医者を信用していないのだ。[*9]

バスのなかでは、窓から凍てつく街がうしろへと流れていくのを眺めていた。審理がどんなふうに進むのかも知らなかったので、これから生まれてくる赤ん坊のことを考えることにした。気まぐれで、はつらつとしたナターシャがついに母親になるのだと思うと、思わず笑みがこぼれた。パトリスが生まれたときのことも思いだした。あまりに大きな赤ちゃんだったので、帝王切開になった。せっかく用意していたベビー服を、もっと大きなサイズのものと交換したっけ。ナターシャもC・Jも、大きな赤ちゃんだった。だから末っ子のルビーがたったの二七〇〇グラムほどで生まれてきたときには、どう扱っていいものやらわからなかった。

ナターシャはこのあいだ、就労者だけが受給できる貧困家庭一時扶助を申請した。ドリーンは、そのせいで自分の給付金や一家のフードスタンプが減らされるのではないかと心配していた。たとえそうなっても、ナターシャがこのまま一緒に住んで生活費を出してくれるなら、なんとかなるかもしれない。なのに、マリクはナターシャに「ブラウン・ディアにある自分の母親の家に引っ越さないか」と誘っていた。ナターシャは神に誓ってぜったいに引っ越さないと断言していたけれど、ドリーンの見たところ、娘は迷っているようだった。

いっぽう、ドリーンより遅れて家を出たシェリーナは、ダウンタウンへ車を走らせながら電話をしていた。相手は、ランドマーク信用組合での時給一〇ドル［約一四五〇円］の派遣仕事をやめたと報告してきた。「チェルシー！」。シェリーナは深い失望をにじませた声を張りあげた。「やめないほうがよかったのに……これから強制退去の審理があるの。それが終わったら、また電話する。だけど、あたし怒ってるからね。わかった？」

「わかってる」と、チェルシーが言った。

「マジよ。本気で怒ってるからね！」

シェリーナは、チェルシーの〝信用情報の回復〟を手助けしようとしていた。一五〇ドル［約二万二〇〇〇円］払ってくれれば、あなたの信用調査報告書を調べて、裏技を使って信用スコアを上げてあげると提案したのだ。チェルシーのような借家人には、それだけの価値があったからだ。シェリーナはいわば、成果をあげるために厳しい指導をする鬼コーチだった。それもこれも、クレジットの信用度の重要性を理解しているからこそだ。自分の物件を借家人に売れるかどうかがかかっていれば、なおさらだ。

シェリーナは、購入選択権付き賃貸の事業にも手を出していた。まず、きちんと家賃を払っている借家人を選び、一戸建てを六カ月間貸す。そのあいだに当人が一戸建ての家賃を支払っているという情報が信用情報機関に流れるようにして、信用スコアを回復させる。これがうまくいったら、シェリーナが設定した価格で借家人にローンを組ませる。連邦住宅局はたいてい三・五％の頭金しか求めないので、就労している借家人は税金の還付金からその金を捻出できる。住宅バブルのころ、シェリーナの物件のいくつかは価格が倍にまで跳ねあがったが、そんな高値がいつまでも続くわけがないことはよくわかっていた。彼女は購入選択権付きの物件を、借家人に九万ドル［約一三〇〇万円］で売ろうとしていた――抵当権がない状態で、はるかに安い価格で購入した物件を。うまく売れれば、シェリーナのもとにはまた現金が転がりこんでくる。そうしたらそれを元手に、新たな物件を購入する。自宅を所有した側は巨額のローンを負うことになるが、家がないよりましでしょ、とシェリーナなら言うかもしれない。

ドリーンが裁判所で顔をあわせたとき、シェリーナの機嫌はよくなかった。チェルシーとの会話にイライラしていたうえ、前日に市が彼女の銀行口座から水道料金と税金を二万ドル［約二九〇万円］近く引き落としていたからだ。この予想外の引き落としのせいで、シェリーナの事業用口座には三ドル四八セント［約五〇〇円］、個人の口座には一〇八ドル三二セント［約一万六〇〇〇円］しか残っていなかった。あとはポケットのなかに、現金化していない小切手が二枚あるだけ。シェリーナは金欠には慣れていなかった。たとえ、ほんの数日もたてば月初めとなり、家賃を集金できるとしても。

裁判所の四〇〇号室の前の廊下で、ドリーンは説明を始めた。家賃を払わずにさっさと引っ越しをして、あなたをだまそうとしていたわけじゃない、ただ将来のことを思って、新しい住まいをさがしていただけなんだ、と。シェリーナはすでにそのあたりの事情を把握していた。ドリーンは知らなかったけれど、その日の朝、ソーシャルワーカーのタバサがシェリーナに電話をかけてきて、ドリーンの弁護をしたからだ。自分のせいでヒンクストン家が窮地に追いこまれたのなら、なんとか力になりたい、彼女はそう言った。シェリーナが取引に応じそうだと察すると、彼女に媚《こび》も売った。「ほんとに、お金のことになると、あなたってギャングみたいね！」。それを聞いて、シェリーナは誇らしげに笑い声をあげた。

結局、シェリーナは合意書を作成した。もし、ドリーンが強制退去の申し立てを取り下げてほしいのなら、翌月は四〇〇ドル［約五万八〇〇〇円］追加、さらにその後の三カ月間は五〇ドル［約七三〇〇円］追加して支払うこと。ドリーンはそれにサインをした。

引っ越し資金を貯めるのは、しばらく先延ばしするしかなかった。

12章 〝その場かぎり〟のつながり

アーリーンは、ついに立ち退かなければならない日の前日を迎えた。それなのに、公的扶助の小切手をまだ受けとっていない。社会福祉法人の担当ケースワーカーは、子どもたちにクリスマスプレゼントをくれたが、アーリーンも、子どもたちの父親らも、なんのプレゼントもあげていない。そもそも、子どもたちは贈り物など期待していなかった。

アーリーンの三人の男兄弟や妹にも、それぞれ心配の種である子どもたちがいる。男兄弟のひとりは生活保護を受けていて、もうひとりはドラッグを売り、大家の物件の修理を手伝っていた。あともうひとりは失業中。妹はスクールバスの添乗員をして、三人の子どもを育てるべく奮闘している。

マーバおばさんにはお金があった。アーリーンの記憶にあるかぎり、おばさんは安定した職に就いていて、アーリーンが小さいころはよく食べ物やプレゼントをくれた。「でも、わたしたちは、くれたものを見たことがなかった」と、アーリーンは言った。母親と継父が横どりしたからだ。だからといって、クリスマスのプレゼントが欲しいなんてことで、おばさんに電話をかけたくはなかった。家賃という切羽つまったことでも。いちばん好きなおばさんには、にっちもさっちもいかなくなったときにしか電話をかけてはならないとわかっていたから。強制退去は、そうした緊急事態に該当しなかった。もし、アーリーンがしょっちゅうお金の無心をすれば、おばさんは、こっちの事情を根掘り葉掘り尋ねてくるだろう。説教をするかもしれない。最悪の場合、もうアーリーンの電話に出てくれなくなるかもしれない。

シェリーナは、アーリーンにはきっと〝身を寄せられる家族かだれか〟がいるだろう、と考えていたが、実際にはだれも一緒に裁判所にきてくれなかったし、だれも家賃のお金を都合してくれなかった。彼女と子どもたちをしばらく自宅に置いてくれる人もいなかった。新しく住む場所をさがすのを手伝ってくれる人も。「そんなもんだよ」と、アーリーンは言った。「家族は助けてくれない。わたしのことを助けてくれる人なんて、どこにもいない。力を貸してくれる人が見つかるまで、さがすしかない」

ドアをノックする音がして、アーリーンが玄関ドアをあけると、シェリーナと黄褐色の厚手のコートを着た若い女性がいた。シェリーナはいつものように、借家人が退去する前に新たな客にすべての部屋を見せてまわり、アーリーンの私物をまたいで歩きつづけた。*1 ひととおり見せると、この人は強制退去であしたには出ていきますから、と説明した。若い女性がアーリーンに、どこに引っ越すんですかと尋ねたので、行くあてはないのよと応じた。

若い女性はもう一度室内に目をやり、建物の基礎を確かめるように、壁の上部を見た。そしてシェリーナに、この部屋に決めます、と言った。それから、アーリーンのほうを見て、引っ越し先が見つかるまで、みなさんもこのままここに暮らしてもかまわない、と言った。アーリーンは思わずシェリーナの顔をうかがった。シェリーナは驚いたような表情を浮かべて若い女性を見ていたが、こっちはべつにかまいませんよ、と言った。

救いの手が伸ばされた以上、アーリーンは相手の気が変わる前に、すばやく行動を起こさなければならなかった。その女性は長い丈のスカートをきちんとはいて、頭にはシルクのヘッドラップを巻いている。あたたかい表情を浮かべていて、焦げ茶色の肌は頬骨のあたりの色が少し濃い。話し方はやさしく、〝意地の悪い〟感じではなかった。変な匂いもしなかったし、ボロボロの服も着ていない。だいぶ若そうで、部屋を借りるのは初めてだと話しているのを、アーリーンは小耳にはさんだ。それに、毎週火曜日に教会で開かれている聖書の勉強会にも通っているという。尋ねてみたいことは山ほどあったけれど、この提案を受けいれなければシェルターに行くしかない。いまここで〝ありがとう〟とだけ言えば、クリスマス以来、彼女の肩にずっしりとのしかかっていた重荷を下ろすことができるのだ。

「ありがとう」。アーリーンがそれだけを言い、にっこりと笑うと、その見知らぬ女性も笑った。

アーリーンは思わず彼女を抱きしめ、すすり泣いた。すると、その女性ももらい泣きした。アーリーンは安堵のあまり、シェリーナまで抱きしめた。感謝の気持ちでいっぱいだった。そのあとようやく、彼女に名前を尋ねた。*2

クリスタル・メイベリーは、衣類を入れたゴミ袋三つだけをもって、一三番ストリートのアパートメントに引っ越してきた——家具も、テレビも、マットレスも、電子レンジもなし。それほど物をもっているわけではないアーリーンでも、それくらいはあった。もしかするとクリスタルは、生活用品をもっていないから自分たちを住まわせてくれたのかもしれない、とアーリーンは考えた。

ジョリとジャファリスは自分の寝室に移動させ、三人一緒に寝ることにした。クリスタルはもうひとつの寝室に私物をしまい、自分の部屋として利用した。でもベッドはもっていなかったので、リビングに置いてあるアーリーンの二人掛けソファで眠った。

アーリーンはいつまでも居座るつもりはなかったし、クリスタルも家賃を折半してくれとは言わなかった。けれど、公的扶助の小切手が届くと、アーリーンは一五〇ドル［約二万二〇〇〇円］を渡し、残りの金で電話料金と、支払い期限をすぎていた電気料金を支払った。それでも手元には現金が残ったので、ジョリに新しいスニーカーを買ってやれた。いい気分だった。

クリスタルは一八歳で、アーリーンの長男よりも若かった。一九九〇年の春、母親が強盗に襲われ、背中を一一回も刺された直後に、早産で生まれたという。襲われたせいで、出産が早まったのだ。だが、母も娘も生きのびた。

クリスタルの母親が刺されたのは、それが初めてではなかった。父親も母親に暴力をふるっていたという。両親ともクラックを吸っていた。母方の祖母もクラック漬けだった。

五歳のときに里親制度に組みこまれ、一〇以上の家庭を転々としてきた。ローダおばさんのところには五年間暮らしたが、その後、おばさんは彼女を施設に戻した。以来、クリスタルはどこで暮らそうが長続きせず、最長で八カ月だった。思春期を迎えると、グループホームのほかの女の子たちとケンカをするようになった。暴行罪でつかまり、右の頬に斜めに走る傷を負った。周囲の人たち、家、ペット、家具、食器——すべてがめまぐるしく去っていった。いちばん安定してそばにあったのが食べ物だった。クリスタルは食べ物になぐさめを求めはじめた。

一六歳のとき、高校に通うのをやめた。一七歳になると、ケースワーカーがクリスタルを里親制度からはずした。それまでに、すでに二五を超える里親の家を転々としていた。暴行罪という前歴があったため、低所得者向けの住宅を借りることもできなかった。それでも、ケースワーカーが手配してくれたおかげで、児童福祉サービスが補助金を出しているアパートメントに引っ越せた。だが、そこに住みつづけるには就労しなければならなかった。クリスタルは、印刷工場で働いたり、バーガーキングでオニオンリングを揚げたりすることにまったく関心を見せなかった。求人に応募したのはたったの一件。双極性障がいで月七五四ドル［約一一万円］の公的扶助を受給していたので、そのほうがどんな仕事よりもあてになると考えていたのだ。

新居で暮らしてから八カ月後、ついにケースワーカーから退去を申し渡された。そこから、ホームレスの生活へ足を踏みだした。[*3] シェルターや路上で眠った。祖母の家、通っている教会の女性信徒の家、いとこの家などに短期間、転がりこんだりもした。

じつは、アーリーンとクリスタルの取った選択は、貧しい人たちがよくやる策だった。とりわけスラムでは、見知らぬ者同士が顔をあわせる機会が絶えずある。路上で、公共職業安定所で、福祉ビルで、かれらは互いに助けを求めあったり、支援の手を差しのべあったりする。アーリーンと出会う前、クリスタルはバスで出会った女性のところに一カ月、暮らしていたこともあった。[*4]

一九六〇年代から七〇年代にかけて、極貧にあえぐ家庭では、どうにかして食いつなぐために遠い親戚を頼ることがよくあった。黒人の貧困家庭は「頼りにできる大勢の親族や友人によって編まれた蜘蛛の巣のような知人の輪の恩恵を受けていた」と、人類学者のキャロル・スタックは *All Our Kin*（みなわれらが親族）で述べている。その複雑にからみあったネットワークで、物やサービスが日常的に交換されていたのだ。だからといって貧困から抜けだせるわけではなかったが、なんとか暮らしていくには十分、役に立った。[*5]

ところが社会構造が大きく変化し、クラックが蔓延し、黒人の中産階級が出現し、なにより刑務所の建設ラッシュが始まると、低所得者の家庭同士のセーフティネットはほころびはじめた。そのうえ行政は、親族と一緒に暮らしている母親よりも、子どもを抱えてひとりで暮らしている母親や、血のつながらない他人と暮らしている母親のほうに手当を出すようになった。[6]

こうしたことから、貧困家庭の人たちは親族に助けを求めにくくなった。中産階級の親族は、どう支援すればいいのかわからないか、そもそも支援したいと思わなかった。[7] ましてや貧しい親族は、自分自身が貧困にあえぎ、さまざまな問題を抱えているため、支援の手を差しのべる余裕などなかった。

おまけに、面倒くさい法律も足かせとなった。たとえばローダおばさんは、クリスタルが里親制度を利用できる年齢を超えたとたんにクリスタルを追い出した。あれは法律のせいだ、とクリスタルは考えていた。ローダおばさんは、息子のドラッグが自分のアパートメントで発見されたせいで警察につかまり、二年の保護観察下にあった。つまり警察は、ローダおばさんの家をいつでも調べることができた。クリスタルにも事情はよくわかっていたから、外のポーチで寝かせてくれないかと頼んだが、それもダメだと言われた。

このように、貧困にあえぐ者が自分ひとりの力で生き抜くのは、まず不可能なのが現実だ。[8] 親族を頼ることができなければ、その場かぎりの関係を利用するしかない。とはいえ、赤の他人にあれこれ頼むのは度がすぎるが。[9]

クリスタルが引っ越してきてから一週間後、アーリーンはキッチンテーブルで無料情報誌レッドブックに掲載されている貸家のリストを眺めていた。下の息子のジャファリスは、クエンティンが忘れていったシーリング材を注入するコーキングガンで遊んでいる。アーリーンは来月の一日までには出ていくつもりだった。スラムには、もう二度と住みたくない。クリスタルに出会えたことが神のご加護のように思えたので、少し物件を選り好みすることにした。アーリーンが望んでいたのは、ダウンタウンで二つ寝室がある、家賃が五二五ドル〔約七万六〇〇〇円〕未満の物件だった。

長男のジョリが部屋に入ってきたので、アーリーンは背筋をさっと伸ばした。例の新しい靴を履いているジョリは、下を向いたまま、バックパックを引きずってキッチンに歩いてきた。「先生から電話があったわよ」。アーリーンは低い声で言った。ジョリは言い訳を始めようとしたけれど、アーリーンがその先をさえぎった。「聞きたくない。あんたときたら、どこの学校でも問題を起こすんだから」

「違うんだってば。あいつがぼくの靴を踏んだんだ。だから……振りかえって、『ぼくの靴を踏むな』って言っただけ。なのに先生ときたら『おい、いまなんて言った？　なんて言ったんだ？』って怒ったんだよ。学校じゅうのみんなが、あの先生はえこひいきするって言ってる」

「言い訳は聞きたくないね」

「ママはなんにも信じてくれない！　あの先生は生徒をいじめるんだよ！　生徒に向かって汚い言葉だって使うんだ」

「いい加減にして。もう十分！」

ジョリは鼻をすすり、泣くまいとこらえていたが、宿題をしなさいと母親から言われると、すねて自分たちの寝室にいった。

アーリーンは引っつかむようにして新聞を手に取ると、子どもたちの世話をクリスタルにまかせて、部屋をさがしにでかけた。ノースサイドを縦断するトゥートニア・アベニューに向かいながら、雪のことを考えた。物心ついてからというもの、こんなに積もった雪は見たことがなかった。トゥートニア・アベニューに着くと、貸家の看板を見ては電話をかけはじめた。電話に出ない家主もいた。電話に出た家主は、彼女には支払えない額の家賃を要求してきた。

ふと気づくと、弟のマーティンが住んでいる地域にきていた。貸家の看板があったが、このあたりはやめておくことにする。近くに住もうものなら、マーティンはいつだってわたしたちのおこぼれに預かろうとするはず、と考えたからだ。その前には、彼女の最初の子どもジェージェーの父親が暮らしている地域もちょっとのぞいてみた。でも、あの男に近すぎると思い、そのあたりも避けることにした。*10

クリスタルから電話がかかってきたのは、九件目の貸家の大家に電話をかけようした矢先だった。出るなり、わめき声が聞こえた。「今夜、あたしの家から出てって。今夜よ！　荷物まとめて、とっとと出てって！」

アーリーンはその先を数秒聞いたあと、電話を切った。「もう、うんざり」。ジョリが無礼な態度をとったとかなんとかわめいていたけれど、ほんとうのところは「あたし、腹ペコなんだよ！」

と言っているのだとわかっていた。あの家にすでに食べ物はなく、クリスタルはずっと文句を言っていた。二人のあいだの取引には、食品の購入は含まれていなかったものの、クリスタルにはもう一セントも手持ちの金がなかったし、フードスタンプの額も減らされていた。*11 食べ物があれば、あの娘《こ》は大丈夫。でも食べ物がなくなると、こんなふうにキレまくる、とアーリーンは思った。

そこで近くの店に立ち寄り、九九ドル〔約一万四〇〇〇円〕の特売の肉パックを注文した。スラムの食料品店によくある特売品で、鶏の手羽先や手羽元やもも肉、ポークチョップ、豚のネックボーン、豚の塩漬け肉、豚足、七面鳥の手羽先、ベーコン、小間切れ肉などが二〇キロほど入っている。カウンターにいた男は電話に向かってアラビア語でなにか話しながら、ジャガイモ二袋をおまけしてくれた。アーリーンはそれにソーダとポテトチップスもくわえ、フードスタンプで支払った（毎月二九八ドル〔約四万三〇〇〇円〕分あった）。煙草一箱は現金で支払った。

アーリーンが帰宅し、室内に足を踏みいれると、ジョリがすぐさま言いたてはじめた。「ジャファリスをコートも靴もなしで、なんにもなしで外に追い出すって、クリスタルが言ったんだ！」

「ジャファリスは自分で外に出ていったのよ」と、クリスタルは言い返した。「なのにジョリが、こいつ、ただじゃおかないぞ！　一発お見舞いしてやるからな、このクソ女、とかなんとか言ってきたんだ」

ケンカを始めた子どもたちの言い分を聞く母親のように、アーリーンはだまって耳を傾けた。

ジャファリスを追い出してやると脅されたから、自分は弟を守ろうとしただけだ、とジョリは言い張った。そうじゃない、冗談で二人を家の外に出しただけなのに、ジョリがキレまくったのだ、とクリスタルは譲らなかった。

「わかった」。二人の話を十分に聞いたあと、アーリーンはジョリに「あんたは、クリスタルになにもしない。わかったわね？」と言った。それからクリスタルのほうを向き、「あんたは、うちの子になんにもしないで」と続けた。ジョリがなにか言おうとしたけれど、アーリーンはぴしゃりと言った。「もう口は閉じておきなさい」

「だって、クリスタルはほんとのこと、話してないんだよ！」。ジョリは食いさがった。

「なんで彼女に向かって、クソ女なんて言ったのよ」と訊くと、「ぼくのこと、さんざんバカにしたからだよ！」[*12]と答えた。

「上等じゃないの！」。こんどはクリスタルが声を張りあげた。「はいはい、あたしはクソ女ですよ。だけど、赤の他人のあんたたちをこの家に置いてあげてるのは、このあたしなんですからね。あんたたちがここで暮らせるのは、あたしのおかげなのよ！　大家はあんたたちがどうなろうが、知ったこっちゃない。だって、大家にはどうでもいいことなんだから」

「いちいち言われなくても、よくわかってます」と、アーリーンは応じた。その声は断固としていて、落ち着いていた。彼女はジョリに食料品を取りにいかせた。

クリスタルは自分の携帯電話を高く掲げ、大きく振りながら言った。「こうなったら、ママに電話してみる。そうしたら、ママから言われたとおりにするからね。あたしのことバカにして、もう、うんざりよ！」。クリスタルはグループホームで出会った年配の女性、彼女が呼ぶところの〝心のママ〟に電話をかけ、アーリーンの運命をママにゆだねることにした。番号を押し、携帯電話を耳にあてたまま、アーリーンに向かって話しつづける。「〝クソ女〟って一回言われただけなら、がまんできた。忘れてあげたわよ。だけど、一時間もずーっと、クソ女、クソ女って罵倒されたんだから」

電話にはだれも出なかった。クリスタルはかけなおした。

アーリーンは自分の部屋に戻り、天井に向かって怒りを吐きだした。「あの女ときたら、いっつも食べ物がないって文句を並べてるけど、わたしにはわが子を食べさせる責任があるだけ。赤の他人を食べさせる義理なんて、あるもんか！」

すると、それを聞きつけたクリスタルが「あんなまずいもの、買ってきてって頼んだ覚えはないね」とわめき返した。「耳の穴をかっぽじってよく聞きな。あたしは必要なものはなんだって手に入れられるの。なんだって。ケツの穴を売ってでも、クリスタル・シェレラ・シェロッド・メイベリーは欲しいものを手に入れる！　なんでもね！」

「どいつもこいつも、もう、うんざり！」。アーリーンも叫んだ。「こんなざまになるってわかってたら、こんな家なんか出ていったのに！　わたしがなにしたって言うの？　掃除して、みんなのために食料品を買ってきただけ。わたし、なにか悪いことした？」

クリスタルはもう一度電話をかけたが、やはり応答はなかった。彼女は天井に向かって声を張りあげた。「主よ、いますぐママから、あたしの監督さまから、アドバイスをもらわなくちゃならないんです。主よ、どうかお願いです。こんなふうに愛について学ぶのは酷《こく》というものです……あたしの人生にはたくさんひどいことが起こりました。もっと身をもって学ぶべきでした。ああ、主よ！」

それから賛美歌を歌い、部屋のなかをぐるぐる歩きまわり、鼻で息を吸いながらハミングを続けた。ときどき立ちどまっては目を閉じた。そうやって自分を落ち着かせようとしているのだ。アーリーンはジョリを見て言った。「あんたが失礼な口をきくたんびに、彼女は『出てってちょうだい！』って言う。でも、どこに行けばいいの？」

「クリスタルは……」と、ジョリが言いかけた。

「ど、ど、どこに行けばいいのかって、訊いてるのよ」

とうとう、ジョリは口を閉じ、泣きはじめた。アーリーンはもう小切手を使いきっていて、クリスタルに追い出されたらどこに行けばいいのか、見当もつかなかった。幼いジャファリスは、みんながケンカをしているあいだ、ノートに絵を描いて気をまぎらわしていた。帽子をかぶり、靴を履いた二匹のモンスター。いっぽうは大きく、もういっぽうは小さかった。

「あのね」。ようやくクリスタルが声をしぼりだした。目は涙でうるんでいて、もう怒鳴ってはいなかった。「わかってほしいの。主よ、うぅ、愛の心なんて与えてくださらなけりゃよかったのに……あんたたちのせいで、あたしの心は傷ついた。でも、あんたたちを追い出すことなんかできない……だって、言ったでしょ、あたしの心には御霊《みたま》が満ちてるの。あんたたちを追い出しちゃいけないって、あたしにおっしゃるのよ」

「御霊が満ちてるわりには、ちょっとばかり口が悪すぎるけどね」と、アーリーンは小声でつぶやいた。アーリーンにしてみれば、そのメッセージを送ってきたのは御霊ではなく、肉の特売パックとポテトチップスとソファだった。ケンカの真っ最中に、アーリーンはクリスタルにこう言い渡していたのだ。「出てくときには、荷物を全部もっていくからね」

ジョリは寝室の自分のマットレスに座っていた。落ちこんでいるのはアーリーンにもわかっていた。クリスタルと仲直りをすませると、アーリーンはジョリの隣に腰をおろして言った。「あの娘《こ》の言い分ばっかり聞いて、あんたの話を聞かないなんて、母親失格だよね。でもね、住む家がなくなるって話になれば、こういう修羅場になる。それだけの一大事なんだよ」

13章 「E-24」で

妹のロレインが自分のトレーラーに勝手に転がりこんできたことを知ると、ビーカーは病院のベッドで悪態をついた。猛烈に腹が立ったが、どうすることもできず、胸のまんなかに盛りあがっている長さ二二センチほどのミミズのような傷痕をさすった。冠動脈が三本詰まってしまったため、心臓のバイパス手術を受けた痕《あと》だ。

ビーカーが電話をかけたとき、応答したロレインは鼻息も荒く、「ビーカー、心機一転やりなおすわよ！　なにもかも、捨てちゃうからね」と言った。ロレインはその日の午前中、キッチンの掃除をしてすごしていた。古くなって黒ずんだアップルソースやハエがたかる肉の骨を捨てたあと、ついに決心したのだ。このままじゃダメ、なにもかも処分しなくちゃ、と。食品の缶詰まで、缶の上を虫が這いまわっていたので思いきって捨てた。兄のビーカーからは、トレーラーの後部の部屋で寝るように言われたが、あまりにも不潔だったので拒否した。代わりにスチームクリーナーを手にとり、ソファの埃を吸いとると、そこにクッションを置いて寝た。ソファの横には、自分のトレーラーから奪回してきた私物が積みあげられていた。

退院し、トレーラーに戻ってきたビーカーは、キッチンのテーブルにどっかりと腰をおろして煙草を吸い、使い捨てのプラスチック容器に吸い殻を押しつけた。彼の本名はロバートだが、いまでも子どものころのニックネームで呼ばれている。むっつりとした陰気な男で、白髪まじりの黒髪は後ろになでつけている。以前は市バスの運転手をしていたが、身体が悪くなって、数年前に退職していた。

妹には家賃を半分払えと言ったが、倉庫に保管してある私物を取りもどすために毎月支払いを続けなければならないから、と断られた。当然のように口論が始まり、ロレインがケーブルテレビ代と電話料金を支払うことで決着がついた。

だがそのあと、どのテレビ番組を見るかでまた言い争いが始まった。ビーカーは『アイスロード・トラッカーズ』［凍結した道路を走るトラック運転手の奮闘を追うリアリティ番組］みたいなのが好きだったが、ロレインは『アメリカン・ダンスアイドル』［ダンスのオーディション番組］が見たいと言い張った。その件が落ち着くと、こんどはビーカーが配食サービスで届けられた夕食をロレインに分けようとしなかったので一悶着《ひともんちゃく》あった。入院中に勝手に缶詰を捨てられたことを、ビーカーはまだ根にもっていたのだ。ロレインのフードスタンプは減額されている。強制退去の騒動のせいで福祉事務所での面談をすっぽかし、制裁を受けたせいだ。しかたなく、彼女は近所の人に余りものを分けてもらったり、教会で食料を分けてもらったりしてしのいでいた。

イーグル運送に初めて足を運んだとき、ロレインはカウンターの奥にいた黒人の男に名乗った。男はキャップを後ろ向きにかぶり、ゴールドの十字架のチェーンを首からぶら下げていた。

「お金を払ったら、わたしの私物を見にいってもいいの？」と、ロレインは尋ねた。

「いや。ここは裁判所から委託されている倉庫なんで。なかには入れない」。自分の私物の山をあさり、たとえば冬物の衣類をもちだすような真似は認められていないという。

「そうなんだ」

「まず、入庫料金、出庫料金、それから初月の保管料が要る。合計で三七五ドル［約五万四〇〇〇円］。そのあとは、毎月一二五ドル［約一万八〇〇〇円］、払ってもらわないとな」。男はそう説明すると、翌月の料金を支払わなくてすむように、できるだけ早く金を用意して、倉庫から荷物を出すほうがいいと言った。けれど、そのためには生活保護費の半分以上を用意しなければならず、そんな金額を払えるはずがない。ビーカーとイーグル運送に支払いを続けていたら、新しい部屋に引っ越す資金を貯めるのに何カ月もかかるだろう。

ロレインはトレーラーパークで、レニーとオフィス・スージーに顔をあわせないよう、できるだけ目立たないようにしていた。あの二人に居場所を知られたら、すぐにトービンに報告される。

そうなればトービンに追い出されるかもしれないし、巻き添えを食ってビーカーまで一緒に追い出されるかもしれない。レニーとオフィス・スージーは、住人たちにとって大きな力をもつ存在だ。トイレが詰まったら修理してくれるけれど、それと同じくらいたやすく住人を強制退去させることができた。

かれらは、トービンが住人に過剰請求をしたとか、ポーチの手すりの修理に着手しないとかいったときには、抗議してくれることもあった。なにより、レニーとスージーはトービンと住人のあいだの橋渡し役を務めていて、トービンが一線を越えたときは丸くおさめてくれた。たとえばトービンが住人の子どもに近づいて、おまえの父親は家賃を払ってないぞと言ったときも、そこから一騒動もちあがらないよう、双方をなだめてくれた。トービンと激怒した住人のあいだに、レニーが文字どおり割って入ったことも数えきれない。これは家主がよく利用する手法だ。住人とは異なるコミュニティで暮らす家主が、住人と同じコミュニティで暮らす人間を雇い、物件を管理させるのだ。[*1]

家賃の件でトービンが近づいていったのは、ドニーの子どもだった。ドニーは恰幅のいい、無精ひげを生やした三〇代半ばの男で、トレーラーパークの大半の住人から好かれていた。そのドニーがいま、トービンへの家賃の支払いを拒否している。金がないからではなく、自分が軽んじられていると感じたからだ。だから屋根の雨漏りとシンクの下にはびこる黒いカビを理由に、家賃を第三者に預けた。彼は隣人のロビーにこう言った。「あいつ、おれになんて言ったと思う？『あんたは、あのトレーラーの現状を承知のうえで借りたんじゃないか』って言いやがったんだ。ちくしょう、バカにするのもいい加減にしろってんだ。ここには、社会保障に頼らないで生活してる人間だっているんだぞ」

「まったくだ！」と、ロビーが吐き捨てるように言った。「おれにも、あんたは仕事をしてるのかって訊いてきた。だから『バカにするな！　おれは組合員だよ』って言ってやったんだ」。ロビーは地中深くを走るトンネルを掘る作業員で、地元の労働組合ローカル113の組合員でもある。「ゴミみたいな扱いをされて、だれが家賃なんぞ払うかよ。相手がだれであろうと知るもんか。なんの理由もないのに、おれを差別するなんて許さねえ。な、わかるだろ？」

「貧乏白人だからって、バカにしてるんだ」とドニー。

「それに、トレーラーパークに住んでるからな。冗談じゃないぜ。同じ人間だっていうのによ」

レニーも貧乏白人だったから、男たちの言い分はよく理解していた。たしかにトービンは「頭がイカレてる」。それでも、こんなふうに言った。「『トービンはクソ野郎だ』って言う連中は多い。だがな、なんでトービンがクソ野郎になったんだと思う？　あんたたちが家賃を払わないからだろ」

ドニー、ロビー、そしてトレーラーパークのほかの住人たちにわかっていなかったのは、住人が家賃をちゃんと払うかどうかで、レニーの実入りが変わってくることだった。一カ月あたり五万ドル［約七二五万円］集金できれば、レニーは一〇〇ドル［約一万四五〇〇円］のボーナスをもらえた。さらに、あと二〇〇〇ドル［約二九万円］集金するたびに、追加で一〇〇ドルが懐《ふところ》に入った。

トレーラーパークではときおり、レニーが地域サービス局の建物検査官ロジャーと並んで歩く姿が見られた。ロジャーがなにか言いかけると、レニーはたいていその先を横どりして話す。その日も、ロジャーはクリップボードに視線を落とし、前回訪問時のメモを見返していた。

「えっと、次。W-45は――」

「物置だ」と、レニーが口をはさんだ。「あれは処分した」

「ほお」

「やあ、ロジャー」。借家人がトレーラーのポーチから声をかけた。「なんかあるのか？」

トレーラーパークの住人のほとんどはロジャーのことを知っていて、キッチンのひきだしに彼の名刺をしまっていた。トレーラーの備品などに問題があって、ほとほとうんざりすると、地域サービス局（というよりもロジャー）に電話をかけるぞと、レニーたちを脅かすのだ。ロジャーは頭が薄くなってきた白人の男で、きちんと顎ひげの手入れをしている。白いポロシャツのユニフォームを着て、ウエスト三三インチ股下三〇インチのリーバイスをはいている。

「違反があったのかい？」。なにかの役に立ちたいというように、住人が単刀直入に尋ねた。

「まあ、問題はないよ」

「ってことは、違反はなかったんだな？」

ロジャーは肩をすくめ、そのまま歩きつづけた。もちろん、違反はあった。あるトレーラーの裏手にはゴミが山積みになっていたし、窓があるべき場所にベニヤ板が打ちつけられているところもあった。窓にひびが入っているトレーラーが何台かあったし、夜間にたき火をするためのスチール製の大きな容器もあった。淀んだ水たまりにはゴミが漂い、トレーラーパークの両端にあるゴミ集積所の巨大なゴミ箱からはゴミがあふれていた。

ゴミ集積所のゴミ箱は空にされる何日も前に満杯になってしまうので、あふれたゴミを狙ってアライグマやオポッサムが出没していた。数日前の夜には、住人のひとりがオポッサムを刺し殺した。レニーも、オポッサムを射殺した経験がある。ゴミ収集の業者がトラックでやってくると、集積所に面したトレーラーに住む住人たちが、運転手に向かって「頼むから集積所をほかの場所に動かしてくれ」と泣きついたりもした。一台のトレーラーを指さして、「あのトレーラーは空き家だぞ！」とも言った。それが真っ赤な嘘の場合もあったが。

ロジャーは深々とため息をついた。「なあ、こんなに山ほど、クソみたいなこと書かせるなよ」「なら、手を動かさなきゃいいだけの話だ」。レニーはそう応じ、暗に違反事項を記録に残さないでくれと伝えた。

「よかれと思ってのことだ、レニー。住人のためじゃないか。ここをぐるっと歩くたんびに、いつだって問題があるんだから」。その問題だって、外から眺めただけにすぎない。もし室内まで点検しようものなら、車のジャッキで支えられている沈んだ浴槽、煙突につながっていないガス湯沸かし器といった代物《しろもの》を目にしただろう。

一台のトレーラーの前で、ロジャーが立ちどまった。「ここの窓、撃たれてるように見えるが」

「この住人には窓を買い替えるカネがないんだよ。おれにはどうしようもないだろ？　自腹で替えてやるつもりはないし」。それは住人所有のトレーラーだった。つまり、メンテナンスの責任を負っているのは住人だ。

「あんたになにかしてほしいわけじゃない」

「じゃあ、問題なし？」

「しかたない」

だが、オフィスに戻るとロジャーはまたため息をつき、頭を抱えた。

トービンが訊いた。「どうした。なにがあった？　なにが問題なんだ？」

「いいですか」と、ロジャーが説明を始めた。「このトレーラーパークに、あんなにひどい状態のトレーラーを何台も置いておくわけにはいかないんですよ。あなたが居住に適した状態にしないと」。続いてロジャーは大きな懸案事項を列挙した。散乱しているゴミ、屋根のない物置、割れた窓……。

そこへレニーが口をはさんだ。「この冬は、いろいろあってさ」

「この件は記録には残さないでおきますよ」と、ロジャーが割れた窓のことを指して言った。違反事項をすべて記録に残すのは不可能だし、そんな真似をすれば、かえって住人のためにならないことがわかっているからだ。

そこへ金屑集めのルーファスがオフィスに入ってきて、「ここ、大丈夫なのか？」と、ロジャーに尋ねた。市はトービンの賃貸業の免許を更新したものの、住人の多くはいまでも免許剝奪をおそれていた。

「ああ」と、ロジャーは応じた。

「よかった。なら、うちのでかい猫小屋を動かさなくていいんだな」。ルーファスの母親が亡くなったとき、あとには七二匹の猫が残された。彼はそのうちの三匹を引きとっていた。


レニーとスージーが解雇されたのは、トレーラーパークの管理をビーク管理会社が引き継いでほどなくのことだった。解雇通知書を読んだあと、レニーは一二年間働いてきたオフィスにある私物を片づけはじめ、使っていた道具をまとめ、壁に飾っていた鹿の枝角をはずした。

ドアが勢いよくひらき、サングラスをかけた男が開口一番、レニーに尋ねた。「家賃の支払い、延ばしてもらえるのか？」

レニーはしばらくだまっていたが、「さあな」と、ようやく声を発した。「おれ、ここを出ていくところだからさ」

これまで当然のようにおこなわれていたことが、もはや当然ではなくなっていた。不安そうな表情を浮かべた男は、オフィスを出ると、最初に会った相手に、レニーがここを辞めて出ていく話をした。噂はあっという間に広がり、トレーラーパークじゅうの住人が不安に震えた。新しい管理会社の連中は、握手でかわした約束を尊重してくれるのか？　家賃は上がるのか？　強制退去も増えるのか？　レニーとオフィス・スージーを毛嫌いしていた住人もいたが、二人は少なくとも全員と顔なじみだった。

「これじゃあ、もう交渉したり、大目に見てもらったりするのは無理だな」と、ドーンが言った。「あの二人は、住人に協力してくれてたもんな。おれたちが貧乏ながらなんとかやっていけるように、努力してくれてたもんな」。レニーが辞めるという知らせは、ドーンの隣人タムの耳にも入った。彼女は妊娠七カ月で薬物依存症だったけれど、すぐにオフィスまで歩いていき、レニーを長いあいだハグした。

二人の最終日、スージーは自分の声の留守番電話の応答メッセージを消去し、レニーはずっしりと重い鍵束をデスクに置いた。

ビーク管理会社は、レニーの後釜《あとがま》にウィスコンシン大学オークレア校を卒業したばかりの若者を連れてきた。まだ二三歳で、レニーの息子でもおかしくない年齢だ。無知だったし、人を見くだすような態度をとっていたが、辞めはしなかった。そのいっぽう、トレーラーパークのメンテナンスを担当することになった男は一週間で辞めた。「いや、やばいって。ここのトレーラーの九九％は修理のしようがない……この仕事はもう七年やってるが、こんなひどいトレーラーパークは見たことないね」と、捨てぜりふを残して。

レニーとスージーがいなくなると、トービンはいくつかの問題に自分で対処しなければならなくなった。でも、いっこうに気にしなかった。トービンはつねに現場にいるタイプの家主だったからだ。ここにトレーラーパークを開業してからの一二年で、彼は一三一台のおんぼろトレーラーから利益を引きだすすべを学んでいた。なにより鮮やかだったのは、廃棄するしかないトレーラーをほんの数日で家賃を生みだすマシーンに変貌させる腕前だった——しかもほとんど費用をかけずに。

テオという住人とその彼女を、E-24のトレーラーから強制退去させたときもそうだった。パークのなかでも〝なまけ者〟として知られた怠惰な男で、まったく仕事をしていなかったテオのトレーラーは、惨憺たるありさまだった。その掃除を、トービンはミセス・マイツにまかせることにした。

処方薬を飲んでテレビの前でうたた寝をするばかり、死ぬのを待っているとしか思えない高齢の住人が多いなか、ミセス・マイツにはまだ気概がたっぷり残っていた。成人した娘のメレディスと、朝いちばんに口汚くわめきあうのが日課。トレーラーパークの住人が通勤で車を走らせていると、パークから数キロ離れたところでショッピングカートいっぱいにアルミ缶を載せ、手で押しているミセス・マイツを見かけることがあった。彼女は強く、働き方を知っていた。

たとえそれがE-24の掃除であろうとも、臨時収入を得られことになったミセス・マイツはおおいに張り切った。そのトレーラーは、三メートルほど離れたところからでも悪臭が漂っているのがわかった。室内の散らかりぶりときたら、もはや異常だった。床には灰皿と煙草が散乱し、シンクには食べかすがこびりついた皿が山積みになっている。とにかくゴミだらけだった。便器には黒い染みがこびりついていた。カーペットは猫のおしっこであちこちが湿っていた。天井からは薄い黄色のハエとり紙のテープがぶらさがっていた。あわてて出ていったので、置き去りにされたものもたくさんあった。ローラースケート、バイクのヘルメット、ソファ、工具箱、おもちゃのヘリコプター、運転免許証……。

ミセス・マイツは、そのなにもかもを捨てた。そして、トレーラーとゴミ集積所を何度か往復したあと、オフィス・スージーにゴム手袋を貸してくれと頼んだ。

金屑集めのルーファスがドアからなかをのぞきこむなり「うへえ」と言った。「言いたかないが、黒人連中の部屋のほうが、ここよりはましだろうね」。ミセス・マイツはただ「ふん！」と声をあげただけで、作業を続けた。

ルーファスは金屑を集めるために、ここにやってきたのだ。一九八四年からずっとフルタイムで金屑を集めていて、毎月もらう公的扶助の小切手だけを頼りに生きている隣人たちとは違う自分の生活に、誇りをもっていた。今回はトービンから、電子レンジ、冷蔵庫、乾燥機といった大きな家電製品を撤去してくれと頼まれていた。

トレーラーにトービンが入ってきたとき、ルーファスは食洗機を引っぱっているところだった。

きちんとプレスしてあるカーキ色のズボンとポロシャツ姿のトービンは、室内を見て不快そうに目を細くしたが、まったく動じることなく「オーケイ、ルーファス」と言った。「とにかく、このガラクタを運びだしてスペースをつくろう」

ルーファスが自分の古びたシボレーの荷台にすべての荷を載せるのに二時間かかった。トービンは彼にいっさい金を支払わなかったが、スクラップ場では六〇ドル［約八七〇〇円］近くを手にできた。ミセス・マイツは五時間ぶっとおしで掃除を続け、トービンから二〇ドル［約二九〇〇円］を受け取った。

トレーラーの掃除がすむと、トービンは新聞に広告を載せた。そして、すぐ見にきたカップルに、借家人がトレーラーを所有する〝便利屋スペシャル〟を勧めた。トレーラーにはいまだに猫のおしっこと煙草のにおいが染みついていて、おまけに窓は何枚か割れていたし、便器の黒い汚れもそのままだった。トービンは状態の悪さを詫び、その代わり、二カ月分の地代は不要だと言った。

こうして、テオが退去した数週間後にはもう、E-24に新たな住人を得た。入居したカップルは、家賃用に貯金していたお金をトレーラーの修理に使った。そして二カ月後から、トービンに地代として毎月五〇〇ドル［約七万三〇〇〇円］を支払いはじめた。

オフィス・スージーは、トービンがミセス・マイツに渡す手間賃をケチったと思いつつも、なにも言わず、トービンがよく仕事を頼んでいるほかの住人を呼んだ。ビール代欲しさに草を刈ったり、ゴミを拾ったりする〝トレーラーパークのゴロツキ連中〟だ。ウィトコウスキー市議会議員の要求に応じてメンテナンスは外注に出すと同意したあと、そうした連中は解雇していたが、暇つぶしのために、あるいは少しは手間賃をくれることを期待して、雑用をこなす者もまだいた。

たとえば、失業中で骨張った体格のバイク整備工トロイ。彼は以前、下水の漏れをモップで掃除するのを手伝ったが、その手伝いでもらったものといえば、内縁の妻サマンサからの激しい小言だけだった。

「わたしたち、どうすりゃいいのよ？」と、サマンサはわめいた。彼女が着ているのは、ウィスコンシン州を中心にチェーン展開しているレストラン〈ジョージ・ウェッブ〉の制服だ。二人は家賃を延滞していて、トロイとしては、トービンに頼まれたわけではなかったものの、吐き気をこらえて八時間も働けば認めてもらえるだろうと期待したのだ。「あんた、クソを掃除したのよ！　人間のクソを！」

「そう言うなよ」とトロイがなだめた。「おれ、馬小屋の掃除したときには、馬のクソをシャベルですくった。ニワトリのフンだって掃除したことがある。だけどさ、さすがに人間のクソは掃除したことなかったよ。マジで最悪だった」

「でしょうね。だってあんたの臭いときたら、鼻がもげそうだもん」。そう言うと、サマンサは一息ついた。「わたしは性悪女《しょうわるおんな》よ。それに、いっつも不満だらけ。だけど、トロイ、あんたはお人よしすぎる」

まったくだというようにトロイはうなだれ、サマンサが職場からもち帰ったミルクシェイクをひと口飲んだ。「トービンときたら、いつだって泣き言を並べるんだ。あいつには腐るほどカネがあるのに、まだ欲しがりやがる。このパークで一〇〇万ドル［約一億四五〇〇万円］以上の稼ぎがあるだろうに」。そう言うと、彼はトレーラーがずらりと並ぶ列を身ぶりで示した。「合計すれば、そんなもんだろ」

ウィトコウスキー市議会議員も、トービンのトレーラーパークは年間九〇万ドル［約一億三〇〇〇万円］を超える純益をあげていると見積もっていた。トロイもウィトコウスキーも、トービンのトレーラーパークには一三一台のトレーラーがあり、一カ月の平均家賃が五五〇ドル［約八万円］と推定した。その計算はいい加減で、いっさい経費が引かれていなかったし、空室があって家賃が入らない場合も考慮されていなかった。なにより、住人たちはいつだって家賃を滞納していた。

トービンはたしかに儲かってはいた。一九九五年に、二一〇万ドル［約三億四五〇万円］でトレーラーパークを購入し、九年後にはもうローンを完済していた。[*2] ただ、当然のことながら、固定資産税や水道料金を支払わなければならなかったし、定期的に修繕費もかかった。それに、レニーとオフィス・スージーに給料を支払い、家賃を値引きしたり、広告費を払ったり、強制退去の費用も負担しなければならなかった。そうした諸経費、トレーラーの空室、家賃の滞納分などを考慮すると、実際の稼ぎは年間四四万七〇〇〇ドル［約六五〇〇万円］程度、市議会議員が報告した数字の半分ほどだ。*3 それでも、上位一%にあたる高額所得者にはちがいない。対照的に、トレーラーパークの住人の大半は底辺の一〇%に属していた。

トロイはミルクシェイクを飲み終えた。「おいしかった?」。彼の肩をやさしくさすりながら、サマンサが尋ねた。

14章 がまん強い人たち

スコットは強制退去に抵抗するつもりはなかったが、出頭を求められた裁判はすっぽかし、その件についてトービンとはいっさい話をしなかった。代わりに、新居さがしに集中した。あちこち電話をかけたところ、薬物依存症患者の自助グループ〈ナルコティクス・アノニマス〉のピトに力を貸してもらえることになった。ピトは物件の修理をしたり、入居希望者を紹介したりして、複数の家主に協力している。今回も、知りあいの家主に紹介したうえで、スコットの保証人になると請けあってくれたのだ。

ピトが紹介してくれた物件は、サウスサイドのそばにあって、二つ寝室がある二階の部屋だった。狭苦しく、家具がほとんどない殺風景なアパートメントで、ぐらぐらするバルコニーはあったものの、シャワーはなかった。それでも、家賃はたった四二〇ドル［約六万一〇〇〇円］だったし、入居希望者に対する経歴調査もなかった。

スコットはそのアパートメントに、ピトの甥っ子と一緒に住むことになった。甥っ子は通称D・Pで通っている童顔の一九歳。身体のあちこちにタトゥーを入れ、ピアスもつけていた。銃身を短く切りつめたショットガンを携行し、ギャングとつるんだ挙げ句、銃器所持と銃器改造の罪で有罪となったD・Pは、刑務所から釈放されたばかり。刑務所で、高校卒業に相当する一般教育修了検定に合格し、BEGINNING（始まり）というタトゥーを新たに彫っていた。

ある日、近くのトレーラーパークで老人が死んだが、だれも遺品を取りにこないという話を聞いたピトは、スコットとD・Pに声をかけ、そのトレーラーの掃除を頼むことにした。カネは払えないが、欲しいものがあればなんでも取っていってかまわないという条件付きで。

スコットがトレーラーに行ってみると、故人のクローゼットのなかに、ジッパーつきの衣装袋に入ってプレスされたスーツと、裏地がシルクのスーツケースがあった。浴室にはアメリカ在郷軍人会の会報があり、その宛先シールから故人の名前がわかった。だが、なによりも生前の生活を物語っていたのは、ベッドの脇に残っていた煙草の焦げ跡だった。おそらく、ここに暮らしていた老人はモルヒネをやっていたのだろう。

スコットの目から見ると、ドラッグはこの世界のさまざまな事実を浮き彫りにする。ここにいた老人が孤独のうちに亡くなった理由、トレーラーパークからパムとネッドが追い出された理由、そして自分自身がいま赤の他人の部屋で傷だらけの家具を集め、自分の新居にもって帰ろうとしている理由、そのすべてはドラッグに起因している。

いっぽうD・Pは、フォードF-150の荷台に鏡付きチェストやソファを積みこみ、荷台がいっぱいになるとエンジンをかけ、大音量でラップをかけた。スコットは違う音楽のほうがよかった。好きな曲はピーター・ガブリエルの「ソルスベリー・ヒル」。だが、なにも言わなかった。

スコットはまだミラの作業員として清掃の仕事をしていたが、もう、うんざりしていた。ミラは男たちを一日に一二時間も働かせ、洗濯機、乾燥機、マットレス、ソファベッドといったものを運ばせる。それもこれも、仕事を早く終わらせたいからだ。作業員たちが、もうくたくただとか、身体が痛いとか不平を言うと、鎮痛剤を売りつけた。あれは高すぎる、とスコットは思っていた。だから、ちょっと息抜きをしたいときにはヘロイン・スージーに連絡を入れ、どこかで会ってもらえないかと頼んだ。

「おれ、ピトみたいな暮らしをしたいんだ」と、D・Pが言った。「清潔できれいな家に帰って、清潔できれいな家から仕事にでかける。三〇にもなってこんな生活してるなんて、想像もできないよ。ぜったいにヤだね」

その昔、D・Pぐらいの歳のころには、スコットだってまさか自分がこんな生活をするようになるとは想像もしていなかった。

車から家具を降ろしきると、二人は玄関の階段に座り、ビールを飲んだ。アパートメントはワード・ストリートに面していて、地元の人たちが〝KK〟と略して呼ぶキニッキニック・アベニューの西側にあった。線路周辺に広がる未開発の一画のすぐそばだから、スコットがずっと前に借りていたアパートメントからもそう遠くない。あのころはまだ看護師として働いていて、専門職に就く若者、芸術家、流行に敏感な人たちが大勢暮らすベイビューに住んでいた。

　いまのアパートメントの階段からは、聖ヨサファト聖堂のドームのてっぺんが見えた。一〇〇年前、ポーランドからやってきた教区民たちは〝バチカンのサン・ピエトロ寺院のミニ版〟を建築するという壮大なプロジェクトのために、個人の貯えをすべて寄付したという。[*1] スコットはビールを飲みながら冗談を言った。「清貧の誓いか……僕は食べ物と服とドラッグをときどき買うだけだけどね」。D・Pはなにも言わなかった。

　しばらくすると、こんどは「ちくしょう」とスコットが言った。「首と腰が死ぬほど痛い」。ミラの仕事のせいで、身体が悲鳴をあげはじめていた。

「なんで病院に行かないんだ？」と、D・Pが尋ねた。

「行ったところで、僕に効く治療があるとは思えないからさ」。少し間を置いてから、スコットはこうもつけくわえた。「パーコセットなら処方してもらえるかな。残念ながら、どうせ一日でありったけ飲んじまうだろうけどね」

　スコットはいまだに、トレーラーパークまで足を運び、医療用麻薬バイコディンを買っていた。トレーラーパークの住人で、これまで一度もドラッグをやったことがないのはミセス・マイツだけだろう、と彼は踏んでいた。スコット自身は、もうドラッグなしでは生きていけなかった。ハイになれば、恥辱《ちじょく》まみれの人生から逃避し、〝短い休暇〟を満喫できる。だから、金に余裕さえあれば、いつだって旅《トリップ》にでかけた。

パムとネッドが強制退去通知書を渡され、ソファ、ベッド、鏡付きチェストといった大型家具を残して大あわてで引っ越していく直前、スコットはかれらと一緒にハイになった。パムもネッドも、これから自分たちの身に起こることを察していたのだろう。以前のスコットなら、二人にもっと同情していたかもしれない。でもいまの彼は、同情なんてものは苦労知らずの連中が、当事者と距離を置いて発する感傷的で愚かな声にすぎないと思うようになっていた。

「自分たちは同じ状況におちいらずにすんでるから、思いやりなんてものをもてるのさ」。トレーラーパークになど住んだことのないリベラルな連中について、スコットはこう評した。パムとネッドについても、強制退去通知書が渡されたのはクラックを常用していたのが原因、それだけのことだと考えていた。ヘロイン・スージーもこの意見に同意した。「どの強制退去も、もとをたどれば理由は同じ。あたしだって、一度、強制退去させられそうになったことがあるんだよ。家賃にあてるべきお金を、ほかに使っちゃったから」

トレーラーパークの住人たちは、たとえ隣人が強制退去させられても、まず騒ぎたてない。その隣人がドラッグの依存症であろうがなかろうが、知ったことではない。強制退去は当然の報い、当人の失敗の結果だと思っている。強制退去のおかげで〝人間のクズを一掃できる〟と言う者までいる。強制退去になるような連中は身から出た錆だ、と思っているからだ。[*2]

かつては、借家人は団結して家主と対立し、共通の目標をもち、利益を共有する〝階級〟だと考えていた時代もあった。実際、二〇世紀初頭には、強制退去や不衛生な環境に対して、一丸となって抗議したりした。家主に頻繁に、あるいは一気に家賃を高くされたときには、家賃不払い運動を展開したこともあった。参加者は、強制退去されられたり、逮捕されたり、雇われのチンピラから暴力をふるわれたりする危険をおかしてまでピケを張った。とりたてて過激な人たちではなく、ごくふつうの母親や父親たちが〝家賃の不当値上げ〟は許さないと声をあげたのだ。家賃は適正な範囲で上げ、正当な利益を得る、それが家主のあるべき姿だと。ニューヨーク市では〝狂騒の二〇年代〟に大規模な家賃闘争が起こり、ついには州議会が家賃統制令を発布した。そのおかげで、ニューヨーク市はいまなお全国でもっとも厳しい家賃統制が続いている。[*3]

嘆願書、ピケライン、暴力をともなわない抵抗運動といった政治的な運動が起こるには、参加者の考え方にある程度の変化が生じなければならない。社会学者のフランシス・フォックス・ピベンとリチャード・クロワードは「日常生活でつらい体験をして心が傷つき、そこから立ちあがるために抵抗運動を起こすには、変えることなどできないと思われている社会の取り決めが、じつは不公平であり、それは人々の力で変えられるのだ、という視点をもたなければならない」と述べている。[*4]

こうした抵抗運動は、社会構造が大きく変わったり、経済の混乱が続いたりというようなときに起こりやすい。そのままではもはや現状を維持できなくなるからだ。とはいえ、そこに不正行為や不公平な扱いがあるだけでは十分ではない。大衆による抵抗は、〝自分たちが力を合わせれば、集団としての能力を発揮できる〟と、人々が信じたときに初めて生じる。そう信じるためには、貧しい人々が自分たちと同様に迫害されている仲間を見つけ、自分も仲間の一員だと自覚する必要がある。だがそれは、トレーラーパークの住人の大半が「そんな真似だけはぜったいにしたくない」と思っていることだった。

家賃不払い運動を展開していた借家人たちは、自分たちは互いに助けあうのが当然だと考えていた。[*5] 家賃の異常な値上げや不当な強制退去に抵抗するのは、自分はこのコミュニティの一員だと感じていたからだ。だがトレーラーパークでは、地域や隣人との絆は皆無といっていい。スコットをはじめとする住人の大半にとって、目標はここを出ていくことであり、ここに根をおろして環境を改善していこうなどとはだれも思っていなかった。なかには、自分のことを〝ただの通りすがり〟だと言う者もいた——通りすがりにしては、人生の大半をここですごしていたりするのだが。

三人の子をもつある男は、失業中で、トレーラーではもっぱら盗んだ電気で生活していた。「なにも好きこのんで、家族をここに住まわせているわけじゃない。おれたちのせいじゃないんだよ。低所得者はここで暮らすしかないだけさ。そもそも、おれは貧困層の出身じゃない」と、その男は言った。レニーの別れた妻は、結婚していたとき、トレーラーパークそのものと結婚しているような生活のなかで、周囲の人によくこう言っていた。「わたしだって昔はよくオペラを観にでかけてたのよ」。そのいっぽう、薬物依存症の妊婦タムは、トレーラーパークのことを「ホテルみたいなとこ」だと思っていた。

貧しい地域に暮らしていると、近所の人たちがさまざまな利益をもたらしてくれる。このトレーラーパークの場合にも、ケーブルテレビを海賊利用する方法、いちばんいい食料配給所が開く時刻、公的扶助の申請方法を知っている人がいる。それに、貧困者が多く暮らす地域では、もっと暮らし向きのいい人たちが暮らす地域よりずっと、請求書の支払い、食料品の購入、車の修理といった問題で近所の人たちが力になってくれる。*6 持ちつ持たれつのつきあいを続けていれば、力を貸してもらうほうは目の前の問題を解決できるし、助けたほうは、自分も人の役に立てるのだと、ひとりの人間としての充足感を覚えられる。

だが、こうしたつきあいをするには、自分が困っていることを周囲にあかさなければならない。ロレインが隣人にシャワーを貸してもらえないかと頼んだときも、自分のところはガスを止められたと説明しなければならなかった。濡れた髪で自分のトレーラーに戻れば、隣人たちに目撃され、あそこはガスを止められたと噂が広まるのも覚悟のうえだ。

以前、ローズという借家人の子どもたちが児童相談所に連れていかれたときには、トレーラーパークの住人たちが、声をあげて泣いているローズの隣に腰をおろし、話を聞いてやった。そして口々になぐさめ、自暴自棄になっちゃダメよと釘を刺したが、同時に、ここにいたるまでの事情を知っていたので、あんたにも責任があるよとたしなめた。

もし、住人がお互いに、この地域は略奪行為が横行していて、住んでいるのは悪い連中ばかりで、〝もうどんな人間性もそこなわれている〟と見なすようになれば、市民の力など信じなくなるだろう。[*7] 近隣に住むのは、刑務所行き、虐待、ドラッグなどの乱用など、おそろしい経験をしたことがある者ばかりだと思う人が増えれば、結果としてミルウォーキーに暮らす借家人全体が心の傷に苦しむようになり、団結して生活を改善できるなどとは思えなくなる。[*8] こうした信頼の欠如は、地域の貧困率や犯罪率とはあまり関係がない。それよりも、人生観の違いが信頼の有無につながる。人生の苦悩をはっきり認識しているコミュニティの住人は、みんなで力を合わせれば大きな力を発揮できるなどとは、とても思えなくなるのだ。

トービンの借家人たちは、家主の儲けについて軽口をたたいたり、彼のことを〝欲の皮が張ったユダヤ人〟だと揶揄したりした――「あいつのキャデラック、ホイールがぴかぴかじゃないか。どうせ一〇ドル以下に値切ったんだろ」、「やつは自分の懐さえ肥えりゃあ、それでいいんだよ」。だが、不平等に慣れきっていて、文句を言いたてたりはしなかった。自分の困窮とトービンの富とのあいだの大きな隔たりに疑問をもったり、こんなアルミ製のおんぼろトレーラーの家賃になぜ収入の大半をあてなければならないのかと尋ねたりもしなかった。かれらはもっと小さい、目の前に差し迫った具体的な問題で頭がいっぱいだった。ウィトコウスキー市議会議員がトービンの年収は一〇〇万ドル近くあると報告したとき、トレーラーパークでスコットと同じ側に住んでいたある借家人はこう言った。「おれは二つだけ、やってもらいたいことがある……あいつがここをちゃんとして、いまにも落ちてきそうな、あのたわんだ天井を直してくれさえすりゃあ、とくに文句は言わねえよ」

事実、ミルウォーキーの借家人の大半が、家主のことを高く評価していた。[*9] 娘が床板の腐っているところをまた踏みぬく前に、とにかく家主に修理してもらいたいと思っている者が、不平等に異議を唱える時間の余裕などあるはずがない。家賃を滞納していても、なんとか立ちなおるまで家主が待っていてくれるのなら、その家主がいくら稼いでいようが気にするはずもない。このトレーラーパークよりもひどい環境で暮らすはめにおちいることだってあるし、もっと下の生活に堕ちていく危険もつねにある。実際、このトレーラーパーク全体が強制退去の脅威にさらされたとき、住人たちはその事実を思い知らされた。そのあと、ビーク管理会社が家賃の集金を始めたときにも、冷厳な事実を痛感した。[*10]

スコットにとっては最低の一週間だった。まず鍵を失くしてしまい、部屋の正面の窓を拳で割ってなかに入った。それから、電気を止められた。さらに、ミラにクビを言い渡された。スコットに問題があったわけではない。一日二五ドル〔約三六〇〇円〕で働いてもいいという新たなジャンキーの一団が出現したからだ。彼は〈ナルコティクス・アノニマス〉で、空腹（Hungry）、怒り（Angry）、孤独（Lonely）、疲労（Tired）、すなわちＨＡＬＴの状態に追いこまれると、依存症者はドラッグに手を出しやすくなると学んだが、いまは自分がその四つすべてを満たしていた。

ミラに解雇されると、スコットは最後の賃金の一部を使って友人の家で酔っ払い、ドラッグでハイになった。そのときつい、アイオワの田舎で病院の清掃の仕事をしている母親に電話をかけ、自分の飲酒問題について告白し（薬物のことは言わなかった）、鎮痛剤にハマってしまい、看護師資格を失ったと正直に話してしまった。母親にとっては、すべてが初耳だった。スコットはもう何年も、母親と話をしていなかったからだ。

「ママ」と、スコットは泣きながら言った。「ごめんね。僕、もうめちゃくちゃなんだ。本当にめちゃくちゃなんだよ」

スコットが電話を切ろうとすると、母親はあわてて口をひらいた。「いまは親戚がたくさん乗っているバンのなかにいるから話せないの」。週末旅行のために、ミズーリ州のブランソンにみんなででかけるところだという。彼女には、わが息子がもてる力を振りしぼって（そして一二本の缶ビールの力を借りて）、一〇桁の番号を押していたことなど知るよしもなかった。いつもは七番目や九番目の数字を押したあたりで、電話をかけるのをやめてしまっていたことも。「でもね、いつでも帰ってきていいのよ」

スコットはその提案について考えてみた。車もない、旅費にあてる金もないというのに、どうやればアイオワまで行けるだろう？　そもそも、あっちではヘロインを入手できるだろうか？

一日もすれば、禁断症状に全身がむしばまれるのは目に見えている。それに、実家に戻ろうものなら、哀れみの目で見られることにも耐えなくちゃならない。

電話で話した翌日も、スーパーマーケットの店内を歩きながら、つらつらと考えた。ついさっきヘロイン・スージーに、僕のフードスタンプでランチをおごるから、ヘロインを一回やらせてくれないかと頼んだところで、だからランチを買いにここにきていた。「実家に帰ることができたとしても、僕はじき四〇だ……それにあっちに帰ったら、自分で人生を台なしにした話を、洗いざらい話さなくちゃならない」。スコットは、これまで一度も家族に助けを求めたことがなかった。結局、実家の芝生、仕事、子どもたちなど、あれやこれやに思いを馳《は》せたあと、こう結論を出した。「みんな、どうすればいいのかわからなくて途方に暮れるだろう……だって、どんな手助けができるっていうんだ?」

レジの列に並ぶと、前に立っている男が咳止めシロップのロビタシン［薬物として乱用される成分を含んでいる］を買おうとしているのに気づいた。

「風邪ですか?」。スコットは尋ねた。

「ああ、なかなか治らなくてね」。そう言うと、男はそれを強調するように咳をした。

「それなら」と、スコットはペンと紙切れを取りだして、ビタミンC、亜鉛、エキナセア［風邪に効果があるといわれるハーブ］と書いた。「これをお勧めしますよ」

アイオワに戻らなかったスコットは、代わりに薬物依存のリハビリクリニックに行くことにした。クリニックに行く日の朝は、まだ暗いうちに目を覚まし、ひげを整え、Tシャツをズボンのなかに入れた。どうにかして、ここから這いあがらなくては。不安だったけれど、気持ちは固まっていた。

朝の七時、ビルのエレベーターから足を踏みだしてみると、クリニックの診察が始まる一時間前だったにもかかわらず、くるのが遅かったことに気づいた。すでに一五人もいて列をつくっている。この日のために一張羅を着てきた黒人の高齢者。五〇がらみでカウボーイブーツを履いている口汚い白人の女性。しゃがみこんでスペイン語でなにやら小声で話している若いメキシコ系の男二人組。ズボンがずり落ちている二〇代くらいの黒人男性。長い前髪で目元を隠し、袖で手まで隠している陰気なティーンエージャーの少女。スコットは列のいちばんうしろに並び、壁に向かってうなだれた。

しばらくすると、エレベーターのドアが開いて、メキシコ系の高齢の女性が出てきた。黒い髪を長く伸ばして、真ん中あたりに一筋だけ白髪を残している。足には簡易ギプスをつけていた。彼女は大きな眼鏡越しに洪水の色のような目で周囲に視線を走らせると、やれやれしかたないねというようにスコットのうしろにきて、床に座りこんだ。

「あたしはきのうもここにきたけど、クリニックは四人しか受けいれちゃくれなかった」とその女性は言った。さらに、クリニックのガラスの向こうにソーシャルワーカーたちが集まってくると、それを観察しながら「あの人たちはね、郡に電話をかけて、きょうは何人受けいれ可能なのか確認してるんだよ」とも言った。

「なんのために？」と、スコットが冷たい口調で尋ねると、「あんたのためだよ。あんた、ここに治療を受けにきたんだろ？」と返してきた。

スコットは天井の蛍光灯を見あげ、ゆっくり息を吸いこんだ。

「あの女の子を見てごらん」。女性は白人のティーンエージャーのほうを身ぶりで示した。「いまにも自殺しそうじゃないか。あの娘《こ》はきっと受けいれてもらえる。つまりね、受けいれてもらうには、ここに毎日通って、居座らなきゃダメなのさ」

スコットは片足でコツコツと音を立てはじめた。

八時一〇分、ゴールドのイヤリングとシルクのブラウス姿の女がクリニックのドアをあけ、

「きょうは五人受けいれます」と言った。続いて、クリップボードをもった男がこちらにやってきて「一番、二番」と、彼は数えはじめた。列に並んでいた人々は立ちあがり、隙間を詰めた。列からはずれたスコットは、エレベーターまで歩き、下におりるボタンを押した。

翌日また、ここにくることもできただろう。だが、スコットは三日連続、飲みあかした。

15章 迷惑行為

アーリーンがクリスタルと言い争いをした翌日、トリーシャが二階から階段をおりてきた。トリーシャの彼氏のクリスは、もうクエンティンと一緒に仕事にでかけている。

トリーシャはクリスタルのことが好きだった。アーリーンよりずっと若いからはつらつとしていたし、一緒にくだらないことをしてくれるからだ。その日の朝も、クリスタルとトリーシャはリズムにあわせて互いのてのひらをたたいては「パティケーキ」の替え歌を歌い、子どものようにふざけあった。

ヤだね、ヤだね、ヤだね
メキシコには行きたくない

ぜったい、ぜったい、ぜったいに
すんごく太った警官がきたよ
ドア、ドア、ドアのところに

あたしの襟をつかんで
カネを巻きあげた

メキシコには行きたくない
ぜったい、ぜったい、ぜったいに

アーリーンは、そのようすをしらけた顔で見ていたが、アパートメントのリストに目を走らせると、〝HOUSE〟と書いたメモ用紙に、候補の物件を書きだしていった。強制退去の審理のあと、シェルターに行けばよかった――いまさらながら後悔がつのった。でも、彼女はシェルターがきらいだった。そこにいるほかの人たちがイヤでたまらなかった。メモや書類をまとめると、アーリーンは表情だけで「でかけてくるね」とクリスタルに告げ、新居さがしにでかけた。

二四もの部屋を見学してから、アーリーンは一三番ストリートに戻ってきた。自分に手の届く物件はひとつもなかったが、心は折れていなかった。「辛抱強くがんばれば、いつか、かならず見つかる」と、自分に言い聞かせた。

帰宅すると、アパートメントは静まりかえっていて、クリスタルが困ったような顔をしていた。恋人のクリスが仕事から戻ってきたのでトリーシャは二階に戻ったが、しばらくすると、おれの煙草を吸いやがったな、おまけにビールまで飲みやがってと、クリスが怒鳴る声が聞こえてきたという。それに、ほかの物音も。

「上階《うえ》の彼女、殴られてた」。クリスタルが言った。

「だからなんなの？　わたしには関係ない」と、アーリーンは言った。生理痛がひどくて、とにかく横になりたかった。「あいつがここに転がりこんできてから、いずれそうなると思ってた」。もう頭にも心にも、トリーシャの問題について考えられる余裕がなかった。とにかく自分の問題で手一杯だったのだ。*1

夜になると、天井越しにさらに物音が聞こえてきた。どすんという鈍い音、ばすっというくぐもった音。合間に、トリーシャが床にたたきつけられる大きな音も聞こえてきた。アーリーンは枕で顔をおおったが、クリスタルは「女が男に殴られてるのを、だまって見すごすなんてできない」と言った。トリーシャを助けたい、でも行動を起こせない自分の弱さが、クリスタルはイヤでたまらなかった。気の毒でならない。なのに同時に、心のどこかで自業自得《じごうじとく》だと思っている自分もいた。「あんなふうに殴る男をまた家にいれるんだから、そっちが好きなタイプなのかも」と、思ったりもした。

でも、ある物音が聞こえたとき、ついに堪忍袋の緒が切れた。クリスタルは階段をあがっていって、鍵のかけられたドアに向かって声を張りあげた。そのせりふは興奮のあまり、意味がわからなかった。「あんたの目も点にしてやろうか、このへなちょこ！　かかってきなさい！　クリス、あたしの悲鳴も聞かせてやろうじゃないの！」[*2]。そんなクリスタルをアーリーンは引っぱって、下の階に連れていった。

クリスタルはシェリーナに電話をかけたが、応答はなかった。ついに警察に三回、通報した。ようやく警官がやってきて、クリスを連れていった。ところが、警官とクリスが出ていくと、アーリーンがクリスタルを見て言った。「あんた、この家から追い出されたいわけ？」

翌日、女性の警官がシェリーナに厳しい口調で電話をしてきた。シェリーナには一年前にも、ミルウォーキー市警から同じアパートメントに関する通知書が送られてきていた。そこには「ミルウォーキー市条例第八〇条第一〇項に従い、ミルウォーキー市警は貴殿の所有物件における迷惑行為に……過去三〇日間で三回は対応したことを報告する」と記されていた。迷惑行為のリストも付いていて、そのなかにはケンカや女性が剃刀の刃で切りつけられた件も含まれていた。そのうえでシェリーナに対して「リストに記されたすべての違反行為に関して、今後、強制執行が発生した場合、貴殿に経費を請求する」としていた。一回の通報あたり、もっとも安い料金で四ドル［約五八〇円］かかる。通知書にはさらに、今後も同様の迷惑行為が続いた場合、一〇〇〇ドルから五〇〇〇ドル［約一四万四五〇〇～七二万五〇〇〇円］の罰金を科すか貴殿を収監する、とも記されていた。あのときシェリーナは、自分の物件で起こる〝迷惑行為を排除する〟ための計画を明記して、返信しなければならなかった。

その返信には、今回の警察への通報はDVが原因だと説明した。「問題が続く場合には、彼女に家屋の明け渡しを要求します」。だが、それを読んだ分署長は〝要求します〟という文字の下に線を引き、余白にクエスチョンマークを書いたうえで、「不可」と走り書きをした。

自分の提案が拒否されたことを知ると、シェリーナは次に強制退去通知書のコピーを手紙にホッチキスで留めて、警察に送った。すると分署長から返信がきた。そこには「貴殿が書面に記された今後の行動方針が承認されたことをここに通知する」と記されていた。

こうした経緯があったというのに、また一三番ストリートのアパートメントで迷惑行為が起こるとは。それも、一階も二階もひっくるめて。クリスタルはこれまでにも何回か通報していた。その大半はトリーシャのためを思ってのことだったが、一度、アーリーンと怒鳴りあいのケンカをして通報したこともあった。そのときは、警官がシェリーナのところに電話をかけてきて、以前の借家人といまの借家人が同居している理由を説明しろと言ってきた。シェリーナは警官に、クリスタルとアーリーンが知りあったいきさつを説明した。なぜ同居なんか認めたのかと尋ねられたので、アーリーンに同情したからです、とも応じた。「二人とも、どん底なんですよ。だから大目に見てあげたのに、あたしが大目玉をくらうことになった」。警官は笑った。「あたしの物件を又貸ししようと思ったのは、たしかにクリスタルです」と、シェリーナは言った。「でも、クリスタルはあそこが借りてる部屋だってことが、よくわかってないんですよ。自分は借りてるだけで、所有してるわけじゃないってことも、たぶんわかってない」

今回の電話のせいで、シェリーナは憤懣《ふんまん》やる方ない気分になった。「あたしはいつだって、ああいう程度の低い人たちの世話をしようとがんばってるのに」。彼女はひとりごちた。これまではずっと、アーリーンがまだあそこに住んでいるのを見て見ぬふりをしてきた。けれど、いままでは警察に目をつけられている。警官はシェリーナに、二人とも追い出したほうがいいと助言した。

それに従うことにしたシェリーナは、アーリーンに電話をするなり声を張りあげた。「もう、うんざりよ。騒動ばっかり起こして……滞納している家賃を払ってもいないくせに偉そうな顔して。あんたの子どもたちがひもじい思いをしてたとき、教会まででかけていって食べ物や牛乳が詰まった大きな箱をもらってきたのは、だれだと思ってるの？　あんたが初めてここにきたとき、あんたたちのために自腹で食料品を買って、そのカネを返せと言わなかったのは、どこのだれだと思ってるの？　そもそも、あんたは——もしもし？　もしもし？」

警察からシェリーナに電話があったのは土曜日で、シェリーナはアーリーンに、月曜までに出ていってちょうだいと言い渡した。

日曜日の朝、トリーシャが見守るなか、アーリーンはカーペットに掃除機をかけていた。キッチンのカウンターに置いてあるフライパンにはコーンブレッドがこびりついたままになっていて、端のほうは茶色なのに、真ん中のあたりには黄色いスポンジ状のものが残っている。その前の晩、アーリーンはマフィンも焼いていたし、インゲンマメと豚のネックボーンも茹でていた。彼女のきょうだいたちがやってきて、食事をして、煙草を吸って、二階のトリーシャの部屋でトランプをした。みんな酒を飲んだけれど、アーリーンには一杯もすすめてはならないとわかっていた。彼女はこれまでほとんど飲んだことがなかったし、そもそも酒の味が苦手だった。

「ミルウォーキーのイヤなところはさ」と、昨晩アーリーンは言った。「家賃がめちゃくちゃ高いこと」

「だよね!」。トリーシャが舌打ちをしてうなずいた。「二階の部屋、四五〇ドル[約六万五〇〇〇円]も払ってるのに、寝室がひとつしかないんだから」

クリスタルとジョリが教会に行っていたので、家のなかは静かだ。ジョリは彼の父親と一緒だった。ジャファリスは床に座り、静かに塗り絵をしている。あとどのくらい、この家にいられるのか、アーリーンは計算してみた。シェリーナが警官から電話を受けた翌日に強制執行の令状を送達したのだとすれば……。「保安官がきて、わたしの私物をここから放りだすまでに、まだあと五日あるわよね」。アーリーンがそう言うと、トリーシャはうなずいた。

それからテーブルの椅子に座ると、ジャファリスのようすを眺めながらこうも言った。「みんなでここに暮らせたらなあ。そうしたら、引っ越しのこと考えなくてすむのに。子どもの転校のことだって、考えなくてすむ。なんにも心配しなくてすむのに。けど、泣き言を言っても始まらないよね」。そして背筋を伸ばした。「涙を拭いて、しなくちゃならないことをするしかない」シェリーナから電話があったあと、アーリーンは自分からかけなおした。どうしても言葉が出てこなかったが、それでもなんとか、お願いだから火曜日までいさせてちょうだいと頼みこんだ。だが、ノーと言われた。だから抗議した。「電話をかけたのはクリスタルでしょ！　それにクリスがトリーシャを殴らなければ、警察なんか呼ばなかった。なにもかも、あの女のせいよ！」

二〇世紀の最後の一〇年間、司法制度は一連の不愉快な方針を採用した。警官の数を増員し、刑務所の建設ラッシュを始めたうえ、警察のバッジや銃をもたない一般市民に治安維持の責任を問う傾向を強めたのだ。[*3] たとえば殺人事件が起こった場合、銃を売った質屋のオーナーはいっさい責任がないのか（責任の一端を負っているのではないか）？　あるいは、借家人の審査をしない不在家主に責任はないのか（不在家主の存在がドラッグの取引に使われる家を生みだしているのではないか）？　こうした疑問に、警察と裁判所は「ある」と答えるようになっている。[*4]

二〇〇八年から二〇〇九年にかけて、ミルウォーキー市警は三三時間に一通の割合で、居住用の住宅所有者に迷惑行為通知書を送付した。[*5] もっとも多い迷惑行為は〝当該物件でのトラブル〟で、退去を拒否する借家人や怒鳴りあいなど、あらゆるトラブルが含まれた。二番目に多いのは、騒音への苦情。三番目に多いのがＤＶで、その大半が肉体による暴力か武器を使用した暴力だった。ほかにもあらゆる暴行、治安紊乱《びんらん》、薬物関係の事件などがあったが、それらを合計した数よりも、上位三つの苦情のほうが多かった。ある事件では、女性が顔に漂白剤を浴びせかけられた。別の事件では、女性が〝食品の缶で頭部を殴られ〟た。妊婦が殴打された事件は二件。カッターナイフ、ナイフ、銃が使われた事件もあった。〝女性が（恋人から）ライターのオイルをかけられたうえで、燃えている紙を押しつけられたと通報した〟という事件まであった。

また、そうした迷惑行為通知書の大半は、ノースサイドの物件に宛てて送られていた。白人の居住地域でも、迷惑行為通知書を送られてもおかしくないケースが四一件あったが、実際に家主が通知書を受けとったのは一件だけだった。そのいっぽう、黒人の居住地域では、迷惑行為一六件につき一件の割合で、家主が通知書を受けとっていた。女性がDVを通報しても、スラムに住んでいる女性のほうが、そうでないところに住んでいる女性よりも、家主に迷惑行為通知書が送達される確率がはるかに高いのだ。[*6]

通知書を送られた家主は、高い確率（八三％）で、借家人を強制退去させるか、こんど警察から連絡があったら強制退去させると借家人を脅した。夫婦を強制退去させることもあったが、たいていは同居していない男に暴力をふるわれている女性を強制退去させた。[*7]

ある家主は、ミルウォーキー市警にこう返信した。「うちのアパートメントに住む女が男とトラブルを起こしています。彼女は長年よき借家人でした。その男が姿を見せるようになるまでは。このままでは、おそらく事態は変わらないでしょう。ですから、本日をもって賃借契約を終了しました。その旨を通知する書類のコピーを同封しましたので、ご確認ください」

別の家主はこう書いた。「通報の件に関して借家人と話しあいました……彼女の恋人が、暴力をふるうぞと脅したのが通報の理由でした。そこで、当方と彼女のあいだで、その男を建物に立ち入らせないこと、建物に損害がおよんだ場合には彼女がその責任を負うこと、男がふたたび立ち入ることがあれば彼女を強制退去させることで同意に達しました」

さらに別の家主はこう記した。「まず、警察へ助けを求めた通報者のシェイラ・Mを強制退去させました。彼女は、本人が述べるところの〝彼氏〟にドアを蹴破られ、侵入されたあと、暴力をふるわれたそうです。男は一日か二日ほど留置場にいました（逮捕してもすぐに釈放されるので無意味です）。当方としては、彼女には銃を入手して、正当防衛で男を射殺することを勧めていましたが、結局、そうはしませんでした。そういうわけで、彼女を強制退去させました」

ミルウォーキー市警は、以上の家主たちそれぞれに同じ文面を送った。「貴殿が書面に記された今後の行動方針が承認されたことをここに通知する」[*8]

警察がシェリーナに電話をかけたその年、ウィスコンシン州では、現在または以前の交際相手、もしくは身内によって殺害された被害者が週にひとりいた。[*9] その数字が公表さると、ミルウォーキー市警の署長は地元のニュース番組に出演し、被害者の多くが一度も通報して助けを求めていないという事実に当惑している、と述べた。夜のニュース番組のリポーターは、署長の見解をこうまとめた。「被害者がもっと通報さえしていれば、警察が介入して被害者が命を落とすのを防げただろう、と署長は考えています」。だが、この署長にはまったく理解できていないことがあった。というより、そこに隠された事実を掘り起こすことができなかったのだろう——彼が統括している警察署の規則そのものが、暴力をふるわれている女性たちに、このうえなくむごい提示をしていることを。女性たちは、通報せず暴力に耐えつづけるか、警察を呼んで強制退去させられるかの、いずれかを選ぶしかなかったのだ。*10

クリスタルが勢いよくドアをあけて入ると、冷たい外気が一緒に入ってきて、室内の気温は一気に下がった。彼女は教会ですっかり消耗《しょうもう》し、〝おなかと背中がくっつく〟ほどに空腹だった。すぐに子ども向けシリアルをボウルに入れると、二人掛けソファにどっかりと腰をおろした。今日は黒地に金色の模様が入ったシルクのブラウスに、膝下まであるスカート。それに赤いヘッドラップを巻いている。帰りのバスのなかでシェリーナに折り返し電話をかけていたので、アーリーンが強制退去を迫られているのはわかっていた。電話でシェリーナは言った。もし、クリスタルがシェリーナのほかの物件に引っ越してくれるのなら、アーリーンは木曜までこの家にいられる。でも、クリスタルが引っ越したくないと言えば、アーリーンは翌日、退去しなければならない、と。

シリアルをたいらげても、クリスタルはまだお腹がすいていた。そこでアーリーンの薄焼きパンを何枚かオーブンに入れた。「あんたも食べたい?」とジャファリスに尋ねたが、「食べるわけないでしょ」と、アーリーンが嚙みつくように言った。

「あたしに八つ当たりしたって、しょうがないでしょ。文句があるならシェリーナに言いなよ」

「あんたに頭にきてるのよ。シェリーナにもむかついてるけど！」

「だって、大家には逆らえないじゃない！」と、クリスタルはその先をさえぎるように言った。「みんな二月までここにいていいって、あたし言ったでしょ。だって、あんたはそれだけのお金をくれたんだもの。けど、シェリーナが……あんたは出ていかなくちゃならないって言うのよ。反論なんかできないよ。だれかが一五〇ドル［約二万二〇〇〇円］くれたからって、このあたしが路上に放りだされるなんて冗談じゃない」。ここで深々とため息をついてから、先を続けた。「あたし、イライラしちゃダメなの。興奮するのもダメ。ストレスを溜めるのもダメ。ママに電話して、気持ちが落ち着かないなんて言いたくないんだよ。だって、いまはなんとか平常心を保ってるんだもん。平常心。平常心。平常心がいちばん」

「あんたは平常心を保ててもさ、わたしと子どもたちは出ていかなきゃいけないのよ」

クリスタルは唇を嚙みしめ、天井を見あげた。

「あした強制退去をくらうかもね。でも、もうどうでもいい！　ちょっと、わたしのパン、冷蔵庫に戻してよ」。アーリーンが声を荒らげた。

クリスタルは頭を横に振り、シェリーナに電話をかけた。「いつアーリーンに出ていってほしいって言ってたっけ？　……月曜？　あしたなのね？」

アーリーンは室内を行ったりきたりして、だれにともなく話しはじめた。「こんなことになるなんて、マジで最悪……こんなの、インチキだ。こんなインチキ、初めてだよ。神に誓うよ、これはインチキだって！」

「あたしが通報したの」と、クリスタルは電話でシェリーナに説明をはじめた。「クリスたちがものすごい物音を立ててたんだよ。二階で、彼女のこと、さんざん殴ってた」

アーリーンは電話を代わってと頼んだが、クリスタルは無視した。

おそろしさのあまり、アーリーンはぶるぶると震えはじめた。「もう、おしまいだ！　これでうちの子はホームレス！　行くところも、お金もない！……わたしも子どもたちもこれでおしまい！　なんなのよ！　ちくしょう！」

クリスタルは、こんなに逆上したアーリーンを見たことがなかった。すっかりわれを失っている。ようやくアーリーンに携帯電話を渡した。

「あのね」と、アーリーンはシェリーナに言った。「あいつらは、わたしと子どもたちをただ路上に放りだして、あとは知らんぷりなのよ！　ようやくお金が手に入って、それをまた使いはたしたあとにね！　……このまま警察がここにくるまでは、うまくやってたのに……とにかく、あんたがわたしと子どもたちにしてくれたことには感謝してる。木曜までには出ていくから。それだけは約束する。でも、あんたにはもうなにひとつ、あげない！」

シェリーナがなにかしゃべっていたけれど、数秒後、アーリーンは電話を切った。「わたししたち、利用されたような気がする。わたしと子どもたちは利用されたのよ！」。そう言うと、彼女はクリスタルのほうを見た。クリスタルはその日の朝、本来の自分と安定した精神状態を取りもどしていた。「あたし、ストレスが溜まってた」と、クリスタルがあやまった。「あんたに八つ当たりしたとしたら、ほんと、サイテーだよね……もう、どうしようもないっていうのに」。そういうと、彼女はてのひらを、もう片方の手の甲に打ちつけた。

「けどね、あたしにあんたの気持ちがわかるのは、うちの家族があたしにおんなじ真似をしたからなんだ……あんたが抱えている痛みは、神さまにしか癒せないんだよ」

「わたしは信仰っていうのが苦手なの。昔からずっと、それだけはダメ」。そう言うと、アーリーンは座りこんだ。

「でも、そんなふうに思いこまないほうがいいよ。だって、みんながみんな、あんたをとって食おうとするわけじゃないでしょ」

「ううん、みんなおんなじ……あんたにはわからない。わたしがこれまでどんな目にあってきたか、知りもしないくせに。父親から性的虐待を受けてたのに、母親はそんなこと、まるで気にもとめなかったんだよ！」。それは牧師である継父からの虐待だった。彼女が一〇歳のときに始まり、終わったのは一六歳のときだった。

「ううん、あたしにもわかる」と、クリスタルが言った。「すっごくよくわかる！　あれがどんな気持ちか、ありありと覚えてる。だって、あたしもすっごくちっちゃいときから、継父に性的な虐待を受けてたから。それが理由で、あたしは里親に出されたんだ。神に誓うよ、あんたがどんな目にあってきたのか、あたしにはよおくわかる！　神に誓って！」

　アーリーンはそれを受けいれた。ジョリとジャファリスはさっき自分たちの寝室に行って、なにか音楽をかけていた。その音楽がリビングルームに流れてくるなか、二人の女たちは無言のうちに互いの苦悩を理解した。アーリーンはがっくりと頭を垂れ、こう言った。「もう傷つくのはうんざり」

「ねえ、聞いてくれる?」。クリスタルが言った。「きのうのことのように覚えてるんだ。一カ月くらい教会に通いつづけたとき、聖霊があたしのところにやってきたの。だから、あたし、神さまに言ったの。『もう、傷つくのはいやです。泣くことにも、うんざりしました。苦しむのも、もうごめんです。人に傷つけられることにも疲れてしまいました』って……でもさ、全部をひっくるめて、それがその人をつくるんだよ。あたしは傷つけられた。あたしは痛めつけられた。陰口をたたかれて、虐待されてきた。そのすべてが、いまのあたしをつくってるんだ。里親に出されたのも、ママがいないのも、パパがいないのも、兄弟やおじさんやおばさんに放っておかれたのも……全部がいまのあたしをつくったんだ……。

　あんたがあたしに愛してほしいなら、まず、あたしのことを信じてくれなくちゃ。あんたが周囲の人を受けいれないと、だれも手を差しのべてなんかくれないよ。あんたは性的虐待を受けてた、あたしも性的虐待を受けてた……あたし、一〇歳のときにフラッシュバックに襲われてさ。

まだ五歳だった。母さんのほうを見たら、ドラッグをやってた。そのあとも、母さんはあの男とずっと一緒にいた……母さんはクラックパイプを吸ってたんだ。あたしがお腹にいるときからね。父さんは母さんをぶちのめしてたし、母さんは背中を一一回刺されたこともある。だからね、神さまはあたしの人生に使命をお与えになったんだ。でもさ、どうかあたしにその使命をはたさせてくださいって神さまに言わなかったら、神さまだってどうしようもないでしょ……。

いまの牧師さまはあたしのこと、実の母親より母親らしく娘として扱ってくれる。あたしにだって、それくらいのことはわかる。もう一回言うけど、あんたの気持ちがそっくりそのままわかるわけじゃない……でもさ、わかるんだよ……だれだって、人生でそんな経験をしたことがある。そしてこれからも、きっとひどい目にあう。だけど、あんたが置かれた状況が、あんたっていう人間をつくるんだ。あんたを強くするんだよ……あたしは夏のあいだ、ずっと耐えつづけた。ひと夏丸々ね。あたしの味方はこの世にひとりもいないような気がした。それに、今年の夏はクラックに手を出しそうになった。でも、二年前に牧師さまがあたしのために祈ってくれた祈りの言葉を思いだして、祈りを捧げたんだ。その言葉を支えにして、心から信じることにしたんだ。あのとき、また母さんがクラックに手を出したこと、あたしは牧師さまに言ってなかった。それなのに、牧師さまは教会の通路を歩いてきて、あたしの肩に手を置いてこう言ったんだ。『あなたのお母さんはクラックをやっていた。でも、あなたはやらない』って。あたし、もう泣くしかなかった」

クリスタルの最後の言葉は、テレビのおしゃべりにかき消されるまで宙を漂った。アーリーンは呆然と、ただ座りこんでいた。そのとき携帯電話が鳴り、現実に引き戻された。部屋を見つけたよ、と友人が知らせてきたのだ。

アーリーンが電話を切ると、クリスタルは「こっちにきて」と言った。アーリーンが従うとクリスタルは彼女を抱きしめた。「そこの家賃はいくらなの?」

「あ、訊くの忘れちゃった」。アーリーンが電話をかけ直すと、一カ月六〇〇ドル［約八万七〇〇〇円］だと聞かされた。電話を切って言った。「ダメだ」

クリスタルは、シェリーナから言われた別の物件を見にいくことにした。部屋を出る前には、「きっとうまくいくから」とアーリーンに声をかけた。「ほかにはなにも約束できない。でも、きっとうまくいく。それだけは言える」

16章 雪の上に積もる灰

月初めになって、シェリーナの銀行口座にお金が戻ってきた。その月は特別だった。二月は税の還付金の小切手が送付される月。だから借家人たちは大きな額を現金化する。ある借家人など、それでシェリーナに二三五七ドル〔約三四万円〕も支払った。ドリーンも約束どおり、九五〇ドル〔約一三万八〇〇〇円〕を渡してきた。ラマーは五五〇ドル〔約八万円〕支払ったけれど、シェリーナにしてみれば例のペンキ塗りには一ドルの価値もなかったので、まだだいぶ滞納が残っている。ラマーはもう、強制退去させるしかないだろう。

この前の水曜の晩、預金残高がほとんどなくなったときの記憶を払拭《ふっしょく》したかったのかもしれないし、ただおもしろ半分だったのかもしれないが、シェリーナとクエンティンはカジノに繰りだすことにした。シェリーナは〈ロカウェア〉のえび茶色とゴールドのスウェット、クエンティンは〈Gユニット〉の革ジャン、ストリートっぽい黒いキャップ、ゴツいピンキーリングで決めていた。二人は〈ポタワトミ・カジノ〉の正面玄関そばにある身体障がい者用スペースに車をとめると、バックミラーに必要な許可証をぶらさげた。身体障がい者の借家人からもらったのだ。

スロットマシンなどがずらりと並ぶ機械のジャングルを抜け、レストランに向かいながら、シェリーナはいたずらっぽい笑みを浮かべて言った。「あしたの朝、あんたになんの予定もなければよかったのにね」。クエンティンが寝に帰ったあとも、シェリーナは午前三時か四時ごろまでここですごそうと思っていた。

二人はまずハンバーガーにかぶりつき、ロングアイランド・アイスティのカクテルを味わいながら、シェリーナが近々プレゼンする予定になっている〝不動産の売却と購入を同時におこなう手法〟について相談した。

夕食を終えると、ブラックジャックのコーナーに向かった。シェリーナはテーブルとテーブルのあいだをゆっくりと歩き、白人の男が二人いるテーブルに決めた。ひとりは煙草を吸っていて、もうひとりは背後に立っているブロンドの女とハイタッチをしながらも、ビビっているような表情を浮かべている。シェリーナはテーブルに一〇〇ドル［約一万四五〇〇円］を置いた。賭け金の最低は二五ドルだが、シェリーナはたいてい一〇〇ドル以上賭ける。スツールを引き、腰をおろすと、彼女はそのままなにも言わずにカードを続けた。

町の向こう、ライト・ストリートと一八番ストリートに囲まれた家では、ラマーがいつものようにカードを配り、トランプを楽しんでいた。集まっているのは息子のルークとエディ、それにバックなど近所の少年たちだ。しんしんと冷える夜で、みんなの体温がキッチンの窓を曇らせている。

ゲームはいつもとは違うリズムで進んでいた。ゆったりしたペースで、いつものように乱暴な言葉が飛びかうこともない。それもこれも、カマラが参加しているからだ。カマラが二階に越してきてからずっと、ラマーは彼女をトランプに誘っていた。そしてきょう、彼女はようやくイエスと言い、実家の父親に頼んで、娘たちが寝ているあいだ一緒にいてもらうことにしたのだ。

カマラには、娘たちの父親でもあるデボンという内縁の夫がいたが、ラマーはそれでも彼女に軽くちょっかいを出した。女性がひとりいるだけで、室内の雰囲気はがらりと変わった。

ヒンクストン家の次女ナターシャが妊娠するまでは、彼女がトランプのテーブルに座っていた。そのあいだは緊張感が張りつめたものだ。ナターシャはなにしろ美人で、みんなの欲情の対象となっていた。一度など、ラマーが早々にトランプを切りあげて、全員を追いかえしたことまであった。ところがカマラが一緒のときは、みんなえらく行儀がよかった。女の子の話はあまりしなかったし、ラマーのことを〝サルのケツ〟と呼ぶのも控えた（ラマーが口ひげを剃って以来、そう呼ぶようになっていた）。カマラはナターシャよりほんの数歳年上なだけだったが、少年たちにしてみれば、ずっと女っぽい感じがした。それに、気品をそなえながらも、この世の悲哀が全身からにじみ出ていて、近寄りがたい雰囲気を漂わせていた。[*1]

ラマーの新年の抱負は〝主を讃える、クラックをやらない。新居をさがす〟だった。いくら修理をしてくれと頼んでも、シェリーナからは完全に無視されている。キッチンのシンクは今週になってからずっと水が漏れていて、床まで濡れはじめていた。

シェリーナはもうここにあまり長くは住まわせてくれないだろう、とラマーは考えていた。もしかすると、自分たちにとってもそれが最善の策なのかもしれない。新居が見つかれば、息子たちも安全にすごせるかもしれない。でも、どうしてシェリーナが自分のことをあんなふうに扱うのかが理解できなかった。「なんの悪さもしていない人間に、なんだってあんな態度をとるんだ?」と、彼は歯噛みをした。だが、シェリーナのほうも同じように思っていた。だから、シンクが壊れたと言うラマーに、「あなたが壊したんでしょ」と言ったのだ。

クエンティンは、シェリーナの座るテーブルから少し離れたところでようすを見守っていた。妻に対して怒ったり、なれなれしい態度をとったりする者がいないかどうか、監視するために。彼がカジノでうれしい気持ちになれるのは、シェリーナが楽しそうにしているのを見られるからだ。クエンティン自身は、ギャンブルを毛嫌いしていた。「五〇ドル［約七三〇〇円］がまた消えちまったな」。シェリーナが負けると、彼は小声でつぶやいた。

それは、トランプが配られつづけ、夜もふけたころだった。携帯電話に出て話を終えたクエンティンがシェリーナのほうにきて、彼女の耳元でささやいた。「ライト・ストリートと一八番ストリートのあいだにある家で火の手があがった」。シェリーナはすぐさまチップを集め、クエンティンのあとを追って外に出た。

「ドリーンのところ?」

「いや、その裏だ」

「ラマーのとこ?」

「違う。二階。カマラの部屋だ」

クエンティンはハンドルを握ると、猛スピードで車を走らせた。「神さま、どうかボヤですみますように」。シェリーナはドアのハンドルを握りながら祈りを捧げた。「ったく、あの連中ときたら……あたしの家が黒焦げにならないといいけど」

車は道路を曲がり、一八番ストリートに入ろうとしたが、すでに道路は封鎖されていた。「ちくしょう、もうクリスマスツリーみたいに燃えてやがる」と、クエンティンが言った。手前には消防車が何台もとまっていて、赤と白のライトがあちこちを照らしている。だが、当の家は見えない。クエンティンはほかのルートもいくつか試してみたが、消防車と救急車があたりの道と路地をすべて封鎖していて、行く手を阻んでいた。クエンティンがハンドルを切っているあいだ、シェリーナは一瞬だけ、周囲の家の隙間から燃えあがる炎を目にした。

ようやく、クエンティンが一八番ストリートのひとつ裏手の路地に入り、アパートメント全体が闇に浮かびあがるところへ出た。シェリーナは息をのんだ。

「くそっ。まずいぞ、シェリーナ」

家は火の手に包まれていた。炎が屋根からあがっては乳白色の煙と蒸気の柱と化し、冬の空にそびえている。二人はなすすべもなく、かつてはカマラの部屋だったあたりを走りまわる消防士たちのシルエットを眺めた。内部はすでに全焼し、もはや灰となった骨組しか残っていない。燃えていない部分は冷たいホースの水を浴び、凍りはじめていた。

クエンティンは車をおり、家のほうに歩いていったが、シェリーナはその場にとどまった。目の前であがる炎を見ているうちに、彼女の紹介で住宅ローンを組んだ客が手製の爆弾をオフィスの窓に投げこんできたときのことがよみがえったから。あれ以来、シェリーナは炎を見るとパニックになり、身体が動かなくなってしまうのだ。

クエンティンはラマーの息子、ルークの姿を見てとった。膝のあいだに頭を埋めて泣いていたが、間違いなくルークだ。ドリーンの家の前の階段で、一〇代の女の子からなぐさめられている。あたりは騒音がすさまじく、なにを言っているのかまでは聞こえなかった。ディーゼルエンジンがうなる低い音、ブンブンとポンプが放水する音、高熱を帯びたものにぶつかった水があげるシューシューという音、斧で割られる木材の音……。パトリスも外に立っていて、Tシャツにジーンズという格好で震えている。彼女はクエンティンに気がつくと、身ぶりで彼のほうを指し、消防士に向かって声を張りあげた。「あの人が大家よ！」。消防士がうなずいてクエンティンのほうに歩いてきた。炎が勢いよく空に向かってほとばしると、闇のなか、野次馬たちの顔がオレンジ色に照らされた。パトリスは、救急車のうしろに救急隊員たちが集まっているようすをいま一度目にすると、家のなかに戻っていった。

ヒンクストン家のアパートメントは、人でごった返していた。ラマー親子とカマラが暮らしていたアパートメントとは、雑草の生えた狭い泥地でしか隔てられていない。ドリーンは玄関の近くに座り、いちばん小さな孫娘のケイラ＝メイを抱きよせていた。ナターシャは妹ルビーの横にいて、床の上で毛布をかぶっている。ほかの子どもたちはマットレスに一列になって座り、大きく目をひらいてこの非情な光景を眺めていた。ラマーは車椅子に座ったままがっくりとうなだれ、頭をこすったり、涙をぬぐったりしている。その横に、エディとバックが立っていた。ヘルメットをかぶった白人たちが人々のあいだを縫って動きまわり、申し訳ないと言ってから、情報を集めていた。「すみませんが、名前を教えてください」

ひとりの消防士が、白い布にくるんだものを抱えて救急車のほうに歩いていった。それに気づいたパトリスが、カマラのほうを見た。カマラは床の上をのたうちまわり、悲鳴をあげている。「あたしの赤ちゃん！　あたしの赤ちゃんが！」。片方の髪が燃えてしまっているカマラが、背中を丸め、顔を床に打ちつけた。だれも見かけたことのない老女が、彼女を抱きしめようとしている。「落ち着いて」と、彼女はカマラが身をよじるたびに声をかけた。「ほら、落ち着いて」。だが、やがて老女も疲れてしまい、カマラから手を離した。カマラは床にくずおれ、泣き叫んだ。

カマラの内縁の夫、デボンが家に入ってきた。まだよちよち歩きの幼い娘を二人連れている。カマラのまわりを三日月のようなかたちをつくって取り囲んでいる警察官たちを押しのけて、デボンはおびえている娘たちを母親に押しだした。カマラは上半身を起こし、娘たちを抱きよせると、そのまま娘たちにしがみつくように二人の顔のいたるところにキスをし、額をくっつけた。彼女の涙は娘たちの髪に降りそそいだ。

年長の消防士がひとり、ヒンクストン家のアパートメントに入ってきた。彼はカマラのそばに膝をつき、彼女がすでに知っていること——彼女のいちばん幼い、生後八カ月の娘が亡くなったことを告げた。カマラはあとずさりをして、ぶるぶると震えながら、この世のものとは思えない声でうめいた。

「あたしの赤ちゃんを殺した！」。カマラは身を震わせながら叫んだ。「殺してやる！ あいつ、い、い、い、殺してやる！」

デボンが拳を握りしめ、部屋のなかを行ったり来たりしながら、何度も何度も小声で繰りかえした。「これで二人目だ。これで二人目だ」。しばらくすると彼は立ちどまり、カマラを見おろした。室内は静まりかえり、全員が二人のほうを見た。デボンはいまにもカマラに殴りかかりそうだった。だが、その瞬間がすぎると、また室内を歩きはじめ、頭がおかしくなったかのように同じ言葉を繰りかえした。「これで二人目だ」。二年ほど前に、二人は赤ん坊を亡くしたばかりだった。娘で、死産だった。カマラとデボンは娘の遺灰をお揃いのロケットに入れて、肌身離さず身につけていた。

「ああ、神さま」。クエンティンから赤ん坊が亡くなったと告げられると、シェリーナは言った。「赤ちゃんだけを家に置いていたんじゃないといいけど」。シェリーナの頭に昔の記憶がよみがえった。彼女が小学校四年生を教えていて、カマラが生徒だったときの記憶が。「学校では、いつもいい娘だった」と、シェリーナは言った。

自宅に戻ると、クエンティンとシェリーナは断片的な情報から、この件を推測しようとした。「カマラは――」とクエンティンが口を開くと、「二階にいた」とシェリーナがその先を言った。「ラマーと一緒にトランプをしていた。で、たぶん、二階でなにかをつけっぱなしにしていたのね……そして、気づいたときには二階で火の手があがっていた。階段を駆けあがろうとしたけど、もう遅すぎた」

クエンティンはパソコンで検索し、この火事がニュースになっているかどうか調べた。やはり、すでにニュースになっていた。「消防士が現場に到着したとき、火災警報器は鳴っていなかった」と、クエンティンが記事を読みあげた。「キッチンに、火災警報器、あったよな」

「寝室には、かならずひとつ設置しなきゃいけないのよ」と、シェリーナが応じた。「二階にいくつか設置したと思うけど。よく覚えてない」[*2]

翌日、シェリーナは火災調査官から話を聞いた。彼の話によれば、カマラの娘のひとりがベッドの柵を越えて外に出て、電気スタンドを倒したために出火したらしい。カマラの父親は逃げるときに赤ん坊を連れて出なかったと思われる。それよりもっと可能性が高いのは、夜の早い時間帯に幼い孫たちだけを置いて外に出ていったという線だ。カマラとルークは赤ん坊を助けようとしたけれど、激しい炎に行く手をはばまれた。カマラの娘二人は自力で外に歩いて逃げた。そのあと炎は制御不能となった。火災報知器が鳴った音は、だれも耳にしていない。

火災調査官はシェリーナに「なにも心配する必要はありませんよ」と言った。これまで起こったことに対して、彼女に法的責任はいっさいなかった。シェリーナは、カマラとラマーの家賃を返金する義務はあるんですか、と尋ねた。火事が発生したのは、月初めに家賃をもらってからほんの数日後だったからだ。火災調査官は「いえ、その必要はありません」と言った。それを聞いて、シェリーナの心はようやく落ち着いた。「あの二人は、あたしからお金を取りかえすことはできないってわけね」。だがおそらく、カマラもラマーも家賃を返してくれと言ってくるだろうとシェリーナは踏んだ。実際、そのとおりだった。

燃えてしまった家は取り壊して、火災保険の保険金で懐を肥やそう──シェリーナはそう計画を立てた。「まさに不幸中の幸いよ。大金が手に入るかもしれないんだから」と、彼女は言った。それに、ついでにラマーも追い出せる。きっと赤十字が、あの親子たちに新居を見つけてくれるだろう。そうなれば、シェリーナにとって気にかけなければならない強制退去がひとつ減る。

その日の早朝、ドンドンと激しくドアをノックされ、眠っていたドリーンはベッドから起きあがった。寝間着姿のまま玄関のドアをあけると、カメラやマイクをもったリポーターたちが立っていた。いくつか質問に答えたあと、ドリーンはドアを閉め、きょうはもう、いっさい質問には答えるもんかと決めた。キッチンに行き、裏手の窓から外を見た。カマラが暮らしていたアパートの二階は暗い洞穴《ほらあな》のようだった。

窓は割れて飛び散り、屋根の大部分がなくなり、横梁《よこばり》だけになっている。放水を浴びたせいで、羽目板には灰色の筋が残っている。雪におおわれた地面は灰で黒ずんでいた。それに、屋根板や長い木片、骨組だけとなった家具など家財道具の残骸があちこちに黒焦げになって散乱し、消防車が放出した消火剤のせいで固くかたまっていた。放水された水は無数のつららになり、周囲の木々の枝の先からいまにもしたたり落ちそうだ。

ふと視線を下に向けると、焼け落ちた家の玄関ポーチに、クリーム色のリボンに束ねられた白い百合《ゆり》の花が六本、供えられていた。真冬に訪れた春のように。

III

それから

17章 これがアメリカよ

アーリーンは、一三番ストリートの家のリビングでがたがたと震えていた。冬用のコートをもっておらず、Tシャツを二枚重ね、その上にだぶっとしたパーカーを着てしのぐしかなかったからだ。気象予報士は、今週はこの一〇年でもっとも寒い週になり、体感温度は零下四〇度ほどにまで下がると予想していた。地元のニュース局も〝凍傷までの時間――一〇分間〟と点滅するテロップを流しつづけ、「外出は避けてください」と警告している。なのにアーリーンには、新しい家を見つけるまであと三日しか残されていなかった。

シェリーナはミルウォーキー市警と話をして以来、アーリーンにもクリスタルにも見切りをつけ、アーリーンは保安官たちに追い出してもらい、クリスタルには強制退去通知書を渡すことにした。「あそこに住んでる人たちのせいで、あたしが逮捕されるなんて冗談じゃない」と、シェリーナは言った。「彼女たちのせいで、あたしの物件を差し押さえさせるつもりもない。もう、ほんとにうんざり……アーリーンはとことん自分勝手で、大切なのは自分と子どもたちのことだけ。あたしのことなんか、気にもかけちゃいない」

クリスタルへの強制退去も手続きを進めた。通知書のコピーをミルウォーキー市警にファクシミリで送信すると、数日後に返信が届いた。「貴殿が書面に記された今後の行動方針が承認されたことをここに通知する」


アーリーンは、新居候補の家主と会うことになった。約束の時刻にアパートメントの外で待っていると、家主の女が三〇分遅れてスバルを運転してやってきた。〈ザ・ノース・フェイス〉のフリースに、きれいなテニスシューズを履いている背の高い白人で、あわただしく遅刻を詫びると、キャロルと名乗った。

部屋に入ると、狭くて簡素な寝室がひとつしかなかった。場所はノースサイドの北端、家賃は五二五ドル［約七万六〇〇〇円］。室内をざっと見てまわり、ここを借りますと言うまでに三〇秒ほどしかかからなかった。ほんとうのところ、このアパートメントも、この地域も、ここに引っ越せば息子たちがまた転校しなければならないことも気に入らなかった。でも、すべては二の次だ。あれこれ言ってる余裕はない。いまは、住む場所があればそれでいい。

キャロルはその場で、アーリーンの審査をすることにした。なにもないリビングの床に座りこみ、まずはアーリーンの名前の綴り、生年月日、社会保障番号を尋ね、そのあと大事な質問をした。「この三年間で強制退去させられたことがある？　……どうせＣＣＡＰでチェックするから、隠さずに言うほうがいいわよ」。アーリーンはキャロルに本名を伝えていたけれど、その名前でどの強制退去が登録されているのか、よくわからなかった。そこで、水道が使えないため居住に適さないと見なされた家から退去を強要されたと話した。それから、アトキンソン・アベニューの一角にドラッグの売人が大勢いたこと、妹が亡くなったことも。

それらの説明には相当、時間がかかった。あまりに引っ越しの回数が多いうえ、こまかい事情をあれこれ聞かされたキャロルは、そのうち苛だちはじめた。とうとうアーリーンの話をさえぎり、収入について尋ねた。「どれくらいＷ－２をもらってるの？　理由は？」

アーリーンの答えはこうだった。「ほんとはＷ－２Ｔをもらってるんです［Ｗ－２は就労している者、Ｗ－２Ｔは就労していない者を対象とした公的扶助］。えっと、それは、うつ病のカウンセリングを受けてるからで……週に一回、セラピストのところに通ってます。だから、職さがしもさせられてる。そろそろ仕事をするほうがいいって言われてるけど、障がい者向けの公的扶助に申請するほうがいいとも言われてて」

「給付金には頼らないで生きてくほうがいいわよ。仕事をさがしなさい」と、キャロル。

「わかってます」

続いてアーリーンは、収入の額についてあいまいにしたまま、ほんとうは児童手当を受けていると言った。そして、「この建物にはね、子どもはひとりも暮らしていないの」とキャロルが言うと、子どもの人数についても嘘をつくことにして、ジャファリスのことだけ伝えた。「あなたがいま住んでる場所を見せてちょうだい」。キャロルはそう言い、二時間後にあなたの一三番ストリートの家に行くから、とつけくわえた。

アパートメントに戻ったアーリーンは、ゴミを捨て、カーペットを掃除し、ジョリの服をすべて隠した。浴室は手のほどこしようがなかった。排水管が詰まった浴槽には淀んだ水が溜まっていたし、洗面台も流れなかった。でも、浴室の電球は切れているから気づかれないかもしれない。

キッチンに入ると、シンクの前に立ち、食器の山をじっと眺めた。猫のリトルがやってきて、アーリーンの足に身体を寄せると、空腹を訴えて鳴き声をあげた。食器用洗剤も切れていたから、クリスタルの洗濯洗剤を借りて洗うしかない。蛇口から水を出し、ごしごしといくつも鍋を洗った。そこへ携帯電話が鳴った。「たいしたことじゃない」と、アーリーンは電話の相手に言った。「なんでもない、なんでもない」。そのあと、大声をあげてわっと泣きだした。

クリスタルは、ソファに座ったまま、アーリーンが半狂乱になって動きまわるようすを眺めていたが、ようやく立ちあがり、アーリーンを抱きしめた。アーリーンはクリスタルの肩に顔を押しつけて泣いた。しばらくして、ようやくアーリーンが身を起こすと、クリスタルは言った。

「あんたが信じれば、家は見つかるって」

キャロルがやってきたときには、室内はどうにか見苦しくない程度にはなっていた。アーリーンは〈ファブリーズ〉までスプレーしていた。殺風景な廊下を抜けると、キャロルはガラスの天板のダイニングテーブルを前に腰をおろした。「正直なところ、あんまりきれいじゃないわね。まあ、妹さんが亡くなったことやなんかで大変だったのはわかるけど。で、ここの家主さんとはなんで揉めてるの?」

「おっしゃりたいことはわかります」と、アーリーンは応じた。白人は「おっしゃりたいことはわかります」とか「しっかりやって、愚かな選択はしないようにします」とか「学校に戻って一般教育修了検定を受けるつもりです」とかいう返答が好きだ、と彼女は思っていた。それに、目をあわせること、アイコンタクトをたくさんすることも肝心だ。

「この部屋がひどくないとは、言えない」。キャロルが続けた。「だけどね、うちの従業員もこのまえ母親を亡くしたの。そのお母さんは保険の類いにはいっさい入っていなかった。だから葬儀代は郡が払った。ほら、葬儀代を出せない人のために、郡が三〇〇ドル[約四万四〇〇〇円]くれるでしょ。そのお金で葬儀をしたの」

ここで、アイコンタクト。

「で、訊くけど、わたしに一カ月後に追い出されないようにするために、あなたはどんな努力をするつもり?」。そう言うと、キャロルはペンをたたいて音を立てた。

アーリーンはすでに二五件ものアパートメントに入居の申込みをしたり、電話をかけたりしている。望みを託せる相手はもうキャロルしか残っていなかった。なのに、その望みがいまにも消えそうだと察したアーリーンは、手元に残っている唯一のカードを使うことにした。毎月、給付金が送られてきたら、家賃分を〝自動振込〟にする手続きをすると申し出たのだ。「そうすれば、確実に家賃が振りこまれます」

「それ、いいじゃない！」と、キャロルが驚いたように言った。「いい妥協案よ」。そして、こうつけくわえた。「でも、猫は連れてきちゃダメ」

「わかりました」

「わたしが言いたいのはね、あなたはまず自分と子どもを食べさせなくちゃならないってこと」

「ハグしてもいいですか。ちょっとだけ」。そう言うと、アーリーンはキャロルをハグした。それから、頬を紅潮させ、あわてて玄関ドアから出て、クリスタルもハグすると、うれしそうに走りまわったり、踊ったりした。「家が見つかった！　信じられない！　いーえーがー見ーつーかーった！」

　キャロルは、月初めに引っ越してきていいと言った。それまではとりあえず息子たちをシェルターに連れていって、私物は倉庫に預けておこう――アーリーンはそう考えた。シェルターの住人になれば、赤十字からの支援金の受給が認められるだろう。それを敷金にあてればいい。アーリーンがありったけの所持金をキャロルに渡すには、それしか方法がなかった。*1 さっそく近所の酒屋からダンボール箱をもらってくると、荷物を詰めはじめた。

「わたしが出ていくとき、泣かないでよ」。食器を箱に入れながら、アーリーンはクリスタルに言った。

「冗談やめてよ。永遠に消えるみたいなこと言っちゃって。またくるでしょ。だって、あんたこそ、あたしがいなきゃもう生きていけないんだから」

「あんただって、わたしがいなきゃ生きていけないくせに」。そう返してアーリーンがにっこり笑うと、クリスタルが手をたたきながら歌いだした。「あたしは出ていかない。あたしは出ていかない」。歌いながら、アーリーンの背中を勢いよくはたいた。

「痛っ、クリスタルったら！」。二人はしばらく取っ組みあい、笑い声をあげた。

アーリーンが荷造りを再開すると、クリスタルが「食器を少し、置いてってくれない？」と頼み、アーリーンは食器をいくつか脇によけた。

木曜日には朝焼けが広がり、空は気が抜けたビールのような色に染まっていた。数時間後には水色の空が広がった。葉を落とした木の枝が、空に入ったひびのように見える。凍結防止用の塩が固まり、黒く汚れた雪道を車がのろのろと走っていく。

ミルウォーキーの公立小学校は、低温注意報のため休校になっていた。いずれにせよ、ジョリは学校を休むつもりだった。荷物運びを手伝うために。一家の友人が借りてくれたレンタルのトラックに荷物を積んでいると、猛烈な寒さで身体がどうにかなりそうだった。指や耳に刺すような痛みが走る。氷のように冷たい空気が口のなかに広がり、歯茎が学校の保健室に置いてあるプラスチックの歯の模型みたいに固まった気がした。息を吐くと、顔のまわりで分厚い白いガーゼのような円ができた。それでも母親の役に立てることがうれしくて、ジョリはにこにこと笑っていた。

だが、何度かトラックとアパートメントを往復すると、プライドをかなぐり捨てて、クリスタルの黄土色のコートを着た。当のクリスタルは、床に座りこんだまま教会から寄付された毛布にくるまって、バナナプディングを食べながらトーク番組を見ている。

引越しの前夜、アーリーンは新しいエクステをつけて、靴を磨いた。シェルターや倉庫会社ではどんな人に会うのかわからなかったので、実年齢より若く見せたかったのだ。どこのシェルターからも折り返しの連絡はなく、その日、息子たちとどこで夜を明かせばいいのか見当もつかなかったが、それはあとで心配することにして、とりあえずは倉庫での交渉に意識を集中させた。

倉庫の会社、パブリック・ストレージ社では、カウンターの奥に小指に指輪をはめた男がいた。髪をうしろになでつけ、酒と安物のアフターシェーブローションの匂いを漂わせている。アーリーンに割りあてられた倉庫はC−33で、三メートル四方ほどの広さだった。「あんたのトラックと同じサイズだよ」。男はテキサス特有の間延びした口調で言った。「ちょっと工夫すりゃあ、どうにかなるさ」。彼の言うとおり、荷物はすぐに収まった。

アーリーンはフードスタンプをいくらかと小型ヒーターを売り、やっとのことで、値引きされた倉庫の手数料二一ドル〔約三〇〇〇円〕（翌月には四一ドル〔約五九〇〇円〕になる）をかき集めた。だが錠前は自分で用意し、八ドル［約一一六〇円］もする保険にも加入しなければならないことは知らなかった。そんな金はない。すると、いかにも人生の荒波に耐えてきたような顔をしている受付の男が、アーリーンに錠前をひとつさがしてきてくれて、保険にも潜りこませてくれた。彼女は礼を言い、冷え冷えとするコンクリートの空間を足を引きずるようにして抜け、C－33のオレンジ色のアルミのドアを閉めた。これで少なくとも、所持品には家ができたというわけだ。

アーリーンと子どもたちは結局、その晩も、その週末も、クリスタルが暮らす一三番ストリートのアパートメントに戻り、床の上で眠った。複数のシェルターに電話をかけたが、例のごとく満員だった。

ようやく前進したのは、月曜日の午前中だった。ためしにDV被害者用シェルターに電話をかけると、その昔、ジャファリスの父親から逃げだしたときに滞在したシェルターに入れることになったのだ。すぐにキャロルに電話をかけて、シェルターが見つかったから、これで赤十字から支援金をもらえると伝えた。ところが、キャロルは例のアパートメントを、もうほかの人に貸してしまっていた。アーリーンは理由を訊かなかったが、おそらく自分よりましな借家人を見つけたのだろうと思った――もっと収入があるとか、子どもがいないとかいう人を。電話を切ると、アーリーンは肺が空っぽになるほど長いため息をついて、椅子に丸く身を沈めてつぶやいた。

「ふりだしに戻っちゃった」

それから、部屋に残っていた私物の残りを集めはじめた。カーテンをはずしたあと、汚れた服が何枚か、クリスタルのクローゼットに置いてあることを思いだした。さらに、ジャファリスを連れて、リトルを二階のトリーシャのところに抱えていった。

「猫の世話をしてくれる？」。ジャファリスがそう頼むと、トリーシャは「いいわよ、ジャファリス、約束する」と言ってくれた。ジャファリスは、しばらく考えてから言った。「ちゃんとエサをやってね」

アーリーンは、二人掛けのソファは置いていくつもりだった。クリスタルがそこで寝るようになってから、座面が凹んでしまったからだ。ソファのほかには、服、毛布、壊れた電気スタンドしかないアパートメントは殺風景だった。そのときふいに、五ドル［約七三〇円］のコネクターを買って、ガス管とガスコンロをつないでいたことを思いだした。そこでジョリに、コネクターをはずしにいかせた。

だが、それを見たクリスタルが金切り声をあげた。はずせばガスコンロが使えなくなるからだ。「あたしの家から出てって！」。そう言うと、アーリーンの私物を拾いあげては玄関ドアの外へと放りはじめた。「あんたのものなんかいらない！……もう、うんざり！」

「なんなのよ、この性悪《しょうわる》！」。アーリーンも怒鳴り、クリスタルに詰めよった。

「だれが性悪よ！　じゃあ訊くけど、あんたが着てる服はいったいだれの服？　あたしのじゃない。あたしのシャツなんだよ！　……三日もずっと着ちゃって。あんたのほうが、よっぽど性悪よ！」

「その口を殴ってやる！」。こんどはジョリが叫び、クリスタルに向かって走ったかと思うと、鼻先をクリスタルの顔に近づけ、拳をうしろに引いて吠えるように言った。「ぶちのめしてやる！　警察なんか、こわくないぞ！」

そこへ突然、クエンティンが入ってきた。入居希望者に裏のアパートメントを見せていたら、騒動が聞こえてきたのだ。彼はあけっぱなしになっていたドアからずかずかと部屋に入るやジョリのシャツの襟をつかみ、「おい！　落ち着け！」と怒鳴った。

それでもジョリはクリスタルに突進しようとし、「こいよ！」と、拳を振りまわしながら叫んだ。クエンティンが彼を押さえこむと、クリスタルは少しだけ近寄って、くすくすと笑いながら言った。「あのね、悪ガキ。あんたは自分で思ってるほど強かないんだよ」

「違う！　そんなことないもん！」と、弟のジャファリスまで声を張りあげた。力になろうとしたのだろう、壊れたシャワーヘッドを見つけてくると、それでクリスタルをたたきはじめた。アーリーンはジャファリスを抱えて、ドアの外に引きずっていった。クエンティンに押されるようにして、ジョリもドアのほうに向かったけれど、途中でクリスタルの床置きテレビを蹴飛ばした。

一家が出ていくあいだ、クリスタルは玄関ポーチに出て、かれらの物をあちこちに放りなげた。おかげで、玄関前の芝生にはいろいろなものが散乱した。教科書、人形、香水のボトル。「あんたらみんな、罰を受けるがいい！」。クリスタルはわめいた。「これがアメリカよ！　これがア、、、メリカなのよ！」

アーリーンがここまで追いつめられていなければ、コネクターをはずしたらクリスタルが逆上すると予想できただろう。状況を静めることもできたかもしれない。もう少しましな状況だったら（食べ物が腹のなかに収まっていて、翌日も安心して暮らせることがある程度わかっていれば）、二人は友だちのままでいられたかもしれない。でも、アーリーンは消耗しきっていた。だからクリスタルが感情を爆発させたとき、つられて感情を爆発させてしまった。*2

クリスタルは急に暴力的になった。アーリーンと出会う一年前には、双極性障がい、心的外傷《PT》後ストレス障《SD》がい、反応性愛着障がい、境界知能［標準的な知的水準と知的障がいとのグレーゾーンにあること］、ネグレクトや性的虐待、パーソナリティ障がいの初期段階という診断を受けていた。子ども時代に受けた深い傷をまだ残していたのだ。臨床心理士はカルテにこう記した。「クリスタルは対人関係において拒絶、放棄、危害がおよぶことが予想されると、きわめて敏感に察する。……大切な人に対して、つねに激しい怒りをたぎらせている。自分のことを愛情こめて世話をしてくれない、安全な環境を用意してくれない、こちらを尊重してくれない、あるいはそのような気持ちがないと察すると怒りを溜めこむ……フラストレーションや不安感も溜めこみ……思慮や配慮がないままに、そうした緊張を行動で表現する傾向がある……彼女はいまだに人格がしっかりと形成されていないと見なされる」。また、ＩＱは七〇程度だと推測したうえで、「ひとりの成人としてなんらかのコミュニティで生活を続けていくには、長期にわたって精神科の治療を受ける必要があり、つねに支援の手が必要になるだろう」としていた。

それにもかかわらず、彼女はひとり、空っぽの部屋に立っていた。それから、アーリーンが残していったものを拾いはじめた。キッチンにふらふらと歩いていくと、ガスコンロのコネクターは残っていたが、電気のコードは切断してあった。

どっちみち、きょうはなんにも食べるつもりじゃなかったし、とクリスタルは自分に言い聞かせた。牧師から断食を命じられていたのだ。

18章 フードスタンプでロブスターを

福祉ビルに並ぶ列は、建物の周囲をぐるりと囲むようにして続いていた。バリケードが設置され、警察官の数もいつもより多い。州知事から発表があり、ミルウォーキー郡を含む州内で暴風雨による洪水被害を受けた世帯に食料引換券が配布されることになったからだ。朝の七時にはもう数千もの人々が列をつくり、少しでも前に出ようと押しあい、なかにはドアのちょうつがいをはずしてビルのなかに入ろうとする者までいた。

マーシャ・P・コッグス福祉センターは巨大なビルだ。クリーム色のレンガ造りの三階建てで、延床面積は一万五八〇〇平米。大きな窓ガラスが二三二枚も連なっている。もともとは〈シュスターズ〉というデパートだったが、一九六一年に閉店し、建物は郡に売却された。その後、二〇〇〇年代初頭に改装され、四五〇人もの郡職員が集結した。郡からの依頼を受けた女性アーティストは、窓の上に〝黙想〟〝ダンス〟といった活字を入れたカラフルな陶タイルを飾り、その作品を〝コミュニティの鍵〟と呼んだ。[*1]

時刻が八時を回ったころ、ロレインは群衆をかき分け、ようやくビルのなかに入った。ほとんど視線を上げなかったので、あたりに警備員が何人かいることにも、ケースワーカーと会うために各階に向かう人たちがエスカレーターを使っていることにも気づかなかった。受付番号（四〇二三）が記された紙をもらってから、彼女はひたすら待った。

ここにきたのは、フードスタンプをまたもらえるようにするためだ。空席はすぐにひとつもなくなり、子どもたちがあげる声や話し声でさわがしくなった。高齢の女性は傘に身体を預けてなんとか眠ろうとし、母親は幼児の尻をぴしゃりとたたいている。

一時間四〇分が経過したころ、ようやくロレインの番号が呼ばれた。悪くない、と彼女は思った。この福祉ビルで丸一日をすごしたこともあったのだから。[*2]

「今月の二〇日に、こちらの予約をとってたんです」と、ロレインはガラスの向こうにいるマニキュアを塗った女性に説明した。「だけど電話をかけなくちゃいけない時期に、ちょうど強制退去になってしまって」

「再度、予約をとってください」。女性はそう応じた。受給者が職員との面接を無断で欠席すると、制裁のために給付が取り消される。よくある話だった。女性はロレインに何枚か書類を渡した。「これが揃えていただきたいもののリストです」

「どれも、もっていないんです」。ロレインはリストに目を走らせながら言った。重要な書類の大半は倉庫に預けてあるからだ。

「どれももっていないのなら、なにももってこられませんよね」。そう言うと、女性はにっこりと笑った。ロレインはまごついた。「それでも、またフードスタンプをもらえるようになるんでしょうか？」

「そのためには、新たに予約をとっていただかなければなりません……でも、食料配給所への紹介状ならお渡しできます。行く気はありますか？」

ロレインは下りのエスカレーターに乗って食料配給所に向かい、牛肉やインゲン豆の缶詰といった、自分がきらいな食べ物ばかりが詰まった袋を二つ、もらってきた。彼女のことがなにもわかっていない家族からは、どうして電話をかけて予約の日時を変えてもらわなかったのかと尋ねられた。ロレインはただ笑い、こう返した。「じゃあ、あんたが自分で一回、電話してみればいいじゃないの」。いつ電話をかけたって、福祉ビルの電話は話し中なのだ。

後日、予約をとりなおした結果、必要な書類をすべて揃えられなかったにもかかわらず、ロレインはなんとか月八〇ドル［約一万二〇〇〇円］のフードスタンプをもらえるようになった。福祉ビルから出てくると、路上には退屈して疲れきった人々が大勢いた。ロレインはその足で、たむろしているアルコール依存症のホームレスたちをかきわけるようにして、窓に鉄格子がついている近くの家具店に入った。店内には前衛的なジャズが流れていて、クッションがまだへたっていないリクライニングチェアや、ダークな色合いの木製ダイニングルームセットや真鍮のランプなどが整然と並べられていた。

中東のなまりがある販売員がロレインに近づいてきて、衣装箪笥をご覧になりますかと尋ねてきた。彼女は寝室用として販売されている家具七点セットに目をやり、六二インチもある大画面のテレビに目を丸くした。

「これより小さいテレビもございますが」と販売員は言ったが、「いいえ、これが欲しいわ!」と、ロレインは微笑んだ。

「でしたら、予約購入［月賦で代金をすべて払い終えたら、品物がもらえる制度］をご利用になりますか?」

「予約購入やってるの? わたし、予約購入、大好き!」

ロレインはいま、一種の清めの儀式(福祉ビルに充満していた、長いこと身体を洗っていない不潔な人々の悪臭と汚れを、新品のレザーソファの香りで上書きする)をしていた。と同時に、自分と娘たちにすばらしい家をつくるという夢想にふけって楽しんでもいた。ジェイミーはようやく釈放されて矯正施設から出てきたところで、住む部屋が見つかるまでロレインとビーカーのところに身を寄せている。きっとミーガンもやってくるだろう。昔は娘たちに、新品の服を予約購入で買ったものだ。

ロレインにとって、予約購入は節約だった。「銀行の口座には、あまりお金を残しておけないのよ」と、彼女は言った。「生活保護をもらってる人間はね、銀行にはあまりお金を預けちゃいけないの。残高は一〇〇〇ドル［約一四万五〇〇〇円］未満じゃないと。それを超えようものなら……すっからかんになるまで支給をとめられるんだから」。ロレインは、生活保護の〝資産制限〟を一〇〇〇ドルだと思っていたが、実際には二〇〇〇ドル未満までは預けられる。それより貯金額が大きくなれば、生活保護の受給資格を失われる。*3

こんな規則があるから貯金をする気になれないのだ、とロレインは考えていた。「銀行にお金を預けておけないのなら、なにか価値のあるものを買っておくほうがいいでしょ……全額、支払いをすませれば、自分のものになるんだから。そうすれば、もうだれもわたしの手から奪えなくなる。わたしのジュエリーがわたしのものであるのとおんなじよ」と、彼女は言った。たしかに、だれにも奪うことはできない——イーグル運送以外は。

強制退去を命じられる前、ビーカーから「どうしておまえのジュエリーを売って、トービンへの支払いにあてなかったんだ」と尋ねられたことがあった。そのときロレインは、「そんな真似、するわけないでしょ」と答えた。「わたしはこれまでずっと、一所懸命やってきたのよ。ジュエリーを売るのはつらすぎる……ホームレスになろうが、強制退去になろうが、これまでに貯めてきた全財産を売るつもりなんてない」。彼女にとって人生は、〝ちょっとつまずいて穴に落ちたけれど、すぐに這いあがれる〟なんてものではなかった。自分は永遠に貧乏だろうし、家賃のせいで無一文の状態がいつまでも続くだろう。それが自分に割りあてられた人生なのだと思っていた。

でも、もしそうなら、ささやかなジュエリーくらいもっていたっていいじゃない。ほんとうは、新品のテレビだってほしかった。妹夫婦のお下がりの、ボロボロのテレビなんてもうごめん。それに、だれも寝たことがない真新しいベッドだってほしい。香水も大好きで、歩道ですれちがった女性がなにをつけていたのか、当てられるほどだった。「わたしたちみたいな人間にだって、新品をもつ権利はあるんだから」と、ロレインは言った。[*4]

その日、ロレインは結局なにも予約購入しなかった。でも、フードスタンプの支給が再開すると食料品店に行き、ロブスターテールを二つ、エビ、タラバガニの足、サラダ、レモンメレンゲパイを買った。ケイジャンのシーズニングをカニの足にふりかけ、ロブスターはレモンバターに浸して一八〇度のオーブンで焼いた。そして、ひとりで食べつくした。ペプシで流しこんで。一カ月分のフードスタンプを、この一回ですべて使いきったのだ。

その日は、いまは亡きグレンとの記念日で、なにか特別なことをしたかった。「わたしたちの関係は、いつもよかったわけじゃない。でも、それがわたしたちの関係だったの」と、彼女は言った。「わたしにだって、どうしても忘れられないことがあるのよ」

ロブスターはその役に立った。

ロレインが浪費したり、フードスタンプを使いはたしたりするたびに、周囲の人間は困惑し、失望した。姪《めい》のサミー、スーザン、それにレーンの娘も、ロレインには呆れかえっていた。[*5]「ロレインおばさんってね、顔の皺に効くとかいう美容クリームに二〇〇ドル［約二万九〇〇〇円］も使っちゃうような人なの。家賃を払うかわりにね」と、サミーは言った。彼女はカダヒーで美容室を経営している。「どうして決められた金額のなかで生活できないのか、わたしには理解できない」。ダリル牧師も同じように感じていて、ロレインは〝貧困者特有の考え方〟しかできず、自分のお金を軽率に使っていると語った。

つまり、サミーやダリル牧師たちは、ロレインが貧乏なのはもらったお金をすぐに浪費するせいだと考えていた。だが、真実はその逆のほうが近い。ロレインは貧乏だから、すぐに使っているのだ。

強制退去させられる前、ロレインの手元には一六四ドル［約二万四〇〇〇円］が残っていた。ケーブルテレビ代を払わず、ウォルマートにも足を向けなければ、その金のいくらかは貯められただろう。もし、ロレインが収入から家賃を引いたあとの残金の約三分の一にあたる五〇ドルを毎月、貯金していれば、年末には六〇〇ドル［約八万七〇〇〇円］貯まっただろう。それだけあれば、一カ月分の家賃の滞納も十分に支払える。

だが、そのためには相当の犠牲を払わなければならない。ときには、お湯や服をがまんする必要もあるだろう。少なくとも、ケーブルテレビの料金なら節約できるはずだと思うかもしれないが、町から孤立したトレーラーパークに暮らし、車もなく、インターネットの使い方も知らず、携帯電話もときたまもっているだけで、仕事をしておらず、線維筋痛症と群発頭痛の痛みの発作に襲われる若くない女性にとって、ケーブルテレビは大切な友だちなのだ。

ロレインのような人たちは、あまりにも複雑な制約のなかで生きているため、どれほどの善行を積めば、あるいは自制心を発揮すれば、貧困から抜けだせるのか想像できないでいる。過酷な困窮から比較的安定した貧困に這いあがるだけでも大きな壁が立ちはだかっているせいで、どんなに節約したって無理だと希望を失ってしまうのだ。すると、努力さえしなくなる。代わりに、つらい日常生活をささやかなよろこびで味つけしようとする。ときにはハイになったり、酒を飲んだり、少しばかりギャンブルをしたり、テレビを手に入れたり……。フードスタンプでロブスターを買うことだってあるかもしれない。*6

ロレインが賢明な金の使い方をしていないとすれば、それは彼女が生活保護手当をたくさんもらっているからではなく、ほとんど手元に残らないからだ。彼女はロブスターのディナーのあと、その月はずっと配給の缶詰類を食べるしかなかった。空腹のまますごした日もあった。でも彼女にとっては、それだけの価値があった。「自分のしたことに満足してる」と、彼女は言った。「そのせいで、月末までインスタントのヌードルでしのぐことになってもね」

ロレインはずいぶん前に、自分の暮らし方については、ぜったいにあやまったり申し訳なく思ったりしない、と考えるようになっていた。「人間って、なにかにつけてねたむものなの」と、彼女は言った。バルサミコ酢に一四ドル［約二〇〇〇円］も払ったときも、リブロースや特売のステーキ肉や鶏肉を買ったときにも、レジ係の店員は彼女を見てけげんそうな表情を浮かべたが、気にしなかった。ロレインは料理をするのが大好きなのだ。

「わたしには生きる権利がある。生きたいように生きる権利も。貧乏人だって、毎日おんなじ味のものを食べてれば飽き飽きする。そこをわかってもらえないのよね。たとえば、わたしはホットドッグがだいっきらいなの。だけど、子どものころはホットドッグばっかり食べさせられた。そうなれば、『大きくなったら、ぜったいにステーキを食べてやる』って思うでしょ。で、わたしはいま相当おとなになった。だからステーキを食べてるってわけ」

翌八月、ロレインは隣に越してきた不運な一家のために、フードスタンプの一部を使ってインスタントのマッシュポテト、ハム、クリームコーンを買った。一家は六人家族で、最近の強制退去のせいで所持品をあらかた取りあげられ、床の上で眠っていた。夕食の準備ができると、ロレインが祈りの言葉を述べた。「天にましますわれらが神よ、この食事をお与えくださったことに感謝します。そして、わたしを祝福してくれたすべての人に感謝します。ありがとう、ジェイミー。ありがとう、ビーカー。兄のせいで頭にくることもあるけれど、兄を愛しています。主よ、どうぞ兄にご加護を。アーメン」

その二日後、ドアをノックする音がした。ドアをあけると、口ひげを生やした長身の白人が立っていて、その手元にはあざやかな黄色の紙が一枚あった。

「おはようございます。おたくのガスを停止します」

ロレインはその紙を受けとり、「ああ、そう」とばつが悪そうに言った。

「裏面に支払いの情報が書いてあります。じゃ、よい一日を」。そう言うと、男は工具箱をもってトレーラーの裏手にまわった。

「ってことは、ビーカーおじさんはガス代を払ってなかったのね?」と、ジェイミーがマスカラを塗りながら訊いた。

「みたいね」と、ロレインは答えた。手元の紙には、二七四八ドル六〇セント［約四〇万円］の未払いがあると記されている。

「いつになったら、おとなになって、ちゃんと料金を支払うようになるんだろう。いい加減、ビーカーおじさんも子どもみたいな生活をするのはやめなきゃ。ママもだよ。いつだって収入以上の暮らしをしようとする悪い癖があるでしょ。マジで、もうこんな生活やめなきゃ」

ロレインはわが娘をまじまじと見た。「いつの間に、そんなにカワイイ口をきくようになったのかしらね」

秋が深まり、冬が近づくと、トレーラーのなかも冷えこむようになった。薄っぺらい壁、キッチンのカウンター、水、ひきだしの食器はどんどん冷たくなっていった。ロレインとビーカーは毛布をかぶって身を丸め、セーターを重ね着して、小型の電気ヒーターを二台つけた。寒さをしのぐため、二人とも寝ている時間が多くなった。ロレインがソファで眠ってしまったときには、ビーカーが毛布をもう一枚かけてやった。身を切られるように寒いのは、とりわけ早朝だった。

ビーカーは厚手のコートを着ていたが、ロレインの冬物の服はいまだにイーグル運送の倉庫にあった。

とはいえ、このトレーラーパークで、初雪が降る前にガスをまた使えるようにしてもらうお金がないのは、かれらだけではなかった。そして、雪を毛嫌いしているトービンは冬のあいだ、もっと暖かいところへ旅に出ていた。

ビーカーがロレインに、自分は連邦政府の助成金を受けている高齢者と障がい者向けのケア付き施設に入居することになった、と切りだしたのは、そんなある日のことだった。そして翌朝にはもう引っ越してしまった。さすがのロレインも驚いた。結局、二人は一度もまともな話しあいをしないまま、別れることになった。

ビーカーが出ていってていたあと、ロレインは覚悟を決めた。ここにいつまでも身を潜めているわけにはいかない。とにかく管理会社の人と話しあって、なにか手段を講じなければ。そこで勇気を振りしぼり、スウェットパンツに染みだらけの黒いフリースという格好で、オフィスに歩いていった。

「できるだけ早く、緊急の支援を受けたいんです」。レニーの後釜に座った大学を出たばかりの若造に、ロレインは話しかけた。「おそろしく寒くて……暖房が必要なの。とにかく、暖房が必要だってことだけは、はっきりしてる」

「そりゃ、大変ですね」。まだ見習いの彼は顔もあげずに言うと、途方に暮れたような表情を浮かべた。それからビーク管理会社に電話をかけ、ロレインに受話器を渡した。電話の相手は、ジェラルディンというオフィスマネジャーだった。彼によれば、ビーカーは地代を一〇〇〇ドル［約一四万五〇〇〇円］ほど滞納していたという。払っていなかったのはガス代だけではなかったのだ。ロレインはオフィスの椅子に座ったまま、てのひらを額にあてた。「お願いです、力を貸して。情けをかけると思って」。その数分後、ロレインは電話を切った。このままトレーラーで暮らすには、ビーカーを説得して滞納分を払ってもらうしかない、と彼女は考えた。

ビーカーの新居ウッズ・アパートメントは、カレッジ・アベニューと三五番ストリートのあいだにあった。白い壁がきれいで、新築の匂いがするうえ、暖かかった。ロレインの頼みにビーカーは、家賃は払えないと断った。ロレインは持ち金を倉庫代にあててしまったので（この時点で、イーグル運送に一〇〇〇ドルを支払っていた）*7、先月の家賃は払えなかった。弟のルーベンの家にはロレインの所持品を置くだけのスペースがあったし、妹の夫レーンはトラックを所有していた。それなのに、ロレインが力を貸してほしいと頼むと、双方から断られたのだ。

「なら、あんなガラクタの保管のためにカネを払うのはやめろ。どうせ——」

そこまで言って、ビーカーが言葉をとめた。ロレインのようすがあまりにも哀れに見えたのだ。目の下には濃い隈ができていて、髪はぼさぼさだ。おまけに、最後にシャワーを浴びたのはもう何日も前だった。妹のスーザンにも、その夫レーンにも、シャワーを貸してくれとだけは頼みたくなかったからだ。ビーカーには、自分のトレーラーが荒れはてた物置のようになっていることがわかっていた。暖房が入らず、湯も出ないうえ、電話も通じず、ケーブルも遮断されていたのだから。

兄と妹のあいだに、どんよりとした沈黙が広がり、どうしようもない無力感が漂った。やがて、ビーカーが口をひらいた。「あそこにあるセーター、どれか一枚、もっていけ」

ロレインがビーカーのトレーラーから退去しなければならない日まで、残り六日となった。じつはビーカーは、ここを去るとき管理会社に手紙を書いていた。「私は引っ越すつもりです。このトレーラーは、私の借金の返済分としてビーク管理会社に置いていきます。私は出ていきます……妹も一緒に」

ロレインがビーカーの裏切り行為を知らされたのは、ウッズ・アパートメントを訪問した三日後だった。ビーク社の担当者がオフィスに電話をかけてきて彼女を呼びだし、月初めまでに退去してくださいと言ったのだ。ロレインは「お願いです。行くあてがないんです」とか「わたしはそれほど悪い人間じゃありません」などと言って、懇願しつづけた。でも相手は、最後にただ「はい、わかりました。はい。お手数をおかけしました。神のご加護を」と言い、電話を切った。ロレインはどさりと座りこんだ。「もう、どうすればいいのか、どこに行けばいいのかわからない。なにも思いつかない」

途方に暮れながらも、ロレインは通っている教会の近くで新居をさがしはじめた。教会は彼女の人生の中心だった。それなら、新居さがしの中心にしてもかまわないだろう。凍った歩道を用心深く歩いては、家主たちに電話をかけた。その途中、子ども時代をすごしたサウス・ミルウォーキーの公営住宅に寄ってみた。事務所の女性はロレインに、公営住宅は満室で、申込みは受け付けていないと話したが、住宅都市開発省のオフィスの住所を教えてくれた。

住宅都市開発省のミルウォーキー支部は、ダウンタウンの〈ザ・ブルー〉と呼ばれる高層ビルのなかにあった。正面は鏡張りで、真っ青な窓ガラスが横縞のように並ぶモダンなタワーの最上階だ。ロレインの濡れた靴が、ロビーの大理石の床に当たり、きしんだような音を立てた。

受付係は、ロレインに集合住宅一覧を渡した。一三ページにもわたるこの一覧には、都市部にある連邦政府補助の賃貸住宅がすべて記載されているという。「ここに載っている場所の半分もわからない」。ロレインは住所と電話番号の長いリストを眺めてつぶやいた。いずれにしろ、その大半は身体障がい者か高齢者のためのもので、ロレインには入居資格がない物件だった。ロレイン自身ずっと、公営住宅は高齢者のためのものだと思いこんできた。「高齢者にも、低所得者向けの住宅に入居できない人が大勢いるんだって思ってたの」と、彼女は記憶をたどった。「年寄が入居できないなら、わたしなんかが入居できるはずないって思ってたのよ」。だから、これまで一度も、公営住宅への入居を申込もうとしなかったのだ。

政治家たちには、有権者の真意がわかっていた。高齢者向けの住宅ならまだしも、貧困家庭に公営住宅を提供するのは有権者が気に入らない、と。おばあちゃんやおじいちゃんであれば、有権者は同情を示す。そのうえ高齢者が公営住宅に入れれば、成人した子どもは助かる。老人ホームに入居させずにすむからだ。そういうわけで、低所得者層向けの公営住宅の代わりに、高齢者向けの住宅が次々と建設された。もともとは家族向けに建築された高層共同住宅まで、高齢者向けに改築されたりした。*8

ロレインは住宅一覧のなかに、高齢者でも身体障がい者でもない人の申請を認めていて、市のサウスサイドのはずれに位置する公営住宅を二つだけ見つけた。サウスサイドのあたりに住む気にはなれなかったし、ノースサイドは論外だった。申込み書には、強制退去された経験の有無を尋ねる項目があった。ロレインは「イエス」を丸で囲んで、こう書いた。「家主とちょっと揉めて、強制退去させられました」

ロレインがビーカーのトレーラーから退去しなければならない日、町の路上には一面、氷が張っていた。一二月初旬に降った雪が溶けて気温が急激に下がり、凍ったのだ。ロレインはキッチンに立ち、隣人たちが車の窓にへばりついた氷をはがしたり、ドアに張りついた氷を細かく砕いたりする音を聞いていた。床にはゴミの山があった。ほとんどがビーカーの煙草の空き箱、チョコレートミルクの空きボトル、キッチンのシンクに積み重なって汚れたままの食器だった。

寒さのあまり、ロレインはソファで毛布にくるまり固まった。とんでもなく寒いうえ、これからどうすればいいのか、見当もつかなかった。冬になってから、掃除はいっこうに進んでいない。「もう、どうでもいいや」。そうつぶやくと、彼女は鎮痛剤と抗うつ剤を飲みこんだ。

あのあと、ロレインは四〇件のアパートメントに電話をかけたり、入居申込みをしたりしたが、民間のアパートメントではひとつもうまくいかなかったし、公営住宅からもまだ返信がなかった。これからわたしはどこに行けばいいんだろう？　自分と同年代で、トレーラーパークで独居生活を送っているトーマスか、〝向かいに住んでいる老女〟としか知らないミズ・ベティに交渉してみようか……。そこまで考えて、とりあえず部屋に残っていたものをまとめた。とにかくパブリック・ストレージ社に五〇ドル［約七三〇〇円］を払って、倉庫の荷物の保管を続けてもらおう。

その日も暮れるころ、ロレインはミズ・ベティのトレーラーのドアをノックした。彼女は小柄な白人の女性で、目は水晶のようだった。シルバーブロンドの髪を二本の三つ編みにまとめ、肩の下まで下げている。座ったまままゆっくり煙草を吸っていると少しは若く見えるが、歩いている姿はいかにも老女で、片腕を身体のそばにくっつけて腰を曲げている。二人は顔があったときに挨拶をかわす程度で、あとは噂話でしか相手のことを知らなかった。それなのに、しばらくおたくに同居させてもらえないかとロレインが頼むと、ベティは「イエス」と言ってくれた。

「うちにいていいわよ。冬を越すまではね。みんなが言うほど、あんたは厄介者じゃないでしょ」

ロレインはにっこりと微笑んだ。「これでまたシャワーが浴びられたりするのね」

ベティのトレーラーは、このトレーラーパークのなかでもいちばん散らかっていると言えるかもしれない。ロレインが身を置くスペースはかろうじて見つかったものの、まさに足の踏み場もなかった。テーブルには雑誌、古い手紙、缶詰、醤油のビン、キャンディといったものが山積みになっているし、リビングでは一本の木が窓のほうにたわんでいて、枯れ葉が床に散乱している。思い出の品々はキリストの絵の横の棚に無理やり押しこまれていた。

とはいえ、この散らかった部屋にも一定の秩序がなきにしもあらずだった。浴室のひきだしはまるでホームセンターのナットやボルト売り場のように、旅行用歯磨き粉のチューブ、ヘアゴム、爪切りなどがそれぞれの仕切りに収納されている。キッチンには、格言を書いた紙が貼られていた。「自制心とは、首根っこを絞めあげて息の根をとめてやって当然のクズに対して、ぐっとこらえることを指す」。ロレインはベティに、月一〇〇ドルを支払うと約束した。

ミズ・ベティのところに転がりこんでから数日後、公営住宅への申込みを却下するという書類が二通、届いた。どちらの書類にも、却下した理由が二つ明記されていた。〝ウィスコンシン州による徴収〟と〝強制退去歴〟だ。〝強制退去歴〟は理解できたが、〝ウィスコンシン州による徴収〟とはなんのことなのか、さっぱりわからなかった。そこで電話をかけたところ、固定資産税の滞納があると言われた。電話を切ったロレインは、「固定資産税！」と言い、声をあげて笑った。「どうやったらわたしが固定資産税を滞納できるのか、教えてもらいたいもんだわ」[*9]

抗議すべきだと考えたベティは、大きな眼鏡を下に少しずらし、ロレインを見て言った。「闘わなきゃ、ロレイン。わたしだって、メディケイド［低所得者向けの公的医療保険］のために闘ったんだから」

だがロレインは、「そんなエネルギー、もう残ってない」と言った。「それに、また拒絶される気分を味わいたくない」[*10]

ベティはうなずいた。その気持ちがよくわかったのだ。

数日後、ロレインはふいに敬虔《けいけん》な気落ちになって、教会で〝真理〟に関するクラスを受講したときのことを思いだした。

「あなたがイエスさまを見てるときには、なにが見えてるの？」。ロレインはベティに尋ねてみた。すると、ベティは即答した。「いい男」。まだ火のついていない長い煙草が、船から飛びだす板のように口元から伸びている。

「ベティったら！」。ロレインはくっくっと笑った。

ベティはゆったりとした足どりで歩いていくと、キリストの絵をとんとんとたたいた。「いい男でしょ。あたし、昔っから、ひげもじゃの男が好きでね」

「悪い子ね、ベティ」と、ロレインは甘い声でささやいた。

こうして友人となった二人は、そのまま夜までおしゃべりをしては笑いあった。そしてソファの上で、同時に眠りに落ちた。[*11]

19章 小さきもの

パムがさがしあてた最安値のモーテルは、一泊五〇ドル［約七三〇〇円］だった。ネッドや子どもたちとそこにチェックインすると、パムはすぐ、友人や親戚に電話をかけはじめた。だれかの家にしばらく泊まらせてもらえたらと思ったのだ。でも、なんの成果もあがらないまま二日がすぎ、パムはだんだん心配になってきた。「みんな電話に出てくれない。わたしたちには寝る場所が必要だって勘づいてるのよ」と、パムは言った。

おまけに、ネッドが建築現場でのパートタイムの仕事を失った。トレーラーパークから引っ越すのに二日間、仕事を休んだせいでクビになったのだ。借家人が失業したせいで強制退去につながるケースもあれば、その逆もあった。[*1] ネッドのように、時間を奪われ、仕事に行けなくなるだけではなく、ストレスに押しつぶされた結果、仕事のミスが誘発されるのだ。強制退去後はたいてい職場からいっそう遠い地域に転居するため、遅刻や欠勤もしやすくなる。[*2] だからネッドが解雇されたのは、めずらしい話ではない。だが、そんな事実がわかったところで、手持ちのお金がつきかけていたパムには、なんのなぐさめにもならなかった。

ネッドは実家に電話をかけるのを拒否した。またか、とパムは思った。ネッドは自慢話をするために実家に電話をかけることはあっても、頼みごとはしない。だから、いつもパムだけがあちこちに電話をかけまくる。知りあいにはほぼ全員かけた。複数の教会にまでかけた。とうとう、ある友人が、経済的に立ちなおるまで子どもたちを受けいれてくれることになった。

さっそく年長の娘たち三人を預けた（まだ二歳のクリスティンだけは手元に置いた）その日、午後一〇時をすぎたころ、ネッドの電話が鳴った。かけてきたのはトラビスだった。トレーラーパークでドラッグをやる仲間だったが、いまは近所の団地に越しているという。彼はソファでなら寝てもいいと言ってくれた。パムは安堵の吐息をついた。これで、少なくとも出産後に赤ん坊を連れて安モーテルに帰らずにすむ。二人にとってトラビスは、最初の思わぬ幸運だった。

次にやってきたのはダーキーだ。筋骨たくましい白髪の男で、自宅のガレージでプロ並みの修理工をしている。その彼が、ネッドにバイクのカスタムをするもぐりの仕事をやらせてくれた。二人は、修理工仲間を通じての知りあいだった。

だが、トラビスの家に転がりこんでから一カ月がすぎたころ、彼がうんざりしはじめた。クリスティンがぐずると、トラビスは迷惑そうな顔をして、いかにも不機嫌に自室のドアを閉めた。

その理由は、仕事で翌朝四時半に起きなければならないだけではなかった。以前、大酒飲みだった彼の弟と甥っ子を同居させたせいで、強制退去させられるという苦い経験をしていたからだ。ネッドはパムに、子どもを静かにさせろと言ったが、あんただってこの子の父親じゃないの、とパムに言い返された。

ある朝、ネッドたちはダーキーのガレージへと車を走らせた。クリスティンはクマのぬいぐるみと後部座席に座り、シートベルトを締めている。パムの出産予定日まであと九日になっていた。トービンにトレーラーパークを追い出された日から、新居さがしはいっこうに進展していない。こうなったら、サウスサイドのあたりでメキシコ人たちと暮らすしかないのかもしれない。ストレスと空腹の痛みをごまかすためにパムの煙草の本数は増え、ネッドにはもう手持ちがなかった。

ネッドはダーキーから、トランスミッションの作業をしてくれと言われていたが、そうなれば深夜まで働くことになる。自分たちがトラビスの世話になっていることにも嫌気がさしていた。大音量の音楽が聞こえてきたので、そちらを向くと、隣の車線に二人の若い黒人男性が乗っている車が見えた。「クソめ」。ネッドは嚙みつくように言った。

白人の労働者階級が暮らすウエスト・アリスに貸家の看板が立っているのを見つけたのは、その数分後だ。電話番号をメモしろ、とパムに言ったが、彼女は書きそこねた。

「ちゃんと言っただろ。番号を言ったのに、メモもできないのかよ」

「あんな早口じゃ、ムリだよ！」

「おれのせいじゃねえ！」

ネッドは車をぐるりと一周させ、看板のところに戻ってくると、電話番号を確認した。それから、パムが電話をかけた。

「もしもし、リンカーン・アベニューと七六番ストリートのところの物件について聞きたいんですけど……えっと、寝室は二つありますか？」

「ああ」と、男の声が言った。「暖房費込みで、月六九五ドル［約一〇万円］だ」

パムは電話を切らなかった。もしかしたら話のわかる人かもしれない。

「そうですか。いつから入居できます？」

「いますぐ入れるよ」

「ほんとに？　よかった」

「で、一緒に住むのはだれだい？」

「家族です」。そう言うと、パムは少し考えてから、子どもについても話すことにした。「三人子どもがいて、もうひとり、生まれる予定なんです。でもみんな、女の子ですから！」

「おっと、ダメ、ダメ。うちは、おとな限定でね」

「そうですか……。ありがとう」。パムは電話を切った。「子どもはダメだって」

オジー・オズボーンの黒いタンクトップを着て、ハーレーダビッドソンのキャップを後ろ向きにかぶっていたネッドは、歯のあいだから口笛を吹いた。「だろうな。四人も子どもがいるなんて言ったら、それでもうおしまいだ」

だが、パムにはもう何人だろうと関係ないとわかっていた。数日前に電話をかけたところ、二人の家主が子どもを理由に断ってきたからだ。ある家主はこう言った。「うちはかなり厳しくてね。騒音はいっさい禁じてるんだよ」。もうひとりの家主からは、二寝室のアパートメントにそんなに大勢の子どもを押しこむのは違法だと断られた。パムとネッドには、どんなにがんばっても二寝室より広いアパートメントを借りるだけの資金はないというのに。それ以来、家主たちと話すときは子どもの数を少なめに伝えていた。

どうしてうちの家族はいつまでたってもホームレスのままなんだろう——パムはつくづく考えた。数年前、わたしが薬物の件で有罪判決を受けたせい？　それとも、ネッドが失業中で収入証明書がないせい？　強制退去歴があるせい？　貧乏なせい？　子どもがたくさんいるせい？

子どもは家主にとって頭痛の種だ。路上での事件に巻きこまれるのをおそれて、犯罪の多い地域に暮らす親はたいてい、わが子を外に出すまいとする。すると、狭いアパートメントに閉じこめられた子どもたちは、カーテンをスーパーヒーローごっこのマント代わりに使ったり、おもちゃをトイレに流したり、水道料金をとんでもない額にしたりする。それに子どもは鉛中毒の悪影響を受けやすいから、水道検査で塗料から鉛が検出されると除去命令がくだされ、さらに費用がかさむ。おまけに、入居している子どもが児童相談所の監視下に置かれようものなら、ケースワーカーがアパートメントに不衛生な点や危険な基準違反がないかどうか検査される。ティーンエージャーなら、警察から目をつけられるおそれもある。

家主が子どもを嫌がるのは、なにも最近の話ではない。昔ながらの習慣だ。一九四〇年代後半、戦後の厳しい住宅事情のなか、多くの家主が子どものいる家庭の入居を拒否し、妊娠した借家人を強制的に退去させた。[*3] そのことは、公営住宅に申込みをした母親たちが書いた手紙からもわかる。ある母親はこう書いている。「いま、わたしは暖房のない屋根裏部屋に一歳の赤ちゃんと一緒に暮らしています……どこに行っても、家主に子どもはお断りだと言われるからです。ほんとうは一〇歳の息子もいるのですが……大家の女性が認めてくれないので、息子とは一緒に暮らせていません。家具のない部屋でも、アパートメントでも、古い納屋だってかまいません。わが子と暮らせる部屋を貸してもらえないでしょうか……もう、こんな状態で暮らしてはいけません。自暴自棄になって、とんでもないことをしてしまいそうです」。別の母親はこう書いている。「うちの子どもたちは具合が悪くて、体重がどんどん減っています……部屋を貸してほしいと、あちこちさがしまわって、頭を下げ、懇願しましたが、いつだって『もう満室になった』とか『悪いが、子どもはお断り』とか言われて終わりです」。さらにある母親は「わたしが下宿している家の大家さんは、三週間ほど前に、うちの子どもたち二人を追い出して、もうここに戻ってきてはいけないと言い渡しました……もしガレージを貸してもらえるなら、わたしはそこに住みます」と、書いている。[*4]

一九六八年、連邦議会が公正住宅取引法を可決したときには、子どものいる家庭を保護すべき対象と見なしていなかった。そのため、家主たちは公然とかれらの入居を拒否したり、強制退去させたりした。なかには、大家族には通常の家賃にくわえて〝子どもによる損害への保証金〟を請求する家主もいた。ワシントンDCのある団地では、子どものいない借家人の敷金が一五〇ドル［約二万二〇〇〇円］なのに対して、子どものいる家庭には四五〇ドル［約六万五〇〇〇円］の敷金と子どもひとりあたり月五〇ドル［約七三〇〇円］の追加料金を請求していた。[*5]

一九八〇年に、住宅都市開発省が問題の規模を判断するために全国的な調査を依頼したところ、いっさいの制限なしに家族が入居できる賃貸物件は四件に一件しかないことが判明した。[*6]その八年後、連邦議会はようやく子どもや家族に対する住宅差別を違法としたが、パムが体験したように、昔からの習慣はいまでも広く残っている。[*7]子どものいる家族は、入居を望んでも一〇件に七件は拒否されているのが実状だ。[*8]

ネッドは車からおりると、マクドナルドのモーニングセットの残りをクリスティンに渡して言った。「パパにキスして。これからお仕事だからね。愛してるよ」。そのあと、彼はパムにもキスをした。パムは額に手をあてた。「もう、頭がパンクしそう」

「ママ？　公園だ！　遊ぼうよ！」と、クリスティンが後部座席から言った。

「ダメよ、クリスティン。ママはおうちをさがすのに忙しいの」

「子どもは何歳?」と、家主が訊いた。

「六歳です」

「来月、またかけなおして」

アーリーンは電話を切った。すでに八二もの物件に電話をかけるか、入居の申込みをしたが、すべて断られている。スラムであっても、手の届く家賃の部屋はほとんどなかった。ならば、と収入のすべてを費やしてようやく借りられそうなところに電話をかけても、家主が折り返し電話をくれることはなかった。それでも気をとりなおし、さらに三件に電話をかけた。じつのところ、どこも彼女には家賃が高すぎるのだが。どれも自動メッセージが流れた。「月曜日にかけなおしてください」

アーリーンは前夜に病院に駆けこんだせいで、まだぐったりと疲れていた。ステロイド薬を使いきってしまい、ジャファリスがぜん息の発作を起こしたのだ。このところ、あまりにも心配ごとが多くて、ジャファリスのようすにまで気がまわっていなかった。このあいだ、いつものように部屋さがしの長く実りのない一日を終えるころになって、ジャファリスの吸入器を入れたバックパックをバス停に置き忘れたことに気づき、真っ青になった。吸入せずに一日がすぎても、ジャファリスは平気そうに見えたが、二日後、目を覚ますと言った。「ママ、ぼく、具合が悪い」。ぜいぜいと音が出るジャファリスの呼吸音を聞き、アーリーンは救急車を呼んだ。そのあと、動物園のそばにある小児科専門の病院に運ばれ、一晩、入院した。そして翌日、なんとか夜の一〇時半までにシェルターに戻ることができたのだった。当直のソーシャルワーカーは、病院までの行き帰りのタクシー代を払ってくれるほど親切だった。

八五番目の家主が電話に応じたとき、アーリーンは「もしもし！　どうも、はじめまして」と言ってみた。「もしもし！　どうも、はじめまして」でも「もしもし、そちらの物件について電話してるんですが」でもない。こんなふうに毎回、声の高さを変えてみたり、口調を変えてみたり、第一声のせりふを変えたりした。「いまはシェルターに滞在しているんです」と言うときもあれば、言わないときもあった。「子どもは二人います」と言うこともあれば、「子どもはひとりです」と言うことも。「児童保護施設に預けています」と言うこともあれば、そうではないと言うこともあった。養育費をもらっていると言ったり、もらっていないと言ったりもした。それもこれも、どうにかしてチャンスをもぎとりたかったからだ。制度の抜け穴を利用したくても、アーリーンにはやり方がわからなかった。

「これから、男性と住む予定は？」と、八五番目の家主が訊いた。

「ありません」

「ときどき男性がやってくることはありますか？」

「いいえ。あたしと息子だけです」

「息子さんは何歳ですか？」

八六番目の家主は月八二五ドル［約一二万円］の家賃にくわえ、ジョリの分として追加で二五ドル［約三六〇〇円］を要求してきた。

感触がよかったのは八八番目の相手だった。その物件はレンガ造りの大きな三階建てで、ノースサイドの袋小路の突きあたりにあった。「たぶん、昔はなにかの施設だったんだと思います」と、建物の管理人は言った。「老人ホームかなにかだったんでしょう」

精神科の病棟だったんだろう、とアーリーンは推測した。なかは清潔で静かだった。壁はオフホワイトでもベージュでもなくいかにも病院らしい白、金持ちの歯のように真っ白だ。暗い色調の木の扉には真鍮製の数字がついていて、天井の低い長い廊下に続いている。アーリーンと息子たちは管理人のあとについていき、自分たちの靴が立てる音を聞いていた。ジョリがジャファリスに飛びかかって驚かし、ジャファリスが跳びあがると、二人は声を潜めて笑った。そうしていると、薄気味悪さを振りはらうことができた。

「私はアリといいます」と管理人が言った。「〝高貴なる者の末裔《まつえい》〟という意味です」。背筋をぴんと伸ばし、茶色いクフィ［アフリカ系の男性が着用する丸いかたちの帽子］をかぶった黒人男性のアリは、ベージュのズボンにベージュのシャツを着て、ボタンをいちばん上までとめていた。アーリーンに最初の部屋を見せるため、なかに入ると、彼は「問題のある借家人が二人ほどいましてね」と言った。「サウス・セントラル［ロサンゼルスの治安の悪い地域］の文化に近い方もいます。私はそういう文化は好みませんが。でも、その程度ですよ」

アーリーンはアパートメントのなかを見まわした。ところどころに古い家具が置いてある。

「おわかりでしょう」と、アリが続けた。「きちんとした生活を送ることが肝心なんです。請求書の支払いをきちんとすませるとか」。そう言うと咳払いをして、いっそう力を込めて話しはじめた。「互いに責任をもつ人間関係が肝心です。いまは、それが大きな問題になっていますがね。私は黒人女性の味方です。黒人女性は互いに責任をもたないような真似はしませんから。それに、自立している……あなたが家族を大切にするつもりがないなら、力を貸そうとは思わない……でも、家族は大切です。それは正しいこと、よきことなのです」

管理人は、そこまで話すとようやく、アーリーンが微笑みかけているのに気づいた。なんだか変わってる人だ、とアーリーンは思ったのだ。

「ええと、それで、ここが気に入りましたか？　それともほかの部屋もご覧になりますか？」

「いいえ、ありがとう。とにかく、住む部屋さえあればいいんです」

一寝室の部屋で、家賃は月五〇〇ドル［約七万三〇〇〇円］。電気料金は別途請求とのことだった。申込書の「以前の家主は？」という質問の欄に、アーリーンは「シェリーナ・ターバー」と書き、「引っ越しの理由は？」には「悪徳家主」と書いた。それからしばらく迷ったあと、思い切って、猫は飼えますかと尋ねた。

「ペットは禁止されていますが、私は猫が大好きですから、交渉してみてもかまいませんよ」

「ああ、ほんとに、感謝します。えっと、その、ほんとに」。アーリーンはジョリのほうを見た。彼女が猫の件を交渉したのは、ジョリのためだ。ジョリにもそれはわかっていて、茶色の瞳をうるませた。「泣かないで、ジョリ。ママまで泣きそう」

ジョリはさっと背を向け、窓のほうへと歩いていった。

アリと別れたアーリーンは、スラムのちょうど真ん中あたりにある、いとこのJ・Pの家に寄ることにした。アーリーンはJ・Pが大好きだった。その横幅が広い顔も、気楽な態度も。「彼の家主に、空室がないか訊いてみよう」と、アーリーンはつぶやいた。たしかにアリは親切だったけれど、入居を許可する権限をもっているわけじゃない。なにより、J・Pの部屋で同居させてもらっているブージーのようすを見たかった。ブージーはアーリーンの最初の息子だ。

ラリーが家を出ていってからほどなく、児童相談所が長女ジェージェー、長男ブージー、そしてほかの三人の子どもたちも全員、アーリーンのもとから連れ去った。「当時はわたし、母親の責任をただ放棄してたのよ」と、アーリーンは振りかえった。「ラリーが出ていって、めちゃくちゃ傷ついてね。あのとき、わたしがもっと強かったらよかったんだけど」。それからの数年間、アーリーンの子どもたちは里親のもとを出たり入ったりしながら育った。「でもブージーはけっして、わたしと一緒には住みたがらなかった」

ブージーは一五歳のときに、自分からケースワーカーのところに電話をかけ、子どもたちだけで置いていかれたと伝えた。「だからまた連中がきて、子どもたちを連れていっちゃったの」。そのときにはもう、ジャファリスも生まれていた。当時、ジャファリス二歳、ジョリ一〇歳。二人はのちにアーリーンのもとに戻ったが、ブージーと、ラリーとのあいだに生まれたほかの二人の子どもは里親の元に残った。

アーリーンにその理由はわからない。でも、里親のほうが彼女よりもお金があったのは間違いない。里親は子どもたちに新しい服を買ってやり、毎晩食事をさせ、寝るときには子どもたちに専用のベッドを与えてやることができた。とはいえ、弟や妹たちとは違って、ブージーはそれほど長くは里親のもとに留まらなかった。一七歳でそこを出て、高校を中退し、クラックを売りはじめたのだ。

J・Pのアパートメントは暖かく、卵とソーセージの香りがした。ソファにいたブージーは痩せていて、キャップを後ろ向きにかぶっていたが、アーリーンと子どもたちがきたのに気づくと、四五口径の拳銃を模した空気銃をつかみ、ジャファリスに突進した。そのままジャファリスの背中に空気銃をつきつけ、タックルをかまし、隣接する寝室のマットレスに二人で着地した。ジャファリスは身をよじって笑ったけれど、ブージーの腕のあいだからは抜けだせなかった。

「よお、六歳のギャング」と、ブージーが笑いながら言い、空気銃を渡すと、ジャファリスはにこにこしながらそれをいじりはじめた。

やれやれと首を振るアーリーンに向かって、ブージーはうなずいた。

家主に電話してくれない？　とアーリーンはJ・Pに頼んだ。彼が家主に尋ねると、なんと下の階の部屋が空いているという。アーリーンは帰る前に、その部屋を次の日に見せてもらう約束をとりつけた。

「ブージーときたら！」。外に出ると、アーリーンはジョリに向かって文句を言った。「いつまでたっても痩せっぽちで！　クスリのせいか、ちゃんと食べさせてもらえてないかよ」。そう言うと顔を曇らせたが、すぐにその不安を振りはらった。「いまは、そんな心配をする余裕はない」「あそこに住むの？」。期待するように尋ねるジョリに、アーリーンはちょっと考えてから言った。「さあ。あそこはちょっと騒々しいかも」。警官やドラッグのことを思い浮かべたのだ。

アーリーンたちはノースサイドをさらに進んだ。母親が死んだ質素な青い家の横を通りすぎ、彼女が〝クラック漬けの溜まり場〟と呼んでいたウエスト・アトキンソン・アベニューのアパートメントも通りすぎた。そして、以前に暮していたハンプトン・アベニューと一九番ストリートに挟まれた家の前で車をとめた。薄汚れた人気《ひとけ》のない家は、いまだに塗装が半分しかすんでいない。玄関のドアには警告が貼られていた。「当建物は違法な住人がいる、もしくは人間の居住には適さないため、明け渡されなければならない」

「ああ、この家に住んでたときが恋しい」と、アーリーンは言った。そして、郵便受けを確認しにいくジャファリスに微笑んだ。「手紙なんかあるわけないよ、残念でした」

あのとき、市に通報する気になったのは、本当のところ水の問題ではなかった。水道が使えなくなっても、近所の店から何リットルか運んできて、どうにかやりくりしていたのだから。なのに、家主が道具箱片手にやってきて、浴室のあちこちにのこぎりで穴をあけ、パイプになにか手をくわえたせいで水漏れするようになった。それで家主に文句を言うと、こう言われたのだ。「いいか、うちには五〇以上の物件があるんだ。待てないなら出てってくれ」。建物検査官に通報したのは、そのときだった。「われながら、バカなことをしたもんだ」

ネッドは一日中トランスミッションをいじり、パムは一日中貸家をさがしていた。あちこち電話をかけすぎたせいで、途中からどこにかけたのかわからなくなり、すでに断られた家主にも電話をしたりした。ウエスト・アリス地区の家主にまた電話をしてしまったときは、「おたくんとこの子どもたちはお断り」と、家主の男が苛だたしげに言った。

とうとう、パムは〝クラック中毒者と売春婦〟の溜まり場だと言われている団地に電話をかけることにした。そこなら、これまでの経歴をうるさく尋ねてこないだろうと思って。だが、家主は三寝室の部屋の家賃を月八九五ドル［約一三万円］だと言った。信じられなかった。「あんなひどい場所で、そんな家賃をとるわけ？」。以来、パムはヒスパニック系が住むサウスサイドで貸家をさがすようになった。「もう、あのへんに住むしかないんだろうね」と言ってため息をつきながら。

それから、いろいろなアパートメントに三八回も電話をかけたけれど、残ったのは二件のアポだけだった。ひとつはカダヒー、もうひとつはサウスサイドにあるアパートメントだ。カダヒーのほうは白人の労働者階級が暮らす郊外にあって、西側は空港の敷地に面していた。二寝室で、家賃は暖房費込みで六四〇〇ドル［約九万三〇〇〇円］。新居をさがしはじめたころは、あわよくば家賃五〇〇ドル［約七万三〇〇〇円］のところがあるかもしれないと夢想していた。「わたしもネッドも、ほら、いつなにがあるかわかったもんじゃないでしょ」と、彼女は言った。でも、そんな物件はなかった。*9 パムはもう、隣人の大半が白人ではない地域に住むくらいなら、家主に手持ちの金をありったけ渡してもいいと思うようになっていた。

二人がカダヒーのアパートメントの外で、家主がくるのを緊張して待っているあいだ、ネッドはパムに「おまえは黙ってろ、おれが話をつけてやるから」と言った。パムはそれでまったくかまわなかった。いつなんどきお腹の赤ん坊が生まれてきてもおかしくない状態で、とにかくベッドで横になっていたかった。「どうか、お願いです。お祈りします」とパムが小声で言うと、「祈る必要なんかねえ。神さまなんて、空の上にいるわけねえんだから」と、ネッドは吐きすてるように言った。

家主がやってくると、ネッドはさっそく生意気な口をききはじめた。「おれは建築関係の仕事を二〇年近くやってるんだ……ここらで修理が必要なところはないか?」。アパートメントは清潔で新しく、娘たち全員が寝られそうな広い寝室があった。何事もなく、会話はうまく流れているように思えたが、家主が申込書を書いてくれと言いだした。ネッドは現金を渡してかわそうとしたが、家主は記入しろと言って譲らなかった。

「審査は厳しいのか?」と、ネッド。

「信用調査とかはするね」と、家主。

「まあ、おれたちの信用度は最高じゃないからな」

「前科や強制退去歴がなければ問題ないよ」

二件目のアポ、サウスサイドの物件は、おもにヒスパニック系の人たちが暮らす地域にあって、静かな路地に面していた。家主は三寝室の物件に六三〇ドルの家賃を求めてきた。

「しかたねえよな」と、ネッドが言い、周囲の街並みに目をやった。「メキシコ人とならやっていける。だが、ニガーだけは勘弁だ。あいつらはブタだよ」。そう言うと、彼はなにか思いだしたようににやりと笑った。「なあ、パム、黒人をこうは呼びたくないっていう呼び方、教えてやろうか。ヒントをやる。nで始まってrで終わる……隣人《ネイバー》*10さ！」

ネッドがゲラゲラと笑うので、パムもどうにかこうにか笑みを浮かべた。ときどき、ネッドには本当に腹が立った。とくに、この手のことを娘たちの目の前で言ったり、彼女たちの黒い巻き毛が気持ち悪いと言ったりするときだ。とはいえ、住む地域の環境に関しては、ネッドとそれほど意見は違わなかった。「スラムに住むくらいなら、モーテルの部屋のほうがまし」と、パムは言った。「少なくとも、トレーラーパークでは住人の大半が白人だった。クズみたいな白人ばっかだったけど、それでもね」。彼女の考えるかぎり、スラムはどこも同じ、彼女にとってスラムはひとつの大きな〝黒人の村〟だった。

ばかでかいバックルのベルトを着けた銀髪の男がやってきた。家主だ。彼はパムとネッドに室内を見せた。木の床は磨かれていて、窓は新しく、ペンキは塗られたばかりで、広々とした寝室もある。申し分のない物件だった。パムは裏手の窓から外を眺めた。手入れの行き届いた裏庭では白人の子どもたちが遊んでいる。家主は「いくつか家電用品もつけよう」とまで言ってくれた。

二人とも、家主のジョークに声をあげて笑い、機嫌をとろうとした。「コンクリートの作業が必要なとこがあるんじゃないですか。おれなら、お安く引き受けますよ」と、ネッドは言った。パムも、もし清掃員を雇う予定があるなら、二週間ほどわたしが代わりにやりますよ、と加勢した。

いよいよ申込書を記入する段になると、ネッドはこれまでとは違うやり方をした。「これはなんです? 信用照会?」。彼はそう尋ねた。

「空欄のままでいいよ」

「じつは、おれたち、こっちの銀行の口座をまだもってないんですよ。グリーンベイから越してきたばかりで」

「なら、そこも空欄のままでいい」

手を振って別れたあと、パムはネッドのほうを見て言った。「この地域がクソみたいなところでも、あそこはよかった。いいアパートメントだった。格上のスラムに住むってとこだね」

「もしかしたら、あそこでコンクリの仕事をもらえるかもな」。ネッドは想像をふくらました。

「わたしだって、清掃の仕事をもらえるかも。マジで、住んでもよさそうなとこだったよね」

帰り道に空室の看板を見かけても、もう電話番号のメモをとらなくていい、とネッドは言った。「気を揉むのはやめようぜ。あそこに決めよう」

その日の夕方、トラビスがついに、パムとネッドに出ていってくれと言い、一家は安モーテルにチェックインした。何度も洗われているうちに生地が傷んでしまったベッドカバーの端に座り、パムはゆっくり深呼吸しながら、お腹のなかの赤ん坊に話しかけた。「もうちょっと待ってて。あの賃貸契約にサインするまで、もうちょっとだけ」

だが、赤ん坊は言うことを聞かなかった。パムは破水し、モーテルに滞在していた年長の女性が、パムとネッドとクリスティンを車に乗せて病院に連れていってくれた。赤ん坊の体重は三四〇〇グラムを超えていた。女の子にしては大きい、とネッドは思った。「煙草を吸ってても、低体重の赤ん坊が生まれてくるわけじゃないって証明できたな」。そう言って彼は笑った。

赤ん坊が生まれた四日後、ばかでかいバックル男から、入居申込みが認められたと電話があった。パムには二回の強制退去歴があり、重罪を犯した前科もあったうえ、公的扶助を給付されていた。ネッドには逮捕令状が出ていて、証明できる収入はなく、三回の強制退去歴のほか、ドラッグがらみや無謀運転、銃の隠匿携帯といった数々の犯罪歴があった。おまけに、一家には四人の娘がいた。それでも、かれらは白人だった。

パムは、パッカード・アベニューのアパートメントのほうがよかったが（そちらのほうが狭かったが、なんといっても白人が暮らすカダヒーにあった）、家主はノーと言った。強制退去歴と犯罪歴のせいで、白人が暮らす地域からは締めだされたのだ。でも、ノースサイドの住人がいつか引っ越したいと憧れている、ヒスパニック系が暮らす地域には住めることになった。

それなのに、ネッドがそのチャンスを台なしにした。入居して三日後、酔っ払って上の階の住人たちと派手な言い争いをしたのだ。家主は引っ越し先をさがすのに、一週間だけ猶予を与えた。ネッドは、修理工のダーキーのガレージのそばに小ぎれいな二寝室のアパートメントを見つけた。労働者階級の白人が住む地域で、家賃は六四五ドル〔約九万四〇〇〇円〕。アパートメントの正面には、一本の梨の木があった。じつは、ネッドは自分ひとりだけで入居の申込みをすませ、パムと、彼女と黒人の男のあいだに生まれた娘二人は賃貸契約からはずしていた。「シングルファーザーのほうが好かれるからな」と、彼は言った。実際、家主は入居を認めた。

「家主はわたしのことも、上の娘二人のことも知らないの？」。パムが訊いた。

「ああ。まあ、ちょっと時間を置けばいい。おれには家が必要だ。たったの一週間でここを見つけたんだぞ」。ネッドは拍手喝采を受けるかのように、両手を掲げた。「やっぱり、善人にはいいことが起こるってわけだ」

そこに入居すると、隣人がネッドに建築現場の仕事を紹介し、パムは医療助手として働きはじめた。ネッドは娘のブリスとサンドラに、「家主になにか訊かれたら、自分たちはここには住んでいないと言え」と命じた。彼はふだんから、娘たちに暴言を吐いてばかりいた。「おまえらときたら、親父と同じくらいどうしようもないバカだな」「まったく、おまえらときたら、黒人の血が混じったこそ泥だ」……。ある日など、娘たちを外に出し、「ホワイト・パワー！」と白人至上主義のスローガンを詠唱させ、家のまわりを行進させた。

その一つひとつに、パムはやりきれなさを覚えた。この先、長いあいだ、こうした経験が娘たちの心に傷を残しませんように――彼女はそう祈った。赦しを求めて祈りもした。母親である自分の責任でもあると、よくわかっていたからだ。それでも、いまはネッドと別れられないと感じていた。「まともな生活じゃない」。彼女はひとりごちた。「いま、わたしたちはクラックこそやってないけど、前みたいにサイテーのことを繰りかえしてる……こんなんじゃ、ぜったいにあいつとは別れられない」。自分にできるのは、せいぜいだれもいないときに、ネッドは悪魔だと娘たちに言って聞かせることくらいだった。眠れない夜、娘たちを連れてホームレス用のシェルターか、陸橋の下に行くべきかもしれないと考えることもあった。「一緒にいられて、楽しくて、前向きな言葉をかけられれば、それでいいの。娘たちにはただこう言いたい。あなたは美しいって。うちの娘たちは、世界でいちばん強い女の子なんだから」

アーリーンはシルバースプリング・ドライブの大きな団地に電話をかけてみた（八八番目のアリは、あれっきり音沙汰なしだった）。すると管理人が、いますぐ部屋を見せてもいいと言ってくれた。

「ただいま、ジャファリス！」。その部屋に足を踏み入れたとたん、ジョリは笑いながら声をあげた。

「そんなこと、まだ言っちゃダメ」とアーリーンは言ったが、「ここが、ぼくたちの家だ！」と、ジョリは弟を肘でこづきながらからかった。

「やめなさいって言ってるでしょ！」。こんどは嘆願するように、アーリーンがたしなめた。

　別の部屋も内見し、申込書に記入したあと、三人は外に出た。

「おなかすいた」と言うジャファリスに、「黙って！」とアーリーンは厳しい声で言ったが、数分後にはポケットをさぐって小銭を見つけ、マクドナルドでフライドポテトを買ってやった。

　陽が暮れようとするころ、アーリーンたちは以前住んでいた一三番ストリートに向かった。そこに靴を一足、忘れていったからだ。家に近づくと、雪のなかで玄関ドアを懸命に引っかいているリトルが見えた。ジョリとジャファリスは猫に駆けよった。ジョリがリトルを抱きあげ、ジャファリスに渡すと、ジャファリスは猫を抱きしめてキスをした。

「もう！　降ろしなさい！」。アーリーンが声を張りあげ、ジャファリスの腕をぐいっと引っぱると、猫は地面に落ちた。

　ひとりきりのとき、アーリーンはリトルを思って泣くことがあった。でもいまは、愛するものを増やさないようにしなさい、手に入らないものは最初からあきらめなさい、と息子たちに教えているところだ。そうやって、アーリーンは息子たちとわが身を守っているところなのだ。子どもたちが求めているものをつねに与えることができないシングルマザーにとって、ほかに自己防

しかない。

多かれ少なかれ、自分は家族の世話がきちんとできていないという現実を受けいれ、生きていくそうすれば、人生のある時点で、またなにかに挑戦することもできるだろう。[*11] だが貧しい母親は、衛の手段はない。貧しい父親が家族を養えなくなったら、ラリーのように家を出ていけばいい。

アーリーンの子どもたちには、家がないときも食べ物がないときもあった。つねに安定した暮らしを送るためには、とんでもない費用がかかるからだ。貧しいせいで、治安の悪い町でしか暮らせず、危険な界隈から子どもたちを完全に守ってやることもできなかった。アーリーンは息子たちのために犠牲を払い、できるかぎりの努力をして食べさせ、服を与えてきた。でも、息子たちが彼女にできることを超えるものを望んだときには、遠回しに、あるいは単刀直入に、「あんたたちには贅沢品だ」と断言した。ジョリが新しい靴やヘアケア製品といった、いかにもティーンエージャーが欲しがるようなものをせがんだときには、あんたはわがままだとか、悪い子だとか言って叱り、ジャファリスが買ってほしいと泣きはじめると、「うるさい！　このわからずや！　泣くのをやめなさい！」とか、「いつまでもめそめそしてると、お尻をたたくよ！　あんたのケツにはもううんざり！」などと言って怒った。

「ごめんね、わたしにはできない」と言うこともできるが、そんなせりふを何度も繰りかえしていると、だんだん、自分はどうしようもない人間で、なんの価値もないと感じるようになる。でも、「わたしにはあなたを助けることができない」と言う代わりに「あなたを助けるつもりはない」と言い換えれば、わが身を守れる。あなたにはこちらが力を貸すだけの価値がないというわけだ。[*12]

黒人のコミュニティで活動している聖職者、教会に通う女性、ソーシャルワーカー、政治家、教師、隣人、警察や保護観察官といった人たちも、たいてい「それでよいのです」と言う。「少年少女たちに甘い顔をしてはなりません」と、口を揃えて言う。「ためらうことなく、お仕置きせよ」とも。生きのびるための手段として始まったものが、文化という名のもとで受け継がれているのだ。[*13]

一三番ストリートの家と、リトルと、いまだに雪のなかに散らばったままになっている自分たちの所持品の残骸をあとにして歩きはじめると、ジャファリスが拳をひらき、イヤリングを二つ見せた。驚いたアーリーンが「どこで拾ったの?」と尋ねると、「クリスタルんとこから、盗ってきた」と答えた。

「うわ、そっか」。アーリーンはしばらく間を置いてから口をひらいた。「それは笑えることでも、いいことでもないんだよ。わたしが言ってること、わかるよね?」

ジャファリスの表情が曇った。彼はただママが喜んでくれそうなことをしたかっただけ。アーリーンにもそれはわかっていた。胸があたたかくもなった。結局、あとで返しにいくまで、しばらくはそのイヤリングを着けておくことにした。それを見て、ジャファリスはうれしそうに微笑んだ。

空はだんだんとインクのような蒼い色になり、気温も下がってきた。だが、アーリーンはもう一カ所、内見した。家主は白人で、腰に工具ベルトを巻き、フランネルシャツを着て、二寝室のアパートメントをえらくあわてて修理していた。その不安そうなようすを見て、あした建物検査官がやってくるのかもしれない、とアーリーンは思った。

彼女は入居申込書に記入しはじめたが、そのあいだにジャファリスが勝手にトイレを使い、水が流れないと言いだした。アーリーンは家主に礼を言うと、ジャファリスの手を引っつかみ、そそくさと外に走りでた。

数分後、アーリーンの携帯電話が鳴った。「無作法にもほどがある！」。家主がわめいた。「そんなガキは願いさげだ！」

アーリーンと息子たちがシェルターにいられるのは、あと二九日だった。

20章 だれもノースサイドには住みたがらない

ホームレスシェルター、通称〈ロッジ〉は、バイン・ストリートと七番ストリートに囲まれたところにあり、ダウンタウンに近かった。滞在者たちは毎日のように入口付近に集まって、しゃべったり、煙草を吸ったり、わが子を追いかけて走りまわったりしていた。

クリスタルは、二月最後の日から大半の時間をここですごしていた。彼女の強制退去に関する裁判所の記録によれば、シェリーナは退去理由の欄に「上下階の借家人と（警察が介入する）騒動を起こした。かつ強制退去させられた借家人に、無断で又貸しをした」と記入していた。いっぽうクリスタルは、強制退去のプロセス全体にまごつくばかりだった。シェリーナは最初から私とアーリーンの取り決めを知っていたのに、〝無断で〟又貸ししたなんてよく言えたものだ。そう思いながらも、しかたなく、透明なゴミ袋二枚に私物を詰めて家を出た。裁判所に出頭せずに。

そうすれば強制退去歴は残らないだろう、と思いこんでいたからだ。〈ロッジ〉の生活は不快だった。出てくる食事がきらいだったし、管理スタッフのなかには、清潔なシーツやお菓子、追加のシャンプーなどと引き換えに性行為を求めてくる男までいた。*1 それでも、部屋は気に入っていた。暖かいし、汚れていないし、無料だったから。「五五〇ドル［約八万円］も払ってるのに、なんにも手に入らないみたいな気分にならなくてすむんだよ」と、クリスタルは言った。それに、〈ロッジ〉は友だちをつくるには最適の場所だった。ひとつ屋根の下に、八方ふさがりの状況におちいった数十人の面々が集い、シェルター滞在者がよく表現するように、全員が〝苦難に耐えている〟からだ。*2

社交的でおもしろく、両手をたたいては自分のことを笑うクリスタルに、みんなが惹きつけられた。〈ロッジ〉の部屋から部屋へぶらぶらと歩きながらゴスペルを歌い、神を讃えるように両手を天に差しあげる彼女を、口説いてくる男も何人かいた。だが、クリスタルが新しい友人になにより求めていた（以前はアーリーンにも求めていた）のは、母親のように頼れる相手だった。

そんな人を、彼女は見つけた。バネッタだ。バネッタ・エバンズは〈ロッジ〉に一月から滞在していた。二〇歳で、クリスタルより少し年上なだけだったが、ずっとおとなだった。バネッタが最初の子、ケンダル・ジュニアを生んだのは一六歳のときで、翌年には娘のテンビ、さらに翌年にはボーボーという男の子が生まれた。バネッタが育ったのはシカゴの悪名高い高層公営住宅、ロバート・テイラー・ホームズ。母親に精神障がいがあったので、イリノイ州とウィスコンシン州のほぼすべてのホームレスシェルターですごしてきた。

クリスタルはバネッタの身のこなしが好きだった。服のセンスもよく、髪は小さなポニーテールにきゅっとまとめている。携帯電話をベルトホルダーに差している姿は、まるで家主みたいだった。クリスタルとよく似たこげ茶色の肌をしていて、ホテルのラウンジにいる歌手のようなハスキーな声で話した。子どもたちにも荒々しい口のきき方などしない。目つきだけで黙らせ、一列に並ばせることができるからだ。

煙草を交換するようになった二人の女性は、すぐに互いに依存しはじめた。最初はお菓子を交換し、次は小銭を貸し借りし、やがてファストフード店で買った食事まで分けあうようになった。互いに、会話の端々《はしばし》から相手の懐具合を把握した（バネッタは毎月、公的扶助を六七三ドル［約九万八〇〇〇円］、フードスタンプを三八〇ドル［約五万五〇〇〇円］分支給されていた）。互いの性格や気質もわかってきた。そうして、二人は〝シスター〟と呼びあうようになり、*3 出会ってから一週間後には、一緒に新居をさがしはじめた。

もうすぐバネッタの量刑審理がある予定だが、クリスタルは心配していなかった。「お祈りは強力だもの」と、彼女は言った。いっぽうのバネッタは、キリストの助けがなくても刑務所行きにならずにすむ可能性は十分ある、と考えていた。なにしろ初犯だったから。

ことの発端は、レストランで働いていたバネッタの勤務時間が大幅に減らされたことだった。週五日勤務だったのに、週一日だけになったのだ。マネジャーは不況のせいにした。おかげでバネッタは電気料金を支払えなくなり、ウィ・エナジーズ社から、七〇五ドル［約一〇万二〇〇〇円］を支払わなければ電気とガスを止めると脅された。家賃にくわえ、そんな多額の光熱費に家賃を支払うなんて、とうてい無理だった。もし電気とガスを止められたら、子どもたちは児童相談所に連れていかれるかもしれない。わが子を失うかもしれないと考えると、吐き気に襲われた。

結局、彼女は家賃を滞納し、強制退去通知書を渡された。その後は、無力感と恐怖心にさいなまれる日々が続いた。同じころ、強制退去通知書を受けとっていた彼女の友人もまた、同じような思いを抱えていた。

ある日、バネッタが恋人と、その女友だちとともにバンに座っていると、女の二人連れがレンタル店〈ブロックバスター〉にバッグをもって入っていくのが見えた。すると、だれかが、あの女たちからバッグを奪って金を山分けしようと言いだして、気づいたときには行動を起こしていた。バネッタの恋人が銃から弾丸を抜き、女友だちに渡すと、その女友だちが車から走りだし、女の二人連れに銃口を向けたのだ。バネッタはあとを追ってバッグを奪った。その数時間後、かれらは警官につかまった。[*4]

自白のなかでバネッタは「生活していくために必死だったんです。不安で、おそろしくてたまりませんでした。それに、うちの子どもたちが路上の暗がりで暮らすところを見たくなかったんです」と述べた。[*5] バネッタは公営住宅に入居申込みをしていたが、有罪になり、入居できる可能性はほぼなくなった。審理のあと、彼女は解雇されたうえ、強制退去させられた。それでやむなく、子どもたちを連れて〈ロッジ〉に向かったのだった。

クリスタルとバネッタの部屋さがしは、ヒスパニック系が多く暮らすサウスサイドに限定された。神さまが微笑んでくださっていると感じたときには、白人が暮らす地域まで対象範囲を広げることもあったが、ノースサイドに住むことは考えるのも拒否していた。「あの人間のクズみたいな黒人たちとは離れてないとね」と、クリスタルは言った。[*6]

彼女たちは毎日バスに乗ってサウスサイドにでかけ、貸家の看板を見ては電話をかけた。オンラインで物件を閲覧できる時代になっても、とりわけマイノリティが暮らす地域では、〝貸家〟という粗末な看板が目についたし、人々の注意を灯台のように引きつける効果があった。インターネット経由で貸家をさがすのは、黒人の一五％にすぎない。クリスタルとバネッタも、頼りにできるのは自分の目だけだった。たいていは、曇ったバスの窓ごしに視線を走らせるだけだったが。[*7]

まずは二寝室の狭い物件を見たが、家主が喫煙を禁止していると知ると、申込むのをやめた。電話に出た家主がスペイン語を話しはじめたときには、すぐに電話を切った。ある家主には「二寝室で六五〇〇ドル［約九万四〇〇〇円］？　頭おかしいんじゃない？」と、クリスタルが言った。

バネッタがアフォーダブル・レンタルズ社を試してみようと言いだしたのは、一二の物件に電話をかけたあとだった。小さな店舗からは想像もつかないが、アフォーダブル・レンタルズ社はミルウォーキーの低所得者向け賃貸業界では大手で、三〇〇を超える賃貸物件を所有し、五〇〇近い物件を管理している。*8「スラムだけはやめとこうね」。バネッタがクリスタルにそう釘をさし、二人は店に入っていった。

彼女たちはそこで店員に保証金を支払い、受付係からマスターキーを受けとった。これで自分たちだけで物件を見にいける。部屋はどこも狭かったが、たいていきれいだった。二人がいちばん気に入ったのは、二寝室に浴槽まで付いていて、家賃四四五ドル〔約六万五〇〇〇円〕のアパートメントだった。バネッタは子どもたちにちゃんと入浴させたかった。急いで店に戻った二人は、入居申込書に記入した。店内の壁には、ここの審査基準を記した紙が貼ってあった。

以下の事項に当てはまる希望者はお断りします

一、弊社に初めて申込まれて、連帯保証人のいない方
二、過去三年以内に、強制退去を受けた方
三、過去七年以内に、薬物または暴力犯罪で重罪の判決を受けた方
四、過去三年以内に、違法薬物や公序良俗違反で軽犯罪を問われた方
五、証明可能な収入がない方、収入が不十分な方
六、証明可能な賃借歴がない方、以前の家主による悪評のある方

だが、クリスタルとバネッタは気にもとめなかった。申込書の身元保証人の欄に、バネッタは双子の兄の名前を書き、クリスタルは母親のように思っている女性の名前を書いた。

アフォーダブル・レンタルズ社からの返事を待っているあいだ、バネッタは、二人で家賃の上限と決めた五五〇ドル［約八万円］以上のところも見たほうがいいかもしれないと思ったが、やっぱりそれ以上のところには住みたくなかった。いちばんの理由は、クリスタルの金づかいの荒さだった。クリスタルは公的扶助の給付金が手に入ったとたん、服やファストフードに散財し、ときにはカジノのスロットマシンで浪費する。おまけに、毎月第一日曜日、教会の献金カゴにも相当のお金を入れた。バネッタはそれを目の当たりにしていた。「いい加減にしないと、その口に一発お見舞いするよ」と怒りをぶちまけたが、「あたし、こうやって種をまいてるんだよ」と、クリスタルは返した。

ある日、二人はレストランに行った。クリスタルがおごってくれると言ったからだ。その前夜、クリスタルは、昔お世話になっていた里親を紹介する団体から、誕生日のプレゼントとしてもらった四〇ドル［約五八〇〇円］をカジノでスロットマシンにつぎこみ、なんと四五〇ドル［約六万五〇〇〇円］も手に入れていた。

クリスタルはウェイトレスにお湯をくれと頼み、熱いカップが運ばれてくると、銀器のフォークやナイフをそこに入れて、きれいにしながら言った。「前に説明したこと、覚えてる？　あんたが畑を耕しているとしたら、とうもろこしや野菜とかを育てるにはさ、まず種をまくじゃない？　それから、水をやって世話をするでしょ。そうすれば、作物が手に入る。だからあたし、教会で種をまいてるわけ。あたしは神さまからなにか与えてもらわなくちゃならないから、種をまいてるの……まず、住む家がいるよね。カツカツの生活からも抜けださなきゃならない。癒しだって必要。それに、ちゃんとした人間にならなきゃいけない。そのために、やってることなんだよ」

バネッタはクリスタルに冷たい視線を浴びせた。「だからあんたの教会には近寄りたくないんだよ。だって、教会はあんたになにもくれないじゃない。なのに、ああしろこうしろって、うるさく説教してくる。そんなのごめんだね。あんたが通ってる教会の人たちも、いまの状況を知ってるってのに、だれも気にかけてくれてない」

クリスタルは目の前の料理を見ながら、「さあ、どうなんだろ」と言った。「ってかさ、あたしはなにかが動くのを待ってるだけ」。それきり話題を変えようとした。「あのチーズケーキ、おいしそう」

だが、バネッタのほうはまだ話を終えていなかった。「変な顔しないで。あんたいま、教会で献金してるときとおんなじ顔してる。へらへら笑っちゃってさ」

「そんなことない！」。クリスタルは首を横に振った。

「そのうちあんた、有り金全部、献金カゴに入れちゃうんじゃないの？　そんなことないとか言って、ごまかしたってダメだよ。こないだの日曜日に教会に行ったとき、この目で見たんだから」

クリスタルにとって教会がどれほど大切かを、バネッタはよく知っていた。クリスタルが延々とバーバー牧師や監督《ビショップ》や聖霊の話をするのを聞いていたからだ。それに彼女が日曜日、火曜日、金曜日、そして特別礼拝があれば土曜日も教会に通うのを見ていた。クリスタルが寄付カゴに種をまくたびに、芽を出したばかりの二人の共同生活のためのお金が減っていく。バネッタにとって、教会は最大のライバルだった。

教会にお金をつぎこむのもたいがいにしてほしいという言い分が、クリスタルにどの程度伝わったのかわからない。だが、その日の午後、クリスタルは電話で話しながら泣きはじめ「イー、シャンタ。イー、シャンタ」と、意味不明な言葉を繰りかえしていた。

さらに、夕方になってバネッタが一般教育修了検定の授業に出ようとすると、「行かないで」と言いだした。

「欠席できないのよ。高校卒業の資格が欲しいから」

「サボれないの?」

「非常事態のとき以外はね」

「いじわる。うちら新居をさがしてるんだよ。これって非常事態でしょ」

バネッタはにっこりと笑い、でかけていった。

クリスタルはひとりで新居さがしをする代わりに、教会に立ち寄った。マウント・カルバリー・ペンテコステ派教会は、市のサウスウエストサイドの端、ナショナル・アベニューと六〇番ストリートのあたりにあり、バスで行けた。みごとなレンガ造りの建物で、ステンドグラスの窓があり、雨樋《あまどい》は消防車のような赤色に塗られている。

その日は月曜の夜で、教会の食料品庫が開いていた。クリスタルは食料品の入った袋を受けとり、牧師からホットドッグをもらった。高齢のディクソン監督が、クリスタルは礼拝中に携帯電話をいじっていたと言ってからかったので、祝福を授けるときに入れ歯がはずれたことはないんですかと言い返した。シスター・アターリアには、飼い犬を連れてきてほしいと頼んだ。「いいよね？　ワンちゃんだって、お言葉をもらえるかもしれないんだから」。彼女がそう言うと、シスターは笑った。ジョンソン長老もいて、説教をしたい気分だったのか「われわれの魂にイエスがいらっしゃるのなら、私にはあなたの痛みがわかるはずだ。あなたにも私の痛みがわかるでしょう」と言った。

だが、ジョンソン長老はクリスタルの痛みなどまったく感じていなかった。バネッタの想像のように、気にもかけていないわけではなかったが、長老は純粋にクリスタルの痛みがわからなかったのだ。ジョンソン長老、ディクソン監督、シスター・アターリア、だれひとりとして、クリスタルが〈ロッジ〉に滞在していることを知らなかった。知っているのは、バーバー牧師だけだ。クリスタルは信徒たちから見くだされたくなかった。哀れみの対象とされて、〝弱者や孤児〟の仲間だと思われたくなかった。あくまでもシスター・クリスタルとして、教会の一員であり親愛なる信徒であると思ってほしかったのだ。クリスタルが食料品の袋をたまにしか受けとらないのもそのせいだ。そもそも信徒たちは、一日か二日なら彼女を自宅に泊めてくれただろうが、クリスタルには必要なものが山ほどあって、そのすべての要求には応じられなかった。[*9] 教会が彼女に与えられるのは、平穏だった。

クリスタルとバネッタは新居さがしを続けた。バネッタは子どもたちを連れていくときもあれば、保育所や姉のエボニーに預けるときもあったが、マディソン・ストリートと一五番ストリートに囲まれた三二番目のアパートメントを内見したときは、子どもたちも一緒だった。二寝室の狭い部屋のドアをあけた家主は、でっぷり太ったプエルトリコ系の男で、プリーツの入ったスラックスとドレスシャツを着ていた。

部屋は狭くて、みすぼらしく、浴槽もなかった。ひととおり見たあと、バネッタが浴槽付きの物件はないかと尋ねると、家主は別のアパートメントの説明を始めた。その物件は浴槽付きで、いま見ている物件よりも広く、設備もよくて家賃は同額だ、と。だが次の瞬間、しまったというような顔をして口をつぐんだ。そしてポケットに手を伸ばし、携帯電話を取りだすと、あわてたように話しはじめた。バネッタとクリスタルには、電話などかかってきていないとはっきりわかっていたが、家主は話すふりを続けた。そして電話を切ると、いま連絡があったんだが、あっちの物件はちょうど入居者が決まってしまったと言った。

バネッタとクリスタルはアパートメントの外に立ち、走っていくサーブの後ろ姿に目をやった。バネッタは怒りのあまり身を震わせ、「マジでむかつく」と小声で言った。クリスタルは古いMP3プレーヤーを取りだし、ヘッドフォンをつけた。そして目を閉じ、前後にゆらゆら身体を揺らしながら、自分の心をなんとか癒さなきゃ、と歌った。

「あいつの顔には『おっとあぶねえ、こいつら黒人じゃねえか。部屋をダメにされちまう』って、書いてあった」。そう言うと、バネッタは涙をさっとぬぐい、震える下唇を噛んだ。子どもたちが、びっくりしたように母親のほうを見た。

クリスタルはまた声を張りあげて、前向きになる歌を歌った。

地域によって住人の人種が異なるのは、そのほうが好ましいと本人たちが考えているからだというのが、大半のミルウォーキー市民の意見だ。だが、スラムができるのは、住民の願望などではない。そうした社会構造があるからだ。*10 そこは現代都市の副産物ではないし、工業化と都市化によって偶然誕生した嘆かわしい産物でもない。スラムは一貫して、土地不足、住宅の老巧化、人種隔離といったものに商機を見いだした金の亡者たちが、その土地に資本を投下したからこそ生まれたのだ。

最初にスラムが形成されたのは、おそらく一五世紀後半で、兵器の技術が進んだためと思われる。鉄製の砲弾が発明されると、都市は城壁や塀では攻撃を回避できなくなった。そこで、もっと高い塀を周囲にはりめぐらしたうえで、建築物を垂直に伸ばしていった。昔のジュネーブやパりには、六階建ての共同住宅があったし、エディンバラにはその二倍もの高さの共同住宅があった。農業に従事している人々が都市部からどんどん外へ追いやられるいっぽうで、場所取り競争はどんどん激しくなり、地価と家賃が釣りあがった。そして、都市の家主たちは、スラムをつくってしまえば大金を儲けられることに気づいた。つまり「最上の住宅を借りられるだけの経済力をもつ金持ちからは、最大の利益をあげられない。代わりに、小銭にも事欠《ことか》く住人にスラムのぎゅう詰めの住宅を貸し、そこから利益を吸いあげる」ことにしたのだ。[11] こうして一六世紀の初めには、スラムに、はぐれ者、物乞い、泥棒だけでなく、大勢の貧しい人々が暮らすようになった。

アメリカも、急激に都市化を進めていた時期に、このモデルを輸入した。たとえば、植民地の所有者たちはイングランドの地主階級の制度と法を採用し、火事や洪水などに見舞われても借家人は家賃を支払わなければならないとした。一八世紀から一九世紀にかけて、アメリカの貧しい人々は地下室や屋根裏や家畜小屋で暮らし、窓のない部屋に複数の家族が押しこめられることもあった。[12] スラムのなかには、自治体の基本的なサービスさえ受けられず、地元の井戸も使わせてもらえないところもあった。そこの人々は、町のほかの地域まででかけていき、水の施しを乞うたという。[13]

だが、生活環境が悪化するなか、家賃は上がりつづけた。やがて、多くの人々が家賃を支払えなくなると、家主は〝動産差押え特権〟を行使した。つまり、借家人の所持品を没収し、売り、損失を取りもどしたのだ。この慣習は、二〇世紀に入ってもなお続いた。[14]

人種差別による大規模な土地の搾取もあった。奴隷制時代、黒人奴隷は土から利益を生みだしていたのに、所有権はなかった。南北戦争後、解放された奴隷たちは土地の所有権こそが真の解放への一歩になると考えたが、かつての南部連邦から押収したり放棄されたりした土地は、もとの持ち主に返還され、事実上、裕福な白人が土地を独占した。小作人として大農園に戻った黒人家庭は、自給自足農業と借金という悪循環から抜けられなくなるいっぽう、白人の農園主はますます裕福になったのだ。[*15]

二〇世紀の最初の数十年、自由とまともな仕事を求めたアフリカ系アメリカ人は、南部から北部の大都市をめざす〝大移動〟を始めた。そして、南部の田舎からシカゴ、フィラデルフィア、ミルウォーキーといった都市部へ大挙して移り住んだ。だが、いざ都市に到着すると、スラムの借家にひしめきあって暮らすことになった。[*16]そこの家主たちは、黒人を隔離し、狭い部屋に押しこめた。老朽化した貸家を改修したところで、家主には費用がかかるだけだ。そこでかれらはひとつの物件を小さな〝簡易台所《キチネット》〟付きの複数の貸家に分け、ベニヤの壁で間仕切りした。それはまるで〝ウサギ小屋〟だった。暖房設備や排管設備のない貸家も多かったので、黒人世帯では冬物のコートを着たまま調理をし、食事をした。トイレもなかったから、屋外便所か自家製の便所で用を足した。[*17]暖房がないせいで、黒人世帯では結核による咳の音がよく聞かれた。

一九三〇年、ミルウォーキーの黒人の死亡率は、市全体の死亡率より六〇％近くも高く、その原因の大半は劣悪な住環境によるものだった。[*18]ニュー・ディール政策によって、白人世帯の多くは自宅をもてるようになったが、黒人世帯の多くは融資を受けられず、ジム・クロウ法［南部諸州の人種差別的な法律のこと］を忠実に守る役人は、黒人が退役軍人向けの住宅ローンを利用できないよう妨害した。*19

こうして三世紀以上にわたり、さまざまな制度が黒人の手から土地を奪いつづけてきた結果、半永久的に賃貸住宅に暮らす黒人の階層が生まれ、スラムの需要は高まりつづけたのだった。*20

さらに一九五〇年代になると、白人の不動産仲介業者は、借家人から搾取する、より高度な手法を編みだした。そのひとつは、民間住宅から締めだされた黒人家庭に狙いを定めたやり口だ。近隣住民の顔ぶれが変わって不安に思っている住宅所有者から、安値で物件を購入したあと、その家の〝居住権〟を評価額の二倍から三倍の価格で、黒人家庭に売ったのだ。黒人の買い手はそのうえに相当な額の頭金、たいていは物件の水増し価格の二五％程度も支払わなければならなかった。入居してからも、権利をいっさいもたないまま、居住責任だけを負った。そして支払いができなくなると（月々のローン額が増やされたり、住宅維持費の支払いが遅れたりすると）強制退去させられ、家は差押さえられた。頭金は家主の懐に入るという算段だ。

その利益は信じられないほどだった。一九六六年、シカゴのある家主は法廷で、ひとつの物件だけで四万二五〇〇ドル［約六一六万円］の収入を得ていたが、物件のメンテナンスには二四〇〇ドル［約三四万八〇〇〇円］しか費やさなかったと証言した。過剰に利益を得ているのでは？と非難された家主は、ただこう応じた。「だって、そのためにあの建物を買ったんですよ」*21

一九六八年の公民権法は、不動産取引における差別を違法としたが、狡猾《こうかつ》な手法での差別は広くおこなわれていた。クリスタルとバネッタはスラムから脱出したかった。だが、一五番ストリートのアパートメントの家主のような輩《やから》が彼女たちの入居を拒否した。ほかの家主やアフォーダブル・レンタルズ社といった不動産業者は明確な基準を掲げ、すべての申込者に同じ基準を設けるようにしている。とはいえ、不平等な社会では、平等な扱いもまた差別を助長しかねない。たとえば、黒人男性たちは過剰に投獄され、黒人女性たちは過剰に強制退去させられる現実のなかで、犯罪歴や強制退去歴がある希望者の入居を平等に拒否すれば、アフリカ系アメリカ人は断然不利な状況に追いこまれる。クリスタルとバネッタも、逮捕歴と強制退去歴のせいで審査に落ちた。

つまるところ、強制退去という制度そのものが、安全なエリアに暮らす家庭と、治安が悪く危険なエリアに暮らす家庭を生みだす一因になっている。その結果、安心して通える学校に行ける子と、安心できない学校にしか行けない子が生まれてくる。また、退去を無理強いされて負った心の傷、強制退去歴という汚点、そして急いで新居を見つけなければというプレッシャーと苦労が、いっそう困窮した危険な地域へと押しやっていく。[*22]

クリスタルとバネッタには、こうした現実がまだはっきり理解できていなかった。二人はまだ、五〇を超える物件に断られて新居さがしへの期待がようやく冷め、スラムの物件も検討しはじめたところだった。友人になった二人は、納得できない気持ちのまま、スラムへと舞いもどろうとしていた。

クリスタルは自分の感情が波立たないよう、ずっと努力していた。月曜日の夜に新居さがしをするのをやめて教会に寄ったのも、一五番ストリートの大家との一件のあと、音楽にすがって歌いだしたのも、それが理由だ。「あまりにも、あまりにもストレスが多すぎる。でも、そのせいで具合を悪くしたくないの」と、彼女は言った。

だが、ついに感情を爆発させた。相手はシェルターの管理スタッフ。清潔なシーツが欲しいと言ったら、断られたのだ。クリスタルは職業訓練の授業で眠りこけていたが、それも、自分では睡眠時無呼吸症候群のせいだと考えていた。結局、言い争いのあと、翌日の朝食までにシェルターから出ていくように言われた。

翌日、クリスタルは朝からあちこちに電話をかけつづけ、泊めてくれる人をさがしたが、なんの成果もあがらなかった。日が暮れてくると、彼女はため息をつき、バーバー牧師に電話をかけた。牧師は、力を貸すと言ってくれた高齢の夫婦を紹介した。その夜、クリスタルは夫妻のリクライニングチェアで眠りに落ちた。

次の夜も、教会での聖書勉強会のあと、クリスタルは夫妻の家に戻った。人気《ひとけ》のない暗い歩道に雨が激しく打ちつけていた。氷のように冷たい、身を刺すような雨だったが、冬の厳しさがゆるみ、春が近づくころの雨だった。ところが玄関ドアをノックすると、夫のほうがドアチェーンをかけた状態でドアを少しだけあけ、クリスタルを見ると、チェーンをつけたまま、彼女の私物が入った小さな袋を渡して閉めた。

クリスタルはそれを、「いっさいお礼ができなかった」からだと考えた。とにかく、すっからかんだった。カジノで儲けた残りが四〇〇ドル［約五万八〇〇〇円］あったのに、その大半を、家賃の支払いを迫られていたいとこに貸してしまったのだ。話を聞いたバネッタは激怒した。「クリスタル、その場にわたしがいたら、あんたを思いっきりひっぱたいてたよ！　自分だって住むところがないくせに！　親戚だかなんだか知らないけど、あんただってホームレスなんだよ。家が必要なのは、あんたのほうじゃないか」

ときどき、クリスタルはどうしても自分を抑えられなくなることがあった。あるとき、バネッタと一緒にマクドナルドで昼食を食べていると、男の子が店に入ってきた。九歳か一〇歳くらいで、服は汚れているうえ、髪の毛はぼさぼさ。おまけに、顔の片側が腫れあがっていた。その子は注文カウンターには近づこうともせず、代わりにテーブルからテーブルへとふらふらと歩き、食べ残しをさがしはじめた。

そのようすに気づいたクリスタルは、ポケットの小銭をさぐりながら「いくらもってる？」とバネッタに尋ねた。二人は小銭をかき集めると、男の子になにか買ってあげることにした。頭上のメニューを見あげながら、クリスタルは姉のように男の子の身体に腕をからめた。そして、その子にとくに問題がないことを確認すると、食べ物を渡し、ハグをして店の外に送りだした。

「わたしたちが子どもだったころを思いだすよ」。身を震わせながらバネッタは言った。クリスタルは男の子が通りを走って渡っていくのを見ていた。「あたしに住む家があったらいいのに。そしたら、あの子を泊めてあげるのに」

通りでは、雨が横なぐりに激しく降っていた。じきに夜の一一時だ。こうなったら、金を貸したいとこに電話をかけるしかない。だが、いとこは電話に出なかった。次に里親の母親に電話をかけたが、いまは家が満杯だと言われた。クリスタルは電話をかけた。何度も、何度も、何度も。

21章 頭の大きな赤ん坊

シェリーナは、ラマーとカマラが住んでいて焼け落ちた建物を、ブルドーザーで壊した。そのうえで、火災保険の補償金で新しいメゾネット式アパートメントを二棟買った。焼失した戸数の倍を手に入れたことになる。ヒンクストン家の裏手の窓から外を見ると、家があった場所には空き地が広がっていた。あの夜を思い起こさせるものといえば、カマラの家族が残していった間に合わせの祭壇だけだった。いくつかのぬいぐるみ（ウサギ、クマ、ガチョウ、アライグマ、カバ）や写真が、ひもで木にぐるぐると巻かれている。いちばん目立つのは、イースターのワンピースを着て、ちっちゃな顔につぶらな瞳を輝かせている赤ん坊の写真だ。木の根元を囲むように、ガラスの花瓶やコーラの空き缶に挿《さ》されたろうそくもあった。

ヒンクストン家では、ドリーンの次女ナターシャが、ゴミ袋に入っている赤ん坊の服を一枚ずつ確認していた。友人が教会の倉庫からもらってきてくれたのだ。彼女はミニチュアのような服を見ては微笑んだ。いよいよ母親になるのだという自覚が芽生えつつある。

「赤ちゃんには、あたしに似てほしい」と、ナターシャが言った。「マリクには似てほしくない。マリクときたら、どこをとっても真っ黒なんだもん」

その言葉を、ダイニングルームに入ってきた姉のパトリスが耳にした。まだ〈カズンズサブズ〉の制服を着ている。「あんたの赤ちゃんだって、ほかのみんなと同じように真っ黒で生まれてくるんだよ」

「やめて！」とナターシャが笑うと、パトリスはため息をついて話題を変えた。「ねえ、トイレをどうにかしないと」

またトイレが詰まったのだ。キッチンのシンクも、溜まった灰色の水の上に錆のようなオレンジ色の膜が張っている。そのせいで食器を洗えなくなり、汚れた鍋や皿がカウンターの上に山積みになっていた。ゴキブリやほかの害虫も増えるばかりだ。

ドリーンは排水管がまた詰まったことを、シェリーナに伝えていなかった。説教されたくなかったし、家賃を滞納しているのでどうせ助けてくれないだろうと思ったからだ。かといって、配管工に電話をかけるつもりもなかった。たとえ修繕費をひねりだせても、シェリーナを手助けするようで気が進まなかったのだ。そもそも、もうだれも配水管のことなど気にかけなくなっていた。数日前に裁判所から通知書が届いてからは、なおさら。

その書類には、パトリスに二四九四ドル五〇セント〔約三六万二〇〇〇円〕の負債があると記されていた。

「あそこには四カ月しか住んでなかったのに、あの女、二四〇〇ドルも借金があるって言ってきたのよ！」。通知書を読んだパトリスが言った。

「それって、おまえが家賃を全然払ってなかったってことだろ」とドリーンは言ったが、パトリスは「違う。そんなのでっちあげだよ！」と言うと、請求書の金額をまじまじと見た。シェリーナへの借りはせいぜい九〇〇ドル〔約一三万円〕程度だと思っていたのだ。

「どうするつもり？」

「あたしになにができるんだろう」

ヒンクストン家の人々は、家賃を支払っている以上、家主にはふつうに暮らせる家を提供してほしいと思っていた。一家の支出のなかで家賃は突出して高いのだから、どこかが壊れたら、すぐに修理してもらって当然のはずだ。だが、シェリーナは修理する気などなかった。こうして家が借家人を衰えさせ、借家人が家をどんどんダメにするという悪循環が続いていた。*1

家の状態が悪くなると、家族はそれぞれいっそう無気力になっていった。それで、問題はいっそう悪化した。ナターシャは恋人のマリクの家ですごす時間が増えた。ドリーンは料理するのをやめ、子どもたちは夕食にシリアルを食べるようになった。パトリスは眠っている時間が長くなった。子どもたちの成績は落ち、マイキーの担任からは連絡もあった。宿題をやってこない日が多すぎる、このままでは留年のおそれがあります、と。

だれも掃除や片づけをしなくなり、ゴミがキッチンの床一面を埋めつくした。劣悪な環境で暮らしていると、精神面でも打撃を受ける。湿気やカビ、室内に人が多すぎるといったさまざまな要因は、うつ状態をもたらしかねないだけでなく、自己評価まで下げてしまうからだ。「正直なところ、ここは掘建て小屋さ」と、ドリーンが言ったことがある。

しばらくすると、四人きょうだいの末っ子ルビーが玄関から入ってきて、「さっき、そこの店の前で男が殺されたよ」と知らせた。スラムの掘建て小屋で育つうちに、住人はそうした環境に耐える方法を身につけていく。だが同時に、世の中には一生こんな苦労をしない人間がいることにも気づき、自分の家に強い嫌悪感を覚えるようにもなる。そして、自分の力ではどうしようもないと思いはじめるのだ。収入の大半が家賃に消える生活では、そんな心境になっても不思議ではない。*2

ヒンクストン家の年長の子どもたちはそのうち、公共図書館ですごせば家から一時避難できることに気がついた。年の近いルビーとその兄C・J、それにパトリスの長男マイキーの三人は、コンピュータで遊ぶのが大好きだった。ルビーは図書館のコンピュータでまず〝自分の家〟にログインするようになった。これはミルズベリーという無料のオンラインゲームで、少しずつわが家を建て、改修していくのを楽しめる。ルビーがつくった家は〈黄金の谷〉の〈賞金通り〉に面していて、家の床は清潔で、きらきらと照明を反射していた。ベッドにはちゃんとシーツが敷かれ、おまけに枕カバーまでついていて、宿題をするための勉強机もある。

ドリーンやパトリスも図書館まで歩いてくれれば、インターネットで新居を検索できただろう。でも、二人は一度もそんなことをしなかった。シェリーナに借金を返せば、引っ越し資金などどなくなってしまうからだ。そもそも黒人の借家人の大半は、ネットで新居の検索などしない。それに、家族全員がうつ状態のぬかるみにはまっていて、身動きできなくなっていた。

パトリスは、この家が家族全員のエネルギーを吸いあげているのを肌身で感じていた。「この家のせいで、泥の穴に落っこっちゃった。だれも、ここから這いあがろうとしない。あたしも気力をなくしてる。なんにもしたくない人たちと毎日一緒にいると、自分もなんにもしたくなくなるのよ」。このころになると、テネシーに引っ越すのも悪くないと、考えるようになっていた。

いよいよナターシャの陣痛が始まると、マリクは大急ぎで職場から病院に向かった。ナターシャは、片手でベッドの手すりを握り、反対の手でマリクの手を握った。心がまえはできているものの不安なようだ。マリクが立ちあがろうとしても、引っぱってまた座らせる。彼がにっこりと笑って背中をさすってやると、ようやく、お産教室で練習したように呼吸に集中した。ドリーンはロッキングチェアに座ったまま、心得顔《こころえがお》で腕を組み、そのようすを眺めていた。

午後一一時一〇分、赤ん坊が誕生した。体重三七一四グラム、丸顔の男の子で、もじゃもじゃの髪の毛がすっかり生えていた。肌はピンクがかった茶色、ヒンクストン家らしい幅の広い鼻だった。

ナターシャは翌朝までこんこんと眠りつづけた。やがて、耳元で「新米ママさん」と、パトリスが小さく言う声が聞こえた。ナターシャはにっこりと笑ってから、目をあけた。

目を覚ました赤ん坊をいろいろな人が奪いあうように抱っこしたが、ナターシャはなかなか息子を放そうとしなかった。一日中、息子を自分のほうに抱きあげては、そっと鼻や額にキスをした。パトリスは、マリクがいかにも誇らしそうな顔をしていることに気がついた。赤ん坊はその場でマリク・ジュニアと命名された。

その翌日、ナターシャはちっちゃくて愛くるしい息子をおくるみで包むと、ネズミの穴のように不潔で狭苦しいわが家へ帰っていった。

22章 ママがお仕置きを受けることになったら

四月、クリスタルの友人バネッタは、キャンディを入れたイースターエッグを〈ロッジ〉のあちこちに隠して、子どもたちに宝さがしをさせた。息子のケンダル・ジュニアが、妹のテンビと弟のボーボーに、そのイースターエッグを集めさせた。

ケンダル・ジュニアはまだ四歳だというのに、ときどき、もう子ども時代を終えたように見えることがある。彼はバネッタの手を握ろうとしないし、保育園で歌を歌うのも好きではなかった。エスプレッソ色の目をしたこの可愛らしい男の子は、しょっちゅう唇を固く結んでいて、ママには心配事が山ほどあることを直感的に察している。バネッタはこうした息子のようすに胸を痛めていた。

テンビが火災警報器を鳴らしてしまい、管理会社から〝あした出ていけ〟と命じられたのは、イースターの数日前だった。バネッタは抵抗して時間を無駄にしたりはしなかった。代わりに、すぐスラムの中心に向かい、あちこちのアパートメントに電話をかけはじめた。看板を見かけたら、家の状態がどうであれ、その地域がどんなところであれ、かまわず電話をかけた。そして廃屋が軒を連ねる地域で、壁にひびが入り、天井が油で汚れている薄汚いアパートメントを内見した。そこここにギャングが残していった落書きがあってぞっとしたけれど、彼女は入居申込書に記入した。

「あんた、子どものせいで追い出されたの？」と、クリスタルは尋ねた。

高齢の夫婦に追い出されたあの寒い晩、クリスタルはようやくいとこをつかまえ、泊めてもらった。翌日からはセント・ジョセフ・キャンパス病院の待合室で寝たり、改築されたばかりのダウンタウンの駅で乗客にまぎれるようにして眠ったりした。

そしてある日、バス停で、パトリシアという名前の女性と知りあった。二人は、日が暮れるころにはルームメートになっていた。クリスタルには泊まる場所が必要で、パトリシアは暴力をふるう夫を追い出すために、夫に代わる収入源が必要だった。パトリシアはクリスタルの倍ほどの年齢で、一〇代の娘がいて、ノースサイドのなかでは静かな地域の一戸建てに暮らしていた。クリスタルは、パトリシアのことを〝ママ〟と呼びはじめた。*1

〈ロッジ〉を出たバネッタは、姉のアパートメントに所持品をもっていった。姉のエボニーは、ヒスパニック向けの教会のそばにある住宅街、オーチャード・ストリートに暮らしていた。アパートメントの二階で、狭い寝室が三つ、夫と三人の子ども、それにバネッタの妹と同居していた。室内は古びて傷んでいるうえ、散らかっていた。ベージュのカーペットは染みだらけ、ほぼどの部屋にもマットレスが置かれ、裏手に申し訳程度のキッチンがついていた。バネッタはここに長居するつもりなどなかった。とりあえず姉に五〇ドル［約七三〇〇円］を渡し、狭い寝室のひとつに子どもたちを入れると、ディショーンの再収監の審理のため、裁判所に向かった。

ディショーンはボーボーの父親だ。その昔、バネッタは彼のことを愛していると思っていた。酒を飲んでいないときには、いい父親だった。彼が逮捕されたのは半年前、仮釈放中に薬物を所持した罪を問われたのだ。

裁判官が事実関係を確認し、ディショーンが暴れたときにバネッタが警察に通報した記録を読みあげた。「一〇月一〇日、バネッタ・エバンズからの通報。そして、一〇月一九日、ふたたびバネッタ・エバンズからの通報」。いたたまれなくなったバネッタは、両手で顔をおおい、泣きはじめた。

通報したことも、ディショーンを追い出したあとの出来事も覚えていた。彼はあとになって酔って戻ってくるとドアをたたき壊し、バネッタを殴りつけた。そのあと、家賃を受けとった家主が、二八日後までの退去を命じる〝理由なし〟の退去通知書をその場で渡してきた。

この日、再収監の審理で、裁判官はディショーンに禁固一八カ月を言い渡した。バネッタはほとんど酒を飲まないが、その晩はジンを一本買い、子どもたちの横で酔いつぶれて眠った。それで、クリスタルからの電話にも気づかなかった。

電話を切ったクリスタルは、次にいとこや里親の家の姉妹たちにかけた。パトリシアとの関係はもう破綻していた。パトリシアの一四歳の娘がクリスタルの携帯電話をもって学校に行き、なくすか売るかしたからだ。クリスタルは弁償を求めたが、パトリシアは支払いを拒否し、「なら、わたしの家から出てって!」と声を張りあげた。パトリシアは安ワインとブランデーを混ぜて飲み、すっかり酔っていた。クリスタルは仲間に電話をかけ、加勢を求めた。仲間たちは車のなかで待機した。

パトリシアとクリスタルは家の外で言い争いを続けたが、パトリシアがバランスを崩して地面に倒れた。それを見おろしたクリスタルは、やおら片足を上げ、パトリシアの顔を踏みつけた――もう一度、そしてもう一度。さらに、クリスタルの姉のひとりが駆けてきて、金槌《かなづち》でパトリシアを殴った。「この性悪女《しょうわるおんな》、かかってこいよ!」と叫びながら。パトリシアは胎児のように身を丸めたまま、歩道で微動だにせず横たわっていた。クリスタルは姉たちに、いつものセント・ジョセフ・キャンパス病院まで車で送ってもらい、その日はそこで一夜をすごした。*2

結局、バネッタとクリスタルは七三件ものアパートメントにあたったあと、二寝室で家賃五〇〇ドル［約七万三〇〇〇円］の部屋に入居した。修繕もなにもされていない部屋でもしかたないと思うほど追いこまれている借家人たちが、強制退去歴と犯罪歴に目をつぶってもいいと思うほど追いこまれている家主をさがしあてたのだ。

木の床は汚れでべとついていて、玄関ドアはちゃんと鍵がかからず、どの寝室もシングルベッドを二台置けばもういっぱいになるほど狭かった。キッチンのシンクは詰まっていたし、床のタイルは欠けていたし、作りつけの食器棚はつるつるの厚紙でふさがれていた。キッチンには、ガスコンロと冷蔵庫が置かれていたらしい跡が残るのみ。それでも浴槽はあった。このアパートメントは、ウエスト・メープル・ストリートと七番ストリートに囲まれた地域にあって、サウスサイドが近い。キッチンの窓からはセント・スタニスラス教会の二本の尖塔が見えた。

このあたりは危険だと、バネッタは知っていた。街角に立っているドラッグの売人を、子どものころから見ていたからだ。「ひどいとこだけどさ、もう、さすがに疲れちゃった」と、バネッタは言った。「こんなとこには住みたくない……でも、ここしかなかったんだよ」

クリスタルとバネッタは、衣類やおもちゃを入れたゴミ袋だけをもって越してきた。クリスタルの私物の大半はパトリシアのところに置いてあったが、クリスタルはもう取りもどせないとあきらめていた。部屋にある唯一の家具は、だれかが置いていった布張りのロッキングチェアだった。とりあえず一年ほどここに住もう、と二人は考えた。

だが、そうはならなかった。引っ越して間もなく、〈ロッジ〉で二人と知りあったクララという女性がやってきて、クリスタルの携帯電話の利用限度時間を使いきってしまったのが始まりだった。怒ったクリスタルがクララを突き飛ばし、アパートメントの窓を一枚、割った。そのせいで、窓の修繕費として、バネッタがシェルターで貯めた金の大半を使うはめになった。バネッタはクリスタルに、二度と戻ってこないでと言った。そうしないと、バネッタと子どもたちがそこに住みつづけることを、家主が許してくれそうになかったからだ。

数日後、児童相談所が姉のエボニーのところに電話をかけてきて、バネッタはいるかと尋ねた。[*3] そこでエボニーはバネッタに電話をかけ、児童相談所から電話があったと警告した。バネッタはクリスタルのせいではないかと疑った。

「あの女、殺してやる」。バネッタは〝ショートケーキ〟と呼んでいる母親に向かって怒りを爆発させた。「あの女、わたしに仕返ししようと、ソーシャルワーカーんとこに電話したんだよ！」「あんたが先に、あの子の傷口に塩を塗るような真似をしたから、こんどは、あっちがあんたの傷口に塩を塗ろうとしてるのさ」と、ショートケーキは言ったが、「あっちが、うちの子どもたちに塩を塗ってるのよ！」と、バネッタはわめいた。

バネッタは不安でたまらなくなった。ガスコンロも冷蔵庫もないアパートメントに子どもを住まわせるのを認めてもらえるとは思えなかったからだ。そこで、手持ちの金はもう底をつきかけていたけれど、近所の中古家電を扱う店をのぞいてみた。スペイン語の曲が流れる店内には、古い食洗機や乾燥機といった家電があふれていた。オーナーのミスター・ロドリゲス（ずんぐりとしたメキシコ系の男で、豊かな髪の持ち主）は、教師が使う指示棒のようなもので、狭い店内に積みあがるさまざまな品物をさした。

「いちばん安いガスコンロと冷蔵庫はいくら？」とバネッタが訊くと、「オーブンあり？　オーブンなし？」と、ロドリゲスは強いなまりで聞きかえした。

バネッタは首を横に振り、「オーブンなし」と伝えた。オーブンが壊れていようと、まったくかまわない。

すると、ロドリゲスは小さなガスコンロを棒で示した。

「いくら？」

「九〇」

彼女はまたノーと首を振った。「高すぎる」

ロドリゲスが肩をすくめた。

やりとりを繰りかえした挙げ句、ついに八〇ドル［約一万二〇〇〇円］まで値切った。そのあと、ほかの店で冷蔵庫を見つけ、店員に六〇ドル［約八七〇〇円］まで負けさせた。それから、来月の頭に返すからと約束して友人からお金を借り、この日最後の買い物のためにディスカウントストアに向かうと、レジのカウンターに、アイスクリームサンドやジャンクフードを載せた。フードスタンプを使いきったときの食料として、買い置きしておこうと考えたのだ。

ようやく帰宅して食品をしまうと、バネッタはくたびれてロッキングチェアに座りこみ、煙草に火をつけた。これで児童相談所がやってきて玄関ドアをノックしたとしても、連中を迎える準備はできた。

でもそのとき、ふと、もうひとつの心配事が頭をよぎった。万が一、強盗のせいで刑務所に送られたら、だれに子どもたちの面倒を任せればいいのだろう？　「そんなことになったら、わたし、頭がイカレちゃう。でもきっと、子どもたちはだれかに世話をしてもらえるよね」。バネッタは自分にそう言い聞かせた。ケンダル・ジュニアの保育園の卒園式も迫っている。晴れの日のために、どうにかしてお金を工面して、あの子に新しい靴を買ってやりたい。息子に晴れがましい気分を味わわせてやりたい。

スラムには、幼い子どもたちの大切な節目や行事をできるだけ祝おうとする習慣がある。大きくなってからでは、祝いごとなど二度と経験できないからだ。

量刑審理がおこなわれる日の朝、バネッタは子どもたちを起こし、食事をさせ、着替えさせ、リビングの床の上で自分が着る服にもう一度アイロンをかけた。なんとかガスコンロと冷蔵庫は置いたけれど、室内はほぼ入居したときのままだ。家は空っぽで、だれも住んでいないように見える。ケンダル・ジュニアがリビングにいるバネッタのところにやってきた。両手を身体の脇に垂らし、黄褐色の朝の陽光のなかに立っている。この子には赤い襟付きのシャツを着せ、新しい靴も履かせていた。少し離れた炉棚の上には、保育園の卒園式で帽子をかぶり、ガウンを着ている写真が飾られている。

「ママ」。ケンダル・ジュニアが言った。「子どもは裁判所に行っちゃいけないんだって。保育園こや学校に行くんだって」。そう言いつつも、彼はふくれっつらをしているわけではなかった。この世界にはなんだか奇妙なものがあることに気づき、釈然としないものに目をこらしているような顔をしている。「犬は猫を好きになっちゃいけないんでしょ」とか、「四月に雪が降るはずないんだよね」とか言ってもおかしくない年ごろなのに。

バネッタはアイロンを置き、深呼吸をして言った。「ケンダル、わたしと一緒に裁判所にきてくれる？」。前の晩にまったく同じことを頼んだように。

母親が自分を必要としているのだと察したケンダル・ジュニアは、「ママ、ぼく、裁判所に一、緒に行く」と、断固とした口調で言った。

「もし、ママがお仕置きを受けることになったら、あんたはどうしなくちゃいけないんだっけ？」

「きょうだい三人で一緒にいる。ぼくが、妹と弟の面倒をみる。ティティおばちゃんの言うことを聞く」

最後の最後に、バネッタは腹を決めたのだ。万が一、自分が刑務所に送られることになったら、妹に子どもたちの世話を頼むしかない、と。自分でも、理由はわからなかったけれど。

バネッタは早めに裁判所に到着した。地味な黒のセーターとパンツ。化粧をして、イヤリングをつけ、髪は頭の上で巻いて、きゅっと結わえている。ぶるぶると震える身体で通路をのろのろと行ったり来たりしながら、彼女は裁判官になんと言おうかと考えた。ときおり立ちどまっては、手錠をかけられたままのそのそと歩くオレンジ色の囚人服姿の黒人の男たちを眺めながら。

母のショートケーキがやってきた。ニット帽をかぶり、冬用のコートを着ている。バネッタの双子の兄も一緒だった。姉のエボニーは家に残って、バネッタの子のテンビやボーボーの世話をしていた。しばらくすると、牧師の奥さんと、バネッタが通っている教会の白人女性もやってきた。

審理の開始時刻になると、バネッタは公選弁護人の隣に腰をおろした。弁護士は無地の黒いスーツを着た白人の男で、貧乏揺すりを続けている。法廷は、テレビでよく見る、桟敷席のある野外劇場のような感じではなかった。天井に大きな送風機がついているわけではないし、木の座席に人々がぎゅうぎゅうに座っているわけでもない。狭い部屋で、傍聴席とのあいだには分厚いガラス製の仕切りが立てられている。天井のスピーカーからは、審理の進行を傍聴人に伝える声が聞こえていた。

検察側が先に冒頭陳述を始めた。話しているのは白人の地方検事補だ。髪が薄くなりかけていて、顎ひげをきちんと手入れしていて、赤ら顔で、いかにも健康そうだ。彼は、これまで犯罪歴がなく、「いくつかの職歴」もあるバネッタについて語りはじめた。「彼女は一一年生までは、学校に通っていたようです。よりよい教育を受けているわけです。遺憾《いかん》ながら、われわれが接する大半の被告人よりは、長期間、通学したということですから」。そう言うと、先を続けた。「彼女は家族から支援を得ています。犯行時にも同様の心理面でのサポートや家族によるサポートを得られながらも、残念なことに十分ではなかったわけです……たしかに、犯行は切羽つまって起こしたのでしょう。しかし、いくら切羽つまっていたとはいえ、それで被害者におよぼした影響が小さくなるわけではありません」。被害者のひとりは、もはやバッグをもって外出できなくなったうえ、近所にいても安心できなくなった、と彼は続けた。「銃を使用して、他人から物品を奪った人間は、刑務所に行く。それが州の見解です」

次はバネッタの公選弁護人が話す番だった。だらだらと長かったものの、熱のこもった弁論で、寛大な措置を求めた。バネッタは深く後悔しているし、罪を犯したことを自白している。それに、彼女は共犯者より若かったうえ、「世間知らずだった」とも話した。さらに、銃を握っていたのは彼女の友人でした、これは貧困や劣悪な環境のせいで起こった犯罪なのです、とも。そして、「地域社会のなかでも、彼女は十分に罪をつぐなえるはずです。彼女を刑務所に送る必要はないと考えます」と締めくくった。

続いて、バネッタが陳述した。彼女はまず、自分の行為に「すべての責任を負います」と言い、被害者と法廷に謝罪した。「当時は、わたしも子どもたちも生活がとても苦しい時期で、いまにも強制退去されそうでしたし、電気も止められそうになっていたんです。もう八方ふさがりで、途方に暮れていました。だからといって、自分がしたことの言い訳にはなりません……でもどうか、わたしと、とりわけ子どもたちのために、寛大な措置をお願いします」

バネッタのためにやってきた人たちも発言した。牧師の妻は「苦しい状況のなかでも、彼女が冷静でいるところを見たことがあります」と言った。ショートケーキは二言《ふたこと》三言《みこと》、言うのがせいぜいだった。双子の兄は、自分たちは「まだ二一歳になったばかり」であり、姉の子どもたちは、おばやおじのもとではなく、母親のもとで目覚めるべきだと述べた。

とうとう、裁判官が口をひらく番がきた。この年配の白人男性は、これまで聞いた話をざっと振りかえることから始めた。「つまりこれは、この犯罪の性質に関する総合的な話しあいだったわけです。要するに、魔がさしただけだと……捨てばちになっていたのだ、と。その点はわかりました。しかし、当時といまを比べても、なにひとつ状況が変わっていないという事実にも、着目しなければなりません……つまり、全体的な経済状況はまったく改善されていない。この点についてはどうですか、弁護人？」

「おっしゃるとおりです」。公選弁護人はそう答えた。彼は、バネッタがこれまでずっと仕事をさがしてきたと主張していたが、バネッタが毎朝五時に起きていること、それでも新居さがし、一般教育修了検定の受講、子どもたちの世話に追われて、職さがしにほとんど時間を割けないことには言及しなかった。罪を犯したと自白したばかりの人間を雇ってくれる雇用主などまずいないことにも。

「おっしゃるとおりです、か」。裁判官が繰りかえした。「それに、正直なところ、ましになっているとも思えません。それどころか、悪化しているのではありませんか。これまでの経緯や、彼女が貸家を追い出されて、あちこちを転々としているという事実を考慮すれば」

裁判官が言いたかったのは、こういうことだ——暴力行為に加担し、見も知らぬ人を傷つけたとき、あなたが貧しく、おびえていたという点については同意する。もし、いまもあなたがレストランで週五日働いていれば、われわれのだれも、ここに集まることはなかっただろう。

そうしていれば、あなたはお金を十分に貯めて、麻薬の売人などいない地域に引っ越し、子どもたちを安全な学校に通わせて、鉛が除去された清潔なアパートメントで暮らしていたかもしれない。やがてはボーボーに、発作のために必要な治療を受けさせてやれたかもしれないし、あなたが昔から望んでいたように、看護師になるための夜間講座を受講できていたかもしれない。ひょっとしたら、実際に、本物の看護師になれたかもしれない。そうすれば、ショートケーキがあなたに与えたのとはまったく違う子ども時代を、わが子たちに与えてやれたかもしれない。

あなた自身も、この冷たい町を毅然と胸を張って歩きまわり、自分にはなにがしかの価値があると思えるようになっていたかもしれない。ピストル強盗をしてこいと、自分の銃を渡すような真似をしない男、少なくともあなたの玄関ドアを壊し、わが子たちの目の前であなたを殴りつけたりせず、あなたを支援してくれる男にこそ自分はふさわしいのだと、思えるようになっていたかもしれない。そして安定した職に就いている男と出会い、小さな教会で結婚式を挙げられたかもしれない。最前列にいる新郎のそばには誇らしげにケンダル・ジュニアが立っていて、ドレス姿のテンビがフラワーガールを務め、ボーボーは満面の笑みを浮かべてよちよちと歩き、指輪を運んでくれたかもしれない。新郎はあなたのことを「僕の妻」と紹介するだろう。そう、まさにあなたがいつも夢見ていたように。

でも現実は？　あなたは勤務時間を削られ、電気はいまにも止められそうで、家から追い出される寸前で、友人が赤の他人の顔に銃を突きつけているあいだに、その女性からバッグを引ったくった。たとえ、この犯罪を引き起こした原因が貧困だったとしても、あなたが同じことを繰りかえさないと、だれに断言できるだろう？　あなたは、いまもなお貧しいのだから。だれの目から見ても、根本的な原因はあきらかだ。われわれは毎日、この法廷で同じような事件を見ている。司法制度は慈善事業でも、職業訓練プログラムでも、住宅局でもない。雑草を根元から引き抜けないのであれば、せめて茎の低いところで切り落とすしかない。

裁判官がため息をつき、しばらく沈黙が続いた。速記官はキーボードの上で手を止めたまま待っている。ケンダル・ジュニアはショートケーキの膝の上で、寝息も立てずにすやすやと眠っている。ついに、裁判官が判決をくだした。「本件は……執行猶予を付するにはあたらない。よって八一カ月の刑に処す。これを州刑務所での禁固一五カ月と、その後の六六カ月の保護観察に分けることとする」

裁判所の職員がバネッタに近づき、手錠をかけるので立つようにと言った。

ショートケーキが「ああ、神さま」と、つぶやき、ケンダル・ジュニアを揺すって起こすと、ガラスの仕切りのほうに連れていった。「さよならって、手を振ってあげなさい」

手を後ろに回されたまま、バネッタが振りむいた。両の頬に涙がぼろぼろこぼれている。ケンダル・ジュニアは感情を出さないまま、その顔をじっと見つめかえした。そうしなさいと母親から言われたとおりに。

信徒たちや監督たちと何度か衝突し、ついには牧師とも対立したあと、クリスタルは別の教会に通いはじめた。地味な二階建てのオフィスビルに入っている、スラムの教会だ。

ある日曜日、クリスタルは前から三列目の席に座り、音楽に合わせて手拍子を始めた。黒いシャツに緑のパンツ。身体を無理に押しこんでいるので、シャツのボタンもパンツのジッパーも途中までだ。

牧師は黒人の女性で、ウェーブした髪をアーチを描くように肩まで垂らし、ゴールドの飾りがついた白いローブを着て、女王のように威厳たっぷりに歩くと、精霊に導かれるままに足をとめて言った。「主は仰せられます。彼は真実であり、光であると」。ピアノを弾いている若い男が両手をひらひらと動かし、鍵盤をたたく。ドラムの向こうに座っていたもっと若い男は、思わせぶりにシンバルを軽くたたいた。「真実！　そして——光！　わたしの声が聞こえますか？」

「アーメン」と、クリスタルが言った。バネッタと暮らしていたアパートメントから追い出されたあと、彼女はホームレスシェルターでの滞在を認められた。うんざりするほどいつものように友だちをつくって、友だちを利用して、友だちを失った挙げ句に、短期間だけ雨露をしのげる暖かい寝床を確保したのだ。だがそのあと、彼女はまた路上生活に戻り、病院や駅で眠るようになった。ときには一晩中通りを歩きまわり、夜が明けてからバスのなかで眠ることもある。ただ、そんな日々でも、教会には通いつづけた。「シャ、ラ、ラ、ラ、ヤバ、ショ、ター、タマ、マ、マ」と、牧師がマイクに向かって祈りはじめた。心拍のリズムにあわせるように、その声は初めのうち小さく、そのあと急に大きくなり、震えながら消えていく。「いま、あなたは群衆のなかにいますか？　そこから抜けだして、群衆の上に昇っていけば、イエスさまが見える！　おお！」。するとクリスタルは、まるで見えない力に跳ね飛ばされたかのように、あとずさりをし、「そのとおりよ、牧師さま！」と叫んだ。

クリスタルはこれまでずっと、生活保護は給料よりも頼りになる収入源だと考えていた。生活保護をもらっているあいだは解雇されないし、勤務時間を減らされもしない。「生活保護はかならずもらえるもん」と、彼女は言った。

ところがある日、それが途絶えた。成人になったいま、受給資格を満たしていないと判断されたのだ。ついに、彼女の収入源はフードスタンプのみとなった。[*4] そこで、献血をしようと思ったが「アメリカでは成分献血をするとお金がもらえる」、血管が細すぎた。母親のように慕っている女性、里親、実の母親にまで金を無心したが、少しの金をもらったところで、たかが知れていた。

教会にはなにも要求しなかった。「いつもケンカになっちゃうから」というのが理由だ。ほかにどうすればいいかわからず、クリスタルは「あたりをぶらぶら」するようになり、やがて売春を始めた。早起きは苦手だったが、朝方がいちばん男をつかまえやすいと気づいた。仕事にでかける途中の男たちに声をかけるのだ。

「ママは大丈夫?」。そう尋ねる牧師の視線の先には、二人に支えられた高齢の女性がいた。

「いいえ」

「では、すべてを中断して、彼女のために祈りましょう」。そう言うと、牧師は老女の前にひざまずいた。十数人の信徒たちが彼女のまわりに集まり、椅子の上に立ったり、彼女の頭に手を置いたりした。「こちらに手を伸ばしてください。そして、祈りましょう!」と、牧師が言った。

その祈りのあと、音楽が低く静かに奏でられ、取り囲んでいた人々が少し距離を置くと、老女のぐったりとした身体と血の気のない顔があらわになった。老女は眠っているか、死んでいるように見えた。人々がまた彼女の周囲に集まった。数分後、周りにいた人々がいっせいに声をあげはじめ、人の輪が外に広がると、牧師が老女の顔と手にキスをした。すると、信徒たちが拍手を送るなか、老女は自力で立ちあがった。

「主を讃えよ!」。牧師は勝ち誇ったようにマイクに向かって叫び、祈りを捧げながら、くずおれるように膝をついた。ピアノとドラムの音が激しくなり、教会は熱気に包まれた。人々は通路を走りまわり、わめき、歌った。「ここでは葬式なんかやりません!」。牧師は高らかに宣言した。

そのなかにクリスタルもいた。両手を高く掲げ、指を大きくひらき、輝くばかりの笑みを浮かべて踊っている。「神が見つけてくれた!」と、彼女は叫んだ。「ようやく、神があたしを見つけてくれた!」

23章 セレニティ・クラブ

スコットが初めて〈セレニティ・クラブ〉に行ったとき、酒もクスリも断って八日目だった。〈セレニティ・クラブ〉は煙草の煙が充満する板張りのバーで、ＡＡ［アルコホーリクス・アノニマスの略。飲酒に問題を感じている人たちの自助グループ］が運営していた。提供されるのは、風味のないコーヒーとルートビア・フロート［ビールのようなノンアルコール飲料ルートビアに、バニラアイスをくわえたもの］だ。「一度飲みだすと、やみつきになるぞ」。逮捕歴のある常連がルートビア・フロートを指して軽口をたたいた。「こいつのために強盗しようとは思わんがな」

スピーチの時間になると、黒のバンダナと黒いフェイクレザーのジャケットを着たプエルトリコ系の女性が立ちあがった。名前はアナ・アルディア。かつてはＬＳＤやコカインをやっていたタフなバイク乗りだったが、いまはＡＡで司会やスピーチを担当するスタッフを務めている。断酒一〇年の記念メダルまで残り数カ月を残すばかりだ。これまで、AAの回復プログラムを通じて、何人ものメンバーの力になってきた。

スピーチの途中、アナはその日初めて参加したメンバーについて触れた。

「大好きよ、スコット。毎回きちんと通ってね。本気で取り組めば――」

「うまくいく」。続きは周囲のメンバーたちが言った。

その八日前、スコットは三日三晩、酒を飲みつづけたあと目を覚ました。ひどい二日酔いで、一文無しになっていた。神経を落ち着かせようと服を着替え、アパートメントを出た。日曜日の早朝で、まだ町は眠っている。どうにかピトの家にたどりつくと、ベッドで眠っていた彼を起こした。ピト自身、断酒して二年を迎えたところで、クリーンになりたいと思っているジャンキーの扱い方は心得ていた。必要なものは大量の水、コーヒー、ビタミン剤、煙草、食べ物、そしてなにより、つねにだれかが監視することだ。

ピトはその日ずっとスコットのそばにいてやり、夜になってから、兄のデイビッド・アルディア（断酒して一四年）と、その妻アナのところに連れていった。その日、アナは裏庭に掘った穴で焚火《たきび》をして、午前二時に近所のバーが閉店するまで、ずっとスコットと一緒に起きていた。スコットにとっては、激しい吐き気と闘った、とんでもなく長くつらい一日だった――と同時に、ここ何年かで初めて、ドラッグをいっさいやらない日だった。

酒もドラッグもなしの五日目は、これまでとは違う最低の気分が襲ってきた。スコットはピトの家で、むせび泣きながらやりすごした。「身体はよくなってきたのがわかるんだ」と、彼は言った。「でも、もう長年、酒やヤクのおかげで、不安やなにかを感じずにすんできただろう？　だから、その反動がすごいんだよ」

ＡＡでは、断酒を始めたばかりの人のために連日、独自の宴《うたげ》をひらく。〝ベイビー〟と呼ぶ新入会員をメンバーで取りかこみ、支援のしくみをつくるのだ。新人をけっしてひとりぼっちにさせないためでもある。スコットの場合は、酒屋が開店する朝の八時前にはピトの家にやってきて、バーが閉店する時刻までアナと焚火を眺めてすごし、一日を終えるようになった。

だが、そうやって三週間近くたったころ、スコットは家主から「出ていってくれ」と言われた。ピトの甥っ子Ｄ・Ｐが飼いはじめたピットブルが逃げだし、どういうわけか階下の部屋に侵入したせいだ。部屋の住人が警察に通報し、警察が家主に連絡を入れた結果、スコットとＤ・Ｐが退去させられることになったのだ。幸い、そのころにはもう、スコットはデイビッドとアナの家に住んでいるようなものだった。二人はスコットに、ここで寝てもかまわないよと言ってくれた。

デイビッドとアナの家は労働者階級が暮らす地域にあり、だれもが気がねなしに出入りしていた。近所の人がノックもせずに入ってきて、勝手に冷蔵庫をあけることさえあった。「ここは〈回復の家〉なの」と、アナは言ったものだ。「だれかが出ていったと思ったら、またほかのだれかがふらりとやってくる」。だから、彼女はいつも大きなボウルに米や豆を入れておく。そして、ドアにはけっして鍵をかけなかった。

スコットはその家のソファで眠り、夫妻の子どもたちを学校へ迎えにいくようになった。やがて、デイビッドと一緒に働くようになった。彼はフリーのレンガ職人で、稼ぎが少ない週には金屑の回収もしていた。スコットは金屑を集めるのが好きだった。とくにアルミニウムやスチールをさがして都会を冒険するのが。ときには巨大なゴミ収集箱に身を沈ませて、空き缶類をさがさなければならないことがあっても。樽のように分厚い胸板をもち、細い目でにやりと笑うプエルトリコ系の男が、デイビッドとスコットに金を払ってくれた。払ってくれないときもあったが、スコットは文句を言わなかった。デイビッドとアナがしてくれたことを思えば、文句を言える筋合いなどなかったからだ。

スコットは、〈セレニティ・クラブ〉の掃除をするのも気に入っていた。賃金は時給七ドル一五セント［約一〇四〇円］、週に一〇〇ドル［約一万四五〇〇円］程度と安かったけれど、たいていは夜一〇時から午前一時までひとりで働いて、じっくりと考えごとができた。新しいだれかとも出会いたかったが、ゲイバー以外、どこでさがせばいいのかわからなかった。オンラインでさがす？　いや、じきに妹の結婚式があるから、久しぶりに実家に帰れるかもしれない。スコットは日々、祈りつづけた。「どうか、あした、僕にドラッグを使わせないでください」

だが、なによりも夢見ていたのは、看護師の仕事に戻ることだった。スコットは、それこそが

「酒もドラッグもやらずにすごす最高の方法」だと考えていた。「看護師の仕事をしていれば、自分のことじゃなく、ほかの人たちのことを考えていられる。貧乏で、どうしようもない自分のことを悲観ばかりせずにすむ」

とはいえ、そうした未来への道のりを想像するだけで気が遠くなった。看護協議会はスコットの看護師免許を無効にしただけでなく、きわめて厳しい再取得の条件を設けた。まず、〝年間、最低五六回の尿検査〟を受けなければならず、それには数千ドルもの費用がかかる。また、五年間は酒やドラッグに手を出してはならず、一週おきにＡＡのミーティングに参加しなければならない。[*1] 残念ながら、スコットには自分の弱さがよくわかっていた。

薬物やアルコールの依存症に苦しむ医師や看護師、弁護士などの会合に参加して、気をくじかれそうになったこともある。ある看護師は、二年ほどドラッグやアルコールを断ち、看護協議会が設けた条件をすべてクリアしたあとでも、仕事を見つけるのに一年以上かかったと語った。彼女は修士号をもっていたというのに。

スコットには看護師の知りあいが何人かいた。数人の看護師とは長年、連絡をとりつづけていたし、なかには影響力のある立場に出世した者もいた。親戚のおばも、近隣の大きな州立大学で看護学部長を務めるまでになっていた。だが、かれらには、自分が依存症であることも、貧困に苦しんでいることも隠しつづけていた。だから、支援を求めるのはむずかしかった。このまえ、地元の介護施設で所長を務めている友人と話したときにも、ちゃんと仕事をしているよ、と言った。「それなのに、いまさら〝じつは仕事なんかしていないんだ。僕はまだジャンキーで、これまでずっと嘘をついてきたんだよ〟とはなかなか言えなくてさ……どうしても告白する勇気が出ないんだ」。彼は、だれかに頼みごとができるとはとうてい思えなかった。*2

〈セレニティ・クラブ〉の掃除は、四カ月のあいだ、たった一日休んだだけでずっと続けた。だが、だんだんうんざりしてきた。灰皿の吸殻を捨てて、トイレをごしごしときれいに磨いて、夜の勤務が終わるときに自分の仕事に評価をつける――Aマイナス、Cプラス。そして二一時間後、また同じことを繰りかえす。ジャンキーだったときには、少なくとも〝ドラッグを手に入れる〟という目的があった。なのにいまは、小さくて退屈な円をぐるぐると回っているような気がした。おまけにアナからは、ソファで眠る代金として月二〇〇ドル［約二万九〇〇〇円］を払ってほしいし、スコットのフードスタンプで食料品を買わせてほしいとも言われていた。そうなれば、貯金にまわす金はほとんど残らない。

辟易《へきえき》していたのは、それだけではない。当初はしらふですごせていると思うだけで高揚感を覚えていたのに、そのワクワク感が薄れてきたうえ、AAのどこもかしこもイヤになってきたのだ。蜜月のような時期のあと、この感覚におそわれるメンバーは多い。AAではそのためのフレーズまで用意していた。「ピンク色の雲から落っこちる」

「相反する気持ちが憎悪に変わってしまったんだ」と、スコットは言った。半円形に並べたパイプ椅子に、回復の見込みのない酔っ払いやジャンキーと一緒に座り、コーヒーを飲みながらメンバーが順番に語るおぞましい話を聞いていると、いたたまれない気持ちになった。AAの儀式で、自分の肩に他人の手が置かれることも、〝神のご加護により〟とか〝手放し、神に任せなさい〟とかいう決まり文句も、もうたくさんだった。なにより、〈セレニティ・クラブ〉のメンバーが、薬物依存症の治療にメタドンなどの処方薬を使うのはいかさまだ、と考えているのが気にくわなかった。

つらい渇望感やうつ状態をやわらげてもらうために、郡の診療所に行ってみようかと思いつめたりもしたが、アナやデイビッドには打ちあけられなかった。嘔吐しては身を震わせ、おいおいと泣きつづけ、必死で自分の神経から毒を追い出しているというのに、はたと気づけば、自分はただ文無しのホームレス。AAにばかばかしいほど長時間参加しながら、深夜、バケツにモップを突っこんでいる。「ジャンキーも酔っ払いも、もううんざりだ」。スコットはだれもいない部屋で怒鳴り声をあげた。「こっちの頭がおかしくなっちまう！」

午前七時三七分、スコットはミルウォーキー郡の運営するクリニックで受付票に記入をした。ここは、医療保険に加入していない住人や、郡の公的医療保険（GAMP）にのみ加入している住人のためのクリニックだ。壁には「初診の予約は三時間から五時間お待ちいただくことがあります」とある。お金がないのなら、せいぜい時間を費やしてくださいというわけだ。待っているあいだ手持ちぶさたであたりをうろついている患者たちの横を、看護師やソーシャルワーカーが急ぎ足で歩いていく。歩くのがとても速いスコットは、「ここでも働けるな」と思った。

だがこの日は、仕事ではなくドラッグを求めてクリニックにやってきたのだ。彼には、ＡＡが薬物依存症の治療に医療用麻薬の使用を禁じていることが、どうしても解《げ》せなかった。自分の肉体は回復に向けてはずみをつけ、やる気を高めてくれるものを絶対に必要としている。サボキソン（ブプレノルフィン）を処方してもらえますようにと願いながら、スコットは指を交差させた。サボキソンはオピオイド系の医療用麻薬の治療薬として利用されているが、これ自体がやはり医療用麻薬でもある。

三時間近く待ったあと、ようやく名前が呼ばれ、立ちあがった。これでやっと診察してもらえると思うと、ほっとした。

精神科医は痩せたアジア系の男性だった。頭は角刈りで、小声で話した。彼はまずスコットを、長方形の殺風景な部屋に案内した。さしずめ広すぎるクローゼットといったところだ。そして、スコットがソファに座ると、自分は古いデスクに背中を丸めて座り、スコットのファイルに目を通した。ソファに座っているスコットからはその横顔が見えた。

「気分が落ちこむようになってから、どのくらいになりますか？」。精神科医がファイルに目をやったまま尋ねた。

「だいぶ長いです」

「では、どのような症状がありますか？」

「とにかく、本当にまったく気力が湧かないんです……それでサボキソンを試してみたいんです。いまのが離脱症状なのかは、自分ではわかりませんが」

「ドラッグの問題を抱えていたのはどれくらいの期間ですか？」

「そうですね、七年ほどです」

「薬物を絶ってからはどれくらい？」

「四カ月です」

これまでの薬物使用歴について話したあと、精神科医はしばらく間を置いてから、口をひらいた。「ふうむ。あなたは幼いころに性的虐待を受けたと、ここには書いてありますが」

「そのとおりです」。スコットは不満そうに言った。

「何歳のときですか？」

「小さいときです。四歳から」。そう言うと、スコットはしばらく考えてから続けた。「一〇歳まで」

「だれから？」

スコットはその相手を精神科医に告げた。

「それはどのように終わったんですか？　だれかに相談したことは？」

「この件については、だれにも話したことがありません」

「この件に関して、なにか治療を受けたことは？」
「ありません」
「治療に興味はありますか？」
「いいえ」[*3]
結局、スコットは二種類の抗うつ剤のビンをもってクリニックを出た。ゾロフト一〇〇ミリグラムを一日に二回、就寝前にアミトリプチリンを五〇ミリグラム服用することになったのだ。[*4]
「薬が欲しくてたまらないという、この渇望をやわらげるものはなにかありませんか？」と尋ねても、精神科医はただ治療プログラムについて説明しただけだった。その返答にスコットは「少し気落ち」した。だが、三つ願いごとをして二つかなったのだからよしとしよう、と思った。外はマイナス一八度。凍えるほど寒い。ブーツの下で雪がきゅっきゅっと音を立てた。

三カ月後、デイビッドとアナの一二歳になる娘が小銭をあさっていたところ、スコットの水泳パンツのポケットに注射器が入っているのを見つけた。夫妻の長男オスカーは「だいぶ古いものかもしれないよ」と言った。ありうる話だった。スコットがここで暮らしはじめたころにも、しばらく着ていなかったスウェットシャツやジーンズのポケットから、よくドラッグの道具が出てきたから。クラックパイプが出てきたこともある。だが、デイビッドとアナは、古いという説を信じなかった。その夜、〈セレニティ・クラブ〉で掃除を終えたスコットが帰宅すると、家のポーチに自分の私物が置いてあり、メモが添えられていた。玄関ドアをあけようとしたが鍵がかかっていた。夫妻の家は七カ月ものあいだ、スコットにとって自宅だったというのに。

スコットは弁解しなかった。対立したくなかったし、どうせ二人は自分の話を信じないだろうと思ったからだ。「注射器が自分たちの息子のものだと思うより、僕のものだと思うほうがずっと楽だよな」。そもそも、父親になったばかりのオスカーには薬物依存症の治療にあてる時間などない。ここで薬物を使いつづけられるようにしてやれば、彼は恋人と赤ん坊と一緒にあの家で暮らせる。それを壊すような真似をするのは自分勝手だ、とスコットは考えた。

スコットには、あの注射針がオスカーのものだとわかっていた。なぜなら、一緒に打っていたから。ただし、スコットは〝再発〟という言葉を使わない。「あれのおかげでぼくはノーマルになれた。それだけのことさ」と、彼は言った。

そのころ、いくつかの出来事が同時に起こっていた。まず、これまで何時間もＡＡのミーティングに参加し、グループセラピーにも出席してきたが、いくら続けたところで、看護師免許を再取得する役にはいっさい立たないことがわかった。看護協議会は独自の手続きを定めていて、スコットはそれに従っていなかったのだ。おまけに、看護協議会には尿検査のための独自施設があるのに、スコットはそこを利用していなかったせいで、これまでクリーンなことを証明してきた尿検査がすべて無駄になってしまった。「わざわざでかけていって、カップにおしっこをする。それを何週間も何週間も続けてきて、ようやく看護協議会に連絡をして、これで尿検査をクリアできたと思ったのに、『おあいにくさま』と言われたようなものさ」

さらに、この敗北の知らせを聞いたほんの数日後、ガソリンスタンドでばったりヘロイン・スージーとビリーにでくわした。二人にヘロインをやらないかと言われたスコットは、乗った。彼にとって、それはいわば静かな反乱だった。これだけなら一回こっきりの出来事にすぎず、険しい山を登る途中にちょっと足を滑らせただけですんだかもしれない。だがそこへ、ドラッグ漬けになっていたオスカーが親の家に戻ってきた。やがて、スコットとオスカーは週末になると一緒にハイになるようになった。ただし、スコットは火曜日以降はやらなかった。金曜日にクリーンな尿を出すためだ。まだカウンセリングに通っていたし、AAのミーティングにも参加していた。このルーティンをやめ、いつでも好きなときにハイになるようになったのは、数カ月後のことだ。

午前二時、衣類を入れた袋と思い出の品を入れたケースをもち、スコットは追い出された〈回復の家〉の玄関ポーチに立った。こうなれば、あとはもう自然の流れ。彼はヘロイン・スージーとビリーに電話をかけ、二人のトレーラーで夜をすごした。また出発点に戻ったのだ。

数日後、スージーがアップルパイを焼きはじめると、スコットは母親のジョーンに電話をかけた。彼はメタドン療法を試してみようと腹を決めていたのだが、そのためには二つの条件をクリアしなければならなかった。ひとつは、ヘロインが体内に残っていること。これは大丈夫。だがもうひとつの「一五〇〇ドル［約二万二〇〇〇円］を用意すること」という条件はクリアできていなかった。

この一カ月前、スコットは故郷に戻り、狭いながらも立派な実家に二日間滞在した。そのあいだに、老人ホームに入居している祖母に会いにいき、ティーンのめいっ子たちとゲームをして遊び、妹が新しいウェディングドレスを試着するようすを眺めた。スコットが母親に会うのは二年ぶりだった。「都会での運転が苦手じゃなければ、あなたのところまで運転して会いにいったんだけど」と、ジョーンはやんわり息子に謝罪した。

実家では、リラックスして穏やかにすごせた。ジョーンも、前回、息子がここに帰ってきたときとまるでようすが違っているのに気がついた。前回は、ケージに入れられたウサギのようにびくびくしていた。「いまにも猛スピードで走りだすんじゃないかと思うほど、両足がぶるぶる震えていたの」。それもあって今回は、とくべつなランチと大がかりなディナーを用意して、大勢の親戚がスコットに会えるようにした。おかげで彼は〝僕は愛されている〟という自信をもってミルウォーキーに戻れた。母親に電話をかけることができたのも、そのときの記憶を力に変えられたからだ。

「メタドン療法をしているクリニックなんだ」と、スコットは母親に説明した。「どういうところか知ってる？　……毎日、治療薬をもらうために、クリニックに通うんだ。そうすればオピオイド依存症もうつ病も治していけるんだよ……もう、ありとあらゆる治療を試したけど、効果がなくてさ。その、母さんにこんなこと説明するのは気が進まないんだけど、とにかく、これまでのやり方じゃダメなんだよ」。ここまで言うと、スコットは深く息を吸った。「母さん、僕の話、わかってくれた？」

ジョーンにわかったのは、これまでほとんど頼みごとなどしてこなかった息子が、いま切実に助けを求めているということだけだった。彼女は一五〇〇ドルを工面した。

翌朝、スコットは〈一〇丁目メタドン・クリニック〉に座り、自分の番がくるのを待っていた。クリニックは四つのセクションに分かれていた。まず料金を支払う受付と尿を回収する窓口。この窓口の看護師たちは、常連の患者をニックネームか番号で呼んだ。「いらっしゃい、ディーノ」、「きょうはついてるわね、三三二二」というふうに。三つ目のセクションはトイレ。カメラが設置してあって、患者が尿をすり替えないかどうか監視される。そして四つ目にはメタドンが出てくるマシーンが置いてある。その手前に分厚いドアがあり、患者はここで待つ。ブザーが鳴ると中に入り、設置されたマシーンに自分の番号を入力すると、小さなプラスチックのカップに赤く苦い液体が注がれるのだ。

ミルウォーキー広しといえど、午前七時のこのメタドン・クリニックほど多様性にあふれる場所はない、とスコットは思う。ドアがひらくと、フルメイクをほどこした二〇代の白人女性がブランドもののハンドバッグ片手に入ってきた。それに、歩行器におおいかぶさるようにしてぶつぶつなにか言っているメキシコ系の男性や、赤ちゃんを抱っこしている白人の女性もいる。ピアスをぶらさげた長身の黒人女性は見ているだけで楽しかったし、ほかにもでっぷりと太った塗装工、体格のいい建設作業員、アイロンのきいたスラックスとピンクのブラウスを着た白人女性、会計士が着るような地味なスーツ姿の男性がいた。八〇代とおぼしき腰の曲がった中国系の女性が足を引きずりながら入ってきたときには、プエルトリコ系の女性が杖をつきながら近づき、彼女をハグした。

「あんた、新入り？」。だれかが声をかけてきた。

スコットが振り向くと、イースト高校の陸上部にでもいそうな若い白人の女性がいた。一八歳くらいだろうか、髪をポニーテールにまとめている。顔にはそばかすがあって、歯列矯正をしたような歯がきれいに並んでいた。

スコットはこくんとうなずいた。

「そう、なら、あたしからアドバイス」。そう言うと、彼女が近づいてきた。「ここをあてにしちゃダメだよ。だってさ、ドラッグをやめるためにここに通ってくださいねって、スタッフは言うけどさ、ほんとはあんたからカネをむしりとりたいだけなんだよ。あたし、ここにはそりゃもう長いこと通ってるけど、まだ一〇〇ミリグラム飲んでるんだから」

スコットは驚いて眉をあげた。最後にメタドンを試したとき、結局病院に運ばれるハメになったのだが、そのときの量が一〇〇ミリグラムだった。彼の記憶では、クリニックを出たとたんにメタドン一〇〇ミリグラムとザナックス［筋弛緩効果のある抗不安薬］を混ぜて飲み、近づいてきた車にぶつかった。対応にあたった警官がスコットにオピオイド解毒剤ナルカンを打ったため、離脱症状の発作が起こり、集中治療室に送られたのだった。

「いくら払ってるの?」と、スコットが尋ねると、「三七〇ドル［約五万四〇〇〇円］」と、彼女が一カ月あたりの費用を教えてくれた。

スコットはうなずきながら、次の支払いをどう工面しようかと思案した。

自分の番がくると、彼はその赤い液体を飲み、空いたカップに少量の水を足して軽く揺らし、残りも飲みほした。この最後の数滴が違いを生むことだってある。

クリニックを出る前には、カウンセラーと面談した。スコットと同じ年齢くらいの黒人男性だった。

「この三〇日間で、何回ヘロインを使いましたか?」。カウンセラーが尋ねた。

「三〇回です」。スコットはそう応じると、母親が一五〇ドル貸してくれたことを話した。「母はどうせ力になってくれやしないと思いこんでいた。僕が悪かったんだと思います。というより、できるだけ母のことは考えないようにしていたのかもしれません」

「あなたの秘密とおなじくらい、あなたの病は深いですよ」と、カウンセラーは言った。

〈セレニティ・クラブ〉の賃金では、メタドンの薬代と家賃の両方はとてもまかなえなかった。アナの家を追い出されたスコットは、〈ゲスト・ハウス〉と呼ばれている、八六のベッドがあるホームレスシェルターに入った。そこから毎朝、バスでメタドン・クリニックに通い、夜になると大勢のホームレスの男たちと一緒に大部屋の二段ベッドで眠った。メタドンのせいで汗をかき、体重が増え、性欲が減退した。それでも、とにかく効果はあった。*5

メタドン療法を始めた人たちの大半は、一年以内に治療をやめてしまうが、*6スコットは治療を受けつづけた。やがて〈ゲスト・ハウス〉に入居したまま管理人の仕事をするようになり、ふたたび人々に力を貸しはじめた。

そして、ついには週四日、このシェルターの支部で働くようになった。そこは静かなサウスサイドの住宅街にひっそりと立つ、なんの表示もない三階建ての家で、張りだし窓がついていた。スコットはこの家の浴室を漂白剤でごしごしと洗い、長年ここに暮らす老人たちを裏庭のピクニック用テーブルに連れていった。老人たちはそこに座っては煙草をくゆらせ、コーヒー缶を灰皿代わりにして灰を落とした。

一年後、メタドン療法の費用に四七〇〇ドル［約六八万円］近くを費やしていたスコットに、ついに郡が援助してくれ、月々の支払いは三五ドル［約五〇〇〇円］にまで下がった。さらに、〈ゲスト・ハウス〉が提供する定住プログラムのおかげで、収入の三分の一を家賃にあてれば貸家に引っ越せることになった。彼はウィスコンシン・アベニューのショッピングモールの横にある〈マジェスティック・ロフト・アパートメント〉を選んだ。これまでずっとダウンタウンに住みたいと思っていたし、ミルウォーキーにやってきたばかりのころは、そのショッピングモールによく通っていた。当時、アイオワの畜産農家出身の若者にとって、そこは活気ある社交場だったのだ。一四階建の〈マジェスティック・ロフト・アパートメント〉は、もともと一九〇八年にオフィスや演芸場のために建てられたものだったが、アパートメントとして改装したあとは、フィットネス・ジム、インドアのバスケットボールコート、小さな映画館などが設置され、人工芝まで添えられた。

スコットの部屋は一〇階にあった。清潔な部屋にはベージュのカーペットが敷かれていて、壁には染みひとつなく、人の背丈ほどの高さにある窓にはミニブラインドがついていた。広々とした浴室に、ちゃんと機能するガスコンロや冷蔵庫、おまけに洗濯機と乾燥機まで備えつけてある。〈ゲスト・ハウス〉が用意してくれた家具もあった。ダークブラウンの二人掛け用ソファと長椅子、スコットがシェードのビニールカバーをかけたままにしているいくつかのランプ、そしてフルサイズのベッド。だが、彼はほとんどベッドでは眠らなかった。長椅子で眠るのが習慣になっていたからだ。

とても現実とは思えないほど、いたれりつくせりの部屋だった。最初のうちは、じきに〈ゲスト・ハウス〉から電話がかかってきて、手違いでしたと言われるのではないかとびくびくした。なにしろ、この部屋の家賃は月七七五ドル［約一一万二〇〇〇円］なのに、スコットは一四一ドル［約二万円］しか支払っていなかったのだから。

これが自分の住まいだとスコットが実感できるようになるまで、ゆうに一カ月はかかった。そして、ようやく夢ではなく現実だと実感すると、バスマット、ネイビーブルーのベッドカバー、ハンドソープ、アロマキャンドル、クッション、マウスウォッシュ、皿類、それに靴を置くための玄関マットといったものを買いはじめた。

ここで暮らしていると、自己肯定感が高まってきて、もっといい生活を送るべきだという思いも芽生えはじめた。そうなれば、やる気だって出てくる。ある日、スコットは慈善団体からもらったマグネットで、冷蔵庫にメモを留めた。そこにはこうあった。

［五カ年計画］
・看護師に戻る
・もっとたくさん稼ぐ
・できるだけ節約する
・預金口座をつくる

看護師免許を取り消されてから二年と三カ月、やっと、ふたたび看護師になるために必要な尿検査を受けるため、節約生活を始められるまでになったのだ。目標を達成するために、彼は小銭をかきあつめては、空きビンに入れるようになった。

トレーラーパークに暮らしていたころは、袋小路に入りこんだようで「なにをどう修正していけばいいのか、見当もつかなかったんだ」と、彼は当時を思い起こした。「まるで世界の果てにいるようだった。市内にはほかの場所なんか存在しないような気がしていた」。トレーラーパークにいたころは、よく自殺したいと思った。自殺するなら、ヘロインを大量に打つのがいい。でも、大量のヘロインを買うだけの金がなかった。当時の生活と比べて、新居での生活はあまりにも違いすぎた。いまでは、トレーラーパークでの日々は文明から隔絶された〝とてつもなく長いキャンプ旅行〟だったのだと思うようにしている。

それでも、ときどき当時の日々がよみがえり、自分が失ったものすべてを突きつけられるような気分になることがある。そんなときは部屋を出て、〈マジェスティック・ロフト・アパートメント〉の狭くて薄暗い廊下を歩き、エントランスまで行った。ドアをあけると、グランド・アベニュー・ショッピングモールが目の前にあらわれる。そのモールの通路を歩きながらスコットは、光、音楽、食べ物の香り、周囲の人々の存在を全身で感じた。そして、昔、この町を驚異に感じ、輝ける将来を信じて疑わなかったころの感覚を思いだすのだった。

24章 なにをやってもダメ

アーリーンは携帯で電話をかけながら、ジョリに向かって「さあ、行くよ」という視線を送った。九〇番目に電話をかけた家主が、留守番電話に「電話をくれ」とメッセージを残していたのだ。正確には、物件を見せてくれた家主の息子だったが。二〇代前半で、キャップを後ろ前にかぶり、編んだ髪をポニーテールにまとめている彼は、「パナって呼んでくれ」と言った。アーリーンは、二〇〇三年ごろ、パナの父親が所有する貸家に住んでいたことを思いだした。二寝室のアパートメントで、当時は家賃五三五ドル［約七万八〇〇〇円］だったが、そこはいま六二五ドル［約九万円］になっている。今回申込んだ物件は、一寝室で五二五ドル。わずか六年で、これほど家賃が高くなるとは。

呼びだし音が聞こえはじめた。アーリーンはパナに伝えた話を思いだそうとした。たしか、児童手当を月二五〇ドル［約三万六〇〇〇円］もらっていると嘘をついた。でも、強制退去については正直に話した。というより、部屋を借りさせてちょうだいと泣きついたのだ。近所がどんな雰囲気かも、室内がどんな状態かも、気にする余裕はなかった。「もう四の五の言ってる場合じゃない」と腹をくくった。彼女は「わたし、いまシェルターにいるの。だから、どうかお願い」と、すがるように言った。

パナが電話に出た。「もしもし。ああ、あんたか。おたくのこと確認させてもらったよ。全部、言ってるとおりだった。だから、あの部屋、貸すよ」

アーリーンは思わず跳びあがり、「やった！」と小さく声をあげた。

「けど、わかってるよね。うちで、なにか間違いをしてもらっちゃ困る」

「わかってます」

「あんたには安定した収入がある。だから欠かさず家賃を払って、トラブルを起こさないように」

アーリーンはパナに礼を言って電話を切り、神に感謝した。それから、にっこりと微笑んだ。プレッシャーから解放されて微笑むと、彼女はまるで別人のように見えた。これまで、家主たちから八九回「ノー」と言われつづけた。でも、とうとう「イエス」をもぎとったのだ。

ジョリは母親とのハイタッチに応えた。これで、彼と弟はまた転校しなければならないだろうが、もう気にしていなかった。毎度のことだ。なにせ、七年生から八年生にかけて五校に通ったのだ――通学できるときには。DVの被害者向けシェルターにいたときは、連続一七日間欠席した。アーリーンにしてみれば、学校はちょっとした贅沢品だった。学校のことは、とにかく住まいを見つけたあとに心配すればいい。それに、ジョリはいつだってすごく頼りになる。彼は通りを歩きながら貸家の看板の電話番号を暗記し、アーリーンが新居さがしででかけるときはジャフアリスの面倒をみてくれた。おまけに人を笑わせるのも上手だ。なにをやってもうまくいかないとき、バスの車窓を街の光景がうしろに流れていくなか、ジョリは即興でラップを歌い（ひどい出来だったけれど）、ママを笑わせようとした。

アイ、アイ、アイ
引っ越し先をさがしてる
あれは、まえに通ってた学校
あれは、まえに住んでたとこ
あれは、まえに行ったことあるガソリンスタンド
引っ越し先をさがしてる

住むところが見つからないのを不安に思っていても、ジョリはけっして本心を見せようとはしなかった。

いっぽう弟のジャファリスは、シェルターを出るときに泣きじゃくり、ソーシャルワーカーが記念にくれたラジコンカーとエルモのぬいぐるみにしがみついた。そして、車が走りだしてしばらくすると、「もう、見えなくなっちゃった」と言った。アーリーンが頭をなで、シェルターを出るのはうれしいことなのよと言っても、ジャファリスにはどうしてうれしいのか、まったくわからなかった。シェルターは静かだし、暖かったし、おもちゃまであったから。

パナの父親が所有する貸家は、交通量の多い交差点に面していた。部屋のある三階まで、ジョリとジャファリスは、キーキーと音を立てるエレベーターに笑いながら乗っていった。アーリーンは階段で上がってみた。部屋に入ると、壁はどこもペンキが塗りかえられたばかりで、グレーのカーペットも分厚くて汚れていなかった。エアコンもついていて、部屋ごとに電灯がある。キッチンには狭いながら明るい色調の木製の食器棚があって、扉やひきだしに取っ手がついていた。蛇口からは、ちゃんとお湯も出る。時間をかけて一つひとつ点検したが、どこにも不具合はなかった。アーリーンは窓をあけ、眼下を走る車と、通りの反対側にある配送センターに目をやった。そして「よかった……けど疲れた」と、ひとりごちた。

衣類を入れたゴミ袋と缶詰の食料を入れた箱をすべて運びいれると、アーリーンは床に座りこみ、やわらかいバッグにもたれた。ようやく住むところができた。そう思うと、とてつもなくほっとした。シェリーナとの強制退去審理から二カ月が経過していた。ジョリがアーリーンの隣に座り、母親の肩に頭を預けた。ジャファリスもそばにやってきて身を横たえ、母親のお腹に頭を寄せた。長いあいだ、三人はそうやっていた。

アーリーンが、テランス――通称〝T〟が死んだことを知ったのは、穏やかな日常が戻った数日後のことだった。Tはラリーの家族で、彼女がいまでも連絡をとっている数少ないひとりだった。彼のいとこのP・A(アーリーンは彼のことも大好きだった)が、Tを射殺したという。二人は言い争いを始め、Tが斧の柄《え》でP・Aの頭を殴りつけたので、P・Aが銃を取りにいった。そして銃を手に戻る前に、Tの母親に電話をかけ、「これからおまえの息子を殺してやる」と言い、そのとおりにしたという。

いつものように、アーリーンはTの死を淡々とやりすごすことができなかった。Tのことを思っては泣き、昔の友人たちと彼の思い出を語った。葬儀にも参列することにしたので、昔世話になっていた里親の家に、ジャファリスを預ける手配をした。葬儀のあと、みんなでレストランに行こうという話が出ていた。懐に余裕がない者は献血をしたりして、なんとかお金を工面した。

通りのそばに設けられたTの祭壇にジョリと到着すると、アーリーンは歩道に並べられた花とぬいぐるみをきれいに置きなおした。路肩には大きなクリーム色のリボンが飾られていて、追悼の詩を書いた紙が置かれていた。造花のバラ、白や黄色のデイジー、カーネーション、アルストロメリアの花束もいくつか供えてあった。そこからTの自宅まで歩いて玄関前の階段に立つと、ふたたび路上の祭壇に戻り、それからまた彼の家まで歩いていった。

葬儀の日の朝、アーリーンは暗い色のジーンズに〈ロカウェア〉のTシャツ、青いパーカーを着て、ジョリとアパートメントの階段をおりていった。すると、そこへパナが上がってきた。「ちょっと話がある。二日前の夜のことだけど」と彼は言った。

アーリーンの頭は急いで記憶をたぐった。二日前の夜はジャファリスがぜん息の発作を起こして、救急車を呼んだのだった。

「このアパートメントは警察から迷惑物件に指定されてる」と、パナが言った。「これ以上、警察沙汰はごめんなんだよ」

「消防隊と救急車がきただけでしょ。ぜん息の発作なんだから。警察がきたわけじゃない」。アーリーンはそう反論したが、問題はそれだけではなかった。アーリーンの友人がドアをノックして、マリファナはないかと尋ねてきた、と隣人が苦情を伝えていたのだ(友人とはトリーシャのことで、彼女はそのときジョリとジャファリスの子守りをしていた)。そのうえ、三階の部屋の窓からジャファリスがなにかを落としているところも目撃されていた。「行動をあらためてもらわないと、出ていってもらうからね」

外に出て、葬儀場に向かいながら、アーリーンはやれやれと首を振った。「ようやく落ち着いたと思ったら、次から次へと問題が起こる」。パナの機嫌をそこねたくはなかったが、アーリーンはほかにも問題を抱えていた。住所変更届を提出していたのに、手違いがあったのか、フードスタンプが届いていなかった。それに、強制退去のあと倉庫に運ばれていったきりになっている所持品も出さなくてはならない。急いでどうにかしなければ、月初めがやってきて、倉庫への支払いが遅れてしまう——さもなければ家賃を滞納することになる。それにくわえて、Tが死んでしまったのだ。ある意味では、P・Aも死んでしまったようなものだ。

貧困はどんどん不幸を積み重ねていく。苦しい生活を続けていると、不幸が連鎖する藪《やぶ》に迷いこみ、そうなったら枝を払いながら進んでいかなければならない。頭がおかしくならないよう、せいいっぱい努力するしかないのだ。ときには平穏な日もあるが、とにかく次から次へと危機が訪れる。[*1] とはいえ、少なくともいまのアーリーンには住まいがあり、自分たちだけで眠ることができている。

ニューピッツ葬儀場の入口で、アーリーンはなかに入るのを少しためらった。一九三〇年代に建てられたこの葬儀場は、公共の施設だ。フレンチ・リバイバル様式風のラノン石［ウィスコンシン州ラノンで採れる石］でできた建物には、八角形の階段塔や細長く優美な窓があって、深いえび茶色の張りだし屋根が歩道に伸びている。傾斜の鋭い屋根からは煙突が立っていた。

ジョリが母親の隣に身を寄せ、二人は一緒になかに入っていった。祭壇の前にはすでに大勢の人たちが集まっている。ティーンエージャーの子どもたちは、Tやほかの早逝《そうせい》した人の顔がプリントされた特注Tシャツを着ていた。祖父母たちはクリーム色や茶色のスーツを着て、フェルトの帽子をかぶっていた。最前列にはTの兄のビッグCが座っていて、鮮やかなブルーのTシャツにバンダナ、サングラスをかけている。おじのリンクは吸いかけの煙草を耳のうしろにはさんで登場した。やがて、おそろしく背の高い男がのろのろと通路を歩いてきた。その男の背中に顔を押しつけて妻が泣いている。アーリーンはこの親族における自分の立場を考えて、うしろの席についた。

Tは黒い長袖のTシャツを着せられ、頭にはオークランド・レイダーズの新品のキャップが載っていた。格好よかった。じきに四〇歳になるところだった。牧師が彼を見おろし、太いウィンザーノットで締めたネクタイの上で首を振りながら口をひらいた。「ここにくるたびに、私そっくりに見える人物が棺《ひつぎ》に横たわっているのを目にするような気がします。あまりにも若くして逝ってしまった」。それから怒ったように声を張りあげ、熱をこめて話しはじめた。「私たちのあいだの愛はどうなってしまったのでしょう？　思いやりの心はどうなってしまったのでしょう？……私たちを助けられるのは、ほかでもない、私たちなのです！」

「そうだ！」

「そのとおりだ」

「わたしのベイビーだったのよ！」

葬儀のあと、アーリーンは建物の外でおじのリンクたちとあいさつをした。だれかが彼女にビールの缶を渡した。彼女がTのためにそれを地面にかけてやると、雪の上に鮮やかな琥珀色の円が描かれた。そのあと、〈ウィスコンシン黒人女性センター〉の地下室に移動し、パンにフライドチキンを載せたものや、サラダやマカロニ・アンド・チーズを食べた。アーリーンはみんなに歓迎され、抱きしめられたり、キスをされたりしている。自分の身内に囲まれていることを、アーリーンは実感した。寝泊まりさせてほしいとか、暖房代を恵んでほしいとか頼んでも、ほとんど助けてはくれないけれど、少なくとも葬式のやり方は知っている人たちに。

翌日、だれからも電話がかかってこなかったので、アーリーンは新居に腰を落ち着けるための手順を再開した。まず、息子たちを新しい学校に入学させた。次に倉庫から私物を引きとり、壁に写真を飾った。隣人からソファをもらった。以前に住んでいた十三番ストリートのアパートメントは散らかっていた。窓にはひびが入っていて、カーペットはぼろぼろ、トイレは壊れていて、掃除をしたところで大差なかった。でも、パナの父親はこの部屋をきちんとメンテナンスしていた。このまきれいな状態を保てば、それなりの部屋に見える。だから、彼女は努力することにした。

シンクの上には「使ったあときれいにしておかないと、また困ったことになるからね」と、ジョリに向けて書いたメモを貼りつけた。カウンターの上には、困難な状況に置かれた者を守る聖ユダのためにろうそくを一本置いた。訪れた人は、「すっごく素敵な家だね」と言ってくれた。なかにはここに引っ越してきてもいいかと尋ねる者もいた。するとアーリーンは、誇らしげに「ノー」と答えた。

ジョリは新しい学校に慣れようとがんばった。いちおう八年生になっていたが、あまりにも勉強が遅れていたので、七年生のままでもおかしくなかった。それがジョリを苛だたせた。そしてなにより、Tの死に心を乱されていた。P・AがTの母親に電話をかけたとき、使っていたのがラリーの携帯電話だったと判明したからだ。警察はラリーを尋問し、結局は釈放したが、ジョリはまだ動揺していた。どうして、あの晩パパはP・Aと一緒にいたんだろう？

葬儀の二週間後、教師から厳しく叱られたジョリは、教師に言いかえし、その教師の向こうずねを蹴飛ばすと走って自宅に戻った。ほどなく、警察が自宅にやってきた。教師が通報したのだ。

この一件を耳にしたパナは、アーリーンに取引をもちかけた。日曜日までに出ていってくれるなら、家賃と敷金を返す。出ていかなければ家賃と敷金は返さず、強制退去を申し立てる、と。アーリーンは取引に応じた。パナは引っ越しを手伝ってくれる程度には親切だった。彼女はきれいな食器棚から食器類を取りだし、壁から飾りつけをはずした。私物をすべてゴミ袋やダンボール箱に押しこむと、パナがトラックに積んでふたたび倉庫へと運んだ。

素敵な部屋を失って、アーリーンはひどく落ちこんだ。[*2]「なんでこうなるんだろ。わたしには呪いでもかかってるのかな。なにをやってもダメ。どんなにがんばったって、ダメなんだ」

家を出たアーリーンは、トリーシャに電話をかけ、あんたがわたしのアパートメントのあちこちのドアをたたいてはマリファナはないかと訊きまわったせいで、家主がかんかんに怒ったのだと話した。アーリーンが退去せざるをえなくなった直接の原因は、ジョリの一件で警察がやってきたことだったが、長年、綱渡りの生活を続けてきたおかげで、アーリーンは援助の求め方を心得ていた。とりわけ効果があるのは、相手の罪の意識につけいる方法だ。「この頼みを断ろうものなら、あんたは本物のひとでなしだよ」と思わせるのだ。[*3]「あんたのせいで追い出されたんだから、力を貸すのが当然でしょ」

家にきてもいいよ、とトリーシャは言った。

一三番ストリートの路上には、新たに祭壇が設けられていた。ジャファリスはそれに気づき、「だれかがここで撃たれたんだね」と、いかにも六歳らしい無邪気な声で言った。

以前暮らしていたアパートメントに着くと、ジョリとジャファリスは階段を駆けあがり、猫のリトルをさがしにトリーシャの部屋に入っていった。だが、リトルは死んでいた。車に轢かれ、そのまま息絶えたという。トリーシャからそう知らされたジョリは、懸命に泣くのをこらえ、部屋のなかを歩きまわり、鼻水を袖口で何度もぬぐった。やがて、ジョリは発泡スチロールでできたマネキンの頭部を見つけた。トリーシャの家にはいつもそうしたガラクタが転がっていた。ジョリはマネキンの頭のそばに膝をつくと、顔が上にくるようにしたかと思うと、拳を握りしめ、その顔を殴りつけた。何度も、何度も。低い声でなにやら言いながら、どんどんすばやく、どんどん強くパンチを繰りだし、大きな音があたりに鳴り響いた。アーリーンとトリーシャが悲鳴をあげ、やめなさいと命じるまで、それは続いた。

トリーシャはこの部屋で売春を始めたことを隠さなかった。隠したくても無理だった。男たちがやってくると、トリーシャはアーリーンに「あとで煙草を買ってあげるからさ」と言い、男と寝室に入っていく。そしてしばらくすると、トリーシャが八ドルとか一〇ドルとかを手にして、部屋から出てくるのだ。一度など、ジョリがうっかり寝室に入っていったところ、見知らぬ男がトリーシャと一緒にベッドにいた。ベッドの横の床には男のズボンが脱ぎすててあり、トリーシャの口紅はにじんでいた。過密状態で住人が暮らす家では、プライバシーを守ることなどできない。だから子どもたちは、おとなの生活を幼いうちから目の当たりにすることになる。

新しい彼氏が引っ越してきたあとも、トリーシャはあいかわらず売春を続けた。アーリーンは、その男が売春をそそのかしているのだと察した。アーリーンの家賃を、六〇ドル［約八七〇〇円］から一五〇ドル［約二万二〇〇〇円］に値上げしろとトリーシャが言ってきたのも、そいつの差し金にちがいない。その男には複数の通称があった。トリーシャは彼を〝サニー〟と呼んでいた。ドラッグを売った罪で五年の刑期を終えたばかりだ。軽快に歩く細身の三〇歳で、五人の女に九人のガキを孕《はら》ませたと吹聴し、トリーシャにはガキができないようへらを突っこんでやったとジョークを飛ばした。

トリーシャが客や生活保護の代理受取人からお金を受けとっても、サニーがすぐに奪っていった。そのくせ、トリーシャが通りでサニーを見かけて名前を呼んでも無視した。さもなければ、「外でおれのことを〝ベイビー〟なんて呼ぶんじゃない」とすごむのだった。トリーシャはよく、服を着たままベッドで毛布にくるまって身を丸めていた。あるいは窓辺に座って煙草に火をつけ、心身を休めていた。煙草の煙は風に乗り、ほんの一瞬しか生きられない怒れる神々のように天に昇っていった。

そのうち、サニーの両親と彼の妹のひとりまで転がりこんできた。トリーシャのアパートメントは寝室がひとつしかないうえ、最初からひどいありさまだったのに、八人もの住人のせいであちこちが壊れはじめた。まずトイレが壊れ、キッチンのシンクも水漏れするようになった。水漏れがひどくなると、床一面に水があふれ、ジョリが足を踏みいれると、さざなみが起こった。彼は古着を床に広げ、水を吸わせた。

「スラムみたい」と、アーリーンは言った。「キッチンはどこもかしこも汚いし、床も汚いし、浴室も汚い」。そして、次にどうすべきかを考えた。「この次はなに？　なにが起こるの？　これ以上悪いことが起こるなんて、ありえない」

そこへ、児童相談所のケースワーカーがやってきた。アーリーンを担当するいつものケースワーカーではなく、初対面の女性だった。彼女はなぜかアーリーンがここに住んでいるのを知っていた。シェリーナでさえ知らないというのに。トイレとシンクが壊れていることも知っていた。冷蔵庫の扉をあけ、顔をゆがめるケースワーカーに、いまは月末だからしかたないでしょ、とアーリーンは言った。食料品は買ってあったが、なにしろここには食べる人間が八人もいるのだ。[*4]

そのケースワーカーは、またきますと言って去っていった。アーリーンは不安のあまり、吐き気をもよおした。もしかすると、トリーシャが通報したのかもしれない。とにかく、どうにかしてここから脱出しなくっちゃ。そこで、J・Pに電話をかけてみた。この頼りになるいとこは、彼女を車に乗せ、マリファナ煙草を巻いてくれた。おかげで少し気持ちを落ち着かせることができた。彼はさらにもう一本、巻いてくれた。「J・Pはいつだって、わたしが心配ごとをぜんぶ忘れられるようにしてくれるんだ」。翌日、アーリーンはそう言った。

ようやく町に春が訪れた。雪が溶け、濡れた道路の端にぐしょぐしょのゴミが連なった。その日、スラムの住民全員が、もう外に出ても寒さに身を縮めなくてもいいことに気がついた。みんなが思う存分はしゃいだ。まだ暑くなっていないのに、少年たちは上半身裸になり、少女たちは陽光のなか、ローションを塗った脚を伸ばした。子どもたちは縄跳びを見つけて遊んだ。どの家のポーチにも、椅子と笑い声が戻ってきた。

アーリーンと息子たちは、ここ数日、トリーシャのアパートメントを三人だけで使っていた。おかげで平穏な生活を満喫した。トリーシャ、サニー、そしてサニーの家族はどこかに姿を消していたが、親戚か友人のところにでもでかけているのだろうと思っていた。ところが五月一日、突然、運送業者がトリーシャのアパートメントにやってきた。作業員たちはすぐに作業に着手できる状態だったが、どれを箱に詰め、どれを処分していいのかわからず、困ったように顔を見あわせた。手配したのは、トリーシャの生活保護の代理受取人ベリンダで、彼女もあとでやってくるという。はたして、ベリンダは購入したばかりの新車フォード・エクスペディションXLTでやってきた。車体には、まだ販売店の仮のナンバープレートがついている。彼女の話によれば、トリーシャの元カレのクリスが釈放され、トリーシャをさがしてこのアパートメントにやってきたという。ベリンダは、この部屋でこのまま暮らしていたらトリーシャの身が危ないと判断したのだ。

アーリーンは窓から外を眺め、「もう、こんな生活、耐えられない」とつぶやいた。この家に転がりこんでから、一カ月半が経過していた。

ジャファリスが学校から帰ってきた。頭の片方の髪だけをブレイズにしたこの子は、男たちがマットレスや家具を運びだし、いくつもの黒いゴミ袋に衣類を突っこんでいくようすをただ眺めていた。こんな光景を見ても、いっさい反応を示さない。泣くことも、質問することもなかったし、自分のお気に入りのものを取りだそうと駆けよることもなかった。そのうち、背を向けて部屋の外に出ていった。

またも家を失ったアーリーンは、しばらくのあいだ姉のところに置いてもらうことにした。ただし、姉は月二〇〇ドル［約二万九〇〇〇円］の家賃を求めてきた。アーリーンたちには一部屋も与えてくれないというのに。そのあいだに、アーリーンは倉庫にあった所持品もすべて失った。ガラスの天板のダイニングテーブル、一三番ストリートの家で手にいれた衣装箪笥と寝室用の鏡付きチェスト、エアコン、いっさいを失ったのだ。倉庫への支払いは毎月、離れて暮らす息子のブージーに渡していたのだが、彼がなくすか、盗んだせいだった。

さらに、公的扶助が打ちきられた。三回の面談予約をすっぽかしたせいで制裁を受けたのだ。その書類は、またもや彼女が強制退去させられた家の住所に送られていたらしい。「ちゃんとした理由もないのに、打ちきるなんてひどすぎる」と、彼女は言った。

やがて工場の近くにあるアパートメントを見つけた。交差点に面した荒廃した部屋だ。「こんなひどいところに暮らすのも、きっとこれで最後よ」と、彼女は自分に言い聞かせた。とにかくようやく住まいが見つかったので、仕事をさがしはじめた。だが、ファストフード店で面接を受けた直後、強盗の被害にあった。二人組の男が彼女のアパートメントに侵入し、ジョリの顔にピストルを突きつけたのだ。アーリーンのケースワーカーは、その家は危険だと言い、またもやシェルターに逃げこむことになった。

家賃はあいかわらず上昇を続けていた。アーリーンの次のアパートメントは、彼女の月々の公的扶助六二八ドル［約九万一〇〇〇円］のうち六〇〇ドルを占めた。ほどなく電気が止められ、ジョリは父親のラリーと住むことになり、ジャファリスは児童相談所がアーリーンの姉のところに連れていった。

アーリーンはついに精神のバランスを崩しはじめた。「なんかもう、頭のなかがぐちゃぐちゃで。ときどき、身体がガタガタしたり、ぶるぶるしたりして。それに、くたびれきってるのに眠れない。神経がまいってるのかも。身体がすべてをシャットダウンしようとしてるんだろうね」

それでも、ふたたび立ちあがった。マーバおばからお金を借り、また電気を使えるようにし、息子たちを呼び戻した。そして、タバナクル・コミュニティ・バプティスト教会のそばにあるアパートメントを借りた。そこにはガスコンロも冷蔵庫もなかったけれど、親子は電気鍋でホットドッグを温めたり、炊きだしでアルコール依存症の人たちに混じってビーフストロガノフを食べたりした。

ときどき、教会の食料品庫にもでかけた。するとジャファリスが「なにかお菓子をもらってきてくれる?」と、頼むのだった。そんなとき、アーリーンはにっこり笑い、「もちろん、あったらもらってくるね」と言った。

ジョリは将来のことをずっと考えつづけ、大工になりたいと思いはじめていた。そうすれば、アーリーンに家を建ててあげられる。「ぼくなんかには無理だって、みんなは思うかもしれない。でも、なってみせるから」と、彼は言った。

そんなジョリに笑みを向け、アーリーンはこう言った。「わたしの人生が、こんなんじゃなければよかったのに。おばあさんになったら、のんびりと椅子に座って、子どもたちを眺めていたいなあって思う。子どもたちはみんなもう、おとなになっててさ。みんな、ひとかどの人間になってるんだ。わたしよりうんと立派な人間にね。で、みんな一緒にいて笑ってるの。それで、いまみたいなときのことを思いだして、あんな時代もあったねえって、笑い話をするのさ」

エピローグ

家があるからこそ、人は

家は生活の中心、長くつらい仕事、学校生活における息苦しさ、路上の脅威といったものからの避難場所だ。それに、家なら〝素《す》の自分〟でいられる。ほかの場所にいるときには、ほかのだれかになるが、家にいるときだけは、仮面をはずすことができる。

家は、そこに暮らしている人の個性の源泉でもある。ここでしっかりとアイデンティティが根を張り、花ひらく。子どもは、家で想像力をはぐくみ、遊び、次から次へと質問をする。思春期を迎えると、部屋に引きこもり、いろいろなことを試す。そして年齢を重ねるにつれ、腰を落ち着けて家族をもちたい、本気で仕事に取り組みたいと思うようになる。本当の自分について思いをめぐらすとき、どんな家で育ってきたのかを思い起こす人は多いはずだ。

世界各地の言語で、〝家《ホーム》〟という単語には、たんに住居という意味だけでなく、ぬくもり、安全、家族といった意味がともなう。古代エジプトの象形文字では、〝家〟がよく〝母〟の代わりに使われていた。中国語の〝家《ジャー》〟には家族と家の両方の意味がある。英語のShelter《シェルター》(住居・避難所)も、scield(盾)とtruma(一団)という二つの古英語の単語が組みあわさって、〝殻によって保護されている家族の集まり〟というイメージを伝えている。[*1] いつの時代も、家は生活においてもっとも重要な基盤なのだ。

市民生活もまた家から始まる。家があるからこそ、われわれはそこに根をおろし、所属するコミュニティに責任をもち、地域の政治活動に参加し、連帯と寛容の精神のもと、隣人に手を差しだせるようになる。「人を私事から引き離し、国家の運命に関心をもたせるのは難しい」と言った政治思想家のアレクシ・ド・トクヴィルは、「だが自分の土地の端に道路を通さねばならぬとなれば、この小さな公共事業と自分の最大の私的事業との間に関連があるのは一目瞭然であり、そこでは私益が全体の利益と緊密につながっていることに、他人に言われるまでもなく気づくだろう[*2]」とも言っている。

近所の通りを自分たちの通り、公園を自分たちの公園、学校を自分たちの学校と見なすようになって初めて、住民は市民としての自覚をもち、個人の貴重な時間や資源を価値ある大義のために捧げるようになる――近所の人と協力して犯罪が起こっていないかどうか目を配ったり、運動場や公園の美化に協力したり、教育委員として貢献したりするのだ。

公益のための努力は民主主義の原動力であり、コミュニティ、都市、州、ひいては国家にとって欠かせない。経済学者のグンナー・ミュルダールはその努力を「アメリカ人の理想主義と道徳主義があふれだしたもの」と言った。[*3]「国への愛」とか「愛国心」とか「アメリカン・スピリット」などと呼ぶむきもある。呼び名はなんであれ、その基盤にあるのは家だ。国とは、町や都市をつなぎあわせたパッチワークにほかならない。そして、町や都市は小さな地域をつなぎあわせたパッチワークであり、その小さな地域は家々のパッチワークからなる。

国とは本来、自分や家族、そしてコミュニティをよりよいものにできる場所であるはずだ。ただし、そのためには安心して暮らせる家がいる。スコットも、〈ゲスト・ハウス〉が提供する定住プログラムを通じて、手ごろな家賃のアパートメントで暮らせるようになってようやく、ヘロインと距離を置き、ホームレスシェルターの管理人というやりがいのある仕事に就き、自立をめざして努力を始めた。彼はいまでもあそこで安定した暮らしをし、薬物にも手を出していない。

ここで、ヒンクストン家のその後についても紹介しておこう。マリク・ジュニアが生まれたあと、ドリーンたちはようやくテネシー州のブラウンズビルに引っ越した。そして、人口一万人ほどのその町で、三つ寝室がある快適な家を見つけた。ついにネズミの穴から抜けだしたのだ。長女のパトリスは、高校卒業に相当する一般教育修了検定に合格したうえ、担任の教師からその努力を認められ、年間最優秀社会人学習者の栄誉に浴した。さらに地元のコミュニティ・カレッジに入学し、コンピュータと刑事司法のオンライン授業を受けていて、いつの日か保護観察官になりたいと考えている。彼女は冗談まじりにこう言った。「あたしには前科のある友だちがたっくさんいるから、いつかみんな、あたしの助けが必要になるかもね！」

アメリカの貧困の根深さとその残忍性を目の当たりにしていると、希望を失いかけるし、解決策に関しても悲観的になりがちだ。だが、スコットやパトリスが教えてくれるように、安心して暮らせる家があれば、それが堅牢《けんろう》な足がかりとなる。安心して住める場所があれば、人はよりよい親、よりよい労働者、よりよい市民になれるのだ。

もしも収入の七、八割を家賃にあてずにすむのなら、アーリーンやバネッタはわが子にちゃんと食べさせ、季節にあった服装をさせることができるだろう。わが子を路上でふらふらさせて、犯罪に巻きこまれる危険もおかさずにすむだろう。ひとところに根をおろし、子どもたちを転校させずに同じ学校に通わせ、友だちやお手本となる人や教師と、長きにわたる関係を築けられるだろう。預金口座をつくれるだろうし、わが子におもちゃや本を、ひょっとするとパソコンだって買ってやれるかもしれない。家賃を払い、強制退去の期日を遅らせ、新居をさがすことにばかり時間と気力と労力を費やすのではなく、ホームレスになる心配なく生活の質を向上させるためにがんばることができるだろう。いい夫だって見つかるかもしれない。

それなのに現状は「もっとよい人生を送るべくこの世に生まれてきた人々を、貧困へと追いこむ」のだ。[*4] この一世紀近く、アメリカには、〝収入の三割以上を住宅費にあてるべきではない〟というコンセンサスがあった。[*5] そして近年まで、借家人世帯の大半はこの目標を達成していた。だが時代は変わった。いま、この国では毎年、数万や数十万ではなく、数百万もの人たちが自宅から強制退去させられている。[*6]

私たちは最近まで、この問題がいかに広範囲におよんでいるのか、そして、その影響がいかに深刻であるかがまったくわかっていなかった。人は、みずからが身をもって経験しないかぎり、実感することができないからだろう。社会科学者、ジャーナリスト、政策立案者たちは、長年にわたって強制退去の問題を無視してきた。貧困家庭の研究でも、強制退去は対象にしてこなかった。だが、新たなデータが入手でき、新たな手法を活用できるようになったことで、強制退去の実数を測定できるようになり、影響力の大きさも立証できるようになってきた。

住まいの安定は、心理面にも安定をもたらす。住まいが安定しているからこそ、住居に時間やお金をかけよう、社会的な人間関係を築こうという気持ちになる。すると地域の学校も安定し、そこに通っている生徒が能力を発揮し、きちんと学校を卒業できる確率が高くなる。ひいては地元のコミュニティも安定し、隣人同士の絆が強くなり、自分たちの地域を大切にしようという気概が生まれる。[*7] それなのに、貧困家庭はそうした機会を得られない。とんでもなく高い割合で、強制的に退去させられているからだ。低所得者層が頻繁に転居している事実は広く知られているが、なぜそうなのかについては、研究者も政策立案者も理解していない。かれらは貧しい人たちが暮らす地域における強制退去の頻度を見すごしてきたからだ。[*8]

ミルウォーキーでは、二〇〇九年から二〇一一年のあいだに、もっとも貧しい層によってなされた転居の約四分の一が強制によるものだった。強制退去や家主のローン滞納による物件の差押えを除外すれば、貧困家庭の転居率はほかの所得層とそれほど変わらない。[*9] ほかの地域でも、驚くべき数字にたどりつく。ミズーリ州ジャクソン郡では二〇〇九年から二〇一三年のあいだに、一日あたり一九件の公式な強制退去があった。二〇一二年、ニューヨーク市の裁判所でも、一日あたり約八〇件、家賃滞納による強制退去を命じていた。同じ年、クリーブランドでは借家人の九世帯に一世帯、シカゴでは一四世帯に一世帯が、強制退去の審理に召喚されている。[*10]

強制退去をさせられると、住まいだけでなく、さまざまな喪失が生じる。家、学校、愛着のある地域だけでなく、家具、衣類、本といった私物も失うのだ。〝わが家〟といえるものを確立するには、それなりの資金と時間を注がなければならないのに、強制退去はそのすべてを消し去る。実際、アーリーンはすべてを失った。ロレインとスコットも、すべてを失った。

強制退去は仕事を失う原因にもなる。統計によると、強制退去を経験した労働者は、解雇される確率が一五％ほど高くなる。家から追い出されるというストレスで体力や気力が消耗するせいで、職場で十分に能力を発揮できなくなるからだ。[*11]

さらに、強制退去に処せられた家族は、公営住宅に入居する機会も失う。住宅局は強制退去歴と借金の未返済がある人物にはマイナス評価をくだす。そのため、住宅支援をもっとも必要とする人たち、すなわち家賃という重荷に苦しみ、自宅から追い出された人たちが、支援制度に拒否されてしまうのだ。[*12]

このように、強制退去が住まいだけでなく、所持品も仕事も政府からの支援も失わせている現状に目をやれば、住人にどれほど甚大な影響をおよぼすかが見えてくるのではないだろうか。それは、社会科学者が〝物質的剝奪〟と呼ぶ、貧困の質を評価する指標にもあてはまる。この指標では、金銭的な理由で食品や医療の支援を受けられずに飢えや病に苦しんでいるかどうか、あるいは金銭的な理由で公共料金が支払えず、電力、暖房器具、電話が使えないかどうかといった点を評価し、その家族が物質的剝奪の状態にあたるかどうかを見る。

調査によれば、強制退去を経験した家族は、その翌年、強制退去を経験していない家族と比較して、物質的剝奪に該当する確率が二割高くなる。食べるものがない状態で日々をしのいだり、病や寒さにひたすら耐えたりと、強制退去を経験した人々は、少なくともその後の二年間、物質的剝奪に苦しむ確率が高くなるのだ。[*13]

強制退去させられた家族は、同じ市内でもより好ましくない地域に追いやられる。[*14] 貧しい地域からいっそう貧しい地域に、治安の悪い地域からいっそう危険な地域に移らざるをえない。たとえば、アーリーンが気に入っていた家は、労働者階級の黒人が多く暮らす地域にあったが、行政がアーリーンの住んでいた家を居住に適さないと判断し、強制的に追い出した。そのあと彼女が引っ越したのは、ドラッグの売人だらけのアパートメントだった。こんなふうに、ある地域に貧困と暴力が集中すれば、住人はいっそうの苦難に直面する。住んでいる地域によって、どんな職に就けるのか、わが子をどんな学校に通わせられるのかなど、人生の重要な分岐点が左右されてしまうからだ。[*15]

そのうえ、強制退去は住人の精神状態にも大きな害をおよぼす。自宅から追い出すという行為はいわば暴力であり、相手をうつ状態におちいらせ、最悪の場合は自殺へ追いこむ。実際、強制退去させられた母親の二人にひとりはうつ病の複数の症状を訴えている。強制退去させられていない母親の二倍の割合だ。何年もたったあとでさえ、強制退去を経験した母親は、ほかの母親と比べてあまり幸福を感じていなかったし、やる気がなく、楽観的でもなかった。[*16]

強制退去を命じられた数人の患者が、退去当日までに自殺したことを踏まえ、ある精神科医のグループは、サイキアトリック・サービス誌に公開書簡を寄せた。強制退去は〝自殺へつながる重要な要因〟になるとしているその書簡は、患者のだれにもホームレスになる可能性はなかったことを強調し、自殺の原因が強制退去そのものにあると論じた。「強制退去は心的外傷を与える拒絶、もっとも基本的な人間の欲求のひとつに対する拒否であり、このうえなく屈辱的な経験と見なすべきだ」。強制退去と差押えが原因で自殺した人は、住居費が急騰した二〇〇五年から二〇一〇年で倍増した。[*17]

それだけではない。強制退去はコミュニティにまで影響をおよぼす。互いに協力し、信頼しあっている地域の住民は、この地をいっそう安全な場所にしよう、地域を繁栄させようとする。だが、それには時間がかかるから、地域を離れていく住人の割合が高くなれば頓挫《とんざ》する。コミュニティの基盤が崩されれば、隣人はいつまでたっても見知らぬ相手であり、犯罪を撲滅《ぼくめつ》し、市政に関与しようとする集団としての取り組みもいつまでたっても始まらない。[18] ミルウォーキーでは、強制退去が起こる確率が高い地域は、過去の犯罪率などを統計的に調整してもなお、翌年に暴力犯罪が起こる確率が高かった。[19]

強制退去を強いられた人たちは、家や所有物を失ううえに、往々にして仕事まで失う。強制退去の記録が残ったせいで、行政の住宅支援を受けられなくなる。いまより貧しく、危険な地域に引っ越し、いまより劣悪な住宅で暮らす。物質的剥奪の度合いが悪化し、ホームレスになり、うつ病や疾患に苦しむ……。これらはすべて強制退去の副産物だ。強制退去は一家が進む方向を根本的に変え、いっそう困難な道へと放りだす。強制退去とは、たんに貧困のひとつの状態ではない。それは貧困の原因である。

強制退去は高齢者にも若者にも、病人にも健康で丈夫な人にも起こっているが、なかでも有色人種の貧しい女性とその子どもにはとくに多い。ミルウォーキーの借家人のうち、黒人女性の五人にひとりが成人してから強制退去を経験したことがあると述べている。ヒスパニック系女性は一二人にひとり、白人女性は一五人にひとりの割合だ。[20]

ミルウォーキーで強制退去させられた世帯の大半では、子どもが同居している。そして、全国的に見ても強制退去の経験がある子どもの多くは、最終的にホームレスになっている。強制退去でいっそう劣悪な住宅、治安の悪い地域に移った子どもは、健康、学習能力、自尊心をそこないがちだ。[21] それに、母親がうつ状態になり、活力を失い、幸福を感じなくなれば、子どもたちもまた母親の沈んだ気持ちを感じとる。

アーリーンやバネッタも、子どもたちに安定した生活を与えたいと思っていたが、強制退去がすべてを台なしにした。子どもたちは転校を繰りかえし、地域から地域へと引きずりまわされた。ようやく新たな住まいを見つけても、結局、また収入の大半を家主に支払うことになり、わが子のために使えるお金はほとんど残らない。[*22] しかもそのアパートメントでさえ、不動産市場の最底辺の物件なのだ。[*23] アメリカの都市は、最底辺の家庭がもはや暮らしていけない場所になっていて、それが次世代の人々に深く鋭い傷を残している。


こうした苦しみはすべて恥ずべきものであり、本来は経験する必要などまったくない。これまで述べてきた問題は手に負えないわけではないし、根絶できないわけでもない。別の種類の社会を実現することは可能だし、強力な解決策はわれわれの手の届くところにあるはずだ。

ただ、そうした解決策は、「国民はみな、まともな家に暮らす権利がある」と心から思っていなければ実現しない。

アメリカ合衆国は、すべての人間に〝生命、自由、および幸福の追求を含む不可侵の権利〟があるという崇高《すうこう》な理念にもとづいて建国された。建国の父たちは、アメリカ人が生きるうえで〝生命〟と〝自由〟と〝幸福〟の三つは必要不可欠で、どれも神から授けられたものだと考えていた。言うまでもなく、この権利を行使するには安定した家が欠かせない。

生命と家はしっかりとからみあっている。家があるからこそ、プライバシーと個人の安全が確保される。家が住人を守り、はぐくむ。自由という理念には、宗教、思想、言論などの自由だけでなく、成長する自由も含まれる。人は、自分の意志で選んだ手段で生計を立て、新たな技能を身につけ、その技能を発揮していく。安定して暮らせる家があるからこそ、われわれは自立して自分らしい人生を築くのに奮闘したり、実入りのいい仕事をさがしたり、自由を謳歌したりできるのだ。

では、三つめの幸福はどうだろう？　それは、アーリーンが新しいスニーカーを買ってあげたとき、ジョリの顔にぱっと浮かんだ笑顔にあった。それは、ご馳走を料理している最中に、ロレインが鼻歌で歌った賛美歌にあった。しゃれたいたずらが成功したとき、ヒンクストン家でどっとあがった笑い声にあった。こうした幸福の追求には、物資の充足が不可欠だ。最低でも、基本的な生活必需品の確保が求められる。貧困層が膨れあがったせいで、この国ではこれまでにいったいどれだけの幸福が失われ、どれだけの可能性がつぶされてきたのだろう？

私たちは、高齢者への社会保障、一二年間の義務教育、基本的な栄養摂取を国民の権利として認めてきた。それもこれも、こうした人間の基本的な欲求を満たさないかぎり、人間の尊厳は保てないからだ。住居も、まちがいなく人間の基本的な欲求として挙げられる。自分の収入で手が届くまともな家で暮らせること。それは、すべての人にとって例外なく基本的権利であるべきだ。

では、どうすればこの権利を保障できるのだろう？　この問いにはまず、すでに多くの成果があがっているといううれしい事実を述べたい。住宅に関して、アメリカはこれまでめざましい進歩をとげてきた。ほんの数世代前、貧しい人々は劣悪な環境のスラムに押しこまれた。アパートメントの多くにはトイレがなく、暖房器具や湯もなく、窓さえなかった。[*24] あたりには病と死がはびこっていた。だがそれから数世代をかけて、住宅の質は劇的に向上し、無理のない家賃で借りられる住まいを実現すべく、大胆かつ有効な計画が立案された。

二〇世紀も半ばを迎えると、スラムの跡地には高層公営住宅が建てられ、ときには大規模開発でスラムが一掃されたりもした。「新たな公営住宅団地のテープカットをおこなうのは、じつにめでたいことだった」と、住宅問題を専門とする経済学者の故ルイス・ウィニックは回想した。「大都市の市長や市議会議員たちは、高層公営住宅の建設を訴えて票の獲得に躍起になっていた」とも。新たな公営住宅の入居予定者たちは、初めて新居を内見したとき、だれもが興奮したという。部屋は風遠しがよく、広々としていて、どこもかしこも新しいうえ、周囲には緑地が広がっていて、子どもの遊び場まで用意されていた。「じつにきれいなところですね」と、ある住人は言った。「大きなリゾートホテルみたいだ」[*25]

だがその後、政治家たちが公営住宅から手を引くと、スラムの跡地に建てられた高層ビルは、すぐにスラムそのものになった。窓、配管、エレベーターは壊れたまま放置された。建物周囲の下水溝には覆《おお》いがなく、ゴミが溜まるばかり。引っ越せる家族は出ていき、あとには最貧困層が残された。ほどなく、暴力がはびこるようになった。セントルイスのプルーイット・アイゴー高層住宅団地では、治安が悪化しすぎて警察ですら出動を拒否するようになった。ここは結局、最初の住人が入居してからたった一八年で団地全体が爆破解体された。セントルイスだけではない。アメリカ各地の悪名高い公営住宅にも解体のための鉄球が打ちこまれ、ダイナマイトが仕込まれていった。

その後、この瓦礫《がれき》のなかから芽を出したのが、家賃補助制度だ。現在、連邦政府によって資金が提供されている家賃補助制度は、二一〇万を超える世帯が利用する、この国の貧困家庭にとって最大の住宅補助制度となった。これにくわえて、現在では一二〇万世帯が公営住宅で暮らしている。[*26] フィラデルフィア、シアトル、オークランドといった都市では、新たに公営住宅が計画され、複数の地域に魅力的な低層住宅が建築された。公営住宅の入居者や家賃補助の利用者は、おおむね収入の三〇%を家賃として払えばいい。家賃の残りは、政府の資金によってカバーされる。[*27]

貧困家庭にまともな家を提供する取り組みは、アメリカにおける貧困撲滅政策のなかで、もっとも有意義かつ有効なものだ。公営住宅の住人や家賃補助制度利用者の全員が貧しいわけではない。高齢者や障がい者も多い。それでも、こうした家賃補助制度のおかげで、毎年、約二八〇万もの人々が貧困から脱出している。こうした制度があれば、ホームレスになる危険を回避できるうえ、医療、移動手段、そして食べ物に、より多くのお金を使えるようになる。[*28] 待機リストに載ったまま何年も待ったあと、ようやく家賃補助制度を利用できるようになった家族は、浮いたお金でたいていはまず食料品店に向かう。食べ物で冷蔵庫や戸棚をいっぱいにするのだ。すると子どもたちは丈夫になり、活気を取りもどし、栄養状態もよくなっていく。[*29]

とはいえ貧困家庭の大半は、そんな幸運に恵まれていない。貧しい家庭では、収入をまず家賃にあてなければならないため、子どもたち（ジョリ、ケンダル、ルビーといった子どもたち）は十分な食事がとれない。二〇一三年、貧困層の借家人の一％が家賃規制［自治体が賃料の上昇率に上限を設けて借家人を保護する制度］のある物件に住み、一五％が公営住宅に暮らし、一七％がおもに家賃補助制度で政府から補助金を受けていた。残りの六七％、すなわち貧困層の借家人の三世帯に二世帯は、政府からいっさい支援を受けていなかった。[*30]

想像してほしい。もし、支援を必要としている家庭の大半が、失業保険や公的扶助といった制度を利用できなくなったら、どんな事態が生じるだろう？　もし、フードスタンプの利用を望む家庭の大半が申請を却下され、飢えてすごすことになったら、どうなってしまうだろう？　それなのに、われわれはいま、住まいをさがしている貧困家庭の大半に対して、まさにそうした突き放した態度をとっているのだ。

いまや「収入に見あう家賃の物件がない」という危機は、大規模かつ深刻な問題だ。政府はこれを国内政策の最重要課題に据えるべきだろう。この危機は貧困家庭ばかりでなく、そこそこの収入を得ている家庭までをも巻きこみはじめている。こんにち、わが国の全借家人の五世帯に一世帯がなんと収入の半分を住居費に費やしているのだ。[31] 政府は都市をふたたび人間が住める場所にしなければならない。

有意義な変革にはさまざまなかたちがあるし、規模もそれぞれだ。もちろん時間がかかるものもあれば、費用がかかるものもある。だが、規模が小さい解決策のなかにはすぐに実行できるものもある。たとえば裁判について考えてみよう。

貧困層への法律扶助は、レーガン政権の時代から着実に減少し、サブプライムローンの破綻が招いた世界的金融危機でいっそう衰退した。その結果、全米各地の住宅問題を扱う裁判では、家主の九割に弁護士がついているのに、借家人の九割は弁護士をつけられない。[32] 借家人に弁護士がついた場合は、同じ借家に継続して住める確率が劇的に高くなるというのに。[33] 貧困家庭でもこの種の裁判で弁護士をつけられるよう公的に扶助すれば、その費用対効果は高い。ホームレスの数や強制退去の件数を減らせるし、貧困家庭に公平な機会を与えられるだろう。

一九六三年の、歴史に残る〝ギデオン対ウェインライト事件〟の訴訟では、弁護士なしでは公正な裁判は不可能であるという見地から、連邦最高裁判所は満場一致で、被告人は経済的余裕がない場合でも弁護士を雇う権利がある、という判決をくだした。だがその一八年後、ノースカロライナ州在住の貧しい黒人女性、アビー・ゲイル・ラシターは、民事裁判の法廷に弁護士なしで出頭し、親権を失った。法廷では評決が分かれたものの、このときは〝被告には身体が拘束された場合のみ弁護士を雇う権利がある〟という判決がくだされた。民事訴訟における判決もまた人生に壊滅的な結果をもたらす場合があることは、ミズ・ラシターに訊いてみればいい。

有能な弁護士は、借家人にはできないような主張をする。借家人はそうした主張ができることに気づいていない場合が多いし、アーリーンのように、強く主張することに及び腰になったり、委縮したりする場合もある。だが、弁護士がついてくれれば、理不尽な強制退去や野放しになっている虐待に歯止めをかけられるだろうし、借家人は自分に不利な合意書に署名せずにすむだろう。借家人が簡単に強制退去させられないなら、ドリーンやパトリスは報復をおそれることなく、住居の危険な状態を通報できただろう。そもそも弁護士がついていれば、借家人は法廷に出頭する必要がなくなる。弁護士が法廷で闘っているあいだに、本人は仕事にでかけたり、子どもたちと自宅にいたりできるのだ。

それなのに裁判所はこれまで、強制退去に直面している人の大半が法廷に出頭しないという事実に対して、なんの対策も講じてこなかった。強制退去申請の書類が毎日山のように運ばれてくるなかで、法廷で働く人々は、その山をただ処理することだけを目標にしている。同情しようがしまいが関係ない。翌日になると、また山のような書類が待っている。事件はただ消化されるだけだ。憲法で保証されている法の適正な手続きは、たんなる手続きになりさがってしまったのだ。もしも借家人に弁護士がつくようになれば、この事態も一変するだろう。たしかに、この改革を実行するには費用がかかる。弁護士への報酬だけではない。公正な裁判を実現するためには、調停人、裁判官、法廷職員の数も増やす必要がある。強制退去を扱うすべての法廷が、充分な資金を提供されなければならない。だがそうすれば、裁判所はスタンプを押すだけのいわば強制退去組立ラインではなく、本来の法廷の役割をはたせるようになるはずだ。

それは、地域と子どもたちに対する大いに価値ある投資となるにちがいない。ほんの数時間、法的なサービスを提供することで、支援の流れを上流へと押しもどし、下流に向かう費用を削減できるのだから。たとえば二〇〇五年から二〇〇八年にサウスブロンクスで実施されたプログラムでは、一三〇〇を超える家庭が法的支援を受けた結果、強制退去の裁判の八六％で退去を回避できた。これには四五万ドル［約六五三〇万円］ほどの費用がかかったが、ニューヨーク市のシェルター運営費だけで見積もっても七〇万ドル［約一億円］以上を節約できた。[*34] 強制退去は行政の財布にも重い負担となるのだ。[*35]

民事裁判で弁護士を雇う権利は、世界各地で認められてきた。フランスやスウェーデンのみならず、アゼルバイジャン、インド、ザンビアなど、わが国よりも後進だと思われがちな多くの国でも認められている。[*36]

もちろん、この課題に着手するだけで強制退去という問題の根本に迫れるわけではない。手ごろな家賃の賃貸住宅が急速に減っている現状も、併せて改善する必要がある。

住宅の確保はすべての国民の基本的な権利である——私たちがこの点を認めるなら、もうひとつの権利、すなわち「住宅を提供する行為で、できるだけ金を稼ごうとする権利」についても、これまでの考え方を改めなければならない。とりわけ、恵まれない家庭から過剰に利益を得る権利については。フランクリン・D・ルーズベルトの言葉を借りれば、「個人主義を破壊するのではなく、守るために」、国民を私利私欲から守らなければならないのだ。[*37] 児童労働法、最低賃金制度、労働安全衛生法など、現在では当たり前のことと考えられている人権を保護する制度や法律も、国民が健康で安心して暮らせることは金儲けよりも大切だと判断したからこそ、成立した。

世の中には勝者と敗者がいるが、敗者がいるのは勝者がいるせいだ。かつて、マーティン・ルーサー・キング・ジュニアはこう記した。「ある人物の存在によって、何者かが利益を得る。ただそれだけで、あらゆる上下関係が生まれてくる。この経済的な搾取《さくしゅ》がスラムにおいてもっとも具体的なかたちであらわれるのだ」[*38]

さて、ここでいよいよ貧困問題を論ずる場で磨きあげられてきた単語〝搾取〟について考えていこう。[*39] 搾取とは、貧困がたんに低所得の産物ではなく、搾《しぼ》りとろうとする市場の産物でもある、という事実を物語る単語である。

最低賃金や公的扶助の給付金を引きあげて、貧しい人々の収入を増やすのは、間違いなく重要な方策だ。だが、収入の増額分がそのまま貧しい人々の手元に残るわけではない。いくら賃上げを実施したところで、家賃も一緒に上がってしまえば、その効果は一時的なもので終わる。同様に、スラムの食品の物価がほかの地域よりも高ければ、スラムでのフードスタンプの価値は下がってしまう――現実にそうなのだ。ある推定によれば、スラムでは食品の物価が四〇%も高い。[*40]

貧困には二つの顔がある——収入と支出、すなわち入ってくるものと出ていくものだ。その二つを搾取の観点から見ないかぎり、有効な改善策など考えられるはずがない。

この論点が正しいことは、すでに歴史が証明している。一八三〇年代、賃上げを求めた労働運動がアメリカでさかんになったとき、地主たちは、資本家ではなく労働者を応援した。労働者の賃金が上がれば、そのぶん高い家賃を回収できるからだ。一〇〇年後も、その歴史は繰りかえされた。労働者たちがストライキを起こして賃上げを実現するや、家主たちはすぐさま家賃を上げ、賃上げ分の給料を家賃で吸いあげたのだ。第一次と第二次、ふたつの世界大戦で雇用が拡大しても、住宅、とりわけ黒人向けの住宅市場は拡大しなかった。家主が労働者の増収分をかすめとった結果だ。すでに述べたように、こんにち、強制退去の件数が毎年二月にもっとも少なくなるのは、都市の貧しい労働者の多くが所得税の還付金の一部または全額を、滞納した家賃の支払いにあてるからだ。この年に一度の還付金は、低所得の労働者同様、家主にとっても収入増の大きなチャンスになっている。*41

私たちは、貧しい人々とそのコミュニティに不足しているもの（いい仕事、強靭《きょうじん》なセーフティーネット、ロールモデル）ばかりに注目し、根強い貧困の一因が搾取であることを無視してきた。貧しい人たちは食いものにできるという事実を。*42 そう、〝スラムはおいしい〟のだ。

搾取は、住宅や食料といった生活に欠かせないものであるほど横行する。高金利のペイデイローン［給料を担保に消費者金融が融資する短期の小口ローン］を借りているアメリカ人一二〇〇万人の大半は、贅沢品や予期せぬ支出のためではなく、家賃、ガス料金、食料品など、日常の支出を補うためにこれを利用している。ペイデイローンは、貧しい人たちから金を巻きあげるために編みだされた金融手法にほかならない。同様に、営利目的の大学が設けた学生ローンやオーバードラフト［クレジットカードの請求時に口座残高がない場合などに銀行が立て替える際の手数料］も、貧しい人たちから搾取しようとする手口だ。*43 このように、貧困層が住宅、食料、耐久消費財、そしてクレジットカードの手数料にいっそう多く支払っているにもかかわらず、教育や住宅ローンで見返りがあまりないのであれば（そもそも見返りが得られていれば、の話だが）、貧困層の収入は見かけよりも少ないことになる。これでは根本的に不公平だ。

いまの社会のシステムで利益を得ている人々（無関心な人々も含めて）は、住宅市場のことは市場そのものに調整させればいい、介入する必要などないと言うだろう。だが、それはたんなるおためごかしだ。家主が好きな金額で家賃を請求できる権利を法で認め、かれらを守っているのは政府だ。富裕層向けの集合住宅建設に助成金を出し、家賃相場を釣りあげ、貧しい人々のただでさえ少ない選択肢をさらに狭めているのも政府だ。借家人が家賃を支払えない場合、一時的または継続的に住む場所を提供しはするものの、家主の要請に応じて武装した保安官代理を派遣して借家人を強制的に退去させているのも政府だし、借金の取立代行業者や家主のために強制退去を記録に残して公表しているのも政府だ。その結果、民事裁判所、保安官代理、ホームレスシェルターは、都市の貧困者の住宅費の増加や低所得者層向け住宅市場の民営化の副産物への対処に、日々、忙殺されている。[44]

家主は自分たちをとくべつな人間だと言いたがる。だが、かれらだけが貧しい人々から金を得て生計を立てているわけではないし、家主とそれ以外の人が大きく違うわけでもない。ただ、社会構造が大きく変わったことで、都市の家主が大金を、ときには法外な金額を稼げるようになったまでだ。仮に、あなたが同じ機会を与えられて、家主になったと想像してほしい。そのときあなたは家賃を、一棟のアパートメントが稼ぎだせる額の半分に設定したり、数千ドル滞納されても目をつぶって、かまわないよと言ったりするだろうか。

私は、搾取の重要性を強調したいからと、家主が金の亡者だなどと熱弁をふるうつもりはない。明らかにしたいのは、いくら貧困家庭を支援しようとしたところで、政策立案者が貧困の根本問題に取り組まないままでは効率が悪いうえ、予期せぬ結果を招くということであり、私たち自身も、この事態を容認してしまっているということだ。

家主たちは、さまざまな経緯で不動産を所有する。汗水たらしてがんばった者もいれば、知恵をしぼった者もいれば、相続や幸運に恵まれた者もいる。なかには詐欺をはたらいて土地家屋を入手した者もいるだろう。どんな経緯であれ、家賃を上げれば家主が儲かり、借家人の手元に金が残らなくなるのは同じだ。両者の運命は離れがたくからみあっているが、その利益は相反する。もし、都市部の家主が利益をあげられないのなら、それはそれで問題だが、家主はたいてい、しっかり儲けている。アメリカで四番目に貧しい都市にある最低水準のトレーラーパークの家主の年収は、最低賃金でフルタイム勤務をしているトレーラーパークの住人の三〇倍、生活保護などの公的扶助を受給している住人の五五倍にあたる。ここでは二つの自由——家賃から利益を得る自由と、手ごろな家賃の安全な住宅に住む自由が衝突する。*45

だが、この二つの自由のバランスを取りもどす方法はある。家賃補助制度の対象を大幅に拡大し、すべての低所得者層世帯が恩恵を受けられるようにすればいいのだ。いま、もっとも必要とされているのは、運に恵まれなかった大勢の人たち、すなわち、いっさいの支援がないまま苦労している数百万もの貧困世帯に対して、安全、公正、そして機会の均等を具体的なかたちで提供することだ。もしも、貧困層の全世帯を対象とした共通家賃補助制度を実現させれば、生計を立てたいという家主の欲求と、ただ暮らしていける家が欲しいという借家人の切実な願いのあいだに、道を切りひらくことができる。

じつにシンプルそのもののアイデアだ。ある収入レベルを下まわる家庭すべてに家賃補助を受給する資格を認めるだけなのだから。その場合、受給者はどこでも住みたいところで、家賃補助を受けられる。どこの食料品店でもフードスタンプを利用できるように、どこでも家賃補助を利用できるのだ（家賃が高額すぎる、家が広すぎる、豪華すぎる、荒れはてている、老朽化しているといった条件にあてはまらなければ）。

住まいはきちんと機能し、質素であってても劣悪ではなく、家賃も公正でなければならない。制度を運用する行政は、民間市場で利用されているアルゴリズムなどを活用して、詳細な分析プログラムを開発できるはずだ。家主が高額すぎる家賃を設定したり、借家人が必要以上の住まいを選んだりしないように監視できれば、どの世帯も収入の三割を家賃にあてるだけですむ。

共通家賃補助制度は、この国の貧困の様相を一変させるだろう。強制退去はめったにおこなわれなくなり、追い出された借家人がホームレスになる可能性もほぼゼロになる。どの世帯も収入が増えたことをすぐに実感できるようになり、十分な量の食べ物を買えるようになる。子どもたちを学校に通わせたり、自身も職業訓練を受けたりできるようになる。そのうえ、ささやかな貯金もできるようになる。安定した暮らしを送れるようになれば、自分の家やコミュニティに責任感をもてるようにもなるはずだ。

こうした住宅補助制度は、世界各地の先進国ですでに実施され、成功している。イギリスでは、住宅補助制度をじつに多くの世帯が利用しているので、先日、あるジャーナリストは「住宅補助を利用していない人を挙げるほうが簡単なのでは?」と尋ねた。すると「そのとおり」という返答があった。この補助金はたいてい家主に振り込まれるため、借家人が家賃を滞納することはない。オランダにも似たような制度があり、もっとも貧しい市民に住宅を提供するうえで大きな成功をおさめてきた。*46

もちろん、家賃補助制度はどこでも例外なくもっとも効果があるわけではない。物価の高い都市部などではあまり功を奏さない場合もある。それでも、国が実施する制度としては最善の方策だ。理屈のうえでは、公営住宅、税額控除、持ち家奨励策、住宅開発業者への奨励策などでも、住宅問題の解決に寄与できる。だが、どの方策もすぐに、どこまでやるのかという問題に直面する。公営住宅であれ、助成金を利用した民間の賃貸住宅であれ、新たな住宅の建築よりも家賃補助制度のほうが費用対効果ははるかに大きい。厳しくなるいっぽうの規制と高くなるいっぽうの建設費を考慮すると、低所得者世帯それぞれに公営住宅に住む機会を提供するのには、途方もない費用がかかる。また、それほど高額の費用がかからないとしても、公営住宅を大量に建築すれば、過去と同じあやまちを繰りかえすおそれがある――もっとも貧しい人たちをひとつ屋根の下に集めれば、人種の分断と貧困の集中を招きかねない。[*47]

なかには、住宅補助制度を導入すると就労意欲を低下させる、という意見もあるが、本当だろうか？　これは重要な疑問だ。ある研究によれば、住宅補助制度を利用することで、ある程度の労働時間と収入の減少が見られた。だが、ほかの研究でそうした影響は報告されていない。[*48]じつのところ、どんな住宅支援制度でも、借家人は自立をうながされる。低所得者の自立にもっとも悪影響をおよぼすのは、現状のまま放っておくことだ。高額な家賃のせいで家計が逼迫《ひっぱく》している家では、新たな技能を身につけるための職業訓練や教育にお金をかけることができないうえ、ひとところに長く暮らし、同じ仕事をずっと続けることもできない。いっぽう、手ごろな家賃の住宅を提供されれば、借家人は職業訓練や教育を受けられるようになり、ひいてはアメリカ全体の労働力を強化し、安定させることにもなる。

貧しい人たちは、制度の抜け穴をうまく利用してやろうと思っているわけでも、食べていければそれでいいと思っているわけでもない。かれらも社会で成功をおさめ、社会に貢献したいと思っている。たとえば看護師になりたいと思っているし（バネッタの夢）、慈善団体を運営したいと思っている（アーリーンの夢）のだ。安定した住まいを得られれば、こうした夢についてじっくり考えるチャンスも得られる。

ところが現実には、大半の州の家主は、家賃補助を受けている家族を受けいれる義務がなく、受けいれない家主も多い。なぜか？　受給者を入居させるには、いっそう厳しい建築基準法を守らなければならなかったり、管理上の面倒な手続きが増えたりするからだ。家賃補助制度を普及させるためには、家主たちのこうした懸念を払拭する対策も考慮しなければならない。

ただし、たとえ建築基準や管理上の手続きがいまより緩《ゆる》くなり、家主の負担が軽減されたとしても、不動産所有者のなかには（とりわけ繁栄している地域に物件をもつ家主のなかには）、家賃補助受給者の入居を拒否する者がいるだろう。かれらは、たんに〝その手の人間〟を入居させたくないからだ。だが、このような差別を野放しにすれば、受給者を特定の家主のもとに追いやることになる。そうなれば貧困世帯は結局、健全な経済が機能する安全な地域に転居するチャンスを奪われ、社会政策を通じて融合を促進する社会の能力もむしばまれる。だから家賃補助制度は、家主にとって魅力的なものをめざすだけでなく、家主の協力を義務づける必要もある。人種や宗教による差別を違法としてきたように、受給者に対する差別も違法とすべきだ。

よく練られた制度が実現すれば、家賃はインフレ率に応じて妥当に上昇するだろう。そうすれば家主は以前より安定した家賃収入を得られるようになり、退去率は減少し、強制退去の件数も減る。ジェイコブ・リースは一二五年前にこう記した。「貧しい人々に住居を提供する事業というのは、それがいくらかにでもなるなら、親世代がそうしていたようにビジネスでなければならない。慈善行為、暇つぶし、あるいは気まぐれだと、いつどこにおいてもみじめに失敗するだろう」。[49]とはいえ、住宅をたんなるビジネスとして扱うことはできない。住まいは人間のあまりにも基本的な欲求であり、子どもの健康と発達に欠かせないうえ、経済的なチャンスを増やし、コミュニティを安定させるうえでもきわめて重い意味をもっている。たんに〝現金を引きだす〟ためのもの、昔ながらの原始的な投資の手段のひとつとして勘定するわけにはいかないのだ。

住宅補助制度をできるだけ効果的なものにするには、家賃規制も欠かせない。家賃を安定させないまま制度を拡大するのは、家主の利益のために援助してくださいと納税者に頼むようなものだ。[50]行政が設定した都市部の上限の家賃一覧表を確認したところ、家主は家賃補助受給者に、地域の相場よりも高い家賃を請求している。そのため行政は本来よりも数十億ドルも高額の費用を負担しているおそれがあるうえ、数十万もの世帯に対する支援を不必要に拒否する結果を招いている。経済学者たちはこの点について、家賃の過剰請求を阻止し、いまよりもっと効率よくこのプログラムを実施できれば、現在の制度を追加の支出なしでアメリカ全土の貧困家庭に拡大できるとしている。[51]

二〇一三年、〈超党派政策センター〉は、いま住んでいる地域の所得の下位三〇パーセントにあたるすべての借家人世帯に家賃補助制度を拡大するには、追加で二二五億ドル［約三兆二六〇〇億円］が必要だと見積もり、住宅支援策に対する総経費は六〇〇億ドル［約八兆七〇〇〇億円］近くになると推定したが、この数値はもっと低くなる可能性がある。この推定には、制度の拡大によって住人がホームレスにならずにすみ、医療費も削減できるうえ、手ごろな家賃の物件がない事態による悪影響を抑制できた結果が反映されていないからだ。[*52] その恩恵はけっして小さな額ではない。

国は予算をなににどう使うかを選択するが、政治家たちは長年、貧困層への住宅支援に制限をかけてきたいっぽう、持ち家所有者には税制優遇策をとり、富裕層への住宅支援を拡大してきた。[*53] こんにち、持ち家関連のいわば〝隠れた補助金〟は、住宅支援への財政支出をはるかに上まわっている。二〇〇八年、アーリーンが一三番ストリートの家から強制退去させられた年、連邦政府の直接的な住宅支援の額は四〇二億ドル［約五兆八三〇〇億円］未満だったのに対し、持ち家所有者への税の優遇は一七一〇億ドル［約二四兆八〇〇〇億円］を超えていた。一七一〇億ドルという数字は、二〇〇八年の教育省、退役軍人省、国土安全保障省、司法省、農務省の予算の合計にほぼ等しい。[*54] 私たちは毎年、共通住宅家賃補助制度の推定経費（総経費）の三倍にも相当する額を、住宅ローンの利子の控除やキャピタルゲイン税の控除など、持ち家所有者への税制優遇のために使っているのだ。

もっと言えば、政府による住宅助成金の大半は、所得が数十万ドル［数千万円］以上ある世帯が享受している。[*55] もし、私たちがこのまま多額の公金を富裕層に（少なくとも住宅に関しては）使いつづけるのなら、まずはその決断が間違っていたことを認めなければならない。そして、これ以上の方策をとる予算の余裕はないと繰りかえす政治家たちのたわごとを、封じなければならない。

この国に貧困が根強く残っているとしたら、それは財源が足りないせいではない。

もちろん、共通家賃補助制度は、政策提言のひとつにすぎない。住宅に対する基本的な権利の確立は、ほかのさまざまな手法でも実現できるはずだし、そうあるべきだ。都市や町が多様性に富んでいて、独特の性質やスタイルがあり、それぞれの恵みがあり、それぞれの問題を抱えているのであれば、解決策も当然、多様でなければならない。

だが、この混乱からの出口がどんなものであるにせよ、ひとつだけ、はっきりしていることがある。それは、これほどの不平等が広がり、これほど人々から機会を奪い、基本的な欲求を冷酷に拒否し、不毛な苦しみを是認している状態は、この国のいかなる価値観をもってしても正当化することができない、ということだ。いかなる道徳律や倫理観をもってしても、われわれの国をこのような状態におちいらせてしまった事実に、言い訳は立たないのだ。

執筆の裏話

私が子どものころ、家計は火の車だった。父は牧師で、勤勉な母はあちこちで働いていた。ガスが止められることもあったが、そんなとき母は薪ストーブで夕食をつくってくれた。手元にあるものでやりくりする方法をよく心得ている人だった。母はジョージア州コロンバスのくず置き場のあたりで育ち、その後はサンフランシスコの悪名高い〈フォード・ホテル〉に引っ越した。

そんな劣悪な環境でも向上心をもって生きてきた母は、わが子にも同じことを期待した。自分にも夫にも学費を払う余裕はないというのに、子どもたちには大学に行ってほしいと願ったのだ。

父も父なりの方法で、私に進学の重要性を説いた。たとえば一緒に車に乗っているとき、かんかん照りのなか大汗をかきながら、身をかがめてつらい肉体労働に励んでいる人たちの列を見ると、父は私たちのほうを向き、こう尋ねた。「一生、あれをやって暮らしたいか?」

「ううん」

「なら、大学に行け」

ローンや奨学金のおかげで、私はアリゾナ州立大学に進学できた。故郷の町ウィンズローから車で四時間の道のりだ。弁護士になりたいと思うようになるかもしれないと考え、コミュニケーション、歴史、司法のコースをとった。

いざ受講すると、これまでに両親や日曜学校の先生、ボーイスカウトの隊長といった人たちから教えられてきたのとは違うアメリカの実情を学ぶようになった。この国の貧困の根深さと広がりは、先進国にそぐわないのではないか？ アメリカンドリームは幅広い層の人たちが達成できるものなのか、それとも特権をもつごく一部の人だけに限られたものなのか？ こうした疑問が頭から離れなくなった私は、アルバイトや授業の合間に、図書館で本を読みあさっては、答えをさがすようになった。

銀行が私の育った家を奪ったのは、ちょうどそのころだ。友人と車で家に戻り、両親の引っ越しを手伝ったとき、悲しくて胸が痛むと同時に、屈辱的な思いにとらわれたのを覚えている。この事態をどう理解すればいいのかわからなかったが、私の心のなかでなにかが動いたのだろう、大学に戻ると、〈ハビタット・フォー・ヒューマニティ〉〔世界七〇カ国以上で住宅支援をおこなう国際NGO〕に協力して家を建てていたガールフレンドを手伝いはじめた。やがて、ホームレスの人たちと一緒に、週に何日か夜をすごすようになった。私が知りあったホームレスのなかには、若者もいれば高齢者もいたが、みんなおもしろく、飾り気がなく、そしてなんらかの問題を抱えていた。

大学卒業が近づいてきたころには、アメリカの貧困をなんとしても理解しなければならない、まさに貧困こそが不幸の根源なのだと考えはじめていた。さらに、この問題に取り組むには社会学を学ぶのが最善だろうと判断し、私はウィスコンシン大学マディソン校の博士課程に進んだ。マディソンという都市は、リベラルな風土をもっていた。

大学院で貧困について研究を始めると、大半の文献が不平等を二種類の説のどちらかで分析していた。ひとつは、〝社会構造の圧力〟がもはやわれわれのコントロールがきかないほど強くなっているという説。つまり、アメリカの歴史で長く受けつがれてきた差別や、経済の大きな変容などが原因というわけだ。もうひとつは個人の能力不足という説で、未婚のまま子どもをもつといった〝文化的〟習慣や、教育水準の低さといった〝人的資源〟の不足を原因としていた。リベラル派は前者を、保守派は後者の説を好んだ。

だが私自身は、どちらの説も核心をとらえていないように感じた。どちらも貧困家庭を、隔離されたところで暮らしている人々のように扱っていたからだ。シングルマザー、ギャングのメンバー、ホームレスなどに関する書物でも、社会科学者やジャーナリストたちは、貧しい人々を〝見えない人々〟とか〝別のアメリカ〟などと表現し、あたかも社会から切り離されているかのように扱っていた。スラムは〝町のなかにあるもうひとつの町〟として扱われていた。つまり、貧しい人たちは不平等の議論から置き去りにされていた。富裕層と中産階級の暮らしは分かちがたくからみあっているのに、貧しい人たちとそれ以外の人たちは分断されているかのように。

貧困世帯とそのコミュニティに多大な影響をおよぼす富裕層は、いったいどこにいるのだろう？　富裕層は貧困層に強い影響をおよぼしているからこそ、金持ちでいられるのだろうか？　どうして、これまでだれもが貧困層に直接質問をせずに論文を書いてきたのだろう？　どうして、月々の支払いがこれほど高いのか、あなたのお金はどこに流れているのかと当人に直接尋ねもせずに、貧しい人たちがいかにやりくりしているかについて論じてきたのだろう？

いつしか私は、私のやり方で貧困に関する本を書きたいと思うようになった。そして、貧困とは〝貧しい人も裕福な人も同様にかかわっている関係〟だと考えるにいたった。そこでまず、貧しい人たちと裕福な人たちが相互に依存し、奮闘し、苦闘しているプロセスを調べることにした。

強制退去は、まさにそうしたプロセスだった。*1

二〇〇八年五月、私はトービンが所有するトレーラーパークに引っ越した。このトレーラーパークの住人が大量に強制退去させられかねない、という記事を新聞で読んだあとだった。だが結局、そうはならなかった（その後、トービンはついにトレーラーパークを売却し、レニーとオフィス・スージーはどこかへ引っ越していったが）。それでも私は、そのままトレーラーパークで暮らしつづけた。ほどなく、強制退去を告げるピンク色の紙を受けとる人たちに会うには、ここがうってつけの場所であるとわかってきた。トービンやレニーと一緒にすごすこともできた。

私が暮らしていたトレーラーは、パークのなかでも最上級と見なされていた。木製のパネルが貼られた室内は清潔で、分厚い赤茶色のカーペットが敷かれていた。ただし、そこで暮らしていた四カ月間は、ほとんど湯を使えなかった。何度頼んでも、トービンとレニーが給湯器につながる煙突を修理してくれなかったからだ。私は、自分がライターで、あなたたちとこのトレーラーパークに関する本を執筆しているんです、と事前に説明していたというのに。二人とも忙しくて、手がまわらなかったのだろう。もし、あのままの状態で給湯器を使っていたら、二酸化炭素が直接トレーラーのなかに吐きだされていたと思う。一度、オフィス・スージーが修理しようとしたことがある。そのとき彼女は、木の板を給湯器の下に押しこみ、給湯器と煙突のあいだにはまだ五センチほどの隙間があったのに、「これでもう安全よ」と宣言した。

私にとってエスノグラフィー（民族誌学）とは、人々の生活のなかに自分ができるだけすっぽり純粋に入りこみ、周囲と一体化するように努めたうえでおこなうものだ。そのためには、もっとよく知りたいと思う人たちと信頼関係を築き、長期にわたってかれらの行動を追い、観察し、自分でも体験し、かれらとともに働いたり遊んだりしながら、行動や交流を記録しなければならない。そうしていれば、だんだんとかれらのように動き、話し、考え、感じるようになる。

一連の調査では、〝現地《フィールド》〟で暮らすことが大いに役に立つ。それが、人々と同じ生活にどっぷりと浸かるための唯一の方法だからだ。重要な出来事はいつなんどき起こるかわからない。実際、トレーラーを借りたおかげで、私は大勢の人たちと出会い、噂を耳にし、住人たちの心配事やものの見方を吸収し、一日中、日常生活を観察することができた。

ここに住んだ期間、私はたいていトレーラーパークのオフィスですごした。数人の隣人も、ここで一日の大半をすごしていた。ある晩、私がオフィスにいると、ロレインがやってきた。保安官代理の強制退去執行班から渡された通知書を握りしめて、ぶるぶると震えていた。そして、トービンに支払えるだけの金を払うと、重い身体を引きずるようにして帰っていった。私が彼女のあとを追い、トレーラーのドアをノックすると、彼女はシャツの裾で涙をぬぐいながらドアをあけた。私たちはこうして出会った。

しばらくすると、私が強制退去を迫られている人たちと話をしたがっているという噂が広まり、私の電話番号を入手したパムが電話をかけてきた。パムと出会った数日後、私は新居をさがす彼女と家族についてまわった。するとパムが、私のプロジェクトについてスコットに説明し、スコットから私のところに連絡がきた。僕のトレーラーに寄ってくれ、と彼は言った。ある朝、言われたとおりに訪ねると、スコットが外に出てきて、「ちょっと歩きませんか」と言った。そして、こう語りはじめた。「ええと、最初にはっきり話しておきますね。僕はずっと……看護師でした。でも鎮痛剤にハマって、すべてを失ったんです。仕事、車、家、なにもかも」

メモ帳とペンをもった見知らぬ者の前で、なぜこんなふうに胸襟《きょうきん》をひらいてくれる人がいるのか、なぜドアをあけ、赤の他人を室内に入れてくれる人がいるのか、理由はわからなかった。いまにもホームレスになりかねない借家人の場合、私に車や携帯電話を借りるといった、物質的な恩恵を得られる可能性があったからかもしれない。あるいは、たんに話せば気持ちが軽くなるからかもしれない。数名の住人は私のことを〝精神科の先生〟と呼んだ。

だが、真の理由は、最底辺の人たちのなかには「もはや失うものなどなにもない」と考えている人が少なからずいるからだろう。スコットが数カ月、薬物を断って〈回復の家〉にいたときのことだ。ある晩、彼はメモ帳に走り書きをしている私のほうに顎をしゃくると、AAの不屈の闘士アナ・アルディアにこう尋ねた。「マットがここにいると、落ち着かないんじゃない？」

「まさか」と、アナは返した。「あたしの人生には隠しごとなんかないもの」

すると、スコットが言った。「僕もそんな感じかな。だって、もう僕にはプライドみたいなものがなんにも残ってないから」

秋が訪れ、スコット、ロレイン、パムとネッドがトレーラーパークから強制退去させられるのを見届けると、私はノースサイドで新しい住まいをさがすことにした。そこで、オフィサー・ウーに相談した。

オフィサー・ウーは、トービンがウィトコウスキー市議会議員に譲歩するために雇わざるをえなかった警備員のひとりだった。6XLのTシャツを着て、軍の放出物を扱う店で買った警備員バッジをつけていた。本名はキンボルだが、子ども時代のあだ名で呼んでくれとみんなに言っていた。社交的な黒人男性で、トレーラーパークの全員と親しくなろうとしていた。

「シルバースプリングあたりに引っ越すつもりかい?」。ウーはそう尋ねた。シルバースプリングはミルウォーキーの黒人スラムだが、グレンデールやブラウン・ディアといった北部の郊外のように変わりつつある地域だった。

「もっと町の中心部のほうを考えてるんだ」と、私は説明した。

「なら、マーケットのあたりとか?」。ウーはそう言い、こんどはダウンタウンにあるイエズス会系のマーケット大学の名前を挙げた。

「マーケットのほうじゃない。スラムにしようかと思ってる」

すると、ウーが不審そうに私を見た。それからしばらく会話を続け、ようやくノースサイドに住みたいと考えていることを理解してもらえた。彼の住んでいるような郊外とは違う地域に住みたいのだ、と。ウーはついに納得すると、ローカスト・ストリートと一番ストリートに挟まれたシェアハウスに一緒に住もうと誘ってくれた。家賃は光熱費込みで四〇〇ドル［約五万八〇〇〇円］だという。私は彼の誘いを受け、家賃を家主に支払った。その家主が、シェリーナとクエンティンだった。

私たちのシェアハウスはメゾネット式アパートメントの二階にあり、白い壁に緑色の縁どりがほどこしてあった。ウーと私は居間、浴室、キッチンを共有した。キッチンの戸棚は、ルームメートに自分の食べ物をとられないよう南京錠がついていた。私の部屋には窓があり、重いブランケットがかけてあった。ベッドの下には、ビールの空き缶、薬物依存症の自助団体のパンフレット、爪切り、硬いプラスチックケースに入ったタイプライターが置いてあった。家の裏の路地には、ストリートギャングたちが書いた乱暴な落書きがあった。雑草がはびこる狭い裏庭には桜の木があって、五月なるとやわらかい花が顔を出し、紙吹雪を散らしたように見えた。私はそこに二〇〇九年六月まで暮らした。

ウーがシェリーナに「家主と借家人に関する本を書いている男がいる」と伝えてくれたおかげで、シェリーナがインタビューに応じてくれた。それを終えると私は、「シェリーナ、あなたの見習いみたいなものになりたいんですが」と願いでた。目標は「できるだけ（あなたと）同じ立場で体感することなんです」と。

シェリーナは同意してくれた。「あたしはこの仕事に全力で取り組んでる」と、彼女は言った。「だからあなたは、最高の取材相手を見つけたってわけ」。彼女は自分の仕事を愛し、誇りに思っていた。だから「家主がどれほど苦労しているか」を読者に知らせたいと願った。だれからもほとんど関心をもたれないこの仕事のことを、もっと大勢の人に知ってもらいたい、と。

トービンやレニーと一緒にすごしていたときのように、私はシェリーナとクエンティンのあとをくっついてまわった。そして二人が物件を買ったり、借家人の審査をしたり、下水管の詰まりを直したり、強制退去通知書を渡したりするのを観察した。そのなかで、アーリーン、ラマー、それにヒンクストン家の人たちと出会った。さらに、アーリーンを通じてクリスタルと知りあい、クリスタルを通じてバネッタと知りあった。

当時、ドリーンは寂しく、人恋しかったので、腰を落ち着けておしゃべりできる相手ができてうれしそうだった。ラマーは、パトリスが暮らしていた部屋のペンキ塗りを私が手伝ったあと、ようやく打ちとけてくれた。のちにトランプゲームで私がそこそこの腕を見せると、一目置いてくれるようにもなった（私は学生時代にアルバイトで消防士の仕事をしていて、待機中よくトランプで遊んでいた）。

そのいっぽう、アーリーンはなかなか胸のうちをあかしてくれなかった。最初はとにかく距離を置こうとしていて、私が自分のプロジェクトについて説明しているあいだもずっと黙っていた。その沈黙を埋めようとすると話をさえぎり、「べつにずっと話しつづけなくてもいいでしょ」と言った。彼女がなによりも不安に思っていたのは、本当は私が児童相談所の仕事できているのではないかということだった。「あなたと話していると落ち着かない」。出会ったばかりのころ、アーリーンからそう言われた。「あなたの態度が悪いとか、そんなんじゃない。ただ、わたしの身には、これまでいろんなことが降りかかってきたから。子どものことでは、さんざん役所からイヤな思いをさせられてきたから、もう人のことが信用できないんだよ」。そうでしょうね、気持ちはわかりますよ、と私は伝え、自分の著書を何冊か渡した。こんなときに備えて、いつも車に何冊か置いてあった。その後も、アーリーンに対しては時間をかけて距離を縮めていくように努め、会ったときも、ごくわずかな質問にとどめた。

なかには、私のことを警官だと思っている人もいた。トレーラーパークでは、市議会議員のスパイではないかと疑われた。薬物依存症だとか、売春婦の客だとか思われたこともある（私とウーは一時期、シェアハウスでセックスワーカーと同居していたことがあった）。シェリーナは私を「あたしの助手」と紹介した。トービンは、私の存在など気にもとめなかった。

私のことを家主の手先《てさき》だと思いこんでいる借家人は、家主のことを〝あんたの友だち〟と呼んだ。家主が悪事をはたらいていることを私に認めさせようとする人もいた。たとえばラマーは、シェリーナが〝スラムの悪徳家主〟であることを認めろと、詰めよってきた。それを拒否すると、やっぱりあんたはシェリーナのスパイなんだ、と私を責めた。

いっぽう、家主のほうもいろいろだった。借家人の詳細をあきらかにするのを拒む者がいれば、この件をあんたの本でとりあげてくれと頼んでくる者もいた。私はできるだけ干渉しない方針だった。ただ、アーリーンの件で保安官を呼ぶべきかどうかを、シェリーナに何度も尋ねられたときだけは例外で、私はついに「呼ばないほうがいい」と答え、シェリーナは呼ばなかった。のちに、シェリーナは私にこう話した。「もしあなたがあいだに入ってくれなかったら、裁判所命令を実行して、保安官がくるのを待ってた……あなたが介入してなかったら、アーリーンはもうお手上げだった」。そういうわけで、イーグル運送に荷物を奪われずにすんだアーリーンは、倉庫に所持品を預けることになった。その後、結局は倉庫への支払いが滞って処分されたのだが。

調査を始めてしばらくすると、借家人も家主も、日々の暮らしを見せてくれるようになった。

私は強制退去の法廷で借家人の隣に座り、引っ越しを手伝い、ホームレスシェルターや廃屋に一緒についていき、かれらの子どもの面倒をみて、かれらと口論し、かれらの家で眠った。一緒に教会に行ったり、カウンセリングに同席したり、ＡＡのミーティングや葬儀に同行したり、出産のため一緒に病院に向かったりもした。ある一家をテキサスまで追いかけたこともある。スコットとは、一緒にアイオワを訪ねた。

こうして、かれらと多くの時間をすごすようになると、信頼のようなものが生まれたが、その信頼はもろく、あくまでも条件付きだった。*2 知りあってから数年たっても、アーリーンはふとした拍子に私に言った。「あなた、ほんとうは児童相談所に頼まれてきてたんでしょ」

私がノースサイドへの引っ越しを検討しはじめたとき、トレーラーパークの隣人たちは大いに心配した。ロレインなど、いまにも泣きそうになった。「ダメよ、マット。どんだけ危険な地域なのか、あなたはわかってない」。ビーカーも口をはさんだ。「あそこの連中は、白人とは親しくならないぞ」

だが実際に越してみると、白人はスラムで特権を与えられていることがわかった。たとえば、私が暮らしていた部屋の玄関のすぐ外で二回発砲事件が起こったときも、警官は私にはあれこれうるさく尋ねてこなかった。そのいっぽう、アーリーンの長男ジェージェーが通りにいただけで、警官がパトカーをすぐそばにとめ、「おい、おまえ、マトモじゃねえな！」と言ったりした（ジエージェーには学習障がいがあるため、動き方も話し方もゆっくりしていた）。ようすを見ようと私がアパートメントから出ていくと、警官は私を見て、パトカーを発進させた。あのときメモ帳をもった白人の男（私）がいなかったら、警官はまったく違う行動をとっていたかもしれない。

こんな光景を目撃したのは一度や二度ではない。クリスタルとバネッタが一五番ストリートの物件で、家主から差別的な対応をされたとき、私は車のなかでバネッタの子どもたちを見ていたのだが、戻ってきたとたん、二人は家主とこんなやりとりをしたと説明を始めた。そこで、私は〝空き家あり〟という看板にあった家主の電話番号を書きとめ、翌日、電話をかけてみた。そして、クリスタルとバネッタが見学に訪れた物件で家主と落ちあうと、「一カ月一四〇〇ドル［約二〇万三〇〇〇円］（バネッタとクリスタルの収入の合計金額）でこの家を借りたいんだが、うちには子どもが三人いるので（バネッタの子どもの数）、本音を言えば浴槽付きの部屋を借りたい」と言った。すると家主は、ほかにも紹介できる物件があると教えてくれたうえ、私をサーブに乗せ、その物件まで連れていってくれた。その後、私は彼のことを公正住宅委員会に報告した。委員会は私の報告を受けつけはしたものの、連絡はいっさいこなかった。

スラムの住人は、私がたかられないよう気を配ってくれた。たとえば、ラマーの家に集まる少年たちが「一ドルちょうだい」と私に言うと、ラマーは「いい加減にしろ」と叱ってくれた。ある日シェアハウスで、一階の住人のひとり、C・Cという女性が、ゴミ袋を買いたいから何ドルか貸してくれないかと言ってきた。私はそれに応じ、執筆に戻った。ところが、当時、一緒に暮らしていたウーの姪ケイシャが、その後のC・Cの行動を見張っていて、「あの女、ドラッグの売人に電話をかけてたよ」と教えてくれた。ケイシャは帰宅したウーにも、この一件を報告した。ウーは怒って私に電話をかけてきた。「マット、もう二度と、あの女に金を渡すんじゃないぞ！　連中ときたら、あんたはここらの人間じゃないから金をたかっても平気だと思ってるのさ……よし、おれがこれから話をつけてくる。あんたからもらった金を返せって、はっきり言ってやる」

「いや、ウー、そんな——」

「甘い顔しちゃダメなんだよ、マット」

ウーが電話を切った。実際のところ、ウーがC・Cになんと言ったのかはわからない。だが帰宅すると、彼女が家の外で私を待っていた。カツラをつけ、カットオフのショートパンツに胸元があらわなホルタートップを身につけ、ストラップ付きのヒールを履いている。C・Cは私に金を返した。どうやってその金を手に入れたのか、私は尋ねなかった。

気が滅入った。「そこまでして僕を守ろうとしてくれなくてもいいんだよ」。二階に上がると、私はウーにそう言った。

すると、キッチンのシンクで身をかがめ、上半身裸で皿を洗っていたウーは、「あんたは郊外。おれらはスラム」と、まるで父親が息子に諭《さと》すように低い声で言った。こんなときにしか使わない声音だ。「それなのに、あんたはこんなとこにやってきて、わざわざスラムでおれと暮らすことにした。おれにとっちゃ、えらく光栄なことだ。あんたがここにいるあいだは、おれに責任がある。あんたの身になにも起こらないようにする、それがおれの責任なんだよ」

こんなふうに、ひとりの白人がスラムに住んで、スラムに関する本を書いていると、脅威にさらされないばかりか、脅威から守られた。

スラムの住人は、私がそばにいると緊張するようだった。初めて私と会ったあと、あわてて掃除を始めたり、あやまったりする住人もいた。二〇代後半のころに調査で現場に行ったときも、どこかの鼻っ柱の強い相手に〝Gパス〟(白人であることを示すギャングのあいだでのメンバー証のようなもの)を見せろと言われるよりも、〝サー〟と呼ばれることのほうがはるかに多かった。現実の生活をありのままに記録しようとしている者にとって、こうした扱いは簡単に片づけられる問題ではない。私にできることはただひとつ。できるだけそこで長い時間をすごし、〝珍奇な闖入者《ちんにゅうしゃ》〟から〝いつもいるよそ者〟へと変わっていくしかない。実際、十分に時間をかけると、大半の人は緊張を解き、ありのままの自分の生活を見せるようになった。たとえ、場合によっては、ふたたび警戒心を強めることがあったとしても。

いつ耳をすまし、なにに目を向けるべきかをよく心得ているケイシャのような人から、留意すべきことを学ぶのにも時間がかかった。ミルウォーキーで出会った人たちは、物事をどう見て、見たものをどう理解すればいいのかについて手本を示し、私を鍛えてくれた。それでも、とくに最初のころ、私は多くのことを見落としていたはずだ。それは、私がよそ者であったからだけでなく、物事を分析しすぎていたからだ。頭のなかからつねに聞こえてくる自分の声に気をとられると、つい自分のなかにひきこもってしまう。すると、目の前でなにか重要なことが起こっていても、それを察する感度が鈍くなる。人は、すぐ型にはまった考え方や固定観念にとらわれてしまい、そうした考えのもとに社会生活を送りがちだ。私もそのひとりだった。だが、作家で活動家のスーザン・ソンタグが警告したように、この安易な姿勢には〝世界を委縮させる〟力がある。ひいては、それが物事の見方を曇らせかねない。*3

本書の調査にあたっては、女性たちと長時間一緒にいることもあった。それも彼女たちの自宅でだったため、ときどき疑われた。

おれの女と寝ているだろう、と責められたことが二回ある。一回目は、パムとネッドが酔って口論を始めたときで、ネッドが「マットにあれこれくっちゃべってるのは、おまえだろ。ったく、あの精神科医気どりが……あいつとヤッてこいよ」と言い捨てて、荒々しく出ていったという。パムは「彼、わたしたちが寝てると思ってるのよ。ひどい話でしょ」と言った。その後、二人は仲直りをし、ネッドは私への非難を撤回した。だが、そのあとの数週間、私はパムと距離を置き、できるだけネッドと一緒にすごすようにした。

二回目はバネッタの家に立ち寄ったときだ。彼女に実刑が言い渡される一カ月前のことで、バネッタはアールと一緒にいた。アールというのは、彼女が〈ロッジ〉で出会った年配の男で、お互いまんざらでもなさそうだった。だから、アールは私がくるのをよろこばず、こう言った。

「いいか、あいつはおれの女だ。おれには、あいつがなにをしているか知る権利がある」。私は時間をかけて今回の調査の説明をし、著書も見せた。だが内心、この男はバネッタを傷つけかねないと思っていた。犯罪歴を調べたところ、家庭内暴力で有罪になっていたからだ。もしかしたら、彼女を利用して捨てたあと、退役軍人の年金をひとり占めして暮らすつもりかもしれないとも思った。

結局、アールは私に謝罪したが、このやりとりで私はひどく不安になった。そこで彼女の家を辞去するとき、バネッタの姉のエボニーに、妹さんに気をつけておいてほしいと頼んだ。翌日に電話もした。「べつに、彼のことはこわくないけどね」。バネッタは私にそう話した。

それでもやはり、彼には警戒すべきだったのだ。バネッタが出所してアールと別れたあと、何者かがバネッタとエボニーのアパートメントに銃弾を撃ちこんだ。だれもがアールを疑った。

私は日ごろから、エスノグラファー（民族誌学者）としての第一の責務は、日常生活に招きいれてくれた人々を自分の仕事で傷つけないようにすることだと思っていた。だが最初のうちは、なにが相手を傷つけることになるのか、わからない場合がある。[*4] とりわけ貧しい地域では、無料《ただ》で入手できるものなどなく、住人たちはちょっとした親切に対して、なんらかのかたちで埋めあわせをしようとする。それで、たとえばネッドやアールは、家さがしや通勤にでかける自分の女を、私が車に乗せて送ってやっているのを見て、私がなんらかの見返りを得ているにちがいないと思いこんでいた。たしかに見返りは得ていた。彼女たちから話を聞かせてもらっていたのだから。だが、いくらそう説明したところで、かれらには奇異に思えたようだ。私のことを非難する気持ちもわからないではなかったので、そうした非難は重く受けとめた。

性差に対する偏見も、私の前での人々のふるまいや話し方に影響をおよぼした。バネッタは出所したあと、ベンという男性と出会った。彼はさかんにトラック運転手になりたいと言っていた。ある晩、二人のいるアパートメントを訪ねていたとき、ベンが突然、出ていった。「きみたち、うまくいってるの？」と私が訊くと「あんまり」とバネッタはため息をついた。「彼、わたしが男みたいなことするって言うのよ」

「どういう意味？」

「わたしがいろんなことを知りすぎてるんだって……『おまえ、男みたいなんだよ。いつでも、自分には答えがわかってるって感じでえらそうなんだよ』って」

「そうすると、知らないふりをしたりするわけ？」

「ときどきね」

そのときハッとした。もしかすると、バネッタは私の前でも無知なふりをしていたのかもしれない。女性らしく見せるために、いったい何度、ものを知らないふりをしてきたのだろう、と。だれでも、自分の人種、ジェンダー、育った場所や育てられ方、気質や性格といったすべてが、会っている相手に影響を与えうる。相手があなたになにを打ちあけ、なにを見せるのか、あなたが見たものをどう解釈するかにまで影響がおよぶのだ。私の場合も、アイデンティティのいくつかは扉をあけたが、いくつかは閉じた。結局は、アイデンティティを背負ったまま最善をつくすしかない。調査に影響をおよぼす自分のアイデンティティに細心の注意を払いながらも、相手に投げかける重要な質問の軸はぶれないよう努力するしかないのだ。*5

ミルウォーキーに暮しているあいだ、私は四六時中フィールドワークをしていた。どこに行くにもデジタルレコーダーを携帯し、録音した。おかげで、関係者の話を一言一句そのまま記録できた。小さなメモ帳ももち歩き、観察したことや会話を、たいていそのままを書きとめた。その際、自分が物書きで、できるかぎり多くを記録に残そうとしていることをけっして隠さなかった。夜あるいは早朝に、何時間もかけてメモ帳の走り書きをタイプしてデータとして残したり、一日の出来事を振りかえって書きとめたりした。そのうえ、数千枚もの写真を撮影した。本書には登場しない大勢の人たちにも一〇〇回を超えるインタビューをし、そのなかには三〇人の家主も含まれている。裁判所の職員、ソーシャルワーカー、建物検査官、不動産の管理人、そしてトレーラーパークやスラムに暮らすさまざまな人たちからも話を聞き、かれらを観察した。

膨大な量の記録の文字起こしという、時間のかかる作業に着手したのは、ついに現地《フィールド》を離れたあとだった。手伝ってくれた人もいたが、大半はひとりでおこなった。すべてを書きだしてみると、現地での記録は五〇〇〇枚以上に膨らんだ。

私は次にその記録をじっくりと読みはじめた。パソコンで写真の確認もした。通勤時に、あるいは生まれたばかりのわが子をあやしながら、録音した内容に耳を傾けたりもした。そうやって、資料を何度も何度も読みなおして、ようやく、これで執筆を始められるという自信が出てきた。[*6]

私は取材した資料をできるだけ忠実に再現したかったし、その言葉と光景の世界に没入するという、いわば二回目の経験をしたかった。実際、執筆中はずっと、これまで会った人々のことをなつかしく思いだしていた。マサチューセッツ州のケンブリッジ（お高くとまった富裕層が暮らすコミュニティ）に転居すると、すべてに戸惑った。しばらくは、トレーラーパークやスラムに戻りたくてしかたなかった。それで、機会を見つけては戻っていった。

本書では、自分が見聞きした内容を最優先にした。どれほど重要な出来事でも、自分自身で目撃しなかったことは、現場に居あわせた人から可能なかぎり話を聞いたうえで、新聞記事、医療記録、裁判記録、住宅ローンの記録など、ほかの情報源も確認した。又聞きの内容にはすべて注をつけ、情報源を明記した。また、本書でだれかが〝○○と思った〟とか〝○○と考えた〟と表現している場合、それは当人が実際にそう思ったとか考えたとか、私に語った場合に限っている。だれかの過去の出来事について説明するときには、当人がそう思いだしたとか、思い起こしたとわかるようにした。過去の出来事について詳しく尋ねる際には、数年のあいだに何回も、同じ人物に同じ質問を重ねた。この手法はきわめて有効だった。初めのうち言っていたことが、あとになってから不正確だと判明する例があったからだ。ときに、真実はゆっくりとあらわになる。

本書の資料に関しては、できるかぎり第三者にも連絡をとり、綿密に調査をおこなった。その際には、出来事そのものの有無だけではなく、そうした出来事が起こる可能性の有無まで確認したりした。たとえば、アーリーンが経験した公的扶助の制裁措置がべつにめずらしいものではないことは、ウィスコンシン州児童家庭局に問い合わせて確認した。アーリーンがシェリーナに制裁措置について説明したとき、私はその場にいたし、アーリーンがケースワーカーと会って詳細を詰める場にも同行していた。

それでも、何度かメールや電話で問い合わせて裏づけをとる作業を欠かさなかった。弁護士なら口を揃えるように、現場でなにかを目撃するという行為は不完全で、つねに危険をはらんでいる。どれほど見通しのいい場所であろうと、物事というのは隠れていたり、まったく違う方向を指しているものだ。

そういうわけで、第三者によって情報の信憑性《しんぴょうせい》を確認できなかった話は書かなかった。たとえばナターシャ・ヒンクストンは、高校のカフェテリアで発砲事件が発生してから通学するのをやめてしまった、と私に話した。ドリーンにも確認し、この逸話に惹かれた私は、本書のどこかで紹介したいと思うようになった。だが、このような衝動は疑うべきであることを学んでいた。そこで、ミルウォーキー市の公立学校の担当者三人に個別に問い合わせをしたところ、発砲事件があったという事実をだれにも確認できなかった。もしかしたら、事件はたしかに起こっていて、行政の担当者が間違っていたのかもしれない。ナターシャの話は真実なのかもしれない。だが、そうではない可能性もあった。そのため、この話は入れなかった。

さらに、本書の草稿ができあがってからも、第三者に依頼して事実確認をしてもらった。[*7] またミルウォーキーとテネシー州ブラウンズビルまで足を伸ばし、最終的な事実確認をおこなった。[*8]

よく、こう尋ねられる。「あなたはどうやってこの調査に〝向きあって〟いたんですか」。この質問の本意は、これほどの貧困と苦しみを目の当たりにして、あなた個人はどのような影響を受けたのですか、ということだろう。残念ながら、この手の質問がどれほどなまなましく、また人の心に踏みこんでくるかを、相手がわかっているとは思えない。だからこれまで私は、奇術師が舞台裏に姿を消したいときに使うスモークのように、いくつかあたりさわりのない答えを用意していた。だが、本書では正直に答えよう。

この調査を通じて、私は悲痛な思いにとらわれ、何年間もうつ状態におちいった。とはいえ、苦難に対処している数人の住人から「そんな顔で見ないで」と言われてからは、心に傷が残るような出来事を目の当たりにしても、できるだけ平静を保つように努めた。そうするうちに、たんなる貧困と本物の危機を区別できるようになった。貧困ラインのはるか上で高みの見物を決めこんでいる人たちにとっては、怠惰で、世間から引きこもっているようにしか見えないかれらの行動が、じつは生きるためのペース配分の技術であることもわかってきた。クリスタルやロレインといった人たちは、きょう、目の前に迫った緊急事態のためにすべてのエネルギーを使いはたしてしまうわけにはいかないのだ。そんな真似をすれば、あした、また生きていくためのエネルギーが枯渇してしまう。
私はトレーラーパークやスラムで、人々の立ちなおる力、気骨、活気や輝きといったものを目にしてきた。はじけるような笑い声もたくさん耳にした。と同時に、多くの苦悩も目の当たりにした。フィールドワークが終わりを迎えるころ、日記にこう記した。「自分が汚く思える。こうした体験談や苦難の連続を、まるでトロフィーを獲得するかのようにかき集めているのだから」。フィールドワークの間にぬぐえなかった罪悪感は、現地を離れたあと、いっそう重くのしかかった。自分がペテン師で、裏切り者になったような気がしたし、匿名で告発されてもすぐに罪を認めそうな気分になっていた。大学の式典で私の目の前に置かれたワインのボトルやわが子にかかる月々の保育園の支払いを、ミルウォーキーの家賃や保釈金に置き換えずにはいられなかった。こうした仕事は胸のうちに大きな痕跡《こんせき》を残す。読者のみなさんにも、これが自分の人生だったら……と想像してもらいたい。

借家人や家主と多くの時間をすごすうちに、根本的な疑問への答えが必要であることもわかってきた。いったい、強制退去はどれほど大きな影響をおよぼしているのか？　強制退去でどんな結果がもたらされているのか？　どんな人が強制退去に処せられているのか？　もし、これほど家賃に金をかけずにすむなら、いったなにができるだろう？　そこで、こうした疑問への答えをさがすべく、さまざまな文献をあたりはじめた。都市の貧困、コミュニティ、スラムといったテーマは、古くからアメリカの社会学の基盤をなしていた。間違いなく、だれかが調べているはずだった。

ところが、私の疑問に十分にこたえてくれる研究はなにひとつなかった。それどころか、簡単に入手できるデータさえなかった。じつに奇妙な話だった。ミルウォーキーで私が日々目にしていた光景を考えればなおさらだ。なぜ、フィールドワークをしている研究者たちは、アメリカの貧困の基盤をなしてきたテーマを見すごしてきたのだろう? 民間の住宅市場が多大な影響力をもっていることに、なぜこれまで気づかなかったのだろう?

のちに理解したのだが、その理由は研究手法にあった。貧困を専門にする研究者はおおむね、公営住宅かほかの住宅政策に焦点を絞って調査をしてきた。さもなければ、都会の住宅地域の特徴、つまり住民の人種による分断や地域の高級住宅化への抵抗といった問題に着目してきた。[*9] しかし、そこにはかならず民間の賃貸市場があって、事実、貧困層の大半は民間の貸家に暮らしていた。民間の賃貸市場こそが、私がミルウォーキーで知りあった人々の生活にも大きな負荷をかけ、収入の大半を吸いあげ、かれらの生活できわめて重要な役割をはたしていた。その結果、貧困と欠乏にいっそう拍車がかかり、強制退去、不安定な生活、ホームレスへの転落をもたらしていた。それなのに、私たちはこの事実について無知も同然だったのだ。

それでも当初、私はこの問題を無視しようとした。現地で家主や借家人と一緒にできるだけ多くの時間をすごしたかったからだ。だが、いつまでたっても頭からこの疑問が消えなかった。そこで、とりあえず自分でデータを集めてみることにした。まず、ミルウォーキーの民間住宅市場の借家人の調査を計画した。想定していたのは小規模な調査だったが、マッカーサー基金の支援を受けたことで、大規模なものへ成長した。私はこの調査に〈ミルウォーキーエリア借家人調査〉と名づけた。

二〇〇九年から二〇一一年にかけて、およそ一一〇〇人の借家人が自宅でインタビューを受け、その結果が私に報告された。インタビューをしたのは、ウィスコンシン大学サーベイセンターで訓練を受け、管理されたプロの調査員たちだ。クリップボードとノートパソコンをもった調査員たちが、果敢《かかん》にも市でもっとも治安の悪い地域に出向いてくれた。ひとりは犬に噛まれた挙げ句、のちに強盗にあった。

かれらのこうした努力のおかげで、流動性が高く貧しい人々を対象にした調査としては、きわめて高い率で回答を得ることができた（八四％）。この調査における二五〇の質問の骨格は、フィールドワークを通じて私が学んだことで形成されていた。尋ねる内容だけでなく、尋ね方にも工夫した。たとえば、私はトレーラーパークでの暮らしを通じて、だれかが引っ越していくとき、その理由を尋ねるのは容易ではないと学んだ。当人はよく、こっちの勝手で引っ越しをするんだよ、といかにもみずからの意志であるかのような物言いをした。立ち退きを余儀なくされた場合には、さらに厄介な問題がついてまわった。借家人は強制退去に対して、ある種の固定観念をもっていることが多いからだ。

トレーラーパークで私のそばに住んでいたローズとティムもそうだった。ティムが仕事で腰を痛めたあと、トレーラーから追い出された二人は、裁判所には出頭しなかったが、間違いなく強制退去に処せられていた（二人の名前は強制退去の記録に記載されていた）。それにもかかわらず、ローズはこう言った。「〝強制退去〟っていうのは、保安官がきて、ドアの鍵を替えて、運送会社が住人の家財道具を道ばたに放り投げることでしょ。だから、わたしたちのは強制退去じゃない、、、、」。かれらは、もし調査員から「強制退去させられたことがありますか？」と尋ねられたら、「ノー」と答えただろう。すると、その調査は、強制退去が頻発している事実を過小評価することになる。それで私は、質問の仕方を工夫するようになった。借家人が強制退去をどう理解しているのかを反映させることにしたのだ。〈ミルウォーキーエリア借家人調査〉でも、この工夫が反映されている。

一連の調査によって、住宅、住人の流動性、強制退去、そして都市の貧困に関する新たなデータが収集できた。このデータは唯一、都市部の住宅からの強制的な引っ越しの頻度について包括的な推定値を提供している。それによると、調査がおこなわれる二年前の時点で、ミルウォーキーの借家人の八人にひとりが、公式あるいは非公式の強制退去、家主のローン滞納による物件の差押え、建物の接収《せっしゅう》などによる引っ越しを少なくとも一回は体験しているのがわかり、衝撃を受けた。

この調査はまた、強制的な引っ越しの半数近く（四八％）が非公式であることも示していた。

法廷での手続きを経ていないため、公式な記録に残っていないが、家主が金を渡したり、ちんぴらを雇ったりして立ち退かせているのだ。いっぽう、公式な強制退去は、強制的な立ち退き全体の二四%にすぎなかった。そのほかの二三%は家主のローン滞納による物件の差押えが原因で、残りの五%は建物の接収だった。*10

言い換えれば、司法制度を通じて強制退去が一回おこなわれるごとに、裁判所を通さず、いっさいの法の適正手続きを経ていない強制退去が二回実施されていることになる。この非公式の強制退去を考慮せずに見積もりを出したりすれば、危機をいたずらに低く見積もることになる。もし、世間の関心の度合いや資源の分配先が、その問題の深刻度を政策立案者がどう認識するかで決まるのであれば、強制退去率を故意に低くはじきだす研究結果は、間違っているだけではなく、害をおよぼす。

さらに〈ミルウォーキーエリア借家人調査〉からは、強制退去の重要な副産物も得られた。強制退去を経験した人々はその後、住まいを転々とし、より劣悪な環境（住まいも地域も）での暮らしを余儀なくされ、職まで失う確率が高くなる、という事実だ。強制退去を体験した母親は生活必需品などの物質の欠乏によりいっそう苦しむようになるうえ、心身の健康状態が悪化することもわかった。

もちろん、非公式な強制退去が横行しているとはいえ、強制退去審理の記録から学べることもある。たとえばその町における公式強制退去の頻度と場所は、そこから正確に把握できる。私は二〇〇三年から二〇一三年にミルウォーキーで起こった強制退去審理の、数十万件におよぶすべての記録を入手した。その記録によれば、ミルウォーキーにおける裁判所命令による強制退去のうち半数近くが、毎年、おもに黒人が住んでいる地域でなされていた。そのうえ、こうした地域では、男性よりも女性のほうが強制退去に処せられる数が二倍も多かった。[*11]

最後に私は、なぜある種の人たちは強制退去を回避できるのに、ほかの人はできないのかをあきらかにしようと、〈ミルウォーキー強制退去審理調査〉を実施した。これは、二〇一一年の一月から二月の六週間のあいだに強制退去裁判に出頭した借家人二五〇人を対象とした対面調査だった（回答率は六六％）。裁判所での審理の直後に借家人におこなったインタビューのデータによれば、ミルウォーキーの強制退去審理における借家人の年齢の中央値は三三歳。最年少は一九歳、最年長は六九歳。強制退去審理における借家人の世帯月収の中央値は九三五ドル［約一三万六〇〇〇円］で、家賃の滞納額の中央値とほぼ同じだった。また、実際に強制退去に処せられた人と、ぎりぎりでそれを回避した人の差を生むのは、家賃の滞納額よりも家族構成であることもわかった。データを分析したところ、借家人の家賃の滞納額、世帯所得額、人種といった要因を考慮しても、子どもがいる世帯は強制退去命令を受ける確率が三倍近く高かった。子どもとの同居が強制退去の審理結果に与える影響は、家賃の四カ月滞納と同程度だったのだ。[*12]

フィールドワークが進むにつれて、質問の内容は変化したり、数が減ったりした。実際に現地に足を踏みいれなければ思い浮かばなかった質問もあった。それでも、裁判所記録と調査データを分析したあと、貧困地域における強制退去の重要性を把握し、格差を突きとめ、立ち退きの影響を分類できたとき、ようやく全体像が見えてきて、また定量分析を実施したことで、自分の観察記録がどの程度典型的なものかを評価できるようになった。私は可能なかぎり、現場でおこなった観察を統計的なチェックにかけ、現場で目撃したことがもっと大きな母集団でも検出可能かどうかを確認した。総合的な比較によって、ひとつの考え方が浮かんできたり、明確になってきたりするたびに、自分のフィールドノートを見返し、数字の裏に隠れているメカニズムをとらえようとした。互いに連携することで、それぞれの手法が別の手法の質を向上させた。また、それぞれの手法が別の手法のごまかしを許さなかった。

これにくわえ、自分の観察記録の正当性を強化するために広範な種類のエビデンスをさがした。ミルウォーキー市警察の迷惑物件に対する召喚状は二年分、分析した。また、一〇〇万件を超える緊急通報の記録、家賃帳簿、裁判記録の写し、公的な不動産の記録、学校関連の書類、心理的評価のデータなども入手した。

これらを結合させたデータソースは、民間の住宅市場がアメリカの貧困家庭の生活とコミュニティの形成に大きく関わっていることを示す新たな証拠となった。貧困特有の問題（住まいが安定しないこと、深刻な剥奪、密集した暮らしによりこうむる不利益、健康上の格差、さらには失業まで）が、手ごろな家賃の住宅が不足している現状から生じていることをあきらかにしていた。こうしたすべての調査データは、Harvard Dataverse Network を通じて公開している。[*13]

本書の舞台はミルウォーキーだ。このウィスコンシン州最大の都市と、ほかの都市の特徴がすべて一致するわけではない。だが、例外的なごく一部の都市ほど独自の個性があるわけでもない。ミルウォーキーはかなり典型的な特徴をもつ中規模の都市で、かなり典型的な社会経済的特徴と住宅市場があり、かなり典型的な借家人保護制度がある。[*14] あるいはインディアナ州インディアナポリス、ミネソタ州ミネアポリス、メリーランド州ボルティモア、ミズーリ州セントルイス、オハイオ州シンシナティ、インディアナ州ゲーリー、ノースカロライナ州ローリー、ニューヨーク州ユーティカといった、全国的な議論から置き去りにされたその他の都市の住人が経験することと同じであると言うほうがあっているだろう。つまり、アメリカの都市の成功例（サンフランシスコ、ニューヨーク市）でもなければ、失敗例（デトロイト、ニューアーク）でもない。

とはいえ、私がミルウォーキーで観察したことがほかの都市にもあてはまるかどうかの判断は、今後の研究者たちにゆだねるしかない。多くの疑問には、まだ答えが得られていないままだから。そのためにも政策や公営住宅という狭い視野にとらわれない、住宅に関する頑強な社会学が必要だ。強制退去の横行、その原因や影響に関する証拠書類を示す、立ち退きの社会学という新たな分野が求められている。もっとも重要なのは、搾取と強欲な市場に関するまっとうな研究を含む〝不平等の社会学〟の研究を、われわれが責任をもって推進しなければならないということだ。

もし、本調査の結果がほかの都市にもあてはまるとしたら、いったいどんな質問を投げかけるべきだろうか。ペンシルベニア州ピッツバーグでは起こることが、ニューメキシコ州アルバカーキでは起こらないのだろうか？　テネシー州メンフィスでは起こることが、アイオワ州ダビュークでは起こらないのだろうか？　本調査はアメリカの主要都市の中心部で実施されていて、ポーランド系の人たちが暮らす過疎の村や、モンタナ州のイバラだらけの町や、月面で実施されたわけではない。[*15]　ミルウォーキーにおける強制退去の数はほかの都市と同程度で、ミルウォーキーで住宅に関して裁判所に召喚された人たちは、チャールストンやブルックリンで召喚された人たちと似ている。ある調査結果を〝一般化〟できるかどうか知りたければ、「ほんとうに、これほどひどいことがどこでも起こっているのだろうか」と尋ねるべきだろう。あるいは、こう尋ねるべきなのかもしれない。「われわれは本気でこの問題に注意を向ける必要があるのではないか？」

近年のエスノグラフィーは、もっぱら一人称で記される。これは書き方としては率直なやり方で、有効でもある。エスノグラファーが自分の意見を大勢の人たちに真剣に受けとめてもらうためには、文化人類学者のクリフォード・ギアーツが述べたように、著者が「ずっとその場にいた」ことを読者に納得させなければならない。ギアーツは「そして、この舞台裏の奇跡がほんとうに起こったのだと説得する際には書き方が問題となる」と述べた。[*16]　すると、一人称を選んだ目的は——私はそこにいた。私はそれが起きるのをこの目で見た。私がこの目で見たのだから、あなたはそれを信じればいいということになる。エスノグラファーの多くは、現場では自分の存在をできるだけ小さくするが、一人称での記述では自分の存在を大きくし、その経験が実際に起きたのだと明確に伝えようとする。

だが、一人称だけが、われわれにできるやり方ではない。[17] それどころか、〝私〟というフィルターをかけてしまうのは、社会の本質をとらえる手段には適していないのかもしれない。一人称による記述では、調査対象者と著者（観察者）がつねに視野に入る結果、観察には例外なく観察者の反応が影響してしまう。どれほど注意を払おうと、一人称によるエスノグラフィーはフィールドワーカーが目にした話になってしまうのだ。

この問題は、本書のテーマとはなんの関係もないが、著者の決断、あやまち、そして〝倫理性〟とはおおいに関係がある。本書の資料に関して学術的な議論をかわしたあとはたいてい、「こんな事態を目の当たりにして、あなたはどう感じましたか？」といった質問を投げかけられたものだ。悪い質問ではないが、現実世界では注視すべきもっと重大な問題が起こっている。この豊かな国には、とほうもない貧困と苦悩がはびこっている。不平等がまかりとおり、苦難が広がり、全土で飢えとホームレスの人たちが当然のように存在するいま、私はもっと喫緊の課題についてて話しあいたいと思っている。〝私〟のことなど、どうでもいい。あなたがこの本の話をするときには、まずシェリーナやトービン、アーリーンやジョリ、ロレインやスコットやパム、クリスタルやバネッタの話をしてもらいたい。そして、あなたが暮らす町のどこかに、たったいま自宅から強制退去させられた一家がいて、かれらの家財一式が歩道に積みあげられているという現実についての話をしてもらいたい。

私はそういう理由から一人称での記述を避けた。その結果、代償も払うことになった。私が対象者と深い関わりをもっても、それを隠さざるをえなかったのだ。本書では、その例が二つある。アーリーンが一三番ストリートの家から引っ越すためのレンタルトラックを、ある〝友人〟が借りたときと、バネッタが児童相談所の訪問にそなえてガスコンロと冷蔵庫を買うための金を、ある〝友人〟から借りたときだ。どちらの〝友人〟も私のことだ。

ついでに、本書に登場する借家人のうち、車をもっている人間はひとりもいなかったことを明記しておきたい。私は車をもっていたので、新居をさがすかれらを車に乗せ、あちこちに送っていったこともある。そうしなければ、ミルウォーキーのあてにならないバスを待つか、歩くしかなかったからだ。もし、私の車（や携帯電話）を使えなければ、新居さがしにはもっと時間がかかっていただろう。

ただし、インタビューや一緒にすごしてくれた時間のために、礼金を払うことはなかった。住人はよく金を無心したが、それは、いつも相手かまわず金を貸してほしいと頼んでいるからだ。そこで私は財布を持ち歩くのをやめ、周囲の人がみんなそうしているように、「ノー」と断るやり方を覚えた。手元に数ドルあれば渡すこともあったが、ルールとして、まとまった金を渡すことはなかった。

ミルウォーキーの住人はよく私に食べ物を買ってくれたし、私のほうもかれらに食べ物を買った。住人は私にプレゼントをくれたし、私もかれらにプレゼントをあげた。一度、ヒンクストン家に頼まれて地下室に行ったことがある。暖房器具をバンバンたたいて、直してくれないかと頼まれたのだ。結局うまくいかず、地下室から上がってくると、バースデーケーキが私を待っていた。

アーリーンがクッキーの缶を買い、私にプレゼントしてくれたこともある。ばかばかしい歌が流れるカードが一枚、添えられていた。そのカードを私は車に置いた。そして笑いが必要なときにそれを開き、アーリーンと一緒に聞いた。

スコットはいまでも私の長男にバースデーカードを送ってくれる。ホームレスのころと変わらず、カードにはいつも一〇ドル札が一枚はさんである。

どんなフィールドワークであろうと、いちばんつらいのは現地に足を踏みいれるときではなく、そこを去るときだ。倫理的にとてもむずかしいジレンマを覚えるのは、手伝ってほしいと頼まれたときではなく、多くのものを与えられたときだ。私はミルウォーキーで出会った人たちから数えきれないほど寛容に接してもらってきた。かれらが苦難に屈服するのを毅然と拒否していた姿は、いまもありありと脳裏によみがえる。

貧困は、かれらの深い人間性までは奪えなかったのだ。

謝辞

ミルウォーキーで出会ったみなさんに、すべてのことを感謝する。あなたたちは私を自宅や職場に招きいれ、本書では伝えきれないほどたくさんのことを教えてくれた。だれもが忍耐強く、勇敢で、寛大で、誠実だった。

編集者のアマンダ・クックは本書に何度も目を通してくれたうえ、初期の草稿について三〇ページものコメントを寄せてくれた。ありがとう。あなたのすばらしい読解力、広い視野、全身全霊の努力、そしてなによりもこの仕事を引き受けてくれたことに感謝する。また、この重いテーマのノンフィクションに全力をそそいでくれたモリー・スターン、隅々にまで注意を怠らないエマ・ベリーをはじめとするクラウン社のチームにも深く感謝する。

思慮深く毅然としたエージェントのジル・ニーリムは、私と協力して企画書を作成するという難題を乗りこえてくれた。ニーリム・アンド・ウィリアムズのみなさんにも心から御礼申しあげる。

私はウィスコンシン大学マディソン校で社会学を学んでいるときに、このプロジェクトを開始した。私の論文指導者であり、根っからの社会学者であるムスタファ・エミールバイヤーは、多大な時間をかけて私の論文を査読し、激励してくれた。研究とはなんたるかについて、さまざまに教示してくださったあなたには感謝の言葉もない。ロバート・ハウザーは、ウィスコンシン大学での最終学期に資金を提供するなど、さまざまなかたちで本書の執筆を支えてくれた。ルース・ロペス・ターリーとフェリックス・エルワートには統計学などで指導を仰いだ。ティモシー・スミーディングは私のアイデアや研究結果を公共政策と結びつけてくれた。チャド・ゴールドバーグ、マイラ・マークス・フェレー、ダグラス・メイナード、パメラ・オリバーも時間を割き、指導してくれた。

ウィスコンシン大学サーベイセンターは〈ミルウォーキーエリア借家人調査〉を計画し、実施するうえで力を貸してくれた。サーベイセンターのみなさん、とりわけケリヤン・ディロレート、チャーリー・パリット、ジェシカ・プライス、ジョン・スティーブンソンは職務（と私の予算）を超える働きをしてくれた。

本書を執筆しているあいだ、力を貸してくださったハーバード大学の同僚や学生のみなさんにも感謝する。本書の原稿を読破したうえで、アメリカの貧困と公正に関する私の考えの基本をつくってくれたブルース・ウェスターン。都市、犯罪、社会科学の目的に関する私の視野を広げてくれたロバート・サンプソン。指針を定め、目標に向かうすべての過程で私を励ましてくれたウィリアム・ジュリアス・ウィルソン。信頼のおける助言とこちらまで明るい気分になる楽観主義を与えてくれたキャスリン・エディン。安易な解答はいっさい認めようとしなかったクリストファー・ジェンクス。明晰な頭脳と寛容な精神を併せもつデバ・ペイジャー。仮説、手法、変化を起こすことについて、いつも私を刺激してくれたクリストファー・ウィンシップ。そしてこの国全体における不平等への理解を深めてくれたミシェル・ラモン。ウィリアム・アプガー、メアリー・ジョー・ベイン、ジェイソン・ベックフィールド、ローレンス・ボボ、アレクサンドラ・キルウォルド、ジェイン・マンスブリッジ、オーランド・パターソン、ジェイムズ・クウェイン、マリオ・スモール、それからメアリー・ウォーターズの慧眼にも助けられた。デボラ・ド・ローレルは草稿にコメントを寄せるなどして、さまざまなかたちで協力してくれた。ナンシー・ブランコとドッティ・ルーカスはしっかりと助成金の管理をしてくれた。ブリスベンの某タクシー運転手にもとくべつの感謝を。

このプロジェクトでは、大勢のすばらしい助手や協力者のみなさんとご一緒させていただいた。ウェイホア・アン、モニカ・ベル、トーマス・フェリス、カール・ガーシェンソン、レイチェル・トルバート・キンブロ、バーバラ・キビアット、ジョナサン・ミジス、クリスティン・パーキンス、トレイシー・ショレンバーガー、アダム・トラビス、ニコール・バルデス、ネイト・ウィルマース、リシェル・ウィンクラーに感謝する。ジャスミン・サンデルソンは原稿全体に適切なコメントを寄せてくれた。

〈ハーバード・ソサエティ・オブ・フェローズ〉には、思考と執筆のための時間だけではなく、あたたかく活気あふれる知的環境も提供していただいた。とりわけダニエル・アーロン、ローレンス・デイビッド、ウォルター・ギルバート、ジョアンナ・グルディ、ノア・フェルドマン、サラ・ジョンソン、ケイト・マン、エレン・スカリー、アマルティア・セン、マウラ・スマイス、レイチェル・スターン、ウィリアム・トッド、グレン・ワイル、ウィニー・ウォン、そしてヌール・ヤーマンにはお世話になった。ケリー・カッツとダイアナ・モース、この本を〈グリーン・ハウス〉で仕上げることを許してくれたうえ、親切にもてなしてくれてありがとう。

ハーバード・ロー・スクールでは、エスメ・カラメロといまは亡き（そして勇敢な）デイビッド・グロスマンに貧困救済法の見込みと落とし穴を教わった。アン・ハリントン、ジョン・デュラント、プフォルツハイマー・ハウスの面々は、私と家族にコミュニティを与えてくれた。

このプロジェクトは、おもにジョン・DとキャサリンT・によるマッカーサー基金の〝住宅問題〟に対する取り組みを通じて支援を受けた。またフォード財団、アメリカ哲学協会、アメリカ国立科学財団、住宅都市開発省、社会政策ホロウィッツ基金、貧困調査研究所、ウィリアム・F・ミルトン基金、住宅研究共同センター、ハーバード大学教養学部、そしてハーバード大学ジョン・F・ケネディ行政大学院の社会政策マルコム・ウィーナー・センターからも支援を受けた。〈コート・データ・テクノロジーズ〉のバリー・ウィデラには、数十万件もの強制退去記録を収集する際に力を借りた。ハーバード大学地理解析センターのジェフリー・ブロッサムは膨大なデータセットを居住者分類したうえで、個体数推定と結合してくれた。クリッシー・グリアーとリザ・カラカシアンはエスノグラフィー上の資料を正確に書き写すというむずかしい仕事をこなしてくれた。ウィスコンシンでそれぞれの専門知識を授けてくれたティム・ボーラーリング、デイビッド・ブリテイン、エイプリル・ハートマン、マイケル・キーニッツ、モードウェラ・カーケンドール、そしてブラッドリー・ワーギンズに感謝する。

ジリアン・ブラッシルがとりつかれたように熱心に事実確認にいそしんでくれたおかげで、本書はよりよいものになった。マイケル・カーリナーは住宅データと政策に関する複数の質問に答えてくれた。マリオン・フォルカードが私をパリ政治学院に一週間招待してくれたおかげで、私はこの本の概要をいっそう広い視野からまとめることができた。イライジャ・アンダーソン、ハビエル・アユエロ、ジェイコブ・アベリー、ビッキ・ビーン、ロジャース・ブルーベーカー、ミーガン・コンフォート、カイル・クロウダー、ジョン・ディードリッヒ、ミシェル・ダナイアー、イングリッド・グールド・エレン、ラッセル・エングラー、ジョゼフ・〝ピコ〟・エウードジー・ジュニア、ダニエル・フェッター、ゲイリー・アラン・ファイン、ハーバート・ギャンス、フィリップ・ゴフ、マーク・グラノベッター、スージー・ホール、ピーター・ハート＝ブリンソン、チェスター・ハートマン、クリストファー・ハーバート、ニール・フリグスタイン、コリン・ジエロルマック、ニッキ・ジョーンズ、ジャック・カッツ、シェイマス・カーン、エリック・クリネンバーグ、イッサ・コーラー＝ハウスマン、ジョン・リーバイ・マーティン、ケイト・マッコイ、アレクサンドラ・マーフィー、ティム・ネルソン、アマンダ・パレ、アンドリュー・パパクリストス、メアリー・パティロ、ビクター・リオス、エバ・ローゼン、ミーガン・サンデル、バーバラ・サード、ヒラリー・シルバー、アダム・スレズ、ダイアン・ボーン、ロイック・バカン、クリストファー・ウィルドマン、エバ・ウィリアムズ、そしてロブ・ウィラー、みなさんの知性あふれるご指導と支援に深く感謝している。

本書に目を通してくださったみなさんと同様に、関連する論文を読んでくださった匿名のみなさんにも謝意を示したい。次に挙げる場でこのプロジェクトの一部を発表できたことを光栄に思う。ありがたいフィードバックも頂戴した。公共政策管理国際学会、アメリカ社会学会、オーストラリア国立大学、ブランダイス大学、イギリス社会学会、ブラウン大学、住宅政策センター、コロンビア大学、デューク大学、ハーバード大学、ハーバード・ビジネス・スクール、ハーバード・ロー・スクール、ハーバード公衆衛生大学院、ハウジング・ジャスティス・ネットワーク、キングス・カレッジ・ロンドン、ロンドン・スクール・オブ・エコノミクス、全国低所得住宅連合立法フォーラム、マーケット大学、マックス・プランク＝パリ政治学院センター、マサチューセッツ工科大学、ニューヨーク・ロースクール、ニューヨーク大学ロースクール、ノースウェスタン大学、アメリカ人口学会、パデュー大学、ライス大学、スタンフォード大学、ニューヨーク州立大学バッファロー校、パリ大学、オーフス大学、アムステルダム大学、カリフォルニア大学バークレー校と法科大学院、カリフォルニア大学ロサンゼルス校、シカゴ大学、ジョージア大学、ミシガン大学、ペンシルベニア大学、クイーンズランド大学、テキサス大学オースティン校、ワシントン大学、ウィスコンシン大学マディソン校、ヨーク大学、アーバン・アフェアーズ・アソシエーション、西海岸貧困センター、イエール大学、イェール・ロー・スクール。

本書は私の妹ミシェルに捧げたい。いつも純粋な好奇心と貧しい人たちのことを思う気持ちで、私をインスパイアしてくれてありがとう。シェボン、ニック、そしてメイガン・デスモンド、絶えることのない支援と愛情をありがとう。私の光であり生きるよろこびであるスターリングとウォルター、ありがとう。

テッサ——きみにはなんと言えばいいのかわからない。私をしっかりと支え、この仕事をまっとうする力を与えてくれた。きみはいつだってそこにいてくれた。きみの英知、犠牲、愛情を思うと、感謝の気持ちで胸がいっぱいになる。

「君がそこにいてくれるから、僕はちゃんと円を描いて元の場所に戻ってこられる」

米とプエルトリコの4763郡中、ミルウォーキー郡は1420位に位置する。似たような家賃の都市にはオレゴン州ポートランド、ノースカロライナ州シャーロット、インディアナ州ゲーリー、ルイジアナ州バトンルージュがある。昔から借家人の結束が強い都市や、借家人の人口が経済的に多様な都市（ボストンやロサンゼルスなど）は、中産階級や上流階級の大半が持ち家に暮らしているミルウォーキーのような都市と比べて、借家人が保護される傾向にある。だが、大半の都市における借家人を保護する仕組みは、ボストンやロサンゼルスのそれよりも、ミルウォーキーのそれに近い。参考資料：National Multifamily Housing Council, *Quick Facts: Resident Demographics* (Washington, DC: National Multifamily Housing Council, 2009)；US Department of Housing and Urban Development, *50th Percentile Rent Estimates for 2010* (Washington, DC: US Department of Housing and Urban Development, 2010).

＊15 参考文献：『タリーズコーナー：黒人下層階級のエスノグラフィー』。

＊16『文化の読み方／書き方』クリフォード・ギアーツ著、森泉弘次訳、岩波人文書セレクション。

＊17 エスノグラフィーの文献で一人称が使われるようになったのは、人類学がポストモダンへと転換し、政治や著者の偏見に目が向けられるようになったからだ。それ以前は、大半のエスノグラフィーの文献で三人称が使われていた。『タクシーダンス・ホール：商業的娯楽と都市生活に関する社会学的研究』ポール・G・クレッシー著、桑原司、石沢真貴、寺岡伸悟、高橋早苗、奥田憲昭、和泉浩訳、ハーベスト社（シカゴ都市社会学古典シリーズ；No.4）や、『ストリート・コーナーソサエティ』W・F・ホワイト著、奥田道大、有里典三訳、有斐閣、『タリーズコーナー：黒人下層階級のエスノグラフィー』にも、著者本人はまず登場しない。

＊4 私がこのトレーラーパークで暮らしていたとき、スコットが薬物の過剰摂取による自殺を考えるほど重度のうつ病だとは知らなかった。一度、スコットから大金を貸してほしいと頼まれて断ったが、貸そうかどうしようか真剣に悩んだことを思いだすとぞっとする。
＊5 Mustafa Emirbayer and Matthew Desmond, "Race and Reflexivity," *Ethnic and Racial Studies* 35 (2012): 574– 99.
＊6 私は質的データ分析ソフトをいっさい使用しなかった。
＊7 事実確認はジリアン・ブラッシルがおこなった。ジリアンが守秘義務契約書にサインすると、私はフィールドノートのすべてをジリアンに渡した。ジリアンは約 30 件の別々のインタビューや公文書はもとより、私のフィールドノート、写真、デジタル録音の音源から私が書き起こした文章の裏づけ調査をおこない（警察の記録や法律などを確認）、検証した。本書で挙げたいくつかの詳細な文献の他に、原稿の 10%をランダムに選び、フィールドノートに記したどの場面、あるいはどの観察に基づく所見なのかを私に示すようにも求めた。さらに、私の主張を裏づける写真や公的文書を示すようにとも求めてきた。
＊8 本書に登場するおもな人たち全員に、原稿のコピー（全体、あるいは関連章）を渡した。必要に応じて事実の詳細を確認するため、私が関連する文章を読んで聞かせた。
＊9 政策通や貧困問題の研究者は、住宅政策のあらゆる手法に関して、いくら議論してもしたりないようだ。都市の貧困層のごく一部だけに役立つ政策に関して、かれらは無数の疑問を投げかける。学術論文検索サイトGoogle Scholar で検索すると、4800 以上の学術論文や書籍で Moving to Opportunity という言葉が使用されているとわかる。貧しい地域に暮らす家族が転居できるよう考案されたこの近隣地域への住み替え政策は、きわめて重要かつ大胆な政策で、約 4600 世帯が利用したが、この政策の恩恵を受けたすべての家族が研究の対象となっている可能性がある。いっぽう、われわれには公営住宅に関する知識のほうがよほどある。公営住宅の住人は人口の 2%未満にすぎないのに、だ。スラムの貧困層に大量の家を貸している家主やその物件に関しては、ほとんど知らないのが現状だ。同様に、低所得層のなかでも、幸運なごくわずかな人だけが恩恵を受けている家賃補助制度に関してはよく知っていても、いっさい支援を受けないまま民間の賃貸物件に暮らしている低所得層世帯がいかに厳しい生活を送っているかについては、まったく知らない。1995 年、リチャード・アーノットは経済学者たちを批判し、〝家賃統制ばかりに注目し、もっと重要な住宅問題から目をそらしている……この 10 年間で、低所得層の住宅問題に関する論文が一流学術誌に掲載されたことは一度もない〟と述べた。Richard Arnott, "Time for Revisionism on Rent Control?," *Journal of Economic Perspectives* 9 (1995): 99– 120, 117.
＊10 Matthew Desmond and Tracey Shollenberger, "Forced Displacement from Rental Housing: Prevalence and Neighborhood Consequences," *Demography*.
＊11 Matthew Desmond, "Eviction and the Reproduction of Urban Poverty," *American Journal of Sociology* 118 (2012): 88– 133.
＊12 ロジスティック回帰モデルを利用した二重ロバスト推定は、その他の複数のマッチングの解析法と同様、強制退去の判決を受ける確率の推定に使用された。Milwaukee Eviction Court Study, 2011. そうしたモデルに関する参考文献：Matthew Desmond et al., "Evicting Children," *Social Forces* (2013) 92: 303– 27.
＊13 https://thedata.harvard.edu.
＊14 ほかの都市（シカゴ、ヒューストン、ボルティモアなど）と同様に、ミルウォーキーの住戸で借家人が暮らしているのは、約半分を超える程度だ。家賃の中央値に関しては、全

80 (June 2, 2015): 31332–36.

＊52 Bipartisan Policy Center, *Housing America's Future: New Directions for National Policy* (Washington, DC: Bipartisan Policy Center, 2013), chapter 4. 費用の見積りに関する専門的な参考文献：Larry Buron, Bulbul Kaul, and Jill Khadduri, *Estimates of Voucher- Type and Emergency Rental Assistance for Unassisted Households* (Cambridge, MA: Abt Associates, 2012). 2012年の住宅所有者に対する連邦政府の財政支出は約2000億ドル。参考文献：Will Fischer and Barbara Sard, *Chart Book: Federal Housing Spending Is Poorly Matched to Need* (Washington, DC: Center for Budget and Policy Priorities, 2013). 居住地域に左右されない家賃補助制度の費用に対するもうひとつの見積りに関する参考文献：William Grigsby and Steven Bourassa, "Section 8: The Time for Fundamental Program Change?," *Housing Policy Debate* 15 (2004): 805–34. この研究の見積りでは、居住地域の所得の中央値の50パーセンタイル以下の借家人世帯に家賃補助を支給すると、さらに430億ドルが必要となり、それは当時の連邦政府の財政支出の2.5%にあたる。

＊53 Schwartz, *Housing Policy in the United States*, 45– 47.

＊54 Ibid. Executive Office of the President, *Budget of the United States Government: Fiscal Year 2008* (Washington, DC: Office of the President, 2008).

＊55 Harrington, *The Other America*, 157– 58. A. Scott Henderson, *Housing and the Democratic Ideal: The Life and Thought of Charles Abrams* (New York: Columbia University Press, 2000)；Peter Dreier, "Federal Housing Subsidies: Who Benefits and Why?," in *A Right to Housing: Foundation for a New Social Agenda*, eds. Rachel Bratt, Michael Stone, and Chester Hartman (Philadelphia: Temple University Press, 2006), 105– 38.

執筆の裏話

＊1 詳細な参考文献：Matthew Desmond, "Relational Ethnography," *Theory and Society* 43 (2014): 547– 79；Mustafa Emirbayer, "Manifesto for Relational Sociology," *American Journal of Sociology* 103 (1997): 281– 317；Eric Wolf, *Europe and the People Without a History* (Berkeley and Los Angeles: University of California Press, 1982)；Stanley Lieberson, *Making It Count: The Improvement of Social Research and Theory* (Berkeley and Los Angeles: University of California Press, 1985).

＊2 Mitchell Duneier, *Sidewalk* (New York: Farrar, Straus and Giroux, 1999), 337– 39.

＊3 エスノグラフィーは〝方法論〟だという考え方がある。その観点からすると、「どうすれば私のプロジェクトはIRB（倫理審査委員会）に承認してもらえるだろう？」「いつフィールドノートを書くべきだろう？」などと、つい方法論的な疑問を思い浮かべてしまう。だが、私は、どちらかと言えばエスノグラフィーは〝識別能力〟だと考える。人類学者ハリー・ウォルコットの言葉を借りれば〝ものの見方〟だ。エスノグラフィーはわれわれが現地にでかけていき、そこでなにかをするというようなものではない。それは世界における基本的なあり方だ。こう考えれば、異なる自問をするようになる。「どうすれば、見ず知らずの人に話をしてもらえるようになるだろう？」「どうすれば、もっと鋭く観察できるだろう？」。エスノグラフィーは識別能力だという認識をもてば、実際に現地に足を踏みいれるそのはるか以前から、一連のスキルを活用したり、訓練を重ねたりすることもできる。あなたも、日々努力すれば、いざ現場に足を踏みいれたときにはもうエスノグラファーになっているだろう（スマートフォンからも逃れやすくなる）。Harry Wolcott, *Ethnography: A Way of Seeing* (Lanham: Rowman Altamira, 1999). 解釈という暴力に関する参考文献：『反解釈』スーザン・ソンタグ著、高橋康也、出淵博、由良君美、海老根宏、河村錠一郎、貴志哲雄訳、ちくま文庫。

Assistance Perversely Affect Self- Sufficiency? A Review Essay," *Journal of Housing Economics* 11 (2002): 381–417；Sandra Newman, Scott Holupka, and Joseph Harkness, "The Long- Term Effects of Housing Assistance on Work and Welfare," *Journal of Policy Analysis and Management* 28 (2009): 81–101.

＊49『向こう半分の人々の暮らし：19 世紀末ニューヨークの移民下層社会』。

＊50 家賃補助制度をもっと普及させても、問題がすべて解決するわけではない。とりわけ、競争の激しい市場では、いくら家賃補助を利用したところで、家賃の高騰から借家人を完全には守れない。それを可能にするのは、政府による大胆な規制（家賃統制など）、あるいは市場の大きな変化（住宅供給の拡大など）だけだ。実際、アメリカの現行の家賃補助制度は家賃（補助を受けていない借家人の家賃までも）を吊りあげるという研究結果もわずかながらある。そのおもな理由は単純明快だ。もし、大勢の貧困層が公営住宅に入居すれば、民間の賃貸物件の需要は低下し、市場で最安値の家賃も下がる。だが、大勢の貧困層が家賃補助を利用して、民間の賃貸物件にふたたび入居するようになれば、需要が高まり、家賃も上がるからだ。ある研究によれば、家賃補助制度を利用している世帯が多い市ほど、家賃が急騰する。そのため、全体的に見れば、家賃補助よって公的支援を受けている世帯を助ける以上に、公的支援を受けていない世帯への負担を大きくしてしまう（参考文献：Scott Susin, "Rent Vouchers and the Price of Low-Income Housing," *Journal of Public Economics* 83 [2002]: 109–52.）。さらに、家主向けの手引き書には、次のようなアドバイスが記されている。〝私は家賃の基準として、公営住宅（つまり政府出資による家賃補助）の相場をチェックするようにしている〟(Bryan M. Chavis, *Buy It, Rent It, Profit! Make Money as a Landlord in Any Real Estate Market* [New York: Touchstone, 2009], 70.)。家賃補助受給者の割合と賃貸物件全体の家賃には関連がないとする研究結果もある。たとえば Experimental Housing Allowance Program（EHAP）では、家賃補助が賃貸物件の市場全体の家賃に及ぼす影響はごくわずかにすぎないという結果がでている。ウィリアム・アプガーはこの結果について、この研究がおこなわれた当時は賃貸物件市場に家賃補助制度が十分に浸透していなかったうえ、作為的に家賃が下がっていたためとしている。また、全米経済研究所（NBER）とアーバン・インスティテュートがおこなったシミュレーション研究では〝家賃補助プログラムは受給者と非受給者の双方にとって、大幅な家賃上昇の引き金になりうると同時に、プログラムの基準に達していない賃貸物件の処分や出資の引き揚げを助長すると考えられる〟と結論づけた。参考文献：William Apgar Jr., "Which Housing Policy Is Best?," *Housing Policy Debate* 1 (1990): 1–32, 9； Michael Eriksen and Amanda Ross, "Housing Vouchers and the Price of Rental Housing," working paper, University of Georgia, 2015.

＊51 Matthew Desmond and Kristin Perkins, "Are Landlords Overcharging Voucher Holders?," working paper, Harvard University, June 2015；Cutts and Olsen, "Are Section 8 Housing Subsidies Too High?"；Olsen, "Housing Programs for Low- Income Households." 家賃規制の参考文献：Tommy Andersson and Lars-Gunnar Svensson, "Non-Manipulable House Allocation with Rent Control," *Econometrica* 82 (2014): 507–39；Richard Arnott, "Time for Revisionism on Rent Control?," *Journal of Economic Perspectives* 9 (1995): 99–120.

アメリカの住宅都市開発省は先頃 Small Area Fair Market Rents 計画を発表し、家賃補助受給者に〝地域ごとの家賃相場をより反映した補助金〟を支給する意向だとした。〝郵便番号別に地域を区分し、現行の規制の下で多様な給付基準を設けられるようにする〟という。参考文献：US Department of Housing and Urban Development, "Establishing a More Effective Fair Market Rent (FMR) System；Using Small Area Fair Market Rents (SAFMRs) in Housing Choice Voucher Program Instead of the Current 50th Percentile FMRs；Advanced Notice of Proposed Rulemaking," *Federal Register*

は搾取が大きなカギを握っていると考えた。アメリカ合衆国労働省への（のちに非難を浴びた）報告書に、モイニハンはこう書いている。〝黒人が置かれている状況は一般的に、目に見える差別と貧困という観点で白人が認識しているものだ……しかし、黒人社会そのものの構造に組み込まれた３世紀にもわたる搾取の影響を白人が理解するのはさらにむずかしい……そこが傷の大本だ。この傷を修復しないかぎり、差別、貧困、不当な扱いをなくすための努力をいくらしたところで、成果はあがらないだろう〟。Daniel Patrick Moynihan, The Negro Family: *The Case for National Action* (Washington, DC: US Department of Labor, 1965).

＊42 参考文献：Satter's Family Properties.

＊43 貧しい人たちへの詐欺やぼったくりに等しい請求に関する参考文献：Alan Andreasen, *The Disadvantaged Consumer* (New York: The Free Press, 1975)；『世紀の空売り：世界経済の破綻に賭けた男たち』マイケル・ルイス著、東江一紀訳、文春文庫；David Caplovitz, *The Poor Pay More* (New York: The Free Press, 1967). ペイデイローンに関する参考文献：Pew Chari 表 Trust, *Payday Lending in America: Who Borrows, Where They Borrow, and Why* (Washington, DC: Pew, July 19, 2012)；Gary Rivlin, *Broke, USA: From Pawnshops to Poverty, Inc*. (New York: Harper, 2010).

＊44 階層や社会の人間関係に埋め込まれた市場についての参考文献：Mark Granovetter, "Economic Action and Social Structure: The Problem of Embeddedness," *American Journal of Sociology* 91 (1985): 481– 510；『「新訳」大転換：市場社会の形成と崩壊』カール・ポラニー 著、野口建彦、栖原学訳、東洋経済新報社。貧困と治安維持の関係に関する参考文献：Megan Comfort, "When Prison Is a Refuge: America' s Messed Up," *Chronicle of Higher Education*, December 2, 2013；David Garland, *The Culture of Control: Crime and Social Order in Contemporary Society* (Chicago: University of Chicago Press, 2001)；Loïc Wacquant, *Punishing the Poor: The Neoliberal Government of Social Insecurity* (Durham: Duke University Press, 2009)；Bruce Western, *Punishment and Inequality in America* (New York: Russell Sage Foundation, 2006)；『逃亡者の社会学：アメリカの都市に生きる黒人たち』アリス・ゴッフマン著、二文字屋脩、岸下卓史訳、亜紀書房。

＊45 Oliver Cromwell Cox, *Caste, Class, and Race: A Study in Social Dynamics* (New York: Doubleday and Company, 1948), 238.

＊46 Katie Dodd, *Quarterly Benefits Summary* (Newcastle- upon- Tyne: Department for Work and Pensions, 2015)；Hugo Priemus, Peter Kemp, and David Varady, "Housing Vouchers in the United States, Great Britain, and the Netherlands: Current Issues and Future Perspectives," *Housing Policy Debate* 16 (2005): 575–609；"Housing Benefit: How Does It Work?," BBC News, November 9, 2011.

＊47 家賃補助制度と比較して、公営住宅による支援のほうが、同じ品質の住まいを安く提供できることを示す調査結果は得られていない。家賃補助制度と公営住宅の家賃の比較に関する参考文献：Janet Currie, *The Invisible Safety Net: Protecting the Nation' s Poor Children and Families* (Princeton: Princeton University Press, 2006), chapter 4；Amy Cutts and Edgar Olsen, "Are Section 8 Housing Subsidies Too High?," *Journal of Housing Economics* 11 (2002): 214– 43.

家賃補助を受給している借家人と公営住宅の住人が暮らす地域の質の比較の参考文献：Sandra Newman and Ann Schnare, "'. . . And a Sui 表 Living Environment': The Failure of Housing Programs to Deliver on Neighborhood Quality," *Housing Policy Debate* 8 (1997): 703– 41；Edgar Olsen, "Housing Programs for Low- Income Households," in *Means- Tested Transfer Programs in the United States*, ed. Robert Moffitt (Chicago: University of Chicago Press, 2003), 365– 442.

＊48 Brian Jacob and Jens Ludwig, "The Effects of Housing Assistance on Labor Supply: Evidence from a Voucher Lottery," *American Economic Review* 102 (2012): 272– 304；Mark Shroder, "Does Housing

録の閲覧を制限しようものなら、秘密警察、不当な逮捕、秘密裏の監禁など、とにかく非民主的な行為が横行するようになると主張する。だが、実際には裁判記録がこうした家族の生活をいっそう苦しいものにしているという具体的な現実には目を向けようとせず抽象的な主張ばかりする人たちは、現状がまったくわかっていない。一度も罪を犯していない人も含めて、数百万もの貧しいアメリカ人のことを考えれば、裁判記録の閲覧は厳しく制限されるべきだ。そろそろ、いま起こっていない想像上の問題ではなく、目の前で起こっている現実の問題に対処しようではないか。

＊36 Martha Davis, "Participation, Equality, and the Civil Right to Counsel: Lessons from Domestic and International Law," *Yale Law Journal* 122 (2013): 2260–81；Raven Lidman, "Civil Gideon as a Human Right: Is the U.S. Going to Join Step with the Rest of the Developed World?," *Temple Political and Civil Rights Law Review* 15 (2006): 769–800.

＊37 引用元：Cass Sunstein, *The Second Bill of Rights: FDR's Unfinished Revolution and Why We Need It More Than Ever* (New York: Basic Books, 2004), 3.

＊38 引用元：Beryl Satter, *Family Properties: How the Struggle over Race and Real Estate Transformed Chicago and Urban America* (New York: Metropolitan Books, 2009), 215.

＊39『アメリカのアンダークラス：本当に不利な立場に置かれた人々』では、正統派マルクス主義の主張を要約する際に、〝搾取〟という言葉が二度でてくる。同じくウィルソン著 *When Work Disappears: The World of the New Urban Poor* (New York: Knopf,1996) でも、それに対する黒人の嫌悪感を表現するのにやはり〝搾取〟という言葉が二度でてくる。Loic Wacquant の *Urban Outcasts: A Comparative Sociology of Advanced Marginality* (Malden,MA: Polity Press, 2008) では、4つの〝搾取〟例が挙げられていて、富裕層による貧困層の搾取についてはひとつだけ例が挙げられている (page 123n7)。次の文献には、スラムの住人の肉体関係について、一度だけ〝搾取〟という言葉がでてくる。：Douglas Massey and Nancy Denton' s *American Apartheid: Segregation and the Making of the Underclass* (Cambridge: Harvard University Press, 1993), on page 176. 次の文献では、公営住宅の住人がギャングに搾取されている描写で、〝搾取〟という言葉が一度でてくる。Sudhir Venkatesh's *American Project: The Rise and Fall of a Modern Ghetto* (Cambridge: Harvard University Press, 2000), on page 150. 次の文献にも一度でてくる。Harrington' s The Other America (page 32). だが、貧困者の窮状をとりあげた次のような近年の名著には〝搾取〟はまったくでてこない。：Kathryn Edin and Laura Lein's *Making Ends Meet: How Single Mothers Survive Welfare and Low-Wage Work* (New York: Russell Sage Foundation, 1997)；『階級「断絶」社会アメリカ：新上流と新下流の出現』チャールズ・マレー著、橘明美訳、草思社。

＊40 貧困層が暮らす地域の食品価格に関する参考文献：Chanjin Chung and Samuel Myers, "Do the Poor Pay More for Food? An Analysis of Grocery Store Availability and Food Price Disparities," *Journal of Consumer Affairs* 33 (1999): 276–96；Marianne Bitler and Steven Haider, "An Economic View of Food Deserts in the United States," *Journal of Policy Analysis and Management* 30 (2011): 153–76.

＊41 Lizabeth Cohen, *A Consumers' Republic: The Politics of Mass Consumption in Postwar America* (New York: Knopf, 2008), 40；Elizabeth Blackmar, *Manhattan for Rent, 1785–1850* (Ithaca: Cornell University Press, 1989), 237–38；『向こう半分の人々の暮らし：19世紀末ニューヨークの移民下層社会』、Allan Spear, *Black Chicago: The Making of a Negro Ghetto, 1890–1920* (Chicago: University of Chicago Press, 1967)；Matthew Desmond, "Eviction and the Reproduction of Urban Poverty," *American Journal of Sociology* 118 (2012): 88–133. こうした問題を論じる人々のなかで、ダニエル・パトリック・モイニハンは、都市部の貧困には人種問題が関わっていると理解するのに、まず

for Poor Tenants in New York City's Housing Court: Results of a Randomized Experiment," *Law and Society Review* 35 (2001): 419–34.

＊34 Seedco, *Housing Help Program, South Bronx, NYC* (New York: Seedco Policy Center, 2009).

＊35 ミルウォーキーの借家人に対する強制退去の約半数は、家主が訴訟手続きをとっていない、記録に残らない非公式のものだ。非公式の立ち退きは、家主が好んで使う手段で、問題となっている貧しい家族が弁護士に相談できる場合はとくにこの手段に頼ろうとする。借家人は審理で自分の主張を述べることもできるが、たいていは非公式の立ち退きを選ぶ。そうすれば公的な記録に残らないからだ。この点を考慮すると、いくら法律相談の支援の場を設けたところで、まずは現行の裁判記録のあり方を見直さなければ、成果はあがらない可能性がある。強制退去の記録が残るぞという脅迫は、法廷の外であろうとなかであろうと、家主からであろうと裁判官からであろうと、毎日のようにおこなわれている。すると当然のことながら、借家人は自分の意見を述べる権利を奪われてしまう。家主から立ち退きを求められた借家人にとっては、自分の言い分を述べるよりも（そうしたところで、たいていは退去を命じられ、強制退去させられたという公的な記録が残る）、裁判には関わらないようにして、だまって引っ越すほうが賢明だという事実は、アメリカの司法制度に大きな欠陥があることを示している。

貧しい黒人夫婦、マイーシャとチェスターの例を見てみよう。家主はあちこちが傷んで危険な貸家から、この夫婦を立ち退かせようとした。ふたりの話では、その家を修理するまでは無料で住んでもいいと、家主から言われていたという。ところが家主は、そんな取引はしていないと言った。この家の悲惨な状況（電力ケーブルはむきだしになっていて、複数の部屋の床が沈んでいて、雨が降ると室内に水が流れこむ）を、家主は法廷で明かさなかったが、部屋の写真を見た調停人は、この件を裁判官に委ねた。審理の日、裁判官の前で、家主とその弁護士は借家人に引っ越しを求める条件を列挙した合意書を提案した。だが、マイーシャとチェスターは通学している10代の娘がふたりいることから、いまの住まいにとどまり、家を修理してもらいたいと希望した。裁判官はこの夫婦に、あなたがたには次の選択肢がありますと説明した。合意書にサインをして立ち退きに合意すれば、「強制退去の申し立ては棄却されるでしょう。そうすれば、だれでも閲覧できるあなたの裁判記録に、強制退去の件は残りません……あるいは、あなたがほんとうに家賃を支払っていた、あるいは法的に主張できることがあるのなら、その点について私に話してください。もうひとつの選択肢は、退去することに合意して、（家主を）助け、ご自分の頭痛の種をなくすことです。賃貸契約が切れたあとも、あなたがたが貸家からでていかなければ、（家主が）保安官に金を払ってきてもらい、あなたがたの荷物を路上に運びだすことになります。そうなれば、家主はその強制退去の費用もあなたの借金にくわえることになります。たしかに厳しいし、ひどい話ですが、そんなことになれば、残念ながら、あなたがたは不快できわめて厄介な状況に追い込まれるでしょう」。「ちょっと訊いてもいいですか？」と、チェスターが言った。「家主が家を修理するまで、家賃は払わなくていいという合意書をわたしたちがもっていたら、どうなるのですか？」「そういうことなら、まあ、公判で、われわれが真実を突きとめ、判決をくだします」マイーシャとチェスターは、少し相談させてくれと頼んだ。「やっぱり負けるに決まってる」と、マイーシャが声をひそめて言った。「問題は、どの程度の負けですむかってことよ」。ふたりは取引に応じた。

強制退去を執行された経験、逮捕された経験がない人たちのなかには、裁判記録の公開は〝開かれた自由な社会〟のために欠かせないと言うだろう。そうした人たちは、裁判記

and Needs (Cambridge: Harvard University, 2013)；Abt Associates Inc. et al., *Effects of Housing Vouchers on Welfare Families* (Washington, DC: US Department of Housing and Urban Development, 2006)；Michelle Wood, Jennifer Turnham, and Gregory Mills, "Housing Affordability and Family Well- Being: Results from the Housing Voucher Evaluation," *Housing Policy Debate* 19 (2008): 367– 412.

＊29 Abt Associates Inc. et al., *Effects of Housing Vouchers*; Alan Meyers et al., "Public Housing Subsidies May Improve Poor Children' s Nutrition," *American Journal of Public Health* 83 (1993): 115；Sandra Newman and Scott Holupka, "Housing Affordability and Investments in Children," *Journal of Housing Economics* 24 (2014): 89– 100.

＊30 American Housing Survey, 2013, 表 C- 17- RO. これらは、〝その他の収入が確認された〟に分類された世帯（貧困ラインより下の借家人世帯の 3%）、および〝未報告の補助金あり〟に分類された世帯（貧困ラインより下の借家人世帯の 1%）を除いた推定。理由は、そうした世帯が公的扶助を受給しているか否かが不明だからだ。Matthew Desmond, "Unaffordable America: Poverty, Housing, and Eviction," *Fast Focus: Institute for Research on Poverty* 22 (2015): 1– 6.

＊31 この推定値は下記の全国的なデータと一致している：American Housing Survey, American Community Survey, Survey of Income and Program Participation, Consumer Expenditure Survey. Frederick Eggers and Fouad Moumen, *Investigating Very High Rent Burdens Among Renters in the American Housing Survey* (Washington, DC: US Department of Housing and Urban Development, 2010).

家賃の高さに悲鳴をあげている人が多いのはアメリカだけではない。ここ数十年で、世界各地で大勢の人々が農村部から都市部へ移住している。1960 年、都会に暮らしていたのは、地球上の人口の約 3 分の 1 だったが、いまでは半分以上に増えている。都市部の実質所得は増え、世界的な貧困の減少につながった。だが、都市部の成長によって、土地の価格と住宅費は急騰した。都会の住宅費は世界的に高騰し、とりわけ〝有名な大都市〟の不動産市場には国際的な資金が流れこみ、住宅価格が吊りあがり、低所得者層が締めだされている。アフリカ最大の都市ラゴスでは、住人の大多数がワンルームの賃貸住宅に住んでいるが、月収の大部分を家賃にあてている者が 60%と推定されている。インドのデリーのビジネス街の家賃は、いまではもうマンハッタンのミッドタウンの家賃と変わらない。最近の調査では、全世界の住宅取得能力の不足分は 6500 億ドル、あるいは全世界のGDP の 1%と見積られている。世界各地の都市部に暮らす世帯で、低水準の住宅、あるいは収入の 30%以上という家賃負担が大きい住宅に住んでいるのは約 3 億 3000 万世帯。移住の傾向や全世界の所得予測から、2025 年にはその数は 4 億 4000 万世帯、16 億人にまで増加すると考えられている。世界各地で都市化が進み、どこの都市部でも数百万もの人たちが家賃を払えないでいる。参考文献：Joseph Gyourko, Christopher Mayer, and Todd Sinai, "Superstar Cities," *American Economic Journal: Economic Policy* 5 (2013): 167– 99；McKinsey Global Institute, *A Blueprint for Addressing the Global Affordable Housing Challenge* (New York: McKinsey, 2014)；Pedro Olinto and Hiroki Uematsu, *The State of the Poor: Where Are the Poor and Where Are They Poorest?* (Washington, DC: World Bank, Poverty Reduction and Equity, 2013).

＊32 Russell Engler, "Pursuing Access to Justice and Civil Right to Counsel in a Time of Economic Crisis," *Roger Williams University Law Review* 15 (2010): 472– 98；Russell Engler, "Connecting Self-Representation to Civil Gideon," *Fordham Urban Law Review* 37 (2010): 36– 92.

＊33 D. James Greiner, Cassandra Wolos Pattanayak, and Jonathan Hennessy, "The Limits of Unbundled Legal Assistance: A Randomized Study in a Massachusetts District Court and Prospects for the Future," *Harvard Law Review* 126 (2013): 901– 89；Carroll Seron et al., "The Impact of Legal Counsel on Outcomes

の4%、黒人の借家人の8%、ヒスパニック系の借家人の16%が過密状態にある。ミルウォーキー市の成人の借家人の約半数には、成人の同居人がいない。ミルウォーキーのアフリカ系アメリカ人の借家人は、住まいに関していえば孤立が目立つ。成人の同居人がいるのは、白人では58%、ヒスパニック系では69%なのに対して、アフリカ系アメリカ人は35%。ミルウォーキー市の全借家人世帯中、ひとりで暮らしている者は32%、子どものみと暮らしているのは16%、成人の同居人がいるのは53%。独居の割合は、黒人の借家人が39%なのに対して、白人の借家人は33%、ヒスパニック系の借家人は14%。また、子どものみと暮らしている黒人の借家人は26%、白人の借家人は9%、ヒスパニック系の借家人は17%。借家人のなかには成人の同居人がいることを伏せている者もいる。Milwaukee Eviction Court Study（2011）では、調査員は借家人に対して、同居、あるいは一時的に同居させている成人に関してすべて回答するように求めた。調査の回答が外部に漏れることはないと説明してから、回答者に「同居、あるいは、一時的に同居しているすべての成人について知りたい。賃貸契約書に記載されていない人や、家主には黙って一緒に住んでいる人のことも教えてください」と伝えたのだ。強制退去裁判の記録では成人の同居人は375人。そこには契約上の借家人ではない者が70人含まれていた。召喚状に記載されていない成人の同居人の大半は黒人男性が占め（N=32）、続いて、黒人女性が占めていた（N=24）。独居（あるいは成人の同居人がいない）黒人借家人の割合に関する私の推定はやや多めかもしれない。いずれにしても、政策立案者やアナリストの過密状態への懸念と、借家人のあいだでは陰で過密状態が広がっているという事実のミスマッチは依然として解決されていない。American Housing Survey (2013), 表 C-02-RO;〈ミルウォーキーエリア借家人調査〉2009-2011. いくつもの研究が、過密状態と有害な結果の関連性を指摘しているが、過密状態の悪影響との因果関係を示す明確なエビデンスはない。参考文献：Gary Evans, Susan Saegert, and Rebecca Harris, "Residential Density and Psychological Health Among Children in Low-Income Families," *Environment and Behavior* 33 (2001): 165-80；Dominique Goux and Eric Maurin, "The Effect of Overcrowded Housing on Children's Performance at School," *Journal of Public Economics* 89 (2005): 797-819；Claudia Solari and Robert Mare, "Housing Crowding Effects on Children's Well-Being," *Social Science Research* 41 (2012): 464-76.

＊24 Alex Schwartz, *Housing Policy in the United States*, 2nd ed. (New York: Routledge, 2010), 23.

＊25 Louis Winnick, "The Triumph of Housing Allowance Programs: How a Fundamental Policy Conflict Was Resolved," *Cityscape* 1 (1995): 95-118, 97. 引用元ドキュメンタリー：*The Pruitt-Igoe Myth* (2011), 監督 Chad Freidrichs.

＊26 公営住宅は1991年以降、約20%減少している。Peter Marcuse and W. Dennis Keating, "The Permanent Housing Crisis: The Failures of Conservatism and the Limitations of Liberalism," in *A Right to Housing: Foundation for a New Social Agenda*, eds. Rachel Bratt, Michael Stone, and Chester Hartman (Philadelphia: Temple University Press, 2006), 139-62；Rachel Bratt, Michael Stone, and Chester Hartman, "Why a Right to Housing Is Needed and Makes Sense: Editor's Introduction," ibid., 1-19; Schwartz, *Housing Policy in the United States*.

＊27 補足すると、家賃補助制度は、その補助金を管理する地域の住宅局が定める〝報酬水準〟に達しない金額分の家賃をカバーする。その地域の所得の中央値、あるいは貧困ライン（いずれか高いほう）の30%に満たない収入の世帯の4分の3に家賃補助が支給され、残りの4分の1は、その地域の所得の中央値の80%以下の所得の世帯に支給される。

＊28 Joint Center for Housing Studies of Harvard University, *America's Rental Housing: Evolving Markets*

子どもの健康に害を及ぼす標準以下の住宅と治安の悪い地域の影響に関する参考文献：Julie Clark and Ade Kearns, "Housing Improvements, Perceived Housing Quality and Psychosocial Benefits from the Home," Housing Studies 27 (2012): 915- 39；Tama Leventhal and Jeanne Brooks- Gunn, "The Neighborhoods They Live In: The Effects of Neighborhood Residence on Child and Adolescent Outcomes," *Psychological Bulletin* 126 (2000): 309- 37.

＊22 Joseph Harkness and Sandra Newman, "Housing Affordability and Children's Well- Being: Evidence from the National Survey of America's Families," Housing Policy Debate 16 (2005): 223–55；Sandra Newman and Scott Holupka, "Housing Affordability and Investments in Children," *Journal of Housing Economics* 24 (2014): 89- 100.

＊23 ほかの市場では、日用品の価格があまりにも高くなると、消費者は買わないようになる。ガソリンの価格が高騰すれば車に乗るのを控えるし、トウモロコシが不作で牛肉の価格が上がれば、できるだけハンバーガーを食べないようにしたりもする。だが、家賃と光熱費が上がった場合、貧しいアメリカ人の大半には、その費用を抑えたり、狭い住居に引っ越すという選択肢がない。いま以上に家賃の安い物件は地域にないからだ。2013 年のAmerican Housing Survey（表C- 02- RO）によれば、貧困ラインより下にいる借家人世帯の約 98%が寝室が最低ひとつあるアパートメントに住み、68%が寝室がふたつ以上あるアパートに住んでいる。ミルウォーキー市内では、ゆうに 97%の借家人が寝室がひとつ、ふたつ、あるいは三つあるアパートメントに住んでいる。〈ミルウォーキーエリア借家人調査〉2009-2011 年。アメリカの都市からは狭い賃貸住宅が消えている。1970〜80 年代にかけて 100 万件以上あったワンルームは、新たな建築基準法で規制され、また、裕福な借家人の要望を満たすように改築された。参考文献：Whet Moser, "The Long, Slow Decline of Chicago's SROs," *Chicago magazine*, June 14, 2013; Brendan O' Flaherty, Making Room: *The Economics of Homelessness* (Cambridge: Harvard University Press, 1996), 142- 47；James Wright and Beth Rubin, "Is Homelessness a Housing Problem?," *Housing Policy Debate* 2 (1991): 937- 56；Christopher Jencks, *The Homeless* (Cambridge: Harvard University Press, 1994), chapter 6.

職場、友人、家族、地域社会から遠くへ引っ越すこと以外に、低所得の借家人にできることといえば、住居スペースが狭くなるのを覚悟のうえで間借り人を置くことぐらいだ。だが、家主の多くはそれを許可しない。家主が目をつぶったとしても、1 戸の貸家により多くの人が暮らせば、それまで以上にメンテナンス費用がかかり、水道代も上がる。ミルウォーキー市の借家人世帯の大半（75%）は、水道料金の支払い義務がない。居住人数と水道料金に関する家主や賃貸物件管理者の考え方については、スラムに住み、働いてきた白人の管理人ジョー・パラジンスキーの言葉が参考になる。「大勢の人間の入居を許可したら、いきなり 10 人が同居することになりかねない。すると 1 日に 10 回シャワーを使う……水洗トイレにいたっては、1 日に 20 回どころか、200 回使われる。洗濯機は何回まわすことになると思う？……そういうことを全部あわせたら、相当の額になるんだよ」

賃貸住宅を供給する側は〝相部屋〟を問題視しがちだが、借りる側は〝相部屋〟をひとつの解決策と考える傾向がある。借家人にとって過密状態は好ましくないにせよ、自分では家賃が払いきれない広さの部屋に無理して住んでいるというそれ以上に大きな問題に直面しているからだ。全国的に見ても、貧しい借家人世帯の大半は、過密状態で暮らしてはいない。24%は、ひとつの寝室に約 1.5 人が暮らしている。ひとつの寝室に 2 人以上が暮らしているのは、ミルウォーキーの全借家人世帯の 8%にすぎない。ひとつの寝室に 2 人以上が暮らしている状態を過密状態と呼ぶとすれば、ミルウォーキー市内では、白人の借家人

Health," *Social Forces* (2015), in press.

＊14 厳密に言えば、ラグ付き従属変数がある回帰モデルの結果は、強制された転居の経験は、自主的な転居と比べ、地域の貧困率と犯罪率の3分の1以上の標準偏差の上昇と関連性があることを示している。すべてのモデルにおいて、引っ越しをする際の居住地域の格下げをもっとも強固かつ一貫して予測するものは、人種（借家人がアフリカ系アメリカ人かどうか）と転居のタイプ（強制されたものかどうか）だ。Desmond and Shollenberger, "Forced Displacement from Rental Housing."

＊15 Sampson, *Great American City; Patrick Sharkey, Stuck in Place: Urban Neighborhoods and the End of Progress toward Racial Equality* (Chicago: University of Chicago Press, 2013).

＊16 この結果はレイチェル・キンブローとの共同研究 Eviction's Fallout にまとめてある。われわれは二分法を用いて、母親のうつ病の症状を測定した。被験者の母親には複合国際診断面接短縮版 (CIDI- SF)に基づき、過去12か月の経験に関して、いくつもの質問に答えてもらった。過去1年間で強い不快気分（うつ病）、または快楽喪失（ふつうなら楽しく感じられることが楽しくない）が2週間以上続いたかどうか、また、そうした経験がある場合、2週間毎日そうだったのか、朝から晩までずっとそうだったのかを尋ねた。これにイエスと答えた人には、さらに次のような質問をした。(a) なににも関心をもてなかった。(b) 疲労感があった。(c) 体重に変動があった。(d) 睡眠に問題があった。(e) 集中力がなくなった。(f) 自分にはなんの価値もないと思った。(g) 死のうと思った。不快気分か快楽喪失を体験したうえ、追加のふたつの質問にイエスと答えた母親は、うつ病である可能性が高いとされた (CIDI- SF MDスコアが3以上となる)。その結果は、うつ病の症状の尺度に対するさまざまなカットオフ値はもとより、母親が回答したいくつものうつ病の症状を評価する負の二項モデルに対しても信頼できる。参考文献：Ronald Kessler et al., "Methodological Studies of the Composite International Diagnostic Interview (CIDI) in the US National Comorbidity Survey (NCS)," *International Journal of Methods in Psychiatric Research* 7 (1998): 33– 55.

＊17 Michael Serby et al., "Eviction as a Risk Factor for Suicide," *Psychiatric Services* 57 (2006): 273– 74. Katherine Fowler et al., "Increase in Suicides Associated with Home Eviction and Foreclosure During the US Housing Crisis: Findings from 16 National Violent Death Reporting System States, 2005– 2010," *American Journal of Public Health* 105 (2015): 311– 16.

＊18 Sampson, *Great American City*.

＊19 この結果はミルウォーキー市の2005〜2007年の地域レベルのデータによる。ラグ付き反応モデルを用い、その地域の前年の暴力犯罪率と強制退去率、貧困家庭の割合、アフリカ系アメリカ人の住人の割合、18歳未満の住人の割合、高校を卒業していない住人の割合、住宅支援を受けている世帯の割合を調整し、1年間の地域の暴力犯罪率を推定した。その結果、地域の暴力犯罪率と前年の強制退去率は優位な相関関係にあると立証された（B=.155;p<.05)。参考文献：Matthew Desmond, "Do More Evictions Lead to Higher Crime? Neighborhood Consequences of Forced Displacement," working paper, Harvard University, August 2015.

＊20 〈ミルウォーキーエリア借家人調査〉2009– 2011.

＊21 United States Conference of Mayors, *Hunger and Homelessness Survey* (Washington, DC: United States Conference of Mayors, 2013)；Martha Burt, "Homeless Families, Singles, and Others: Findings from the 1996 National Survey of Homeless Assistance Providers and Clients," *Housing Policy Debate* 12 (2001): 737– 80；Maureen Crane and Anthony Warnes, "Evictions and Prolonged Homelessness," *Housing Studies* 15 (2000): 757– 73.

City: Chicago and the Enduring Neighborhood Effect (Chicago: University of Chicago Press, 2012).
*8 転居は慎重に考慮してするものだと想定している研究者には、中産階級の強い偏見が感じられる。転居の調査の偏りに関する詳細な参考文献：Matthew Desmond and Tracey Shollenberger, "Forced Displacement from Rental Housing: Prevalence and Neighborhood Consequences," Demography. 貧しい家族の住居移動の高割合に関する参考文献：David Ihrke and Carol Faber, *Geographical Mobility*: 2005 to 2010 (Washington, DC: United States Census Bureau, 2012)；Robin Phinney, "Exploring Residential Mobility Among Low-Income Families," *Social Service Review* 87 (2013): 780-815.
*9 この結果は負の二項分布モデルを用い、ここ2年間での借家人の転居回数を推定した。世帯所得、人種、学歴、性別、家族状況、年齢、犯罪歴、直近の人生における三つのショックな出来事（失業、離婚、立ち退き）といった要因を調整した。この分析の結果、強制的転居を含めると、低所得層の転居率は高いが、ほかの条件が同じだった場合、退去を強制された借家人の転居率は不本意な転居を経験しなかった借家人の1.3倍だとわかった。参考文献：Matthew Desmond, Carl Gershenson, and Barbara Kiviat, "Forced Relocation and Residential Instability Among Urban Renters," *Social Service Review* 89 (2015): 227-62. ここでの〝ミルウォーキーのもっとも貧しい層の借家人〟とは、もっとも低い年収の四分位数（年収1万2204ドル未満）にあたる借家人世帯。〈ミルウォーキーエリア借家人調査〉2009-2011.
*10 ミズーリー州ジャクソン郡の参考文献：Tara Raghuveer, "'We Be Trying': A Multistate Analysis of Eviction and the Affordable Housing Crisis," B.A. thesis (Cambridge, MA: Harvard University, Committee on the Degrees in Social Studies, 2014). 2012年、ニューヨーク市の住宅問題の法廷では、2万8743件の強制退去を命じる判決と、21万7914件の家賃滞納による強制退去の申し立てがあった。参考文献：New York City Rent Guidelines Board, 2013 Income and Affordability Study, April 4, 2013. クリーブランドでは借家人世帯は約9万5702、2012年の強制退去の申し立ては1万1072件、2013年は1万1031件で、毎年、借家人家庭の約12%が強制退去裁判に召喚されていることになる。参考文献：Northeast Ohio Apartment Association, Suites magazine, "Eviction Index," 2012-2013；American Community Survey, 2013. 2012年、シカゴでの強制退去の申し立ては3万2231件で、同市の賃貸物件の7%にあたる。参考文献：Kay Cleaves, "Cook Eviction Stats Part 5: Are Eviction Filings Increasing?," StrawStickStone.com, February 8, 2013.
*11 Matthew Desmond and Carl Gershenson, "Housing and Employment Insecurity Among the Working Poor," *Social Problems*.
*12 強制退去は、家賃の値上げによっていっそう増える。これは家主が家賃規制の対象となっている物件から借家人を立ち退かせたあと、市場の相場で新たに貸しだす場合にもあてはまるが、家賃規制のない物件からの立ち退きでも同様のことが起きる。これまでの借家人より新規の借家人に対してのほうが家賃を上げやすいからだ。ミルウォーキーでは、他の条件が同じならば、同じ賃貸物件に住み続けるほうが、年間の家賃が約58ドル少なくてすむ。よって借家人を変えれば家賃が上がりやすくなり、立ち退きをさせれば借家人を変えることができる。Matthew Desmond and Kristin Perkins, "Are Landlords Overcharging Voucher Holders?," working paper, Harvard University, June 2015. サンフランシスコでは、エリス法による立ち退き（家主が賃貸をやめ、建物ごと一括して他の不動産業者に売却することで、合法的に立ち退きをさせる。家賃規制物件を分譲マンションや市場相場の家賃の物件に変える際に用いられることが多い）が、2010年3月〜2013年2月で170%増加した。Marisa Lagos, "San Francisco Evictions Surge, Report Finds," *San Francisco Gate*, November 5, 2013.
*13 Matthew Desmond and Rachel Tolbert Kimbro, "Eviction's Fallout: Housing, Hardship, and

the Metropolis, ed. Leonard Duhl (New York: Basic Books, 1963), 151–71；Theresa Osypuk et al., "The Consequences of Foreclosure for Depressive Symptomatology," *Annals of Epidemiology* 22 (2012): 379–87.

＊3 もうひとつの方法として、だれかに頼ろうとする前に、その人にできそうなことを事前に調べるという手がある。貧しい人々が暮らす地域では、なにかを頼まれて断る際には「私にはできない」と言うのがいちばんいい。だから、相手にその手が使えないように話をもっていくのだ。たとえば、「車に乗せてくれない？」と尋ねるのではなく、「車にガソリンは入ってる？」と訊く。「私に食事をつくってくれる？」と頼むのではなく、「あなた、食事するの？」と訊く。車にガソリンが入っていることや冷蔵庫に食材が入っていることが相手に知れてしまえば、そう簡単には断れなくなる。政治資金団体や行政の開発事業担当者が何百万ドルもかけて発見するようなことがらを、貧しい人たちは日々の交流から見抜いてきた。つまり〝頼み事〟には細心の注意を払ったうえでの手法があるということを。助けを乞う方法（さらには、救いの手を差しのべるべきときと、差しのべるべきではないとき）に関する知識は、貧困に対処するうえで必要不可欠な技術なのだ。

ソーシャルワーカーに支援を求める際にも、独自の一連のルールがある。まったく助けを求めないのではなにも得られない。かといって、あまりにも困っている、ものすごく飢えている、もう限界だという印象を与えるのもよくない。そんなことをしたら、児童保護サービスがやってくるかもしれない。私が以前に会った、10代の娘が2人いて大酒飲みの33歳の母親は、自分がお酒をやめられないのは、子どものころの体験のトラウマのせいだと考えていた。「いまでも思いだすよ。匂いまで、ありありと」。「カウンセリングを受けたことは？」と私が訊くと、「ない。受けようと思ったことはあるけど、カウンセラーって、根掘り葉掘り訊いてくるでしょ。まえに、カリフォルニアの児童保護センターに、わたしに関する嘘の通報をした人がいてさ。保護センターの人たちは、なにも問題を見つけなかったけど、傷ついた。知らない人がうちにやってきて……うちの子たちから、わたしのいないところで話を聞いたんだから」

彼女がだれかに、自分がどれほど困窮しているか、どんなふうにギリギリで暮らしているのかを話したら、その後、彼女は子どもたちを手元に置いておけるだろうか？　その答えを、この母親は知らなかったし、知るつもりもなかった。

＊4 この出来事は、アーリーンから聞いた話を再現した。

エピローグ　家があるからこそ、人は

＊1『歴史の都市』。語源については Rowan Flad と Shamus Khan から助言を頂戴した。感謝する。

＊2『アメリカのデモクラシー』トクヴィル著、松本礼二訳、岩波文庫。

＊3 Gunnar Myrdal, *An American Dilemma*, vol. 2, The Negro Social Structure (New York: McGraw-Hill Publishers, 1964 [1944]), 810.

＊4『国家』プラトン著、藤沢令夫訳、岩波文庫。

＊5 Mary Schwartz and Ellen Wilson, *Who Can Afford to Live in a Home? A Look at Data from the 2006 American Community Survey* (Washington, DC: US Census Bureau, 2007).

＊6 Chester Hartman and David Robinson, "Evictions: The Hidden Housing Problem," *Housing Policy Debate* 14 (2003): 461–501.

＊7 Gary Evans, "The Environment of Childhood Poverty," *American Psychologist* 59 (2004): 77–92；Shigehiro Oishi, "The Psychology of Residential Mobility: Implications for the Self, Social Relationships, and Well-Being," *Perspectives on Psychological Science* 5 (2010): 5–21；Robert Sampson, *Great American*

たが、オピオイド系医療用麻薬の過剰摂取による死亡件数の約3分の1を占めていた。医学界では、メタドンに起因する死者の増加は、依存症のせいではなく、鎮痛薬として使用される例が増加しているためだと考えられている。ヘロイン依存症の治療と、ヘロイン依存症が社会のすみずみにまで及ぼす多大な影響に対処すべく、メタドンは1964年に用いられるようになって以来、大きな効果をあげてきた。オピオイド依存の治療薬として知られ、服用量さえきちんと守れば、依存症患者の欲求を満たし、患者は健康を損なうことなく通常の暮らしが送れるようになる。そのエビデンスもある。メタドンによって、ヘロインの使用量が減る、あるいは、まったく使わなくてすむようになり、麻薬乱用にまつわる犯罪はもとより、過剰摂取を減らすこともできる。患者が健康を取り戻し、実りある生活を送れるようになった例も多い。ヘロイン依存症に関しては、AAのようにひたすら自制を唱えるプログラムでは効果がない。「メタドンの悪い評判をあちこちで耳にする」と、ある専門家は言った。「だが、多くの人が毎日メタドンを服用し、ふつうに働き、薬物依存をおおむね克服して、正常な生活を送っていることはほとんど話題にならない」。スコットはそういった人たちのひとりになろうとしていた。参考文献：Peter Friedmann, quoted in Harold Pollack, “This Drug Could Make a Huge Dent in Heroin Addiction. So Why Isn’ t It Used More?,” *Washington Post*, November 23, 2013；Herman Joseph, Sharon Stancliff, and John Langrod, “Methadone Maintenance Treatment (MMT): A Review of Historical and Clinical Issues,” *Mount Sinai Journal of Medicine* 67 (1999): 347- 64；Centers for Disease Control, “Vital Signs: Risk for Overdose from Methadone Used for Pain Relief— United States, 1999- 2010,” *Morbidity and Mortality Weekly Report* 61 (2012): 493- 97.

＊6 Sally Satel, “Happy Birthday, Methadone!,” *Washington Monthly*, November/ December 2014.

24章　なにをやってもダメ

＊1 これは都会の貧困者をふたつのグループに分けることを意味する。住まいが安定している者と安定していない者、行政サービスを受けている者といない者、それなりの住まいがある者と路上で暮らしている者というように。すると、短期間で変化する不明瞭なことがらを、不変なものであるかのように誤解させる原因となる。たとえ、貧しい家庭はそのときの事情に応じて住まいを変えることが多く、固定している状態をとらえることは不可能だ。複数の問題が重なりあっている。愛する人が殺されたら、うつ状態におちいり、そのせいで仕事を休んで失業し、これにより強制退去となり、その結果、ホームレスになり、ますますうつ状態がひどくなり……というように。政策立案者や研究者は、複数の問題のひとつに的を絞って特効薬をつくりたがるが、もっと視野を広げたうえで解決策を練るほうがいいはずだ。低所得層の家族が経験する不幸な出来事の連鎖に関する参考文献：Timothy Black, *When a Heart Turns Rock Solid: The Lives of Three Puerto Rican Brothers On and Off the Streets* (New York: Vintage, 2009)；Matthew Desmond, “Severe Deprivation in America,” *Russell Sage Journal of the Social Sciences* ; Kristin Perkins and Robert Sampson, “Compounded Deprivation in the Transition to Adulthood: The Intersection of Racial and Economic Inequality Among Chicagoans, 1995- 2013,” *Russell Sage Journal of the Social Sciences* ；Bruce Western, “Lifetimes of Violence in a Sample of Released Prisoners,” *Russell Sage Journal of the Social Sciences*.

＊2 こうした悲惨な状況はその後も続きかねない。強制退去から少なくとも2年間、アイリーンのような母親は他の母親に比べて、うつ状態になる確率がはるかに高い。参考文献：Matthew Desmond and Rachel Tolbert Kimbro, “Eviction’s Fallout: Housing, Hardship, and Health,” Social Forces (2015), in press； Marc Fried, “Grieving for a Lost Home,” in *The Urban Condition: People and Policy in*

他人への猜疑心も生じる。その場限りの人間関係に頼るのは、社会が不安定なせいであると同時に、その原因にもなっているのだ。クリスタルのいとこや里親家庭での姉妹は、クリスタルとほぼ同年代で、クリスタルに住まいを提供することも、まとまったお金を渡すこともできないが、クリスタルがケンカを始めると、すぐにやってきて味方をしたりした。
＊3 貧しい黒人家庭における児童保護サービスの役割に関する参考文献：Christopher Wildeman and Natalia Emanuel, "Cumulative Risks of Foster Care Placement by Age 18 for U.S. Children, 2000–2011," PLOS ONE 9 (2014): 1–7；Dorothy Roberts, *Shattered Bonds: The Color of Child Welfare* (New York: Basic Books, 2002).
＊4 2010年、ニューヨーク・タイムズ紙は、アメリカ人の50人に1人がフードスタンプだけが収入源だと報じた。Jason DeParle, "Living on Nothing but Food Stamps," *New York Times*, January 2, 2010.

23章　セレニティ・クラブ

＊1 ウィスコンシン州看護協議会によるスコットの懲戒手続きによる。
＊2 これまでの、費用のかかる重大な政策は、貧しい人々は、実入りのいい仕事に就き、大学で教育を受け、持ち家がある親戚や友人と疎遠になっているという仮定に基づいて決定されてきた。多様な所得階層が暮らす公営住宅は〝低所得の入居者に雇用の機会と社会的なロールモデルとの接点を与える〟ことを目的としている。ミルウォーキーの借家人の約6人に1人は、低所得層のなかでも中より上の人が暮らす地域に住みながら、低所得層のなかでも中より下の人たちとの人間関係に埋もれ、身動きできなくなっている。もちろん、中産階級とのつながりができるだけでは不十分だ。〝社会資本〟という用語が人気を博しているせいなのか、研究者は重要人物や富裕層との向社会的なつながりを〝所有〟できるものとしてとらえ、現金のように、いつでも好きなときに使えると考えがちだが、実際には、スコットの体験からもよくわかるように、そうしたつながりは活用できないかぎり意味がない。〝社会的孤立〟を防ぐための社会プログラムに関する参考文献：US Department of Housing and Urban Development, *Moving to Opportunity for Fair Housing Demonstration Program: Final Impacts Evaluation* (Washington, DC: Office of Policy Development and Research, 2011)；US Department of Housing and Urban Development, *Mixed- Income Housing and the HOME Program* (Washington, DC: Office of Policy Development and Research, 2003). 貧困と空間的孤立（住居のゲットー化）が社会的孤立（人間関係のゲットー化）をもたらす社会生活に関する正当な説の参考文献：William Julius Wilson, The *Truly Disadvantaged: The Inner City, the Underclass, and Public Policy*, 2nd ed. (Chicago: University of Chicago Press, 2012 [1987])；Douglas Massey and Nancy Denton, *American Apartheid: Segregation and the Making of the Underclass* (Cambridge: Harvard University Press, 1993). 貧しい地域と人間関係の詳細な分析に関する参考文献：Matthew Desmond and Weihua An, "Neighborhood and Network Disadvantage Among Urban Renters," *Sociological Science* 2 (2015): 329–50.
＊3 スコットはそれを〝自己治療〟と呼ぶことがある。看護師だからそんな言いまわしをするのではない。多くの言葉や言いまわしは、問題の根元が腐っていることを隠そうとするために使われる。こうした対処が文化と間違われることがどれくらいあるのだろうか。
＊4 「一気にゾロフトを200mg、服用しますか？　それとも少しずつ増やしますか？」と尋ねる精神科医に、スコットは「一気に200」と答えた。薬の量を下げても無意味だし、それまでに200mgを服用していたことがあったのだから、それだけの量が必要だと考えたのだ。
＊5 メタドンに関する報道は、たいていあまりよくないものだ。スコットが治療を始めた年、アメリカで処方されたオピオイド系医療用麻薬のうちメタドンが占める割合は2%以下だっ

ーガーと私は借家人の現在の地域の貧困率と犯罪率を推定するためにラグ付き最小二乗回帰をデザインし、かれらの以前の居住地域の貧困率と犯罪率も加味した。この2年間で引っ越しをした借家人の直近の引っ越しを調べると、いくつかの重要な人口統計学的要因（人種、教育、家族構成、居住支援）と、居住地域の選択との関連が考えられる人生の重大な出来事（失業、子どもの誕生）があきらかになった。重要な要因と前居住地域の特徴を調整したあとも、強制立ち退きの経験は、自主的な引っ越しと比べて、地域の貧困率と犯罪率における標準偏差の3分の1以上の増加と関連していた。

21章　頭の大きな赤ん坊

＊1『タリーズコーナー：黒人下層階級のエスノグラフィー』参照。劣悪な住宅事情は喘息、鉛中毒、呼吸器合併症、発育障がい、心臓病、神経障がいと密接な関係があり、有名な医学誌には、不適切な住宅は〝公衆衛生上の危機〟とある。低水準の住宅に短期間住むだけでも、長きにわたって健康に影響が及びかねない。とりわけ子どもは大きな影響を受ける。住居と健康の関係に関する参考文献：Samiya Bashir, "Home Is Where the Harm Is: Inadequate Housing as a Public Health Crisis," *American Journal of Public Health* 92 (2002): 733–38；Gary Evans, Nancy Wells, and Annie Moch, "Housing and Mental Health: A Review of the Evidence and a Methodological and Conceptual Critique," *Journal of Social Issues* 59 (2003): 475–500；James Krieger and Donna Higgins, "Housing and Health: Time Again for Public Health Action," *American Journal of Public Health* 92 (2002): 758–68；Wayne Morgan et al., "Results of a Home- Based Environmental Intervention Among Urban Children with Asthma," *New England Journal of Medicine* 351 (2004): 1068–80；Joshua Sharfstein et al., "Is Child Health at Risk While Families Wait for Housing Vouchers?," *American Journal of Public Health* 91 (2001): 1191–92.

＊2 Julie Clark and Ade Kearns, "Housing Improvements, Perceived Housing Quality and Psychosocial Benefits from the Home," *Housing Studies* 27 (2012): 915–39；James Dunn and Michael Hayes, "Social Inequality, Population Health, and Housing: A Study of Two Vancouver Neighborhoods," *Social Science and Medicine* 51 (2000): 563–87. 〝住まいがある地域によって烙印を押すこと〟に関する参考文献：Loïc Wacquant, *Urban Outcasts: A Comparative Sociology of Advanced Marginality* (Malden, MA: Polity Press, 2008), chapter 6.

22章　ママがお仕置きを受けることになったら

＊1 パトリシアと同居しているとき、クリスタルは住まいのことをだれかに訊かれると、〝母親〟と一緒に住んでいると答えていた。調査員に対してもそう答えたはずだ。われわれの分析のツールキットでは、いくら人間関係を科学用語満載のアンケートで調査したところで、クリスタルのような人が抱えている人間関係の複雑さはとらえきれない。参考文献：『ソーシャル・キャピタル：社会構造と行為の理論』ナン・リン著、筒井淳也、石田光規、桜井政成、三輪哲、土岐智賀子訳、ミネルヴァ書房；Mario Small, *Unanticipated Gains: Origins of Network Inequality in Everyday Life* (New York: Oxford University Press, 2009)；Matthew Desmond, "Disposable Ties and the Urban Poor," *American Journal of Sociology* 117 (2012): 1295–335.

＊2 この出来事は、クリスタルから何度も話を聞いて再現した。他人同然の相手との希薄ながらも強烈な人間関係は、悲惨な終わり方や暴力的な終わり方をする場合がある。すると仲間や隣人のあいだに大きな不安が生まれ、安定したコミュニティや人間関係がむしばまれていく。その場限りの人間関係で利用されたとか不当に扱われたといった記憶のせいで、

リスタルに頻繁に電話をしては、18 歳の若者のように夜遅くまで出歩いたりしていると言って叱っていた。どちらの聖職者もかつては救いの手を差しのべたが、それなりの理由があって、今後は救いの手を差しのべるべきでないと考えるようになっていた。政策も社会保障も決して完璧ではないが、すくなくとも人間のあわれみの情の限界とは無関係だ。ラマルファ下院議員の発言の引用元：Michael Hilzik, "Families on Food Stamps Would Suffer While Farms Get Fat," *Los Angeles Times, June* 14, 2013. 現在の都会の黒人教会の役割に関する参考文献：Omar McRoberts, *Streets of Glory: Church and Community in a Black Urban Neighborhood* (Chicago: University of Chicago Press, 2003). 宗教的な経験に関する参考文献：Timothy Nelson, *Every Time I Feel the Spirit: Religious Experience and Ritual in an African American Church* (New York: NYU Press, 2004).

＊10 Douglas Massey and Nancy Denton, *American Apartheid: Segregation and the Making of the Underclass* (Cambridge: Harvard University Press, 1993)；Camille Zubrinsky Charles, "The Dynamics of Racial Residential Segregation," *Annual Review of Sociology* 29 (2003): 167–207.

＊11 『歴史の都市』、『都市の文化』ルイス・マンフォード著、生田 勉訳、鹿島出版会。

＊12 Elizabeth Blackmar, *Manhattan for Rent, 1785–1850* (Ithaca: Cornell University Press, 1989), 199.

＊13 『歴史の都市』、Blackmar, *Manhattan for Rent*; 『向こう半分の人々の暮らし：19 世紀末ニューヨークの移民下層社会』。

＊14 この特権を家主がたびたび行使したため、裁判官はいくつかのもの（とりわけ仕事道具）の差押えを免除せざるをえなかった。Frank Enever, *History of the Law of Distress for Rent and Damage Feasant* (London: Routledge and Sons, 1931)；David Caplovitz, The Poor Pay More (New York: The Free Press, 1967), 162–63.

＊15 Jacqueline Jones, *The Dispossessed: America's Underclasses from the Civil War to the Present* (New York: Basic Books, 2001), chapter 1.

＊16 1928 年、ミルウォーキーの黒人の 99%は借家住まい。Joe William Trotter Jr., *Black Milwaukee: The Making of an Industrial Proletariat, 1915–45*, 2nd ed. (Urbana: University of Illinois Press, 2007), 70.

＊17 Arnold Hirsch, *Making the Second Ghetto: Race and Housing in Chicago, 1940–1960* (New York: Cambridge University Press, 1983), chapter 1；Marcus Anthony Hunter, *Black Citymakers: How the Philadelphia Negro Changed Urban America* (New York: Oxford University Press, 2013), chapter 3；Allan Spear, *Black Chicago: The Making of a Negro Ghetto, 1890–1920* (Chicago: University of Chicago Press, 1967), chapter 8；『アメリカの都市危機と「アンダークラス」：自動車都市デトロイトの戦後史』、Alex Schwartz, *Housing Policy in the United States*, 2nd ed. (New York: Routledge, 2010), 21.

＊18 Beryl Satter, *Family Properties: How the Struggle over Race and Real Estate Transformed Chicago and Urban America* (New York: Metropolitan Books, 2009), 6；Spear, *Black Chicago*, 148; Trotter, *Black Milwaukee*, 180.

＊19 Michael Bennett, *When Dreams Come True: The GI Bill and the Making of Modern America* (McLean: Brassey's Publishing, 1966)；Ira Katznelson, *When Affirmative Action Was White: An Untold History of Racial Inequality in Twentieth-Century America* (New York: Norton, 2005).

＊20 現在、全米での持ち家比率は、黒人が 43%と最下位。白人の 73%が首位。Robert Callis and Melissa Kresin, *Residential Vacancies and Homeownership in the Third Quarter 2014* (Washington, DC: US Census Bureau, October 2014), 表 7；Ta-Nehisi Coates, "The Case for Reparations," *The Atlantic*, June 2014.

＊21 Satter, *Family Properties*, 430n7.

＊22 〈ミルウォーキーエリア借家人調査〉（2009–2011）をもとに、トレイシー・ショレンバ

黒人もまた同様の態度をとる。黒人の借家人が〝黒人と白人が混ざって暮らしている地域〟に引っ越したいと言っているのを、私は一度も聞いたことがない。とはいえ、黒人の住人が大半の地域から引っ越せば、自然と人種統合に貢献することになるのだろう。クリスタルのように「黒人のろくでなしどもから逃れたい」といった願望を黒人が口にするのは聞いたことがある。アーリーンはスラムの外に家をさがしていたとき、「これまでトラブルになったのは、いっつも、わたしと同じ肌の色の住人が相手だった」と語っていた。ナターシャも「黒人には、どう行動すればいいのかが、わかってないのよ……あたしだってできるものなら、ここからでて［郊外に］引っ越したい！　ここにいたいと思ってる住人なんか、いるもんか。四六時中、銃声が聞こえてくるんだから」と言っていた。こうした言葉には、人種統合を（積極的に）望む気持ちは感じられないものの、黒人住民が大半のコミュニティへの（消極的な）嫌悪感がにじみでている。人種の好みに関するビネット調査の参考文献：Reynolds Farley et al., "Stereotypes and Segregation: Neighborhoods in the Detroit Area," *American Journal of Sociology* 100 (1994): 750–80；Reynolds Farley et al., "Chocolate City, Vanilla Suburbs: Will the Trend Toward Racially Separate Communities Continue?," *Social Science Research* 7 (1978): 319–44.

＊7 2009〜2011 年にかけて、ミルウォーキー市の借家人の半分が新居を見つける際に知人の紹介などを頼り、45％が自力でさがしていた。住宅局をはじめとする社会福祉機関を通じて住宅を見つけた借家人は、約 5％にすぎなかった。自力で住まいを見つけた借家人に関しては、白人の借家人の約半数がインターネットを利用していて、3 分の 1 は空室の看板によるものだった。自力でさがした黒人の借家人の 3 分の 1 は空室の看板に頼り、3 分の 1 は新聞やレッドブック誌などの印刷物を通じてだった。インターネットでさがしたのはわずか 15％。黒人の借家人の 58％は、〝つて〟を通じて住まいを見つけた。同様の方法で住まいを見つけた白人の借家人は 41％。つての大多数は、家族や親戚、友人。白人の借家人の場合、友人を頼りにする者が約 2 倍いた。職さがしに関する調査では、黒人の求職者は白人などに比べ、つてによる支援をあまり受けていなかったが、それとは非常に対照的に〈ミルウォーキーエリア借家人調査〉では、住まいをさがす黒人はもっとつてを頼りにしているという結果が出ている。参考文献：Sandra Susan Smith, *Lone Pursuit: Distrust and Defensive Individualism Among the Black Poor* (New York: Russell Sage Foundation, 2007).

＊8 アフォーダブル・レンタルズ社のオーナーであるティム・バラリングによると、2014 年 7 月の時点で、同社は 322 戸を所有し、それ以外に 484 戸を管理しているとのこと。

＊9 ロレインが崇拝しているダリル牧師は、「われわれの政府は飢えている貧しい者の世話をするために存在する必要はない。それは教会の仕事です」と言った。保守政治家も同じようなことをよく言う。2013 年、共和党のダグ・ラマルファ下院議員は、低所得層のアメリカ人を支援すべきは「教会だ……議員バッジや選挙民の意思ではなく、心からの支援が得られるのだから」と述べ、大勢の党員の共感を得た。だが、ロレインやクリスタルのように、しょっちゅう教会に支援を求める人のようすを目の当たりにすると、教会につねに多くを求める（食料品以上のものを要求し、ときにはあちこちで数百ドル単位の金を無心する）人たちを受けいれられるほど、われわれの心は寛大だろうかと考えずにはいられない（ダリル牧師は「社会福祉事業に関する私の知識は皆無に等しい」と言った）。初期の教会は、信者たちが〝財産や持ち物を売り、各々の必要に応じて、皆がそれを分け合う〟（使徒言行録 2 章 45 節）ことで、貧しい者を支援できた。だが、現代の教会に通う人たちはそこまでの犠牲を払おうとしない。ダリル牧師は、彼が呼ぶところのロレインの〝貧困のメンタリティ〟、〝物事に真剣に取り組む〟能力と〝金銭を管理する〟能力の欠如にイライラしていた。バーバー牧師はク

が重なれば、母親としてのよろこびさえ枯渇してしまう。腹を立て、うつ状態になり、不安に駆られているのは貧しい母親だけではないが、貧困層に特有のものもある。それは、窮乏だ。アーリーンのような母親がときに子どもに対して粗暴な行動をとるのは、生きるうえで必要なものが欠けている状態で子育てをしているからだ。こうした母親のとりわけ冷淡な行動は、身を守るためにそうせざるをえないからで、貧困に対する防衛機制のようなものだ。Patterson, *Rituals of Blood*, 133. 多数の文学作品のなかでも、子どもに非協力的で、懲罰をくわえる子育てと、そうやって育てられた子どもの自尊心の低さや攻撃性、反社会的行動との関連性が描かれている。参考文献：Robert Bradley and Robert Corwyn, "Socioeconomic Status and Child Development," *Annual Review of Psychology* 53 (2002): 371–99；Elizabeth Gershoff, Rashmita Mistry, and Danielle Crosby, eds., *Societal Contexts of Child Development: Pathways of Influence and Implications for Practice and Policy* (New York: Oxford University Press, 2013)；Vonnie McLoyd, "How Money Matters for Children's Socioemotional Adjustment: Family Processes and Parental Investment," *Health Disparities in Youth and Families* 57 (2011): 33–72.

発展途上国では、極貧ゆえに病弱の幼児を抱える母親が〝この子はもう死にたがっている〟と言う。そう思うことで、私は冷淡な人間ではないと自分に言い聞かせるのだ。人類学者のナンシー・シェパー＝ヒューズはブラジルの貧民街について〝ここで十分な育児をするには超人的な努力を要する〟と記した。Scheper-Hughes, *Death Without Weeping*, 342, 128, 361.

20章　だれもノースサイドには住みたがらない

＊1 管理スタッフがシェルターの住人に性的な取引をもちかける現場を、私が目撃したことはないが、クリスタルやバネッタをはじめ、〈ロッジ〉で出会った女性たちは、そうしたことがあると言っていた。いっぽう、のちに話を聞いた救世軍の職員は、シェルターの宿泊者と職員のそういう話は聞いたことがないと答えた。

＊2 貧困者の世話をしたり、差しせまった事情の人たちが集まる施設では、その場限りの人間関係が結ばれやすい。福祉事務所、食料配給所、職業安定所、アルコール依存症の人が集うAA、メタドン依存症者のための診療所、ホームレスのシェルター、さらには、強制退去裁判がおこなわれる法廷の待合室でも、つねにその場限りの人間関係が生まれている。ネットワーク形成における組織の役割に関する参考文献：Mario Small, *Unanticipated Gains: Origins of Network Inequality in Everyday Life* (New York: Oxford University Press, 2009).

＊3『タリーズコーナー：黒人下層階級のエスノグラフィー』、Matthew Desmond, "Disposable Ties and the Urban Poor," *American Journal of Sociology* 117 (2012): 1295–335.

＊4 バネッタの裁判所の記録と、彼女自身の説明による。

＊5 *Admissions and Continued Occupancy Policy*（2011）では、ミルウォーキー市住宅局は〝人間および所有物に対する暴力犯罪、および、その他の犯罪行為に関して犯罪歴を有する家族がいる申込者への支援の必要性、あるいは義務はない〟としている。

＊6 人々が人種統合を受けいれるか否かという問題に関して、われわれにわかっているのは、研究室内でおこなわれた架空の仮定に基づいたビネット調査の結果くらいだ。そうした調査ではつねに、黒人は人種統合に強く賛成し、白人は人種隔離を支持するという結果がでる。ある研究では、大半の黒人被験者が、黒人と白人が半々ずつの地域が理想だと述べ、大半の白人被験者が、そんな地域からは引っ越すと答えたという。実際に住まいをさがしている家族に目を向けると、研究結果よりもっと不穏な雰囲気を感じることになる。引っ越しを予定している白人は、黒人が住む地域を極端にいやがり、引っ越しを予定している

DC: US Department of Housing and Urban Development, 2002), 10；US Department of Housing and Urban Development, *Live Free: Annual Report on Fair Housing* (Washington, DC: US Department of Housing and Urban Development, 2010)； Fair Housing of Marin, *Discrimination Against Families with Children in Rental Housing* (San Rafael: Fair Housing of Marin, 2002)； Gulf Coast Fair Housing Center, *An Audit Report on Race and Family Status Discrimination in the Mississippi Gulf Coast Rental Housing Market* (Gulfport: Gulf Coast Fair Housing Center, 2004).

＊9〈ミルウォーキーエリア借家人調査〉2009- 2011.

＊10 ネッドはホームレスになり、逃げまわっていたかもしれないが、それでもW·E·Bデュボイスが言うところの黒人を見くだす〝心理的報酬〟を得ることで、不満を解消していた。参考文献：*Black Reconstruction in America* (Cleveland: Meridian Books, 1969 [1935]), 700.

＊11 貧しい黒人が暮らす地域で人間関係がよく破綻する理由は、社会学者が長年考えてきたとおり、恥辱が積み重なった結果であることが多い。とくに無職の男性は無一文で家族と顔をあわせるという屈辱を何度も味わううちに、これ以上、面目を失いたくないという理由で家族を捨てる。責任ある家族関係を保つには〝失敗とともに生き続け、失敗と明けても暮れても毎日向きあうことである……自己防衛のために、夫は街角へと逃げ出すのだ〟。いっぽう、シングルマザーの多くには街角という逃げ場がない。『タリーズコーナー：黒人下層階級のエスノグラフィー』、Kathryn Edin and Timothy Nelson, *Doing the Best I Can: Fatherhood in the Inner City* (Berkeley: University of California Press, 2013).

＊12 Orlando Patterson, *Rituals of Blood: Consequences of Slavery in Two American Centuries* (New York: Basic Civitas Books, 1998), 134；Nancy Scheper- Hughes, *Death Without Weeping: The Violence of Everyday Life in Brazil* (Berkeley: University of California Press, 1992), 276.

＊13 Carl Nightingale, *On the Edge: A History of Poor Black Children and Their American Dreams* (New York: Basic Books, 1993), 76- 77；*Patterson, Rituals of Blood*, 133- 34.

奴隷制度と小作制度の時代、黒人の親の多くは〝白人が支配する世界では黒人には慎重な行動が求められるため、それにそなえるべく〟子どもを厳しくしつけた。『愛と哀：アメリカ黒人女性労働史』ジャクリーン・ジョーンズ著、風呂本惇子・高見恭子・寺山佳代子訳、學藝書林より。その後のジム・クロウ法の時代になると、黒人の親は、白人には従順に、言うことをよくききなさいと、口を酸っぱくして言い聞かせたりした。〝下層階級（黒人）の家庭では、子どもに自分が「ニガー」であること、そして、白人の下で働かざるをえないのだから、こびへつらわねばならないと教えてた〟と、ある専門家は書いている。当時の黒人家庭では〝ここは白人の世界で、あんたはたまたまここに生まれたんだよ、ニガーなどともよく言われた。参考文献：Jennifer Ritterhouse, *Growing Up Jim Crow: How Black and White Southern Children Learned Race* (Chapel Hill: University of North Carolina Press, 2006), 98.

こんにちの貧しい母親たちは、わが子が必要としているものを揃え、願望や夢がかなうように支援したり、気を配ることができない。子どもを抱きしめたり、やさしく褒めたりすることもほとんどない。極度の貧困状態にある母親は、頻繁に子どもを叩き、怒鳴りつけがちだ。社会学者のオーランド・パターソンは「下層階級のアフリカ系アメリカ人の子育では、以前より虐待が増えている」とまで述べている。こうしたパターンが繰り返されることに対する標準的な解釈は次のようなものだ。貧しいゆえに、母親は腹を立て、うつ状態におちいり、不安に駆られるようになり、そのせいで、子どもを励ましたり、支えたりする能力が低下する。親が腹を立て、うつ状態になり、不安に駆られていると、子どもを罰するようになり、子どもに力を貸そうとはしなくなる。われわれが〝貧困〟と呼ぶ不利な状態とトラウマ

19章　小さきもの

＊1 低所得層の労働者にとって、不安定な住宅事情は不安定な仕事に直結している。カール・ガーシェンソンとともに、〈ミルウォーキーエリア借家人調査〉のデータセットに離散ハザードモデルなどのマッチング法を実施したところ、不本意に住居を失った低賃金労働者は失業する確率がはるかに高くなることが判明した。比較的安定した職歴の借家人にとっても、かなり不安定な仕事をしている借家人にとっても、強制退去が失業の原因になりえることも調査でわかった。 Matthew Desmond and Carl Gershenson, "Housing and Employment Insecurity Among the Working Poor," *Social Problems*, forthcoming.

＊2 ティナの例を考えてみよう。3人の子どもをもつシングルマザーのティナは、造園会社でパートタイムとして働き、データ入力と顧客サービスの電話受付けをしていた。トービンはティナに強制退去通知書を渡したあと、彼女の職場に電話をかけ、600ドルを支払わないなら強制退去を執行すると脅した（ティナの話では、借金は100ドルにすぎない）。これに断固として闘うべく、ティナは審理のために何度か裁判所に足を運び、そのために仕事を休むこともあった。だが、まだ係争中にもかかわらず、保安官代理とイーグル運送の作業員がティナのトレーラーにやってきたので、ティナの10代の娘が、母が帰ってくるまで待ってほしいと頼み、事情を説明した。仕方なく、ティナは引っ越し先をさがしはじめたが、まだ強制退去の裁判が係争中であることや信用度の低さから、何人もの家主に断られた。次第に、ティナは仕事への意欲を失い、精神的にも追いこまれて途方に暮れ、病欠するようになった。出勤してもミスが増えた。本人はそうしたミスを訴訟のストレスのせいだと考えていた。ついにある日、同僚や上司がいる前で泣きはじめた。返済を求められている金額が不当に高いと法廷で認められても、追いだされることに変わりはなかったからだ。その後、友人や知り合いの家に一時的に身を寄せ、最終的に自分に気がありそうな男が所有する住まいに、娘たちを連れて転がりこんだ。男の家は職場からかなり遠く、彼女の車の調子も悪かった。ティナは遅刻や欠勤を繰り返すようになり、晩秋、ついに解雇された。彼女の例は、強制退去が失業につながる複合的なメカニズムをよく示している。

＊3『アメリカの都市危機と「アンダークラス」：自動車都市デトロイトの戦後史』。

＊4 この母親たちの記述は、1946年から1948年にかけて、デトロイトの公営住宅の申込書に記されていたもの。Detroit Housing Commission, *"Children Not Wanted": The Story of Detroit's Housing Shortage Victims Told in Their Own Words* (Detroit: Detroit Housing Commission, 1948).

＊5 Jim Buchanan, *Fair Housing and Families: Discrimination Against Children*, Public Administration Series, Bibliography, P1732 (Monticello: Vance Bibliographies, 1985).

＊6 Mary Ellen Colten and Robert Marans, "Restrictive Rental Practices and Their Impact on Families," *Population Research and Policy Review* 1 (1982): 43–58, 49.

＊7 Edward Allen, "Six Years After Passage of the Fair Housing Amendments Act: Discrimination Against Families with Children," *Administrative Law Journal of American University* 9 (1995): 297–359.

＊8 人種や性別による差別とは異なり、大半のアメリカ人は子どもへの差別が違法であることを理解していない。Rigel Oliveri, "Is Acquisition Everything? Protecting the Rights of Occupants Under the Fair Housing Act," *Harvard Civil Rights–Liberties Law Review* 43 (2008): 1–64, 5. アメリカ人を対象にした全国的な調査に基づくある報告書によると、回答者の大多数が人種、宗教、能力による差別が違法であることを知っていたが、〝子どもがいる家庭といない家庭を差別することが違法だと知っている〟のはわずか38%だった。参考文献：Martin Abravanel and Mary Cunningham, *How Much Do We Know? Public Awareness of the Nation's Fair Housing Laws* (Washington,

困はそれ自体が精神に重い負担をかける〟。すると、人は知性よりも衝動によって行動を起こしやすくなる。貧困家庭に経済が上向く手段が与えられると、資産をつくり、借金を返す場合も多い。最近のある研究では、1000ドルを超える勤労所得控除を得た親の約40%が、そのなかからかなりの額を貯蓄したうえ、約85%が借金返済にあてることがわかった。還付金が得られるとわかれば、親は希望を抱き、貧困から抜けだすという目標に向けて貯蓄する。参考文献：『いつも「時間がない」あなたに：欠乏の行動経済学』、Abhijit Banerjee and Sendhil Mullainathan, "The Shape of Temptation: Implications for the Economic Lives of the Poor," National Bureau of Economic Research Working Paper, No. 15973 (2010)；Ruby Mendenhall et al., "The Role of Earned Income Tax Credit in the Budgets of Low- Income Households," *Social Service Review* 86 (2012): 367– 400.

＊7 強制退去を執行されると、費用がかかる。ゆえに、多くの借家人が引っ越し先の初月の家賃や敷金を貯められないという事態におちいる。

＊8 公営住宅の住人の大半は障がい者か高齢者だ。高齢者向けの住宅の増加に関する参考文献：Lawrence Vale, *From the Puritans to the Projects: Public Housing and Public Neighbors* (Cambridge: Harvard University Press, 2000), 285– 90. 公営住宅の住人の構成に関する参考文献：Alex Schwartz, *Housing Policy in the United States*, 2nd ed. (New York: Routledge, 2010), chapter 6.

＊9 強制退去の記録やその他の民事訴訟手続に基づいた住宅支援の却下は、数々の深刻な問題を引き起こしている。裁判所の記録が不正確な場合もある。不法な強制退去が記録されている場合もあるし、家主の裁量しだいという一面もあり、シングルマザーやDV被害者などはそれぞれ異なる影響を受ける場合がある。民事裁判記録の正確性への疑問に関する参考文献：Rudy Kleysteuber, "Tenant Screening Thirty Years Later: A Statutory Proposal to Protect Public Records," *Yale Law Journal* 116 (2006): 1344–88；David Thacher, "The Rise of Criminal Background Screening in Rental Housing," *Law and Social Inquiry* 33 (2008): 5– 30.

＊10 貧困に関する議論では、人間の自信と根気に拒絶が与える影響の大きさをもっと考慮しなければならない。アパートメントや職の申請を10回、20回、40回と断られれば、人は完全に意気消沈しかねない。暮らす地域の選択や失業に関する理論ではよく、低所得者は多かれ少なかれ〝合理的行動をとる〟と見なされ、取引の仕組みを理解していて、明確な選択をするとされている。だが現実には、その多くは幾度となく挑戦して、挑戦するたびに失敗し、消耗し、落胆した結果、貧しい地域や袋小路のみすぼらしい住まいや、違法な仕事に甘んじているだけ。いわば〝疲労困憊した新参者〟なのだ。拒絶を受けたことによる恥辱は、目下の不本意な状況を受けいれるしかないという圧力になるだけでなく、よりよい明日をめざす意欲も奪いかねない。未経験でもできる仕事をさがした結果、拒否される経験に関する参考文献：Philippe Bourgois, *In Search of Respect: Selling Crack in El Barrio* (New York: Cambridge University Press, 1995), chapter 4；Katherine Newman, *No Shame in My Game: The Working Poor in the Inner City* (New York: Vintage, 1999), chapter 3.

＊11 数カ月後、ロレインを間借りさせたからだという理由で、ベティはトービンから立ち退きを迫られた。そこでロレインは、トービンに言われるがままの金額で家賃の滞納分と裁判費用の立て替え分を支払った。その額は、裁判所の記録にロレインの滞納額として記入されていた額の2倍だった。これが原因で、イーグル運送への支払いが大幅に遅れてしまい、ロレインは倉庫に預けてあった所持品をすべて失った。彼女の家具、写真、予約購入のアクセサリーは、公売にかけられて格安品狙いの人々に買われたか、廃棄された。

＊3 Social Security Administration, *Understanding Supplemental Security Income SSI Resources* (Washington, DC: SSA, 2014).
＊4 「これを書いても、読者はちょっと理解できないかもしれない」と私が言うと、「このこと、あなたの本に書くつもり？」とロレインが尋ねた。
「そのつもりだよ。読者はもしかしたら、『いったいなにやってるんだ？　強制退去されたばっかりだろう？　ホームレスも同然じゃないか。兄さんの家に転がりこんだとしても、これからどうなるかわかったもんじゃない。それなのに、フードスタンプを再受給するための面談をすっぽかすなんて。おまけに、1500 ドルもする 62 インチのテレビを予約購入するなんて、どういうつもりなんだ？』って、思うかもしれないね」

「まあ、わかってもらえなくても、しかたない。わたしだって、他人の行動には理解できないことがたくさんある。それでも、人はそういう行動をとるもんなの」

「もし、ここにだれかが座っていて、『ロレイン、なんだってそんなことするの？』って尋ねたら、なんて答える？」。「そうしたいからだって、答えるわ」
＊5 中産階級の人のなかには、低所得の人の家に入って、大型テレビを目にしたり、ドアのわきに新品のナイキの靴が置いてあるのを見て、目を疑ったり、ひどく腹を立てたりする人がいるかもしれない。保守的な調査機関や報道機関は、「大型液晶テレビをもっている人間でも貧しいのか？」「エアコン、ケーブルテレビ、Xbox：アメリカにおける貧困とはなにか？」というタイトルのレポートを公表している。リベラルな人たちは、貧困層にはそうした行動をとってほしくないと思っていて、その話題は避けようとする。みすぼらしいアパートメントに高級テレビ？　給食を無料で食べている子どもが新品の靴を履いている？だが、持ち主はそうした商品を定価で買ってはいないのかもしれない。麻薬常用者から立派なテレビを 50 ドルで買ったのかもしれないし、町角の店に行けば、格安でナイキの靴を買えるのかもしれない。大型テレビばかりに目を向けてしまうと、不足している物が見えなくなる。もしかすると、裕福な家庭と同様、何台もテレビをもっている貧しい家庭もあるかもしれないが、最底辺のアメリカ人はパソコンをもっていない。ロレインは彼女なりのご馳走を食べることはあったけれど、電話機をもっていなかった。参考文献：Tami Luhby, "Are You Poor If You Have a Flat- Screen TV?," *CNN Money*, August 13, 2012；Robert Rector and Rachel Sheffield, *Air Conditioning, Cable TV, and an Xbox: What Is Poverty in America?* (Washington, DC: The Heritage Foundation, 2011)；US Energy Information Administration, *Residential Energy Consumption Survey*, 2012.
　貧困における不快な点、厄介な側面を無視しようとするのは、昔ながらのリベラルのやり方だ。キャロル・スタック（*All Our Kin: Strategies for Survival in a Black Community* [New York: Basic Books, 1974], 24）の言葉を言い換えれば、リベラルなコメンテーターや研究者は貧困のそうした側面を直視しないがゆえに、ただ弁明することしかできない。だが、ウィリアム・ジュリアス・ウィルソンが『アメリカのアンダークラス：本当に不利な立場に置かれた人々』で主張したように、貧しい人たちに対する〝印象が悪い、または非難していると思われてしまいそうな行動に言及するのを避ける〟姿勢が原因となって、〝リベラル派の議論の有効性が削がれていった〟のだ。一般的なアメリカ人は、そうした行動にまつわる疑問に答えを求めるから。人間性を失わせるには、ふたつの方法がある。ひとつは、人からすべての美徳をはぎとる方法。もうひとつは、すべての罪をなかったことにする方法だ。
＊6 貧困から抜けだすチャンスを得られたら、人はそれまでとは異なる行動をとるのだろうか？　そうなると思える正当な理由がある。行動経済学者や心理学者の研究によれば、〝貧

の欲求こそがなにより重要に思えるようになる〟と指摘した。それゆえに、多くの思想家や専門家たちは、飢えや苦痛に直面している人間の能力には限界があることを考慮せず、貧しい地域で起こる暴力行為を説明しようとする。豊作のときには穏やかに暮らしていた人々が、飢饉におちいったとたんに他者を踏みつけ、相手に噛みついてでも配給車から配られるパンをわれさきに奪いあうようすを見れば、それがよくわかるだろう。いや、マズローなら〝パンがないときにこそ、人はパンのみで生きるという言葉が真実になる〟と書くかもしれない。低所得層が暮らすコミュニティにおける他者への攻撃性は、貧しさ（深刻な貧困につきものの感情や認識への負担）がおもな原因ではないとする考え方は、アーリーンやクリスタルのような人がいま経験している生活の実情をまったく把握していない。A. H. Maslow, "A Theory of Human Motivation," *Psychological Review* 50 (1943): 370–96, 387, 375　極限状態に置かれた人間の行動に関する参考文献：『夜』、『本当の戦争の話をしよう』。

人々は社会構造の状況、つまり食糧不足や極端に不利な状況に、明確に反応する。〝貧困の文化〟という概念を世に知らしめた人類学者オスカー・ルイスは、パターン化された行動や信念は、そうしたものをそもそも生みだした状況を強化すると考えた。そうして強化された瞬間、〝文化〟なるものの構成要素となり、その場かぎりで必要なものではなく、永続的な共通の認識や習慣となってあらわれる、と。こうしたモデルから除外されているのは、人々の言葉、習慣、考え方、慣例に不利になるよう置き換えられた制度だ。資金も人材も不足している低所得層地域の学校では、多くの場合、子どもの言語能力や批判的思考のスキルが標準以下でもそのままにされる。そうした指導の欠如は、成長した子どもが安全で裕福な地域に引っ越したとしても、永遠に残るおそれがある。このような学校で身につけた話し方や思考形態を、貧しい家庭がみずから〝貧困の文化〟を生みだしていることの証だと考えてしまうと、低所得層の家庭が経験している崩壊した文化組織の影響を見すごすことになる。富める者が富んでいるのは〝富裕の文化〟を生みだしたがゆえだと考えているわけではないにしても、富裕層はエリート学校などの組織で育ち、そこで行動、習慣、世界観を修正し、数々のスキルや生き方を身につけるからこそ、さらなるエリート企業などの組織に入りやすくなるのだ。なにをもって〝富裕の文化〟と見なすかといえば、それは単純に富をもっているという事実だろう。いっぽう、「〝貧困の文化〟を特徴づける多くのものは……ただ貧困そのものの定義と同じだ〟」とキャロル・スタックは著書に記した。参考文献：Carol Stack, *All Our Kin: Strategies for Survival in a Black Community* (New York: Basic Books, 1974), 23.　貧困の文化に関する参考文献：『貧困の文化：五つの家族』オスカー・ルイス著、高山智博訳、新潮選書；Michèle Lamont and Mario Luis Small, "How Culture Matters: Enriching Our Understanding of Poverty," in *The Colors of Poverty: Why Racial and Ethnic Disparities Persist*, eds. David Harris and Ann Lin (New York: Russell Sage Foundation, 2008), 76–102；Mustafa Emirbayer and Matthew Desmond, The *Racial Order* (Chicago: University of Chicago Press, 2015), chapter 6；Matthew Desmond, "Relational Ethnography," *Theory and Society* 43 (2014): 547–79.

18章　フードスタンプでロブスターを

＊1 Jason DeParle, American Dream: Three Women, Ten Kids, and the Nation's Drive to End Welfare (New York: Penguin, 2004)；John Gurda, *The Making of Milwaukee*, 3rd ed. (Milwaukee: Milwaukee County Historical Society, 2008 [1999]).

＊2 貧困者の体験談による、待つことについての参考文献：Javier Auyero, *Patients of the State: The Politics of Waiting in Argentina* (Durham: Duke University Press, 2012).

惑防止条例が憲法や法令に違反していると論じてきた。約60年前に、ケイレブ・フットがアメリカの浮浪法に関して述べた言葉が、現在の迷惑防止条例にもあてはまりそうだ。いわく、こうした法が容認されている唯一の理由は、低所得層の住宅市場のなかでどうにか暮らしている家族はあまりにも貧しく、あるいはあまりにも無力で、自分たちの明確な権利を主張できずにいるからだ。参考文献：John Blue, "*High Noon* Revisited: Commands of Assistance by Peace Officers in the Age of the Fourth Amendment," *Yale Law Journal* 101 (1992): 1475–90；John Diedrich, "Domestic Violence Victims in Milwaukee Faced Eviction for Calling Police, Study Finds," *Milwaukee Journal Sentinel*, August 18, 2013；Caleb Foote, "Vagrancy-Type Law and Its Administration," *University of Pennsylvania Law Review* 104 (1954): 603–50；Karen Phillips, *Preliminary Statement, Grape v. Town/Village of East Rochester*, No. 07 CV 6075 CJS (F) (W.D.N.Y. March 16, 2007).

16章　雪の上に積もる灰

＊1 その夜、私はシェリーナとクエンティンと一緒にカジノにいた。ラマーがカマラとカードをしている場面は、ラマー、ルーク、エディ、近所の少年たちの話をもとに再現し、裁判所の記録、監察医の報告書、火災や安全を専門とする科学者の報告書にも目を通した。この夜のそれ以外のことに関しては、私が実際に見聞きしたものである。

＊2 1世紀以上前から、貸家が火にのまれると、あたりには母親たちの悲鳴が響きわたった。不燃性の材料で家を建てるには、きわめて高い費用がかかるが、20世紀に入ると、その費用はいっそう高くなった。よってさまざまな都市のスラムでは、住居が燃えあがったり、朽ちはてたりした。1947～1953年で、シカゴだけでもスラムの住人180以上が火事で命を落とし、そのうちの63人が9歳以下の子どもだった。火災が起こりやすい（密集しているうえ、ずさんに建築された）建物は、住人の避難も妨げる。1960～70年代初頭にかけて、所有する建物にみずから火を放ち、保険金をせしめる家主もいた。それらは空き家であることもあれば、そうではないこともあった。こんにち、基準を満たさない建物で暮らす子どもは、基準を満たす安全な建物で暮らす子どもと比べて、火事で命を落とす確率が10倍以上高い。ジェイコブ・リースは夜間の火事に関して、〝人間が経験する比類なき恐怖〟と記した。引用元：『向こう半分の人々の暮らし：19世紀末ニューヨークの移民下層社会』。スラムの火事に関する参考文献：Jacob Riis, *Battle with the Slum* (Mineola: Dover Publications, 1998 [1902]), 89; Marcus Anthony Hunter, *Black Citymakers：How the Philadelphia Negro Changed Urban America* (New York: Oxford University Press, 2013), chapter 3；Arnold Hirsch, *Making the Second Ghetto: Race and Housing in Chicago, 1940–1960* (New York: Cambridge University Press, 1983), 25–26；『アメリカの都市危機と「アンダークラス」：自動車都市デトロイトの戦後史』、Beryl Satter, *Family Properties: How the Struggle over Race and Real Estate Transformed Chicago and Urban America* (New York: Metropolitan Books, 2009), 335；Douglas Parker et al., "Fire Fatalities Among New Mexico Children," *Annals of Emergency Medicine* 22 (1993): 517–22.

17章　これがアメリカよ

＊1 支援金を得るために〝ホームレスになる〟ことに関する参考文献：Adrian Nicole LeBlanc, *Random Family: Love, Drugs, Trouble, and Coming of Age in the South Bronx* (New York: Scribner, 2004).

＊2 過酷な状況に置かれると、人間は粗暴になる。心理学者のアブラハム・マズローはかつて、〝慢性的な飢餓を経験したことがない人は、その影響を軽視しがちだ〟と記した。そして、充分に栄養を摂っていて、住まいもある人たちは〝もっと高度な欲求に支配され、そ

＊7 近年のDVの減少は、家族内の虐待が犯罪と見なされるようになっていることや、通報をためらわせる迷惑防止条例の広がりのせいとも考えられる。参考文献：Cari Fais, "Denying Access to Justice: The Cost of Applying Chronic Nuisance Laws to Domestic Violence," *Columbia Law Review* 108 (2008): 1181– 225.

＊8 別の家主たちは迷惑行為通知書への対策として、借家人に警察への通報を思いとどまらせている。なかには、警察に通報せず自分に電話を寄こすよう指示する家主もいる。たとえば〝障がいがある人たち〟用の介護付き貸家の家主は、建物のまわりに「警察に通報するのはちょっと待て」「緊急ではない通報には、警察から罰金を科されることもある。414-###-####に電話してドーンに訊け」という看板を設置している。警察に2回通報したら立ち退き、または罰金を科すと借家人を脅す家主もいる。ある家主は迷惑行為通知書を受けとったあと、〝ミルウォーキー警察に迷惑電話をしたり、やたらと通報した借家人には、1回につき50ドルの罰金を科す〟と記した手紙を借家人に配った。

＊9 Wisconsin Coalition Against Domestic Violence, *Wisconsin Domestic Violence Homicide Report: 2009* (Milwaukee: Wisconsin Coalition Against Domestic Violence, September 2010).

＊10 2011年、私が警察、市の法務担当者、住居関係の弁護士に研究結果を伝えてまもなく、ミルウォーキー市は条例を改正した。現在、〝迷惑行為〟には家庭内暴力、性的暴力、ストーカー行為は含まれないと通知書に明記されている。これで、ミルウォーキーはほかの一部の地方自治体（シカゴ、ウィスコンシン州のマディソン、ニュージャージー州のフィリップスバーグ、ニューヨーク州イースト・ロチェスター）と肩を並べることになった。これらの市の迷惑防止条例では、家庭内暴力が原因の度重なる通報による通知書の発行を禁じている。こうしたルールには例外も設けられているものの、迷惑行為の項目から家庭内暴力を除外したら、虐待された女性を守れないのではないか？　そう理由はふたつある。

第一に、家庭内暴力は、物的損害（別れた恋人がドアを蹴破ったなど）や武器を所持した者の存在（夫がカッターナイフで妻を切りつける）など、警察が関与するその他の違法行為の陰でおとがめを受けずにおこなわれている場合が多いからだ。家庭内暴力、性的暴行、ストーカー行為は、そもそもミルウォーキーの迷惑行為リストに最初から含まれていなかった。条例には現在も32項目の迷惑行為として暴行、いやがらせ、緊急通報の乱用などが挙げられていて、こうした事柄は家庭内の犯罪として扱われる。

ミルウォーキー市の拙速な条例改正の第二の問題は、迷惑行為が家庭内暴力だとあきらかにしたら、高額の罰金を科せられるのは家主だというのに、その家主に借家人の暴力行為が家庭内暴力であるか否かの判断をゆだねている点にある。警察に相談する家主もいるだろうが、大半は借家人を立ち退かせるという手っ取り早い方法に頼る。おおよそ10人に8人の家主は迷惑行為に関して、その内容にかかわらず、借家人を立ち退かせるか、もう一度警察沙汰になったら立ち退いてもらうと借家人を脅して処理する。警官の訓練を強化する、また、市の条例を薬物や騒音に関するもののみを対象にするなど、ほかの改善策も考えられるが、それでは木こりが斧の代わりに外科用のメスで木を切っているのと大差ない。迷惑防止条例は大きな害を及ぼしかねないだけでなく、資金不足に直面している地方自治体が、市民の権利を軽んじ、司法制度の抜け穴を巧みに利用している実態を浮き彫りにしている。〝迷惑な借家人〟というだけでは、表面上は有罪ではない。かれらは表面上、何者でもない。法廷外で処理する問題は、警察にとっては取るに足らぬことだから。借家人が真剣に不服を申し立てないかぎり、裁判所で証拠が提示されることは決してない。適正手続きの権利が侵されているのではないかといった懸念にくわえ、法学者たちはこうした迷

な事態を迎えないためにも、この問題を解決するには彼女を立ち退かせるしかないと私たちは考えています」とあった。これに 40 人が署名した。

15章　迷惑行為

＊1 心理学者たちは、自衛本能が共感と相反する場合、たいてい共感が負けることを示してきた。参考文献：Keith Campbell et al., "Responding to Major Threats to Self- Esteem: A Preliminary, Narrative Study of Ego- Shock," *Journal of Social and Clinical Psychology* 22 (2003): 79– 96.

＊2 クリスタルが言った「あんたの目も点にしてやろうか」とは、ここでは目のまわりにアザが残るほど殴るという意味。

＊3 20 世紀に入り、アメリカが近代化して警察の力が強くなると、市民は事件現場に立ち入らず、黄色い規制線のうしろにいるよう指示された。悪事をはたらいた者を追い、罰する権利は国家だけが担うようになったのだ。だが、1960 年代、警官が警棒で反戦運動家を殴り、血が流れるようになったことで、マイノリティに対する警官の残忍な行為に市民が声をあげはじめた。横行する汚職の数々も報道され、ワッツで暴動が起き、暴力犯罪が増大した。こうした一連の騒動から、アメリカ人は刑事司法制度に幻滅を覚えるようになった。とどめの一撃がくだされたのは 1974 年。ロバート・マーティンソンが 231 の関連論文を見直し、*The Public Interest* で〝ごくわずかの例外を除き、これまでに報告されている更生への取り組みは、常習性のある犯罪にいっさい効果をあげていない〟と結論づけたのだ。〝なにひとつ成果をあげていない〟。この結論に、政治家も犯罪学者もがっくりと肩を落とした。行政機関は妥協案をひねりだし、司法制度は一貫性のない反応を示し、ただちに警察にさらなる権力と財源を与えると同時に、防犯対策に警官ではない者を引きいれた。第三者による治安維持の発生と特徴については以下を参照した。Matthew Desmond and Nicol Valdez, "Unpolicing the Urban Poor: Consequences of Third Party Policing on Inner-City Women," *American Sociological Review* 78 (2013): 117– 41；David Garland, *The Culture of Control: Crime and Social Order in Contemporary Society* (Chicago: University of Chicago Press, 2001); Lorraine Mazerolle and Janet Ransley, *Third Party Policing* (Cambridge: Cambridge University Press, 2005).

＊4 Reinier Kraakman, "Gatekeepers: The Anatomy of a Third- Party Enforcement Strategy," *Journal of Law, Economics, and Organization* 2 (1986): 53– 104.

＊5 迷惑防止条例は、薬物に対する闘いにおいても強力な武器となった。だが 2008〜2009 年にかけて、ミルウォーキーにおける迷惑行為による召喚命令 1666 件のうち、薬物関係の犯罪行為はわずか 4%だった。この推定に関する手法の参考文献：Desmond and Valdez, "Unpolicing the Urban Poor," 122– 25.

＊6 ここでの〝黒人の居住地域〟〝白人の居住地域〟とは、国税調査細分区グループで黒人または白人の居住者が 3 分の 2 以上の地域を指す。また〝迷惑行為通知書が送達される確率〟が高い物件とは、30 日間に警察への通報が 3 回以上あった物件を指す。迷惑行為通知書の大半が、黒人が多く住む地域にある物件に対するものでも、そうした地域だから犯罪が多発するわけではないし、同様に、黒人だから多くの罪を犯すわけでもない。この矛盾は犯罪率、通報回数、地域の貧困度、その他の要因を考慮しても依然として残る。たとえば、同時にふたりの女性が警察に電話をかけて、DVを通報したとする。ひとりの女性は黒人が 80%を占める地域に住み、もうひとりの女性は黒人が 20%の地域に住んでいた場合、DVの通報数と地域のDV発生率を考慮しても、黒人の居住地域に暮らす女性の家主が迷惑行為通知書を受ける確率は 3.5 倍以上になる。参考文献：Desmond and Valdez, "Unpolicing the Urban Poor."

的に支える。(e) 子どもの世話をしてやる。

　その地域の貧困度は、世帯所得の中央値、暴力犯罪率、貧困ラインを下回る世帯の割合、18歳未満の人口の割合、高校を卒業していない住人の割合、公的扶助を受けている住人の割合、空室の戸数で構成された因子負荷量によって算出した。Weihua An の論文では、地域の貧困度はコミュニティの支援、手取り額、教育、居住地の流動性、人種、年齢、性別、雇用状況、人間関係の構成と深く関連するとある。貧困地域に住み、家主と強いつながりがある大卒の住人は、つながりのない者と同じぐらい隣人に手を貸す。これは、貧困地域では住人同士の助け合いがしっかりと根づいていて、人間関係の構成が広がりを見せてもあまり影響を受けないことを示している。参考文献：Matthew Desmond and Weihua An, "Neighborhood and Network Disadvantage Among Urban Renters," *Sociological Science* 2 (2015):329–50.
＊7『夜』エリ・ヴィーゼル著、村上光彦訳、みすず書房。
＊8 この所見は〈ミルウォーキーエリア借家人調査〉(2009–2011) に対する順序ロジスティック回帰分析に基づいている。結果変数は政治的能力だ。回答者は以下の質問に答える。「この地域に住む人々が力をあわせて、地域社会と自分たちの暮らしを改善する見込みはありますか？」。回答：まったくない、ほとんどない、多少はある、かなりある、大いにある。第一の説明変数は住人がその地域で心に負った傷の大きさだ。回答者は次のような質問に答える。「この地域で暮らしていて、近所の人が (a) 強制退去の処分を受けた。(b) 刑務所行きになった。(c) 同居者などにより虐待された。(d) 薬物依存症になった。(e) 社会福祉サービスに子どもを連れていかれた。(f) 身近な家族や友達が殺された。といった経験がありますか？」。回答を集計し、政治関与歴、地域での居住期間、地域の貧困率と犯罪率、一連の人口統計学的要因を統制すると、全モデルで政治的能力と住人が負った心の傷のあいだに著しい負の相関があると証明された。参考文献：Matthew Desmond and Adam Travis, "Perceived Neighborhood Trauma and Political Capacity," unpublished manuscript, Harvard University, 2015. 秩序のない社会以上に問題となる秩序のない社会への見方に関する参考文献：Lincoln Quillian and Devah Pager, "Black Neighbors, Higher Crime? The Role of Racial Stereotypes in Evaluations of Neighborhood Crime," *American Journal of Sociology* 107 (2001): 717–67；Robert Sampson, *Great American City: Chicago and the Enduring Neighborhood Effect* (Chicago: University of Chicago Press, 2012).
＊9〈ミルウォーキーエリア借家人調査〉が実施された期間に、「あなたの家主を2ワードで表現するなら？」というアンケートをした。これに、2人の別々の評価者が、得られたワードに最低の1から最高10までの評価をつけた。たとえば、〝スラムのボス〟〝くそ野郎〟といった言葉の評価は1、〝いい人〟〝大好き〟といった言葉の評価は10だ。それより控えめな批判や褒め言葉は中間の評価とした。得られた数値を平均化して総合評価をおこなったところ、ミルウォーキーの標準的な借家人は、自身の家主を評価6と見なしていた。きわめて高額の家賃を支払っている借家人の家主に対する評価は、ほかの借家人と比べて、よくも悪くもなかったが、住居に問題を抱えている借家人は家主にかなり悪い印象をもっていた。
＊10 トレーラーパークが閉鎖されるかもしれないと知ると、借家人たちは一致団結した。それは、かれらにとって〝尋常ならざる事態〟だったからだ。だが、まもなくふだんの生活に戻った。家賃について疑問を抱くことも、住居の改善を求めて闘うことも、強制退去に対して政治的な行動にでることもなかった。かれらの不満は家主ではなく、市議会議員に向けられた。嘆願書をまわしたこともある。その嘆願書は、密告屋と認識されているトラブルメーカーのある女性の退去を求めるもので、「問題が大きくなる前に、S-12のトレーラーに住むグレースの立ち退きを求めます……だれかが直接手をくだす前に、そして、そん

退去を実施していないから。大半の借家人はなんらかのかたちで滞納分を埋めあわせる方法を見つけている。第二に、滞納分の推定値は、滞納と強制退去が急増する夏季の総計（2008年4月〜7月のトレーラーハウスの家賃の帳簿）を元にしているから。それでもやはり、控えめな推定の基盤にはなるはずだ。レニーとスージーへの給与や家賃の減額といったトービンの諸経費は、5万ドルに満たない。レニーへの年棒と家賃の支払い免除は計4万2600ドル（3万6000ドル＋6600ドル）、スージーへの給与と家賃の減額分は計6400ドル（トービンはスージーを時給5ドル、週に20時間勤務のパートタイムと見なしている。時給5ドル×20時間×52＋家賃の減額1200ドル）。メンテナンスに関しては、20戸のトレーラーハウスを除く全戸が借家人に〝所有〟されているから、大半の補修費は借家人が支払う。通常のメンテナンス費用の推定値は、草刈りとゴミ拾いの費用がかかった場合でも、1カ月に5000ドルを超えることはまずない。これでも多めの見積もりだろう。2008年のトービンの固定資産税は4万9457ドルで、水道料金は2万6708ドルだった（両者ともに公的な記録から）。ガスと電気の料金は借家人が支払う。強制退去裁判の費用は？　トービンは1カ月に平均3件の強制退去の訴訟を起こしているが、よほど複雑な裁判にならないかぎり弁護士は雇わないので、保安官と弁護士に支払う額も含めた年間の裁判費用は7000ドル未満だ（たとえば、1カ月平均3件の強制退去裁判を起こすとして、年間の基本的な訴訟費用は89ドル50セント×3件×12カ月で3222ドル。保安官、引っ越し業者、弁護士を利用した場合はその額の2倍、約7000ドルと考えられる）。ゴミの処分費用は？　レニーによると、大型ごみ容器2個分の処分費用が月に800ドル（年間9600ドル）。外灯代は？　夜間にトレーラーパークを照らす外灯（電柱に取りつけられている）にかかる費用はトービンが払っている。ウィ・エナジー社の標準的な電気料金を参考に私が推定したところ、外灯代は年間5000ドル（これに事務所の電気料金がくわえられる）。雑費は？　広告費とレニーに対する家賃徴収のボーナスとして1万5000ドルと私は見積もった。すると、手元に残るのは年間44万6635ドルとなる。この見積りには一度きりの大きなメンテナンス費用（トービンがトレーラーパークに設置したスピードバンプ［車の減速用］の費用など）は含めていない。めったにない例外的な経費だからだ。ちなみに、レニーは私の見積りをあまりにも低すぎると考えていて、トービンの手取りは年に「60万ドル以上」だとした。

14章　がまん強い人たち

＊1 John Gurda, *The Making of Milwaukee*, 3rd ed. (Milwaukee: Milwaukee County Historical Society, 2008 [1999]), 174.

＊2 私の経験上、貧しい地域の特徴は〝対抗する文化〟の存在でもなければ、そうした文化の明確な欠如でもない。

＊3 Robert Fogelson, *The Great Rent Wars: New York, 1917–1929* (New Haven: Yale University Press, 2014), 85, 86.

＊4 Frances Fox Piven and Richard Cloward, *Poor People's Movements: Why They Succeed, How They Fail* (New York: Vintage, 1979), 12, 4.

＊5 Fogelson, *Great Rent Wars*, 88.

＊6 この研究結果は、〈ミルウォーキーエリア借家人調査〉（2009–2011）の全標本に対する負の二項回帰モデルでの分析に基づいている。〝コミュニティの支援〟の度合いを測定するために、回答者には、隣人に対して次のような支援をしたことがあるかどうかを尋ねた。(a) おごる、あるいは食品を買ってやる。(b) 仕事を紹介する。(c) 家や車を修理する。(d) 精神

*8 アーリーンのようなシングルマザーは、公的扶助だけでは生活していけない。公的扶助、フードスタンプ、生活保護では、シングルマザー世帯の支出のおよそ5分の3しかまかなえない。不足分はアルバイトなどで補い、なおかつ支援団体などの助けを借りても、多くのシングルマザーは苦しい生活を余儀なくされている。食事を抜いて空腹に耐え、冬物の服や病院の受診をあきらめているのだ。Kathryn Edin and Laura Lein, *Making Ends Meet: How Single Mothers Survive Welfare and Low- Wage Work* (New York: Russell Sage Foundation, 1997).
*9 参考文献：Lee Rainwater, *Behind Ghetto Walls: Black Family Life in a Federal Slum* (Chicago: Aldine, 1970), 73；Sandra Susan Smith, *Lone Pursuit: Distrust and Defensive Individualism Among the Black Poor* (New York: Russell Sage Foundation, 2007). さらに詳細な参考文献：Desmond,"Disposable Ties and the Urban Poor." . その他のエスノグラファーも貧しい地域の似たような人間関係の傾向を記している。参考文献：『タリーズコーナー：黒人下層階級のエスノグラフィ』、Rainwater, *Behind Ghetto Walls*, 73. もちろん、そうした傾向は社会のどの階層でも見受けられる。たとえば、精神的な癒しを赤の他人に求めるといった傾向は、中産階級でも一般的だし、いわゆる〝飛行機にたまたま乗りあわせた他人〟現象としてエビデンスもある。貧しい人々がその場限りの人間関係に頼るのは、裕福な人が見ず知らずの他人に頼ることとタイプが違うわけではない。だが、その程度は異なる場合が多い。生きていくうえで必要不可欠なものを得るために、日頃からその場限りの人間関係に頼るのは貧しい人だけだ。
*10 人々は自分が暮らす地域を、学区や通常の生態学的指標以上のものと見なしている。自分が暮らす地域のことをかなり主観的に見ているため、客観的な分析はできないが、その主観が強いため、その町の特定の地区にとくに魅力を覚えたり、とくに不快を覚えたりする場合がある。
*11 クリスタルはその前年に祖母が亡くなると、重度のうつ状態におちいり、フードスタンプを受給しなくなったという。「なんにもする気にならなかった。一日中寝てばかり。シャワーを浴びる。食べる。家に戻る。また寝る。周囲とかかわりたくなかった。だれともね」。これもまた、トラウマにより貧困がいっそう悪化するひとつの例だ。
*12 クリスタルはジョリにひどい呼び方をした。

13章 「E-24」で

*1 ミルウォーキーのノースサイドでは、白人の家主が黒人の管理人を雇うケースが多い。「ここにはブルックフィールドみたいな高級住宅街からやってきた白人の若造が大勢いて、そういう連中がスラムの物件を買いあさってる……そのあとは黒人の管理人を雇って物件を管理させるのよ……白人の若造が黒人の男を雇うのは、ちょっと卑怯に思うかもしれないけど、黒人の管理人はきちんと管理するし、いざとなれば借家人を怒鳴りつけるでしょ？　だから楽なの」とシェリーナは言う。シェリーナが〝"怒鳴りつける〟と言ったのは、家賃を払わない借家人に対して躊躇せずに怒鳴れるという意味。参考文献：Jennifer Lee,"Cultural Brokers: Race- Based Hiring in Inner- City Neighborhoods," *American Behavioral* Scientist 41 (1998): 927– 37.
*2 住宅ローンと譲渡の記録はミルウォーキー郡の登記簿による。
*3 トービンとレニーの家賃記録によると、ほぼ毎月5戸のトレーラーハウスが空室で、40人の借家人が家賃を滞納し、滞納額の1カ月平均は340ドル。5戸のトレーラーハウスが空室である場合、月額の家賃の平均が550ドルのトレーラーハウスが126戸ある計算になるが、ここから16万3200ドル（40×340ドル×12）の滞納分が差し引かれる。ただし、この計算における減額分は多く見積りすぎかもしれない。第一に、トービンは1カ月に40回も強制

12章 〝その場かぎり〟のつながり

＊1 これはアパートメントの空室期間をなくすためにおこなわれた。

＊2 これは、アーリーン、クリスタル、シェリーナから話を聞いて再現した。

＊3 最近の調査によると、里親の家をでる年齢になった若者の3分の1～半分が、26歳までにホームレスになっている。Amy Dworsky, Laura Napolitano, and Mark Courtney, "Homelessness During the Transition from Foster Care to Adulthood," *American Journal of Public Health* 103 (2013): S318–23.

＊4 トレーラーパークやスラムに暮らす人たちは、友だちがいないこと、あるいは友だちが大勢いること、協力的な親戚に囲まれていること、あるいは親戚とは疎遠になっていることなどを、日々の会話で表現する。その日の気分によって、話が異なることもよくある。それで、私はそうした発言に疑いをもつようになった。だれがどんな人間と交流をもっているのかを人々の話で判断するのはむずかしい。相手がなにをしたのかを尋ねる際にも、注意が必要だ。人はだれかになにかを与えれば自尊心が高まり、なにかをもらえば自尊心が傷つくからだ。救世軍でスープをボウルに注ぐのと、スープを注がれたボウルを受けとるのとでは、まったく異なる感情が湧きあがる。自分が与えた支援についてはつい過大評価し、人から与えられた支援については過小評価しがちで、そこには正当な理由がある。私自身はエスノグラフィーを学んだおかげで、行動そのものと行動の説明は違うものであるとわかるようになった。さらに、強制退去に関していえば、友人や家族から受けた支援に関する話と、もっとも大変な時期に受けた支援に関する話を比較する貴重な機会となった。強制退去には人との絆を強め、人間関係を試し、人との真剣なかかわりがあきらかになるという側面があるため、それまで水面下に隠れていたものがおもてにあらわれてくるのだ。Matthew Desmond, "Disposable Ties and the Urban Poor," *American Journal of Sociology* 117 (2012): 1295–335.

＊5 Carol Stack, *All Our Kin: Strategies for Survival in a Black Community* (New York: Basic Books, 1974), 93, 33, 43.

＊6 生活保護やフードスタンプといった公的扶助は、ひとり暮らしを助長する。もし、だれかの家に同居していて、食事もともにしていれば、生活保護の受給額は3分の1になる。家族が多い世帯には多くのフードスタンプが配布されるが、家族がばらばらに暮らしていれば額は変わる。たとえば、同一世帯として登録している夫婦は、食費を月額で最高347ドルを受けとれるが、別世帯として登録している夫婦は、各々が月額で最高189ドル、合計378ドルを受けとれる。いくつか例外はあるが、同居している者は全員、個々ではなく補充的栄養支援プログラム（SNAP）を利用すべきだろう。参考資料：US Department of Agriculture, Food and Nutrition Service, Supplemental Nutrition Assistance Program, *Applicants and Recipients*, December 30, 2013. 生活保護に関する参考文献：US Social Security Administration, "Simplifying the Supplemental Security Income Program: Options for Eliminating the Counting of In-Kind Support and Maintenance," Social Security Bulletin 68 (November 4, 2008)；Brendan O'Flaherty, *Making Room: The Economics of Homelessness* (Cambridge: Harvard University Press, 1996), 222. 近親者への依存と被扶養児童のいる家庭への生活保護に関する参考文献：M. Lisette Lopez and Carol Stack, "Social Capital and the Culture of Power: Lessons from the Field," in *Social Capital and Poor Communities*, eds. Susan Saegert et al. (New York: Russell Sage Foundation, 2001), 31–59. 生活保護を受けているミルウォーキーの借家人は、受けていない借家人よりも、、狭いスペースに大勢の人間が暮らしている割合が低かった。〈ミルウォーキーエリア借家人調査〉2009–2011.

＊7 基本的な生活必需品を得る際には、中産階級の親戚よりも低所得層の親戚のほうが役に立つ。参考文献：Desmond, "Disposable Ties and the Urban Poor"; Stack, *All Our Kin*, 77–78.

＊5〈ミルウォーキーエリア借家人調査〉のおかげで、家賃補助制度の利用者が過剰な家賃を請求されていないかどうかを、利用していない借家人も含めて調べるというめずらしい調査が可能になった。まず、クリスティン・パーキンズとともに、〈ミルウォーキーエリア借家人調査〉のデータにある住所と不動産記録を照合し、物件の占有面積、築年数、1平方フィートあたりの評価額、建物のタイプ（2戸用か1戸用か）、設備（暖炉、エアコン、車庫）、住居の問題点など、住宅の質に関する詳しい情報を得た。さらに、物件がある地域の貧困率、人種構成、不動産の相場など、地域の質に関するいくつかの基準も設けた。次に、もっとも近い公園、バス停、食料品店までの距離といった地域の設備にくわえ、学区域にある学校のテストの平均点も加味した。借家人の人口統計学的変数も加味した。ヘドニック回帰分析により、家賃補助受給者と家賃のあいだの強い相関関係があきらかになり、補助受給者は毎月49〜70ドル多く家賃を払っていた。補助受給者はより多くの住宅問題に直面していることから、データには含まれない新たな電化製品などの設備が、高い家賃に反映されているという考え方には疑問が生じる。（詳細な参考文献：Matthew Desmond and Kristin Perkins, "Are Landlords Overcharging Voucher Holders?," working paper, Harvard University, June 2015). 2010年、ミルウォーキーの5455世帯が家賃補助を受給したが、私たちの最初の分析で27の制御変数を含めた結果、家賃補助の受給者には月額55ドル、通常より高い家賃が要求されていることがわかった。Housing Choice Voucher Programは毎年、ミルウォーキー市だけで360万ドル（55ドル×12カ月×5455件の補助）も余計な支出を余儀なくされていると考えられる。ミルウォーキー市によると、2010年には家賃補助を受給している1世帯に月額平均511ドル、年間6126ドルを支給している。受給者が過剰な家賃を請求されていなければ、360万ドルを6126ドルで割った約588世帯が追加で補助を受けられることになる。不動産業者のマニュアルのなかには、家賃補助受給者に家を貸して利益を得る方法について詳しく解説しているものもある。参考文献：Carleton H. Sheets, Real Estate: The World's Greatest Wealth Builder (Chicago: Bonus Books, 1998), 121.

＊6 賃貸物件の差押えに関する参考文献：Gabe Treves, *California Renters in the Foreclosure Crisis, Third Annual Report* (San Francisco: Tenants Together, 2011)；Vicki Been and Allegra Glashausser, "Tenants: Innocent Victims of the Foreclosure Crisis," *Albany Government Law Review* 2 (2009)；Matthew Desmond, "Housing Crisis in the Inner City," *Chicago Tribune*, April 18, 2010；Craig Karmin, Robbie Whelan, and Jeannette Neumann, "Rental Market's Big Buyers," *Wall Street Journal*, October 3, 2012. 金融危機のはるか前は、不動産投資マニュアルでは、差押え物件や損壊物件への投資が有効とされていた。1998年のあるマニュアルには〝損壊物件で裕福になれる〟とある。〝銀行は差押え物件を嫌うが、不動産投資家は差押え物件を好む。即座に格安で購入できるからだ〟。Sheets, *Real Estate*, 231, 234.

＊7 Kenneth Harney, "Even with Great Credit and Big Down Payment, Home Loans Will Cost More in 2011," *Washington Post*, January 8, 2011

＊8 ある推定では、差押え物件の割引率の平均は評価額の27%となっている。John Campbell, Stefano Giglio, and Parag Pathak, "Forced Sales and House Prices," *American Economic Review* 101 (2011): 2108–121.

＊9 外れたドアがルビーとドリーンを直撃したとき、私はいなかった。のちに、ちょうつがいが外れたドアと、ドリーンの腫れあがった足を見て、ヒンクストン家の人に確認した。

だ。白人女性のほうが自分より恵まれた環境にいる知人がいる傾向にあるため、助けを求めれば強制退去を回避しやすい。参考文献：Colleen Heflin and Mary Pattillo, "Poverty in the Family: Race, Siblings, and Socioeconomic Heterogeneity," *Social Science Research* 35 (2006): 804–22；Matthew Desmond, "Eviction and the Reproduction of Urban Poverty," *American Journal of Sociology* 118 (2012): 88–133.

＊14 この場面は、ロレイン、デイブ・ブリテイン、イーグル運送の作業員たち、トレーラーパークのほかの住人の話をもとに再現した。

＊15 新たな法律（Wisconsin Act 76, Senate Bill 179）のおかげで、現在、ウィスコンシン州の家主は強制退去に処せられた借家人の所持品を自身の判断で処分してかまわない。この法案が議論されているとき、ブリテイン兄弟は身銭を切って、法案に反対する有権者を集結させる資金を提供したが、太刀打ちできるはずもなかった。Apartment Association of Southwestern Wisconsin、Wisconsin Realtors、Wisconsin Apartment Association が団結して、これまで力を注いできたその法案が可決されるよう尽力したのだから。ある人物はこう論評した。「この新たな法は、家主と〝行儀のいい借家人〟に利益をもたらす。だが〝行儀の悪い借家人〟（家賃をきちんと支払ない者など）は気に入らないだろう」。参考文献：Tristan Pettit, "ACT 76—Wisconsin's New Landlord-Tenant Law—Part 1: Background and Overview," *Tristan's Landlord-Tenant Law* (blog), November 21, 2013.

10章　雑用にむらがるジャンキー

＊1 貧しい地域ではよく「人づきあいはしない」と言うのを耳にするが、実際には、だれともつきあわずにいるという状況は、あまり見られない。アレクサンドラ・マーフィーは論文でこの矛盾について述べている。"'I Stay to Myself': What People Say Versus What They Do in a Poor Black Neighborhood," working paper, University of Michigan, Department of Sociology.

11章　スラムはおいしい

＊1 研究者や法学者は一般に、家賃は市場の圧力（その市の空室率）、または政策（法的支援）に反応すると考えている。だが、家主は借家人がもう少し高い家賃を払えるにちがいないと踏むと、それだけを理由に家賃を値上げすることがある。〝片足のリッキー〟には支払えなくても、ベリンダが紹介してくれた借家人なら払えるというように。シェリーナは「リッキーはね、どんどん無礼な態度をとるようになってる。だから家賃を上げることにする。べつにいいでしょ。それがいやなら、リッキーは引っ越せばいい……そのあと、ベリンダがきっと借家人を連れてきてくれる。リッキーの家賃は50ドル上げるつもり」と話した。

＊2 Deborah Devine, *Housing Choice Voucher Location Patterns: Implications for Participant and Neighborhood Welfare* (Washington, DC: US Department of Housing and Urban Development, 2003)；George Galster, "Consequences from the Redistribution of Urban Poverty During the 1990s: A Cautionary Tale," *Economic Development Quarterly* 19 (2005): 119–25.

＊3 〈ミルウォーキーエリア借家人調査〉2009–2011；US Department of Housing and Urban Development, *Final FY 2008 Fair Market Rent Documentation System*.

＊4 Robert Collinson and Peter Ganong, "Incidence and Price Discrimination: Evidence from Housing Vouchers," working paper, Harvard University and the US Department of Housing and Urban Development, 2014；Eva Rosen, *The Rise of the Horizontal Ghetto: Poverty in a Post-Public Housing Era*, PhD diss. (Cambridge: Harvard University, 2014).

Government Law Review 2 (2009): 1– 28；Creola Johnson, "Renters Evicted En Masse: Collateral Damage Arising from the Subprime Foreclosure Crisis," *Florida Law Review* 62 (2010): 975– 1008.

＊5 この強制退去のようすは、ジョン保安官代理と数人の引っ越し業者の話に基づいている。

＊6〈ミルウォーキーエリア借家人調査〉によれば、同じ低所得層でも、貧困地域に暮らしているうえ、人間関係も悪いという〝二重の不利益〟に苦しむ者がいるいっぽうで、環境の悪い地域に住みながらも、良好な人間関係を築いている者もいる。また、比較的環境のいい地域に住んでいるが、人間関係の悪さに苦しんでいる者もいる。参考文献：Matthew Desmond and Weihua An, "Neighborhood and Network Disadvantage Among Urban Renters," *Sociological Science* 2 (2015): 329– 50；Kathryn Edin and Laura Lein, *Making Ends Meet: How Single Mothers Survive Welfare and Low- Wage Work* (New York: Russell Sage Foundation, 1997), 189；Xavier de Souza Briggs, "Brown Kids in White Suburbs: Housing Mobility and the Many Faces of Social Capital," *Housing Policy Debate* 9 (1998): 177– 221；Matthew Desmond, "Disposable Ties and the Urban Poor," *American Journal of Sociology* 117 (2012): 1295– 335；Carol Stack, *All Our Kin: Strategies for Survival in a Black Community* (New York: Basic Books, 1974), 77– 78.

＊7 Jacob Rugh and Douglas Massey, "Racial Segregation and the American Foreclosure Crisis," *American Sociological Review* 75 (2010): 629– 51；Signe- Mary McKernan et al., *Less Than Equal: Racial Disparities in Wealth Accumulation* (Washington, DC: Urban Institute, 2013)；Thomas Shapiro, Tatjana Meschede, and Sam Osoro, *The Roots of the Widening Racial Wealth Gap: Explaining the Black- White Economic Divide* (Waltham, MA: Institute for Assets and Social Policy, 2013).

＊8 レニーの家賃帳簿によれば、その月、ロレインのほかにも 47 世帯が家賃を滞納していた。最少の滞納額は 3 ドル 88 セント、最高滞納額はブリトニーのものだった。

＊9 強制退去を要求するか否かを左右する要因について家主に尋ねると、たいてい判で押したように、たんにカネの問題だ、と答える。だが、家主とそれなりに長い時間をすごした結果、実際にはもっと複雑で、かつ個人的な感情がからんでいるのがわかった。

＊10 男同士の話し方や態度でつきあってきた男の家主と借家人は、互いに理解を示すようになる。ミルウォーキーの強制退去記録に記載されている家主は、約 3 対 1 の割合で女性より男性が多い。Milwaukee County eviction court records, 2003– 2007.

＊11 私は何度か、強制退去通知書を渡された男性の借家人が、家主を避けようとするところを目撃した。そのいっぽう、強制退去通知書を渡されたあと、家主のところに交渉にでかけた女性借家人もいた。だが、性別によって人とはこう接すべしという根深い偏見があるため、家主に抵抗したり交渉したりしにいく女性は、おおむね無礼だとか、やりすぎだとか見なされる。低所得層が暮らす地域に多数の物件を所有し、20 年、家主業を続けてきたボブ・ヘルフガットが、同性愛の女性の借家人には手を焼かされると思い込んでいるのもそのせいかもしれない。「同性愛の女は」と、ヘルフガットはため息まじりに言った。「とにかく怒りっぽいからこっちも頭にくる。文句ばかり言って、手がつけられない」。参考文献：Cecilia Ridgeway, "Interaction and the Conservation of Gender Inequality: Considering Employment," *American Sociological Review* 62 (1997): 218– 35.

＊12 『歴史の都市』より。

＊13 トービンとレニーはもううんざりしていた。だが、ここで忘れてならないのは、ロレインがまたもや家族から借金をして強制退去を逃れかけたことだ。知人、友人、家族に懇願すれば、うまくいくこともあるが、黒人女性にとってはまれなケースだ。白人女性に比べて黒人女性のほうが〝身をすくめてやりすごそうとする〟のは、頼れる知人が少ないから

＊16 ミルウォーキーをはじめアメリカの多くの都市では､家賃を滞納している借家人を保護する法律は存在しない。〝重要なのは「理由」ではなく「事実」〟とは、家主の格言だ。裁判ではたいてい借家人の家賃滞納の理由は無視され、滞納している事実だけを問題視する。アーリーンは自身の住宅問題を明確に説明できたかもしれない。写真を持参することもできた。だが、そうしたところで、なにも変わらなかっただろう。強制退去を求められたある高齢の女性は、家主が電線の修理を遅らせたので1カ月間電気のない生活を送ったと述べたが、調停人は「それは本日、わたしたちが取り組むべき事実ではありません」と応じた。また別の日には、浴槽に汚水が流れこむとか床板が腐っているとかいう借家人の話に、裁判官は「あなたはすべてを話してくれました。家賃の支払いに関する現状以外は」と述べた。

＊17 借家人は正しい主張はできるかもしれないが､誤った説明は認められない｡あまりにも大ざっぱな説明も、まわりくどい説明も、激高するのも、言いなりになるのもよくない。このように考慮しなければならない点が、借家人、家主、法廷関係者の階級、性別、人種による影響をまったく受けないと考えるのはあまりにも愚かだ。家主研修プログラムでは、不動産の所有者たちに「もっとも声が大きく、騒々しく、攻撃的な者が負ける。だから、口を慎んで最後までやり抜くこと」と教える。それに、初めて強制退去の裁判に臨む家主であろうと、その多くは書記官、調停人、裁判官と同じように教養のある中産階級に属している。だから、全員が同じ言語で、同じ話し方をするのだ。

＊18 ミルウォーキーで私が会った家主や管理人のほぼ全員が同意見だった。かれらは司法制度を厚かましい〝プロの借家人〟みたいなものだと見なしていた。不動産の所有者が不利になるようにつくられた〝不公平な競技場〟のようなものだ、と。あるいは、調停人はただ退去命令を発行すべきであるときにも、〝さあ、これから交渉しよう〟という態度をとりたがる、と。ただし、レニーは唯一の例外で、司法制度は「かつては借家人のためのものだった。いまは、もうそうじゃない」と私に語った。

9章　どうぞご用命を

＊1〈コミュニティ・アドボケイツ〉のCOOマドウェラ・カーケンドールによれば（2014年12月19日に話を聞いた)、2013年は946世帯がホームレス防止プログラムの対象になった。本プログラムの同年の予算は64万6000ドル（住宅都市開発省の予算から全州と市に分配)。

＊2 保安官事務所から借家人への通知には〝冷蔵庫や冷凍庫に残っている食品を引っ越し業者が撤去することはない〟と記されている。たしかに業者は食品を倉庫に搬入はしないものの、家の前の歩道の路肩に置く。

＊3『向こう半分の人々の暮らし：19世紀末ニューヨークの移民下層社会』より。物資不足の心理に関する参考文献：『いつも「時間がない」あなたに：欠乏の行動経済学』センディル・ムッライナタン、エルダー・シャフィール著、大田直子訳、早川書房。

＊4 家主のローン滞納による差押え危機のあと、いくつかの州では差押え物件に住む借家人に事前通知をだすことを家主に義務づけ、2009年5月には、差押えにおける借家品保護条例が連邦議会で認められた。これにより、差押え物件を購入した新たな家主は、既存の賃貸契約をそのまま継続するよう義務づけられた。だが、2014年に私がミルウォーキーで強制退去を執行する保安官に同行した際、借家人のなかには家主がだれなのか知らない者がいた。差押え危機によって、都市部の賃貸物件は、不動産会社、不動産管理会社、個人投資家など所有者が目まぐるしく変わり、借家人には把握できなくなっていたのだ。参考文献：Vicki Been and Allegra Glashausser,“Tenants: Innocent Victims of the Foreclosure Crisis,” *Albany*

め、強制退去命令を受けた世帯の成人の44%を占めている。だが、裁判所の記録だけでは、なぜ黒人女性の強制退去率が高いのか、その理由まではわからない。

もうひとつ考慮しなければならないのは、スラムの女性は男性の借家人に比べて、家賃を稼ぐのに苦労するということだ。多くの黒人男性が労働市場から締めだされているが、仕事を得られた者は女性より長時間働き、多くの賃金を得ている。2010年、フルタイムで働くミルウォーキーの労働者の年収の中央値は、黒人男性が3万3010ドル、黒人女性が2万9454ドルで、その差はミルウォーキーのアパートメントの平均的な家賃の5カ月分に相当する。スラムで暮らす多くの女性は出費もかさむ。シングルマザー（ミルウォーキーでは黒人世帯の大多数に当たる）はとくに。シングルマザーは多くの場合、子どもたちの父親から定期的な支援を得られないのに、子どもがいるため、子どもの保護監督権をもたない父親（親戚や知人の家のソファで眠ったり、シェアハウスの一室を借りたりできる男性）よりも、広くて家賃が高い物件をさがさなければならない。シェリーナはスラムのシェアハウスを月400ドル（光熱費込み）で貸していた。それは、アーリーンやほかのシングルマザーが借りている月額550ドル（光熱費別）の寝室がふたつある物件よりもだいぶ安い。ミルウォーキーが定めている最大収容人数制限（一般に、1寝室の収容人数は2人まで）を考慮して、多くの家主は狭い物件をシングルマザーに貸すのを拒む。参考文献：City of Milwaukee Code of Ordinances, Chapter 200: Building and Zoning Code, Subchapter 8: "Occupancy and Use."; Desmond, "Eviction and the Reproduction of Urban Poverty."

＊11 Manny Fernandez, "Still Home for the Holidays, When Evictions Halt," *New York Times*, December 21, 2008.

＊12 〝第二の請求原因〟は滞納している家賃も含む。〝第三の請求原因〟は建物などに及んだ損害を含む。法廷では、〝第二、第三の請求原因〟と呼ばれるものが同時に検討される。

＊13 2006〜2010年にかけて、ミルウォーキー郡少額裁判所は年間約1万2000件の強制退去裁判を扱ったが、債権差押え通告があったのはわずか200件だった（2009年の債権差押え通告の件数は除く。その年はなぜか537件と例外的に多かった）。強制退去と債権差押えの申し立てに関する参考資料：State of Wisconsin, *2010 Annual Report: Milwaukee County Circuit Court, First Judicial District*, 2. On garnishment and execution statutes, see Wisconsin Statues §814 and §815.

＊14 ミルウォーキーの家主研修プログラムでは、判決を事件要録に記載するよう家主に強く勧めている。「なによりも重要で、必ずやるべきことは、余分に5ドル支払って、裁判所書記官立ち会いのもと、判決を事件要録に記載しておくことです」と、講師のカレン・ロングは言う。「それを信用情報報告書にくわえておけば、借家人があなたに借金をしていることをだれもが知ることになります……だれかの信用調査をおこなう必要がある人全員に、そうすべきだと私は勧めています……何年後かにこんな電話がかかってくるかもしれません。『もしもし、ジョージ・ジョーンズだ。覚えてるだろ？』『いや』『3年前にあんたのアパートメントを借りてた。で、あんたが起こした裁判でおれに750ドルの支払い命令が下りた。でも、おれは車を買わなきゃならない。500ドル払うから、それでチャラにしてくれないか』ってね」。カレンは判決の記録について借家人に話すように、ともアドバイスした。「このことをあなたの信用情報報告書に書きますよ。そうしたら、私にきちんと返済しないかぎり、あなたはだれからも借金できなくなりますよ。だから、この手の記録が残らないようにするほうが身のためですよと、そう言ってください」

＊15 レント・リカバリー・サービス社は、家主が家賃支払いの判決を得られなくても、借家人のことを大手信用調査会社に報告するだろう（www.rentrecoveryservice.com）。

書を閲覧して判断。これらで得られた推定値はほぼ同じだった。1年間で強制退去を執行された世帯率は、同年に借家人が入居している貸家の数を強制退去の執行数で割って算出した。さらに、各地域（国勢調査細分区グループ）ごとの強制退去率は、男性あるいは女性の成人の借家人の数を、それぞれの強制退去者数で割った。すべての統計は各年の細分区グループごとに計算した。その結果をまとめて、年間平均を計算してある。推計方法の詳細に関する参考文献：Desmond, "Eviction and the Reproduction of Urban Poverty."

2003〜2007年にかけて、ヒスパニック系地域では平均276件の裁判所命令による強制退去が執行された。白人地域では1187件、黒人地域では2759件。黒人が暮らす地域と同様に、ヒスパニック系が暮らす地域でも女性借家人の強制退去率のほうが高い。とりわけ貧しいヒスパニック系が暮らす地域では、年間平均で男性の借家人86人あたり1人、女性の借家人の40人あたり1人が裁判によって強制退去を命じられている。裁判所の判決によらない立ち退きと物件の差押えは、さらに警戒が必要な数になると考えられる。2009〜2011年にかけて、ミルウォーキーのヒスパニック系の借家人の約23%が、正式な強制退去命令や非公式な立ち退き要求、家主のローン滞納による物件の差押え、建物が居住に適していないと見なされた結果、転居を余儀なくされた。この尋常ではない強制退去率の高さ（黒人の借家人の約2倍）は、ミルウォーキーのヒスパニック系の借家人にとくに差押え危機が激しく襲いかかったからだ。家主のローン滞納による物件の差押えを強制退去の件数から除外すると、その2年間で強制退去を経験した借家人の割合は13.2%から10.2%に減る。同様の計算を白人と黒人の借家人でした場合、白人は9%から7%、黒人は12%から10%に減少する。いずれにしても、強制退去させられた経験がある借家人の率を見れば、もっとも打撃を受けたのがヒスパニック系だとわかる。家主のローン滞納による物件の差押えが一段落すると、同借家人が立ち退きを強制された率は23%から14%に減少した。Milwaukee County eviction court records, 2003–2007;〈ミルウォーキーエリア借家人調査〉2009–2011.

＊10 貧しい黒人が暮らす地域では、男性よりも女性のほうが正式に賃金を得ている場合が多い。こうした地域の男性の多くには犯罪歴があり、失業率が高いからだ。家主の多くは、無職の者や犯罪歴のある者に部屋を貸したがらない。就労証明書であれ、補助金受給など公的扶助を受けている証明書であれ、スラムでは女性のほうが賃貸契約の際に必要となる収入に関する書類を提示しやすい。ミルウォーキーでは、生産年齢にあたる黒人男性の半数が無職で、30代の半数に実刑経験がある。このふたつは無関係ではない。参考文献：WUMN, *Project Milwaukee: Black Men in Prison*, Milwaukee Public Radio, July 16, 2014；Marc Levine, *The Crisis Continues: Black Male Joblessness in Milwaukee* (Milwaukee: University of Wisconsin–Milwaukee, Center for Economic Development, 2008). 監査研究によれば、ミルウォーキーの事業主は、犯罪歴のない黒人求職者よりも、犯罪歴のある白人求職者を採用する傾向にある。当然、犯罪歴のある黒人求職者は2倍に不利となる。参考文献：Devah Pager, "The Mark of a Criminal Record," *American Journal of Sociology* 108 (2003): 937–75.

裁判の記録ではたいてい借家人の名前だけが記載されることを考えれば、貧しい黒人が暮らす地域の女性の強制退去率が男性より高くなるとは考えにくいが、賃貸アパートメントでは女性のほうが強制退去の判決を受けた記録が多く見られる。賃貸契約に名前が記載されていない成人を含めても、黒人が暮らす地域では依然として、正式に強制退去を命じられるのは女性のほうが多い。Milwaukee Eviction Court Study（2011）は世帯内の召喚状に記載されていない成人もすべて対象にしているが、それでも黒人女性の数はその他のグループの数を圧倒している。黒人女性は強制退去裁判に出頭した世帯のすべての成人の半分を占

の記録では、被告が法廷に出廷しなかった割合は35%〜90%以上とまちまちだ。参考文献：Randy Gerchick, "No Easy Way Out: Making the Summary Eviction Process a Fairer and More Efficient Alternative to Landlord Self- Help," *UCLA Law Review* 41 (1994): 759– 837；Erik Larson, "Case Characteristics and Defendant Tenant Default in a Housing Court," *Journal of Empirical Legal Studies* 3 (2006): 121– 44；David Caplovitz, Consumers in Trouble: *A Study of Debtors in Default* (New York: The Free Press, 1974).

＊5 ジョナサン・ミジスと私は、2011年1月17日〜2月26日のあいだ（Milwaukee Eviction Court Study の調査期間）の強制退去を扱った裁判のすべての記録から、借家人の住む地域や強制退去の記録に記載されている住所によって居住者の分類した。また、Harvard Center for Geographic Analysis の協力を得て、借家人の住所と裁判所までの距離（車の走行距離と所要時間）を算出した。そのうえで、それぞれの借家人のケースと居住地域をもとに、出廷する借家人の傾向を突きとめる統計モデルを作成した。だが、このモデルからはなんの発見も得られなかった。借家人が滞納している家賃の額、裁判所までの所要時間、性別といった要素はどれも、出廷するか否かとの特別な関連はなかった。さらに、借家人が暮らす地域の特徴（強制退去の発生率、貧困率、犯罪率の高さなど）が、出廷しなかったことと関連しているかどうかを調べたが、これらも関係がなかった。私が試した説明変数はどれにも、強制退去の法廷に出頭しなかった事実との統計的な関連は見られなかった。これは、出廷しなかったのは偶発的なものであることを示唆している。〈コミュニティ・アドボケイツ〉の住居に関する専門家がおこなった研究でも、同じような結果がでている。その専門家に話を聞いたところ、「法廷への出頭に関しては……そりゃ、かれらは食べていかなければなりませんからね。それに、裁判所に行くにはバスに乗らなければなりませんし、子どもの世話をしてくれる人も見つけなければなりません。そのとき都合がつくかどうかで変わってくるんです」とのこと。参考文献：Barbara Bezdek, "Silence in the Court: Participation and Subordination of Poor Tenants' Voices in Legal Process," *Hofstra Law Review* 20 (1992): 533– 608；Larson, "Case Characteristics and Defendant Tenant Default in a Housing Court."

＊6 Milwaukee Eviction Court Study, 2011. Milwaukee Eviction Court Study に関するさらなる情報：Desmond, "Eviction and the Reproduction of Urban Poverty"; Matthew Desmond et al., "Evicting Children," *Social Forces* 92 (2013): 303– 27. 2013年のAmerican Housing Survey（表 S- 08- RO）によれば、過去3カ月以内に強制退去通知書を受けとった貧しい借家人世帯の71%は家賃滞納が原因。

＊7 Milwaukee Eviction Court Study, 2011. 2013年のAmerican Housing Survey は、強制退去を執行された場合、その後の引っ越し先について借家人全員にアンケートを実施した（表 S- 08- RO）。大半の借家人は楽観的で〝新しい家〟に引っ越すと答えたが、実際に強制退去の判決を受けた直後の借家人に引っ越し先を尋ねると、大半が、行く当てはないと回答した。

＊8 Milwaukee Eviction Court Study, 2011.

＊9 ミルウォーキーのもっとも貧しい黒人が暮らす地域では、毎年、男性借家人の33人のうち1人が裁判によって強制退去に処せられている。いっぽう、同市でもっとも貧しい白人が暮らす地域における同割合は、男性の借家人で134人に1人、女性の借家人で150人に1人である。ここで言う〝もっとも貧しい地域〟とは、国勢調査細分区グループで、貧困ライン以下で暮らす世帯が40%以上を占める地域を指す。〝白人が暮らす地域〟または〝黒人が暮らす地域〟とは、住民3人あたり2人以上が白人、あるいは黒人の地域を指す。強制退去の記録には性別が記されていないことから、性別の判断にはふたつの方法を用いた。ひとつは、2人組の調査員が、全員（9万人以上）の性別を名前から判断。もうひとつは、フェリックス・エルワートの協力を得て、アメリカで生まれた人の社会保障カードの申請

成されていく。と説明するだろう。住まいの流動性（住居獲得のモデル）に関するもっとも有力な見解は、シカゴ学派の流動性と居住地域の分類に関する考え方に大きな影響を受けているが、従来の考え方に取り組む人は、シカゴ学派が強調する感情や倫理観を、手段と経済成長に焦点を当てたものに置き換えた。住居獲得のモデルは、社会的地位の向上であるという見方だ。同時に、都市は分断された倫理観の寄せ集めではなく、有利と不利の地理学であるとした。この考え方に基づけば、引っ越しをする際、人は金融資産を住宅資産に投入して、上を目指そうとしているということになる。参考文献：John Logan and Richard Alba, "Locational Returns to Human Capital: Minority Access to Suburban Community Resources," *Demography* 30 (1993): 243–68 l ；Scott South and Kyle Crowder, "Escaping Distressed Neighborhoods: Individual, Community, and Metropolitan Influences," *American Journal of Sociology* 102 (1997): 1040–84. どちらの考え方も、都市部の地域が市場であるという重大な事実を見すごしている。スラムの場合、家主の大半がその地域には暮らしていない。ゆえに、一般的な市場関係者（とりわけ家主）が、居住地域の選択と流動性に関するわれわれの仮説のなかでは中心的な役割を演じていると考えるべきだ。参考文献：John Logan and Harvey Molotch, *Urban Fortunes: The Political Economy of Place* (Berkeley: University of California Press, 1987), 33–34.

＊10 地域差についての参考文献：Robert Sampson, *Great American City: Chicago and the Enduring Neighborhood Effect* (Chicago: University of Chicago Press, 2012)；Peter St. Jean, *Pockets of Crime: Broken Windows, Collective Efficacy, and the Criminal Point of View* (Chicago: University of Chicago Press, 2007).

＊11 参考文献：John Caskey, *Fringe Banking: Check-Cashing Outlets, Pawnshops, and the Poor* (New York: Russell Sage Foundation, 2013)；Gary Rivlin, *Broke, USA: From Pawnshops to Poverty, Inc.* (New York: Harper, 2010).

8章　四〇〇号室のクリスマス

＊1 Matthew Desmond, "Eviction and the Reproduction of Urban Poverty," *American Journal of Sociology* 118 (2012): 88–133.

＊2 2013年、ミルウォーキー郡は約6万4000件の民事訴訟を扱った。この数は刑事訴訟の約2倍だ。2010年の全米の民事訴訟の件数は1380万件で、刑事訴訟は106万件だった。Wisconsin Circuit Court, *Caseload Summary by Responsible Court Official, County Wide Report* (Madison, WI: Wisconsin Courts, 2014). Court Statistics Project, *National Civil and Criminal Caseloads and Civil/Criminal Court Caseloads: Total Caseloads* (Williamsburg, VA: National Center for State Courts, 2010).

＊3 低所得層が暮らす地域に約100世帯分のアパートメントを所有するミルウォーキーのある家主の話では、毎月、約3割の借家人に5日後の強制退去通知書を渡しているという。各通知書には50ドルの延滞料を記載する。すると、約9割の借家人が通知書に記したとおりの金額を払い、残りの1割が強制退去に処せられる。家主は退去させない借家人たちから、毎月約1350ドル、年間1万6000ドルの延滞料金を徴収していることになる。

＊4 2011年のMilwaukee Eviction Court Studyによる。2011年1月17日〜2月26日にかけて、調査員は借家人の調査にくわえ、（1日を除く）平日毎日、強制退去の裁判を傍聴した。その1328件の訴訟中945件で、借家人は法廷に出頭せず、大半で強制退去を命ずる判決がでた。出廷した借家人の3分の1強は、合意書に署名した。そのなかには、のちに強制退去となる者もいれば、ならない者もいた。4分の1は、書類の不備があったり、内容が複雑すぎて裁判官の判断にゆだねなければならなかったりして、後日また出廷した。申し立ての12%は棄却された。残りの29%には強制退去を命ずる判決がくだされた。その他の市と州

＊2 Stacey Mayes and Marcus Ferrone, "Transdermal System for the Management of Acute Postoperative Pain," *Annals of Pharmacotherapy* 40 (2006):2178–86.
＊3 看護師時代のスコットの麻薬使用の引用と、それに関連する出来事は、ウィスコンシン看護協議会のスコットの懲戒手続きの記録による。詳細は私がスコットに確認した。
＊4 Wisconsin Statutes 19.31–19.39 and 59.20(3) を参照のこと。
＊5 City of Milwaukee, *Landlord Training Program: Keeping Illegal and Destructive Activity Out of Rental Property*, 7th ed. (Milwaukee: City of Milwaukee, Department of Neighborhood Services, 2006).
＊6 レントグロウ社はヤルディ・レジデント・スクリーニングになってから、〝テロリスト、麻薬密売人、性犯罪者、公的扶助の違法受給者の審査〟サービスを提供している（www.yardi.com）。アメリカには入居希望者の審査を請け負う企業が約650社ある。そうした会社の審査結果には誤りも多いが、家主はいっそう外部の審査に頼るようになっている。参考文献：Rudy Kleysteuber, "Tenant Screenin Thirty Years Later: A Statutory Proposal to Protect Public Records," Yale Law Journal 116 (2006): 1344–88；Matthew Callanan, "Protecting the Unconvicted: Limiting Iowa's Rights to Public Access in Search of Greater Protection for Criminal Defendants Whose Charges Do Not End in Convictions," *Iowa Law Review* 98 (2013): 1275–308.
＊7 「この手の借家人は、狭い小屋に押し込められたブタみたいなもんだ」と、ウィルバー・ブッシュは私に言った。髪を角刈りにし、革ジャンを着て、ゴールドの十字架のネックレスを身につけた高齢のアフリカ系アメリカ人のブッシュは、1960年代から家主業をしている。みずから入居希望者の現在のアパートメントに足を運び、かならず冷蔵庫を開けてみる（私は彼に同行し、彼のオフィスでの入居希望者の面接にも同席した）。「だから、ここでやってるのは、最悪の面々からいちばんマシなのを選ぶってことなんだよ。おれは、どうがんばったって0点しかとれない場所にいるんだし」
＊8 入居者を審査するテクニックのいくつかは、その土曜の午前には触れられなかった。父親の代から家主業を続けている家主は、複数の子どもがいる女性が入居を申込んできたら、最初に着目するのは収入や現在の住まいではなく、緊急連絡先だと教えてくれた。「緊急連絡先に母親と父親、双方の名前があれば、部屋を貸しても問題ない」。母親の名前しかない場合は、入居希望者の苗字を見る。その苗字と母親の苗字が異なれば、入居希望者が離婚しているか、再婚している可能性が高く、評価が上がる。苗字が母親と同じなら、入居希望者本人もその母親もシングルマザーの可能性が高く、ほぼまちがいなく入居を断るという。
＊9 ある種の人々が特定の地域に振り分けられる経緯を理解する方法として、これは従来のものと大きく異なる。審査をする人々、すなわち家主に着目するからだ。シカゴ学派にとって都市は感情の空間であり、自分がどの地域にいちばんフィットするかという観点に基づいて、数万人が個人的な決断をくだした結果、物理的・社会的分離のパターンができあがる。〝長い時間をかけて、住民の一人ひとりが都市生活の多様な特徴のなかから、心が穏やかになる、あるいは落ち着ける環境を見いだしていく〟とロバート・パークは書いた。参考文献：ロバート・パーク "The City: Suggestions for the Investigation of Human Behavior in the Urban Environment,"、『都市：人間生態学とコミュニティ論』R・E・パーク、E・W・バーゼス、R・Dマッケンジー著、大道安次郎、倉田和四生 訳、鹿島研究所出版会。この本によれば、都市生態学の見地に基づいた、緑地のような感情に作用する場所があらゆる感覚に訴えかけるようになると、人々を引きよせはじめる。R・D・マッケンジーは居住地の振り分けを〝選択圧や（さまざまな場所から放出される）磁力がおのずと適した住人の要素を引きよせ、ふさわしくない一団を追いはらい、その結果、都市住人の生物学的区分と文化的区分が形

年には120万件に増えている。深刻な問題がある賃貸物件の割合は、この20年間横ばい状態だ（約3%）。住居の質に関しては、他の評価基準でも同じことが言える。たとえば1993年、借家人のうち9%が、暖房器具の故障により〝24時間以上、耐えられないほどの寒さにさらされている〟と回答したが、2011年にはそれが10%になった。2000年代、全米の賃貸物件で、家賃上昇に見あうだけの住宅の質の抜本的な改善はまったくなされなかったのだ。

＊16 何度も罰金を科されたり、高額の修繕費用がかかったりしたせいで、その貸家から収益があがらなくなった場合、シェリーナはその物件を〝市に返す〟こともできた。その物件の税金を滞納すれば、最終的には差押え物件となり、所有権が市に移る。シェリーナは所有する物件をそれぞれ異なる合同会社（LLC）で登記していて、個人的な責任をいっさい負わずにすむようにしていた。法律上、税金を滞納したのは会社であり、シェリーナではない。ミルウォーキーでは税金滞納によって差押えられる物件が年間1100〜1200件もある。市に引き継がれたぼろぼろの老朽物件は、売却かは取り壊しになるため、手頃な家賃の賃貸物件は減るいっぽうとなる。シェリーナにとって、不動産を失うのはミスでも金銭面での損害でもない。「物件が足手まといになったら手放せばいい。粗悪な物件に大金をつぎこみつづけたって、いいことないでしょ」と、シェリーナは言った。

シェリーナはWisconsin Department of Financial Institutions（DFI）を通じ、オンラインでLLCを設立した。DFI（www.wdfi.org）は各LLCの登記代理人を記録しているが、会社の所有者名やウィスコンシン州の税に関する情報は記録していない。ミルウォーキーの税滞納による差押え物件数の推計は、（2015年8月13日、個人的に話を聞いた）市の検事補ケビン・サリバンによるものだ。政策立案者や研究者は貧困層の住宅問題に目を向けてはいるとはいえ、ドリーンが暮らしているようなアパートメントに足を運びはしないし、アメリカは貧困者のための住宅の質の向上に向けた努力を重ね、大きな成果をあげてきたと言う。〝家賃が手が届く金額であるかどうかが、建物の状態や狭さ以上に、こんにちでは最大の関心事となっている〟とAlex Schwartzは世間一般の見解を述べた（Alex Schwartz, *Housing Policy in the United States*, 2nd ed. [New York: Routledge, 2010], 26）。まちがいではないが、ふたつの問題がそれぞれ別の問題であるような印象を与えている。市が安アパートを取り壊し、鉛を含む塗料の使用を法で罰しているがゆえに、家賃の安い貸家が不足しているのであり、ふたつの問題（住居の劣悪な状態と高い家賃）は密接な関係にある。住宅市場の底辺では、ふたつの原因がからみあい、問題をいっそう深刻にしている。

＊17 私が居合わせたわけではない。壊れたテーブルを見せられ、ドリーン、パトリス、ナターシャ、パトリスの子どもたちから話を聞いた。パトリスの長男、10歳のマイキーはこう説明した。「とにかく、ストレスをためてる人っているんだよ。みんなストレスをためてて、ときどき怒りを爆発させる。たまったストレスを吐きださないと、やっていけないんだよ」。そんな現場に居合わせると「恥ずかしくなる」と、彼は言った。「だって、ぼくたちの家族はこんなもんだって見られるわけだろ。家族全員がさ」

7章　禁断症状

＊1 1990年代初頭以来、米国でのオピオイド系医療用麻薬の処方、過剰摂取はともに3倍に増えている。Centers for Disease Control, *Policy Impact: Prescription Pain Killer Overdoses* (Washington, DC: Centers for Disease Control, 2011)；National Institutes of Health, *Analysis of Opioid Prescription Practices Finds Areas of Concern* (Washington, DC: NIH News, US Department of Health and Human Services, 2011).

動産のハウツー本が役に立つ。Bryan Chavis の*Buy It, Rent It, Profit! Make Money as a Landlord in Any Real Estate Market* (New York: Touchstone, 2009), 51 には、〝近隣の大型アパートメントに電話をかけて家賃を確認すれば、自分のところの家賃が高すぎたり低すぎたりしないかがわかる〟と記されている。電話をかけるのは特殊なケースかもしれないが、いくつかのウェブサイトを見れば、地域ごとの家賃の相場がわかるからだ（www .rentometer.com)。

＊10〈ミルウォーキーエリア借家人調査〉2009〜2011、American Community Survey 2006〜2010、ミルウォーキー警察署の犯罪記録（2009〜2011)、そして地域レベルのデータを参照した。また、別の統計によると、ミルウォーキーでもっとも治安の悪い地域（暴力をともなう犯罪の発生率が 75 パーセンタイル以上）の寝室がふたつある賃貸物件の家賃の中央値は 575 ドル。いっぽう、もっとも治安がいい地域（暴力をともなう犯罪の発生率が 25 パーセンタイル以下）の同じ条件の賃貸物件の家賃の中央値は 600 ドル。

＊11『向こう半分の人々の暮らし：19 世紀末ニューヨークの移民下層社会』ジェイコブ・リース著、千葉喜久枝訳、創元社；Allan Spear, *Black Chicago: The Making of a Negro Ghetto, 1890–1920* (Chicago: University of Chicago Press, 1967), 24– 26；Joe William Trotter Jr., *Black Milwaukee: The Making of an Industrial Proletariat*, 1915–45, 2nd ed. (Urbana: University of Illinois Press, 2007), 179；『アメリカの都市危機と「アンダークラス」：自動車都市デトロイトの戦後史』トマス・J・スグルー著、川島正樹訳、明石書店（明石ライブラリー 37)；Marcus Anthony Hunter, Black Citymakers: How the Philadelphia Negro Changed Urban America (New York: Oxford University Press, 2013), 80.

＊12 取材当時の〈コミュニティ・アドボケイツ〉の家賃減額ガイドラインによると、借家人は、ドアがない、あるいはゴキブリがはびこっている場合は 5%、トイレが壊れている場合は 10%、暖房器具がない場合は 25%の額を、家賃から差し引くことができる。

＊13 空室を抱えている家主は家賃を下げる場合もあるが、家賃を下げるぐらいなら空室のままでいいと考える家主もいる。シェリーナは以前、ある男（トラック運転手）に、4 家族が入居できるアパートメントの 1 階の部屋を見せた。その部屋は 2 か月間、空室だった。男は犬が引っかいて傷だらけのカーペットをまじまじと見て、ちょうつがいが外れた戸棚に指を這わせ、キッチンの汚れた床に靴底をこすりつけて不快な音を立てて言った。「これまでの部屋とは大違いだ。380 ドルでどうだ？」。だが、シェリーナは「冗談じゃない」と、むっとして応じた。空室にしておくより 380 ドルの家賃を得るほうがましかもしれないが、それは同じアパートメントに住むほかの借家人の家賃を下げずにすめばの話だ。その部屋に暮らしているほかの 3 家族は毎月 600 ドルの家賃を払っている。トラック運転手の男の言い値で部屋を貸し、ほかの 3 家族がそれを知れば、家賃の値下げを要求してくるかもしれない。それに応じれば、3 家族に 600 ドルで貸しているときよりも、家賃収入の合計は減る。値下げの要求に応じなければ、借家人がでていき、さらに空室が増えかねない。だから、シェリーナは男をアパートメントから送りだし、ドアの鍵を閉めたのだ。

＊14 正確には 44%。住居の深刻かつ継続的なトラブルの定義に関しては、6 章の注＊1 を参照のこと。〈ミルウォーキーエリア借家人調査〉2009– 2011.

＊15〈ミルウォーキーエリア借家人調査〉2009〜2011 における寝室がふたつあるアパートメントとの比較。1970〜80 年代にかけて、家賃が上がるおもな理由は住居の質が向上したからだった。参考文献：『ホームレス』クリストファー・ジェンクス著、大和弘毅訳、岩田正美監訳、図書出版社。だが 90 年代以降は、住居の質に大きな変化はなく、2000 年代にはむしろ全国的に質の低下が見られたにもかかわらず家賃は急騰している。AHS のデータによれば、1993 年には居住者のいる賃貸物件の約 90 万 9000 件に深刻な問題が見られた。2011

に移るためとしている。いっぽう、自主的な引っ越しを2回続けた借家人のなかで同じ理由を挙げたのは34%。つまり、強制退去によって引っ越しを余儀なくされ、その後自主的に引っ越した人は、自主的に2回引っ越した人に比べて、住居や地域の問題を挙げる確率がはるかに高い。貧しい借家人の多くが本人の意思にそむいた引っ越しを経験しているだけでなく、その後もまた転居しやすくなるのだ。参考文献：Desmond et al., "Forced Relocation and Residential Instability Among Urban Renters."

＊3 『アメリカ大都市の死と生』ジェイン・ジェイコブス著、山形浩生訳、鹿島出版会。Robert Sampson, Great American City: Chicago and the Enduring Neighborhood Effect (Chicago: University of Chicago Press, 2012), especially 127, 146–47, 151, 177, 231–32. 公共の場の使用に関するエスノグラフィー的な見解に関する文献：Mitchell Duneier, *Sidewalk* (New York: Farrar, Straus and Giroux, 1999).

＊4 『アメリカ大都市の死と生』。ただし文章中の強調箇所は著者によるもの。

＊5 これが作戦だったとしても、借家人が住居に問題があることを報告してくれなければ裏目にでる。たとえば水が流れっぱなしのトイレを放置しておけば、結局はシェリーナとクエンティンが損をする。

＊6 新たな借家人と賃貸契約をかわす前に、家主は法令違反を開示しなければならない。City of Milwaukee, *Landlord Training Program: Keeping Illegal and Destructive Activity Out of Rental Property*, 7th ed. (Milwaukee: City of Milwaukee, Department of Neighborhood Services, 2006), 12；Wisconsin Administrative Code, ATCP134.04, "Disclosure Requirements."

＊7 ミルウォーキーの借家人の多くが、住居に問題があるために転居を考えている。〝反応的な引っ越し〟は強制的な引っ越し（強制退去や建物の使用禁止令など）でもなければ、（よりよい住宅に住むための）自発的な引っ越しでもない、そのふたつの中間に位置する。〈ミルウォーキーエリア借家人調査〉のデータによれば、2009〜2011年のミルウォーキーの借家人の〝反応的な引っ越し〟でもっとも多い理由は、住宅の問題だ。こうした引っ越しが〝反応的な引っ越し〟の23%を占め、調査前の2年間に引っ越しを経験した全借家人の7%を占める。いずれも（広い部屋に引っ越すといった）ポジティブな動機によるものではなく、（住居の状態が悪化して引っ越しをせざるをえないという）ネガティブな動機による。参考文献：Desmond et al., "Forced Relocation and Residential Instability Among Urban Renters."

＊8 不動産バブルがはじけたあと、市場価格が下落した物件の高額なローンを払いつづけた大勢の自宅所有者が学んだように、無駄にお金を払いつづけるよりも債務不履行のほうがはるかに合理的な場合がある。Timothy Riddiough and Steve Wyatt, "Strategic Default, Workout, and Commercial Mortgage Valuation," *Journal of Real Estate Finance and Economics* 9 (1994): 5–22；Lindsay Owens, "Intrinsically Advantaged? Middle- Class (Dis)advantage in the Case of Home Mortgage Modification," Social Forces 93 (2015): 1185–209.

＊9 〈ミルウォーキーエリア借家人調査〉2009-2011. 2009〜2011年、寝室ひとつの賃貸物件の家賃の中央値は550ドル。寝室三つの家賃の中央値は775ドルだった。ITの発達とともに賃貸市場は専門化し、競合あるいは価格調整のいずれかを通じて、都市部での家賃はあまり上昇していないのかもしれない。大規模な不動産管理業者の大半は、Rainmaker LRO、RentPush、RENTmaximizerといったソフトを利用している。こうしたソフトは現在と過去の無数の市場指標を利用して、毎日、あるいは1時間ごとに家賃を調整する複合アルゴリズムを活用している。世界各国の800万以上の賃貸物件で使われているRENTmaximizerは、〝市況に即したすばやい調整による高い増収〟を家主に提供しているという（www.yardi.com）。すべてを自分でおこなうタイプの家主には、毎月の市場調査を実施する方法を伝授する不

*7 貧困層への国の支援制度が縮小されるにつれて、ベリンダのような社会福祉の代理業が、行政の穴を埋めるかのように次々と生まれている。非営利の組織もあれば、商業ベースの事業もある。Lester Salamon, "The Rise of the Nonprofit Sector," *Foreign Affairs* 73 (1994): 111- 24, 109；John McKnight, *The Careless Society: Community and Its Counterfeits* (New York: Basic Books, 1995)；Jennifer Wolch, *The Shadow State: Government and Voluntary Sector in Transition* (New York: The Foundation Center, 1990). 1960〜70 年代にかけて発表された都市民俗学に関する刊行物には、社会福祉の代理業についての記述はほぼ見られないが、それらを読むかぎり、50 年前の都市貧困層の暮らしに、ソーシャルワーカーはほぼ無力であったと考えざるをえない。Carol Stack の*All Our Kin: Strategies for Survival in a Black Community* (New York: Basic Books, 1974) では、あるソーシャルワーカーについて触れているが、児童福祉サービス業などの記述はない。また、1967 年のエリオット・リーボウの著書は、おもに失業中の黒人に関するものだが、公共職業安定所や職業カウンセラーに関する記述はない。参考文献：『タリーズコーナー：黒人下層階級のエスノグラフィ』エリオット・リーボウ著、吉川徹監訳、東信堂。

*8 立法者は福祉制度を改革する際、貧困家庭一時補助（TANF）の受給者への制裁的措置を設けるように州に求めた。たとえば、規則に従わない受給者への給付金を全額、あるいは、一部を停止する措置を講じるのだ。ウィスコンシン州で W-2 がはじまったとき、そのプログラムの対象者の約 3 分の 2 が、最初の 4 年間で制裁的な措置を受けた。Chi- Fang Wu, Maria Cancian, Daniel Meyer, and Geoffrey Wallace, "How Do Welfare Sanctions Work?," *Social Work Research* 30 (2006): 33- 50；Matthew Fellowes and Gretchen Rowe, "Politics and the New American Welfare States," *American Journal of Political Science* 48 (2004): 362- 73；Richard Fording, Joe Soss, and Sanford Schram, "Race and the Local Politics of Punishment in the New World of Welfare," *American Journal of Sociology* 116 (2011): 1610- 57.

6章　ネズミの穴

*1 詳細な例と調査方法の参考文献：Matthew Desmond, Carl Gershenson, and Barbara Kiviat, "Forced Relocation and Residential Instability Among Urban Renters," *Social Service Review* 89 (2015): 227- 62.〈ミルウォーキーエリア借家人調査〉の対象となった借家人たちは、長期にわたって住宅問題を抱えていると見なされた者だ。具体的には、インタビューを受ける前年に次の問題のいずれかに直面していた。(a) ガスコンロなどの器具が壊れている。(b) 窓が割れている。(c) 玄関のドアや鍵が壊れている。(d) ネズミなどの有害な小動物がいる。(e) 電線が露出しているか、少なくとも 3 日間以上、電気関係のトラブルが続いている。(f) 暖房器具がない。(g) 水道が使えない。(h) 少なくとも 24 時間以上、配管が詰まっている。住宅の質の問題による強制的な退去の影響を評価するために、われわれは二重のロバスト回帰を利用した。以上の分析には、家賃補助を受けている借家人も含んでいる。

*2 本人の意思にそむいた引っ越しは、当然のことながら住居が不安定になる状態をもたらし、その影響は、引っ越し後にも長く及ぶ。強制退去による（不本意な）転居と、それに続いて起こる（自発的な）転居の大きな理由は、住宅への不満だ。引っ越しを余儀なくされた人々は、多くの場合、基準を満たしていない住宅で我慢することになるので、よりよい住宅に移ろうとする。〈ミルウォーキーエリア借家人調査〉による調査結果を、二重のロバスト回帰で分析すると、引っ越しを強制された借家人は、そうした経験がない借家人と比べて、その後すぐに自主的に引っ越す確率が 24%ポイント高かった。さらに、強制退去のあと自主的に引っ越した借家人の 53%は、直近の引っ越しの理由をよりよい住居や地域

める」からだ、と。引用元：Lawrence Vale, *From the Puritans to the Projects: Public Housing and Public Neighbors* (Cambridge: Harvard University Press, 2000), 96.
＊4 たとえば家賃 300〜349 ドルの賃貸物件の全国的な空室率は、2004 年の約 16%から 2011 年の 6%未満へと減少している。この推定は 2004〜2013 年の人口動態調査に基づいている。
＊5 トレーラーパークの空室率は、レニーの帳簿（2008 年 4 月〜7 月）に基づいている。
＊6 私がフィールドワークを始める前に起きたこの出来事は、パムの記憶をもとに記述した。

5章　一三番ストリート

＊1 1997 年のミルウォーキーの公正市場賃料（FMR）（同市の家賃分布の 40 パーセンタイルの家賃と光熱費）は、寝室ひとつのアパートメントで 466 ドルだった。もしアーリーンがそこを借りていたら、家賃を支払ったあと手元に毎月 162 ドルが残っただろう。10 年後、同じアパートメントの FMR は 608 ドルで、彼女が受給する公的扶助が変わらず 628 ドルだとしても、毎月、不足分の 20 ドルを捻出しなければならなくなる。FMR と公的扶助に関するデータの資料：US Department of Housing and Urban Development；Wisconsin Department of Children and Families；State of Wisconsin Equal Rights Division. 公的扶助だけでは事実上暮らせない現状に関する参考文献：Kathryn Edin and Laura Lein, *Making Ends Meet: How Single Mothers Survive Welfare and Low- Wage Work* (New York: Russell Sage Foundation, 1997).
＊2 2013 年、ミルウォーキーの公営住宅に暮らす家族は約 3900 世帯で、約 5800 世帯が家賃補助制度を利用している。賃貸住宅に住むのはおよそ 10 万 5000 世帯。参考文献：Georgia Pabst, "Waiting Lists Soar for Public Housing, Rent Assistance," *Milwaukee Journal Sentinel*, August 10, 2013.
＊3 Adrianne Todman, "Public Housing Did Not Fail and the Role It Must Play in Interrupting Poverty," Harvard University, Inequality and Social Policy Seminar, March 24, 2014.
＊4 貧困層の問題がさらに悪化したのは、連邦政府の住宅支援策が足りないうえに、就労世帯を対象とした給付付き勤労所得税額控除や、親が低賃金の仕事に従事している家庭に公営住宅を優先して入居させるプログラムなど、雇用を基盤としたセーフティネットが設けられたからだ。その結果、貧困ラインをわずかに上回る層とわずかに下回る層の世帯に関していえば、20 年前よりはるかに大きな支援が得られるようになったが、貧困ラインを大きく下回る世帯が受けられる支援は大きく減少した。貧困にあえぐ世帯に関していえば、収入も住宅支援も縮小している。支出のパターンに関する参考文献：Janet Currie, *The Invisible Safety Net: Protecting the Nation's Poor Children and Families* (Princeton: Princeton University Press, 2008)；Robert Moffitt, "The Deserving Poor, the Family, and the US Welfare System," Demography 52(2015): 729- 49. 住宅支援と必要性の不一致に関する参考文献：Danilo Pelletiere, Michelle Canizio, Morgan Hargrave, and Sheila Crowley, *Housing Assistance for Low Income Households: States Do Not Fill the Gap* (Washington, DC: National Low Income Housing Coalition, 2008)；Douglas Rice and Barbara Sar, *Decade of Neglect Has Weakened Federal Low- Income Programs: New Resources Required to Meet Growing Needs* (Washington, DC: Center on Budget and Policy Priorities, 2009).
＊5 この出来事は、アーリーンとトリーシャから聞いた話を再現した。
＊6 ミルウォーキー住宅局は支援を求める貧困家庭向けの公営住宅のリストは公開していないが、同局による低所得の高齢者と障がいがある高齢者向けのリストは公開されている。ただし住宅局は、犯罪歴、薬物問題、家賃滞納歴などがある者の申請は認可しない場合がある。Housing Authority of the City of Milwaukee, *Admissions and Continued Occupancy Policy* (ACOP), October 2013, Section 7.4: "Grounds for Denial."

のほうが利益率が高い場合が多い。〈ミルウォーキーエリア借家人調査〉2009-2011.

3章　湯の出るシャワー

＊1 以前の学術出版物では、このトレーラーパークを仮称にしたが、本書では実名称を明記。

＊2 Patrick Jones, *The Selma of the North: Civil Rights Insurgency in Milwaukee* (Cambridge: Harvard University Press, 2009), 1, 158, 176–77, 185；"Upside Down in Milwaukee," *New York Times*, September 13, 1967.

＊3 ミルウォーキーのヒスパニック系の歴史についての参考文献：John Gurda, *The Making of Milwaukee*, 3rd ed. (Milwaukee: Milwaukee County Historical Society, 2008 [1999]), 260. 人種の分離に関する参考文献：John Logan and Brian Stults, *The Persistence of Segregation in the Metropolis: New Findings from the 2010 Census* (Washington, DC: US Census, 2011)；Harrison Jacobs, Andy Kiersz, and Gus Lubin, "The 25 Most Segregated Cities in America," *Business Insider*, November 22, 2013.

＊4 この数字は2008年4〜7月のトレーラーパークの家賃の帳簿（レニーからコピーの許可済）に基づいている。滞納金の推定値は、滞納と強制退去がもっとも多くなる夏の数カ月間の合計から計算しているため、年間を通じてもっとも高い数値となっている。

＊5 このやりとりは見聞きしたのではなく、ジェリー、レニー、そしてトレーラーパークのほかの住人の話をもとに、詳細に描写した。ジェリーの記憶どおりに正確に引用している。

＊6 その後、トービンは毎月家賃を払っているフィリスを立ち退かせる方法を見つけた。犬を飼っているという理由で強制退去通知書を渡せばいいと、レニーから助言されたのだ。３ページもあるトービンの賃貸契約書には、すでに色あせてはいたが、すべて大文字で、〝犬や家畜の飼育を禁じる〟と明記されていた。だが、多くの住人はペットを飼っていた。トービンとレニーから、ペットは飼ってもかまわないと言われていたからだ。トービンに言わせれば、「これまで見て見ぬふりをしてきただけ」であり、レニーからは「そんなことを言った覚えはない、契約書に明記してある」と言えばいいとも助言されていた。賃貸契約書にはさらに、トレーラーパーク内での飲酒を禁じる一文も盛り込まれていた。

4章　みごとな回収

＊1 アメリカ史において、市議会議員はつねに家主の権力を監視し、スラムの住宅の撤去や建築基準法の施行などの規制を通じて借家人の生活の改善に努めてきた。あたかも根本的な問題はアメリカの貧困層の多さと手頃な価格の住宅の不足ではなく、無秩序と非効率性であるとでもいうように。その結果、借家人はいっそう苦境におちいるという予期せぬ結果になることも多い。『封建社会 1』（第一巻　従属の紐帯の形成より）マルク・ブロック著、新村猛 等訳、みすず書房：Beryl Satter, *Family Properties: How the Struggle over Race and Real Estate Transformed Chicago and Urban America* (New York: Metropolitan Books, 2009), 135–45.

＊2 土地の支配権がもっとも強くあらわれるのは追放行為だ。人類史初の強制退去はアダムとイブかもしれない。参考文献：『歴史の都市』マンフォード著、生田勉訳、新潮社。支配権と追放に関する参考文献：『全体主義の起原』ハンナ・アーレント著、大久保和郎訳、みすず書房。

＊3 アメリカ人の持ち家願望は、中産階級だけではなく、貧困層の話にもよくあらわれている。開拓時代から現在にいたるまで、自由、公民権、そして土地所有は、アメリカ人の心のなかでずっと大切なものでありつづけてきた。アメリカ人になるとは自分の家をもつことであった。借家人の存在に関して、1820年の議会でトマス・ハート・ベントン上院議員は「自由の精神に反する」と述べた。「社会が分断され、愛国心が失われ、独立の精神を弱

払っていたりする。分厚い断熱材、二重ガラスの窓、省エネ家電といった設備や器具が整っていないのが原因だ。全国的には、年収1万5000ドル未満の借家人世帯の光熱費は、1カ月平均116ドル、年収7万5000ドルを超える借家人世帯の1カ月平均の光熱費は151ドルとなっている。Bureau of Labor Statistics, *Consumer Price Index*, 2000– 2013; American Housing Survey, 2013, 表 S- 08- R0; Michael Carliner, *Reducing Energy Costs in Rental Housing: The Need and the Potential* (Cambridge: Joint Center for Housing Studies of Harvard University, 2013).

＊5 ウィ・エナジー社はウィスコンシン州の他地域とミシガン州のアッパー半島にも電気とガスを供給しているが、年間約4000件の盗難にあっている（2014年7月22日、ウィ・エナジーのブライアン・マンシーから個人的に情報を得た）。参考文献：Peter Kelly, "Electricity Theft: A Bigger Issue Than You Think," *Forbes*, April 23, 2013；"Using Analytics to Crack Down on Electricity Theft," *CIO Journal*, from the *Wall Street Journal*, December 2, 2013.

＊6 一次停止はガスと電気の両方に適用される。供給停止の世帯数については2014年7月24日のウィ・エナジーのブライアン・マンシーとの個人的なやりとりから情報を得た。強制立ち退きの件数に関する月別の動向に関する参考文献： Matthew Desmond, "Eviction and the Reproduction of Urban Poverty," *American Journal of Sociology* 118 (2012): 88– 133, Figure A2.

２章　大家の悩み

＊1 John Gurda, *The Making of Milwaukee*, 3rd ed. (Milwaukee: Milwaukee County Historical Society, 2008 [1999]), 421– 22；416– 18；Sammis White et al., *The Changing Milwaukee Industrial Structure*, 1979– 1988 (Milwaukee: University of Wisconsin–Milwaukee Urban Research Center, 1988).

＊2 『アメリカのアンダークラス：本当に不利な立場に置かれた人々』ウィリアム・ジュリアス・ウィルソン著、青木秀男監訳、平川茂・牛草英晴訳、明石書店（明石ライブラリー13）；Marc Levine, *The Crisis Continues: Black Male Joblessness in Milwaukee* (Milwaukee: University of Wisconsin–Milwaukee, Center for Economic Development, 2008).

＊3 State of Wisconsin, Department of Children and Families, *Rights and Responsibilities: A Help Guide*, 2014, 6.

＊4 ラマーとケースワーカーのやりとりの部分は、ラマーから聞かされたもの。また、壁にペンキを塗るシーンは、ラマー、ラマーの息子たち、近所の少年たちの話から再現した。

＊5 家主業はアメリカにおける家族資本主義の最後の痕跡のひとつだ。貸家は父から息子へと受け継がれ、4代目の家主もめずらしくない。参考文献：『イデオロギーの終焉：1950年代における政治思想の涸渇について』ダニエル・ベル著、岡田直之訳、東京創元新社（現代社会科学叢書）

＊6 1960年代の調査では、ニュージャージー州ニューアークの貸家10戸中8戸の所有者は、賃貸収入が全収入の4分の3に満たなかった。George Sternlieb, *The Tenement Landlord* (New Brunswick, NJ: Rutgers University Press, 1969)

＊7 これはアメリカの労働力人口が50%しか増えなかった時代に起きた。David Thacher, "The Rise of Criminal Background Screening in Rental Housing," *Law and Social Inquiry* 33 (2008): 5– 30.

＊8 米国議会図書館の図書整理番号HD1394（賃貸不動産管理）に基づく推計。この考え方は前述のDavid Thacher, "The Rise of Criminal Background Screening in Rental Housing," に大きな影響を受けている。

＊9 2009年、ミルウォーキー市のスラムの寝室がふたつある貸家の家賃相場は550ドル（光熱費は別）。ワンルームのシェアハウスの家賃相場は400ドル（光熱費込み）。シェアハウス

去の申し立ての数のほうが多い。ミルウォーキー市の裁判所による正式な強制退去命令に関する私の推定値は、他市よりの入手と確認が困難な判決に基づいている)。2012 年、強制退去の申し立ての数は以下の通り:アラバマ州(人口 480 万人)2 万 2824 件;ミネソタ州(人口 540 万人)2 万 2165 件;オレゴン州(人口 390 万人)2 万 3452 件;ワシントン州(人口 690 万人)1 万 8060 件;ウィスコンシン州(人口 570 万人)2 万 8533 件。ミルウォーキー市以外の各市の強制退去数の推定値に関してはエピローグを参照のこと。借家人当人の意思にそむいた立ち退きに関する参考文献:Desmond and Shollenberger, "Forced Displacement from Rental Housing";Hartman and Robinson, "Evictions: The Hidden Housing Problem."

1章　町を所有する商売

＊1 ミルウォーキー市の借家人世帯の年間世帯所得の中央値は 3 万 398 ドルで、同市の全世帯の世帯所得のそれより約 5500 ドル低い。参考文献:Nicolas Retsinas and Eric Belsky, *Revisiting Rental Housing* (Washington, DC: Brookings Institution Press and the Harvard University Joint Center for Housing Studies, 2008).

＊2 市内のどの地域の土地や物件を購入するかは、人種によるところが大きい。ミルウォーキー市の家主も自分と同じ人種や民族の借家人を選ぶ傾向にある。同市の白人の借家人の家主は大半(87%)が白人で、黒人の借家人の家主は半分以上(51%)が黒人だ。全体的には、ミルウォーキー市の家主は多く(63%)が白人だが、借家人の約 5 人に 1 人は黒人の家主から、約 9 人に 1 人はヒスパニック系の家主から借りていた。

同市のヒスパニック系の借家人の家主は約半数がヒスパニック系で、残りの半数は白人。また、ヒスパニック系の借家人の 41%が、自分の家主は米国外の出身だと考えていた。移民にとって、家主になることは長年、アメリカの中産階級にのしあがる手段のひとつだった。20 世紀初頭、ミルウォーキーに住むポーランド系移民は家をジャッキでもちあげ、地下室をつくり、そこを貸室にした。その後、ミルウォーキー南部では、ポーランド系の住人が減り、メキシコやプエルトリコ出身のヒスパニック系が増え〝ポーランド系移民が建てた貸家〟の家主になった。参考文献:John Gurda, *The Making of Milwaukee* 3rd ed. (Milwaukee: Milwaukee County Historical Society, 2008 [1999]), 173.

ここ数十年、市のスラムの家主は白人だったが、現在はスラムのなかでも貧困色の濃い地域に近づくほど黒人の家主が増える。住人の 3 分の 2 以上がアフリカ系アメリカ人の地域では、借家人の 4 人中 3 人の家主は黒人だ。黒人住人が大半を占める地域における、過去の白人の家主に関する参考文献:St. Clair Drake and Horace Cayton, *Black Metropolis: A Study of Negro Life in a Northern City* (New York: Harcourt, Brace, and World, 1945), 718.

ミルウォーキーの大半の借家人の家主は男性(借家人の 82%は、家主は夫婦ではなく独身であると回答し、62%が家主は独身男性であると答えている)。シェリーナは例外だが、黒人の家主として黒人の借家人と話をするという点では、ごくふつうの家主だ。参考文献:〈ミルウォーキーエリア借家人調査〉2009- 2011.

＊3 私はこの出来事を現場で見聞きしていない。この部分は、シェリーナ、クエンティン、〈コミュニティ・アドボケイツ〉のソーシャルワーカーの話に基づいている。

＊4 約 7 人に 1 人は水道、電気、ガスを止められている。治安の悪い地域の壊れかけた賃貸物件に暮らす家族が支払う家賃は、ダウンタウンの洒落たアパートメントに住む裕福な家族が支払う家賃よりは安いものの、光熱費はほぼ差がない。場合によっては、最低家賃の物件に住む借家人のほうが、高額のアパートメントに暮らす借家人よりも高い光熱費を支

る（そのいっぽうで、貧困状況は世帯所得を基盤にを把握している）。参考文献：Frederick Eggers and Fouad Moumen, *Investigating Very High Rent Burdens Among Renters in the American Housing Survey* (Washington, DC: US Department of Housing and Urban Development, 2010)；Barry Steffen, *Worst Case Housing Needs 2011: Report to Congress* (Washington, DC: US Department of Housing and Urban Development, 2013).

＊4 Milwaukee County Eviction Records, 2003–2007, and GeoLytics Population Estimates, 2003–2007；〈ミルウォーキーエリア借家人調査〉2009–2011。この手法を詳細に説明している参考文献：Matthew Desmond, "Eviction and the Reproduction of Urban Poverty," *American Journal of Sociology* 118 (2012): 88–133；Matthew Desmond and Tracey Shollenberger, "Forced Displacement from Rental Housing: Prevalence and Neighborhood Consequences," *Demography*. 本書では、ミルウォーキーの借家人の人口に対して一般化した推定値を導くため、特別に作成した加重を用いて計算している。〈ミルウォーキーエリア借家人調査〉を基盤にしたすべての統計数値は加重されている。

AHS は、転居した借家人に対して、〝直近の住まいから引っ越した理由〟を尋ね、データを収集し、1 年以内に引っ越した借家人の直近の転居に関する報告書をまとめている。2009 年、AHS（表 4-11）によれば、過去 1 年以内に転居した全米の借家人のなかで、2.1〜5.5%が家主の都合による立ち退き（家主がその貸家を自宅にする、貸家を分譲マンションにするなど）、あるいは行政指導による立ち退き（居住に適さない住宅と認定されたなど）、あるいは強制退去による立ち退きを余儀なくされた（2.1%という数値は、借家人が〝引っ越しのおもな理由〟として挙げたもので、きわめて限られたものにすぎない。たとえば、転居の〝おもな〟理由として別の要因［劣悪な住宅事情など］を挙げている場合、除外されている可能性がある。5.5%という数値は、転居に関するすべての理由を基盤にしており、強制された立ち退きについて複数の理由を報告した借家人が二重にカウントされている可能性がある。〈ミルウォーキーエリア借家人調査〉（2009–2011）によれば、過去 1 年以内に転居した借家人の 10.8%は当人の意に反して立ち退きを命じられていた。私の推定値はそれより大きく、なおかつ正確だ。〈ミルウォーキーエリア借家人調査〉は非公式の立ち退きも含めているが、それを除いた場合の私の推定値は 3%となり、AHS の調査結果と一致する。なお、AHS は最低限の生活必需品の欠如に関する調査と同様に、自由回答方式のアンケートを採用しているため、借家人の意に反する転居の数を大幅に低く見積もっている。自由回答方式のアンケートでは、借家人の多くが非公式の立ち退きを〝強制退去〟と見なしていないため、その数を正確に把握できない。

＊5 家賃を全額支払うことができず、じきに強制退去させられるだろうと考えている低所得層世帯の割合に関する国の推定値は、2013 年のAHS（表 S-08-RO）に基づいている。この調査はまた、全米の 280 万を超える借家人世帯が 2 カ月以内に立ち退きを余儀なくされる、あるいは余儀なくされる〝可能性が高い〟と報告している。チェスター・ハートマンとデビッド・ロビンソン（"Evictions: The Hidden Housing Problem," *Housing Policy Debate* 14 [2003]: 461–501, 461）は、立ち退きを余儀なくされるアメリカ人の数は年〝数百万人にのぼると考えられる〟としている。その他の参考文献：Kathryn Edin and Laura Lein, *Making Ends Meet: How Single Mothers Survive Welfare and Low-Wage Work* (New York: Russell Sage Foundation, 1997), 53.

州規模の立ち退きの推計に関しては、ウィスコンシン大学ロースクールのNeighborhood Law Clinic が、州全体の強制退去の申請に関する調査を開始している（強制退去の申し立て［借家人が強制退去の裁判に召喚される］は、強制退去の判決［裁判官による強制退去の判決］とは異なる。いずれの都市においても、裁判官による強制退去の判決よりも、強制退

注

プロローグ　凍える街

＊1 Frances Fox Piven and Richard Cloward, *Poor People's Movements: Why They Succeed, How They Fail* (New York: Vintage, 1979), 53–55；St. Clair Drake and Horace Cayton, Black Metropolis: A Study of Negro Life in a Northern City (New York: Harcourt, Brace, and World, 1945), 85-86 Beryl Satter, *Family Properties: How the Struggle over Race and Real Estate Transformed Chicago and Urban America* (New York: Metropolitan Books, 2009).　強制退去に関する全国規模の公式データは存在しないが、20世紀前半の史実を綴った上記文献には、強制退去はめったに執行されないためショッキングだったという記述がある。だが、20世紀後半の特定の地域を対象とした調査を見ると、アメリカの都市部では強制的な立ち退きの発生率が無視できないほど上昇しているのがわかる。参考文献：Peter Rossi, *Why Families Move*, 2nd ed. (Beverly Hills: Sage, 1980 [1955])；H. Lawrence Ross, "Reasons for Moves to and from a Central City Area," *Social Forces* 40 (1962): 261– 63.

＊2 Rudy Kleysteuber, "Tenant Screening Thirty Years Later: A Statutory Proposal to Protect Public Records," *Yale Law Journal* 116 (2006): 1344– 88.

＊3 1991年から2013年のAmerican Housing Survey（AHS）による推定値。とはいえ、この数値は控えめな見積りだ。現金収入がない世帯、またはいかなる収入もないと述べている世帯、月々の収支が赤字と回答した世帯をAHSは調査対象から除外している。月々の住宅費が世帯所得の100％を超えていると述べた借家人世帯を調査の対象としているので、世帯によっては回答にエラーが生じる。貯金を切り崩して生計を立てている世帯、家賃と光熱費の合計が収入を上回る世帯なども調査対象としていない。住宅費が世帯所得の100％を超えていると答えた借家人世帯の調査結果を分析したところ、そうした世帯で家賃補助を受けている世帯は11％にすぎず、光熱費の補助を定期的に、あるいは一度だけでも受けたことがある世帯はわずか5％だとわかった。住宅費が世帯所得の100％を超えていると答えた借家人世帯を含めた場合、2013年には、低所得層の借家人世帯の70％が収入の半分を、53％が収入の70％以上を住宅費にあてていた。住宅費が収入の100％を超えていると答えた借家人世帯を除外した場合、低所得層の借家人世帯の51％が収入の半分以上を、約25％が収入の70％以上を住宅費にあてている。よって目安となる数値は上記ふたつの数値の中間あたりになる。つまり、2013年、低所得層の借家人世帯の50〜70％が収入の半分を、25〜50％が収入の70％以上を住宅費にあてていた。

住宅費が世帯所得の30％未満の借家人世帯の数は、1991年に130万、2013年に107万と減少している。同期間の総借家人世帯数は約630万と増えているのに、だ。同期間、収入の70％以上を住宅費にあてている借家人世帯数は（住宅費が収入の100％を超えていると答えた家庭を含めれば）240万から470万へと増加している。あるいは（住宅費が収入の100％を超えていると答えた家庭を除外した場合は）90万1000から130万へと増加している。

住宅費には契約をかわした家賃、光熱費、損害保険、トレーラーハウスの場合は車体の利用料が含まれる。いっぽう収入とは、世帯主、同居親族、世帯主と血縁関係はないが同居している〝単身者世帯主〟の賃金、給料、公的扶助による給付金、公的扶助によるフードスタンプなどの合計を指す。住宅費の算出に際して、AHSは世帯所得には、〝家族収入〟と名づけた収入の尺度を採用し、〝住宅費や生活費をまかなえるであろう収入を概算〟してい

家《いえ》を失《うしな》う人々《ひとびと》
最貧困地区《さいひんこんちく》で生活《せいかつ》した社会学者《しゃかいがくしゃ》、
1年余《いちねんあまり》の記録《きろく》

2023年12月2日　初版第1刷発行
2024年 4月6日　　　第2刷発行

著者
マシュー・デスモンド
訳者
栗木《くりき》さつき
編集協力
藤井久美子
装幀
Y&y
印刷
萩原印刷株式会社
発行所
有限会社 海と月社
〒180-0003　東京都武蔵野市吉祥寺南町2-25-14-105
電話0422-26-9031　FAX0422-26-9032
http://www.umitotsuki.co.jp

定価はカバーに表示してあります。
乱丁本・落丁本はお取り替えいたします。

ISBN978-4-903212-82-1

弊社刊行物等の最新情報は以下で随時お知らせしています。
ツイッター　@umitotsuki
フェイスブック　www.facebook.com/umitotsuki
インスタグラム　@umitotsukisha